U0549319

本书受 2024 年山西省高等学校哲学社会科学研究项目"中国式现代化视域下乡村社会治理共同体建设研究"（立项编号：2024W010）资助

新时代乡村治理共同体建设研究

侯守杰 著

Study on the Construction of Rural Governance Community in the New Era

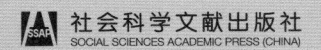

社会科学文献出版社
SOCIAL SCIENCES ACADEMIC PRESS (CHINA)

前　言

党的二十大报告强调："建设人人有责、人人尽责、人人享有的社会治理共同体。"① 党的二十届三中全会指出："健全社会治理体系。"② 随着新时代"人人有责、人人尽责、人人享有"的社会治理共同体和基层治理共同体构建的相继提出，新时代乡村治理共同体建设也被提上日程。作为新时代乡村治理的进阶形态，新时代乡村治理共同体建设是中国特色乡村治理现代化的全新语境，主要包括以一系列治理价值为价值导向所形成的价值共同体、人人有责的治理主体所形成的主体共同体、人人尽责的治理规则—治理工具—治理方式所形成的秩序共同体、人人享有的治理行动所形成的行动共同体四个基本维度，是治理价值、治理主体、治理秩序、治理行动的系统集成。乡村治，则基层稳。推动乡村治理实践逻辑的变革是新时代乡村治理共同体建设的必然选择。新时代的乡村治理迫切需要在党的引领下转向基于共同体的关系治理，运用共同体的思维和组织形式来实现乡村有效治理，推动乡村治理现代化。可以说，新时代乡村治理共同体建设既是势之所趋，也是理之必然，是马克思主义中国化时代化的必然要求，彰显了中国式现代化的本质要求，是充分适应乡村社会主要矛盾变化、乡村社会治理变革、乡村振兴战略实施的新需要而产生的重大治理选择，是时代的呼唤。这就需要我们重新深刻认识乡村、理解治理、把握共同体。那么，何为乡村治理共同体？乡村治理共同体建设的必要性与重要性是什么？建设什么样的乡村治理共同体？怎样建设乡村治理共同体？回答这一

---

① 习近平：《高举中国特色社会主义伟大旗帜　为全面建设社会主义现代化国家而团结奋斗——在中国共产党第二十次全国代表大会上的报告》，人民出版社，2022，第54页。
② 《中共中央关于进一步全面深化改革　推进中国式现代化的决定》，人民出版社，2024，第41页。

系列问题，就成为一项紧迫而又现实的重大命题，事关乡村治理现代化的前途命运。

本书从马克思主义的立场、观点、方法以及鲜明的问题导向出发，基于马克思主义中国化研究的学科范式，以共同体为研究视角，采取文献研究法、历史与逻辑相统一的方法、理论与实践相结合的方法、辩证的矛盾分析法、案例分析法、问卷调查法、访谈法，主要围绕历史维度、理论维度、现实维度、实践维度四个方面对新时代乡村治理共同体建设进行系统论述。按照新时代乡村治理共同体演变发展完善的研究主线，遵循"何为（概念界定）—何以缘起（时代诉求、理论基础与分析框架）—何以可能（历史考察）—何以可行（理论认知）—何以必然（实践探索）—如何建设（实现进路）"的逻辑链条予以推进。理论是为指导实践而服务的，本书在运用马克思共同体思想、恩格斯历史合力论、中国共产党人关于乡村治理的重要论述，以及借鉴源自西方的集体行动理论、多中心治理理论、协同治理理论的基础上，立足"乡村治理"与"共同体"的互构联结关系和"价值—主体—秩序—行动"的互动分析框架展开深入探讨。

从历史维度和理论维度看，新时代乡村治理共同体建设并不是无根之木、无源之水，它是在新中国成立以来乡村治理不断演进和赓续中形成的。基于乡村生产力与生产关系的变迁主线，新中国成立以来乡村治理主要经历了全面管治阶段（1949~1978年）的国家政权下乡与政社合一形塑、全面管理阶段（1978~2012年）的家庭联产承包与乡政村治形成、全面治理阶段（2012年至今）的多元合作与乡村"三治"凸显的演进；70多年来乡村治理的变迁特征主要是乡村治理价值从"传统"走向"现代"、乡村治理主体从"单一"走向"多元"、乡村治理秩序从"管治"走向"三治"、乡村治理行动从"汲取"走向"互惠"；新中国成立以来乡村治理变迁的基本经验包括：必须坚持正确的价值目标和价值立场；必须坚持发挥乡村党组织引领作用及农民主体作用；必须坚持积极进行秩序维护与秩序调适；必须把握正确的行动指南和行动规律。追溯历史，是为了更好地深耕现实、展望未来。新时代乡村治理共同体的提出，具有丰富的历史底蕴与深厚的历史根基，并非某种抽象化的产物，要对70多年来乡村治理演进的广度与深度进行全面重新认识，由此才能把握新时代乡村治理共同体建设的基本方向与路径选择。新时代乡村治理共同体建设并不是凭空产生的，势必有其生成机理，即乡村生产方式革新（深层动因）、乡村治理成效显著（坚实后盾）、乡村治理现代化指引（目标导向）。就价值内核而言，其内涵意蕴包括人人有责的共建意蕴、人人尽责的共治意蕴、人人享有的共享意蕴，是共同建设、共同治理、共同享有的系统宏大的"全周期"过程与结果的统一；其本质属性包含利益共同体、制度共同体、价值共同体三重底色，是合目的性与合规律性的统一；其具有系统性、协同性、公共性、人民性的基本特征。就主体关系而言，主要包括乡村嵌入性治理主体和内生性治理主体的主体定位、关系呈现、结构生成三个方面，乡村嵌入性治理主体是指乡镇党委政府、乡村企业、新乡贤，乡村内生性治理主体是指乡村党组织、村民委员会、村民小组、乡村社会组织、乡村经济合作社、广大农民，乡村嵌入性治理主体与内生性治理主体是宏观与微观、外源与内核的关系；鉴于乡村嵌入性治理主体与内生性治理主体的共存，彼此之间将形塑不同的关系网络，并由此形成异质性多元治理主体彼此间以博弈与合作为基础的互动关系；乡村嵌入性治理主体与内生性治理主体互动形成的乡村治理主体结构主要包括以行政逻辑为主的纵向治理结构和以自治逻辑为主的横向治理结构，二者共同形成了具有层级化与梯度化特征的纵横联结的乡村复合治理结构，这是由异质性多元治理主体组成的"重层结构"系统。就秩序彰显而言，主要包括乡村治理共同体建设的秩序运行"力度""效度""精度""温度"四个方面。就行动条件而言，包括利益联结共生（动力条件）、农民意愿凝聚（先决条件）、组织规模适度（保障条件）、文化关联相通（内在条件）、地域空间毗邻（外部条件）五个方面。

  从现实维度和实践维度看，新时代乡村治理共同体建设的实践探索，主要包括乡村"四治"的治理秩序场景实践所推动的规则完善与智慧治理以及民主协商型、合作治理型、利益整合型等行动模式的探索，这些可以呈现新时代乡村治理共同体建设的现实图景和实践表达，进一步明晰中国特色乡村治理共同体建设的本土化路径。尽管具备坚实的现实基础，然而，乡村治理共同体建设仍然面临价值、秩序、主体、行动层面的现实困境。为此，必须从价值共通、主体共担、秩序共融、行动共为四个方面突破乡村治理共同体建设的一系列困境，增强"共同体"属性，从而建构"同频共振"的价值共同体、"人人有责"的主体共同体、"人人尽责"的秩序共同体、"人人享有"的行动共同体，为个体和共同体关系的和谐统一奠定良好基础。就共同体价值的耦合凝聚而言，要通过构建价值依托（党的领导核心作用与农民主体地位彰显）、价值目的（共同富裕与公平正义的目标取向）、价值牵引（乡村公共精神重塑与社会主义核心价值观凝聚），来为多元治理主体、治理秩序、治理行动的实践提供价值指引，从而促成共同体内部的合作；就共同体主体的关联互动而言，要尽可能吸纳乡村治理的各方力量，提升乡村嵌入性治理主体与内生性治理主体的能力，强化治理主体彼此间的协同并化解利益矛盾，实现人人有责的共建要求；就共同体秩序的有机结合而言，要通过规范"三治"规则、运用智治工具、完善民主协商方式等，实现人人尽责的共治要求；就共同体行动的高效推进而言，要通过壮大乡村集体经济、加快城乡融合发展、推动乡村基本公共服务高质量发展，呈现良好的治理成效或治理成果，实现人人享有的共享要求。

　　本书在以下方面力求有所创新。第一，研究视角，以共同体为切入点，立足"乡村治理"与"共同体"的互构联结关系，力求在马克思主义中国化的学科视域下进行探讨，并具备可行性。第二，研究框架，本书尝试建构"价值—主体—秩序—行动"的互动分析框架，以形成互动式治理的路径。第三，研究观点，新时代乡村治理共同体是"乡村治理"与"共同体"辩证统一、相互促进的互构联结关系；新时代乡村治理共同体是以人民为中心和共建共治共享理念指引下的价值共同体、主体共同体、秩序共同体、行动共同体的有机统一，包含人人有责的共建、人人尽责的共治、人人享有的共享三重意蕴；新时代乡村治理共同体是政府主导与"一核多元"相结合的综合性共同体和关系共同体；新时代乡村治理共同体是由异质性多元治理主体纵横联结而形塑的复合式"重层结构"系统；新时代乡村治理共同体并不是封闭的自我独立运行的共同体，而是在国家治理发展与城乡融合发展大背景下开放流动的共同体实践形态；新时代乡村治理共同体基于乡村生产方式革新而生成，是推动乡村治理现代化、实现乡村振兴、走向乡村善治的关键和必然选择；新时代乡村治理共同体建设正是向马克思共同体思想的最高命题——"真正的共同体"过渡的乡村共建共治共享载体，是理论与实践、过程与目标的统一，是实现农民自由而全面发展的现实路径。

目 录

导 论 ··· 1

第一章　时代诉求、理论基础与分析框架 ······································· 38
第一节　新时代乡村治理共同体建设的时代诉求 ····················· 39
第二节　新时代乡村治理共同体建设的理论溯源 ····················· 44
第三节　新时代乡村治理共同体建设的理论借鉴 ····················· 64
第四节　新时代乡村治理共同体建设的分析框架 ····················· 69
本章小结 ·· 76

第二章　乡村治理共同体建设的历史考察 ······································· 77
第一节　新中国成立以来乡村治理的演进历程 ························ 78
第二节　新中国成立以来乡村治理的变迁特征 ························ 90
第三节　新中国成立以来乡村治理的基本经验 ························ 95
本章小结 ·· 112

第三章　新时代乡村治理共同体建设的理论认知 ··························· 114
第一节　新时代乡村治理共同体建设的生成机理 ··················· 115
第二节　新时代乡村治理共同体建设的价值内核 ··················· 121
第三节　新时代乡村治理共同体建设的主体关系 ··················· 137
第四节　新时代乡村治理共同体建设的秩序彰显 ··················· 150
第五节　新时代乡村治理共同体建设的行动条件 ··················· 156
本章小结 ·· 165

第四章　新时代乡村治理共同体建设的实践探索 ··························· 167
第一节　新时代乡村治理共同体建设的秩序场景实践 ············ 168

第二节　新时代乡村治理共同体建设的行动模式探索⋯⋯⋯⋯　180
本章小结⋯⋯⋯⋯⋯⋯⋯⋯⋯⋯⋯⋯⋯⋯⋯⋯⋯⋯⋯⋯⋯⋯　189

第五章　新时代乡村治理共同体建设的实现进路⋯⋯⋯⋯⋯⋯⋯　191
第一节　新时代乡村治理共同体建设的价值共通⋯⋯⋯⋯⋯⋯　192
第二节　新时代乡村治理共同体建设的主体共担⋯⋯⋯⋯⋯⋯　202
第三节　新时代乡村治理共同体建设的秩序共融⋯⋯⋯⋯⋯⋯　226
第四节　新时代乡村治理共同体建设的行动共为⋯⋯⋯⋯⋯⋯　246
本章小结⋯⋯⋯⋯⋯⋯⋯⋯⋯⋯⋯⋯⋯⋯⋯⋯⋯⋯⋯⋯⋯⋯　254

结　　语⋯⋯⋯⋯⋯⋯⋯⋯⋯⋯⋯⋯⋯⋯⋯⋯⋯⋯⋯⋯⋯⋯⋯　256

参考文献⋯⋯⋯⋯⋯⋯⋯⋯⋯⋯⋯⋯⋯⋯⋯⋯⋯⋯⋯⋯⋯⋯⋯　267

附录一　调查问卷⋯⋯⋯⋯⋯⋯⋯⋯⋯⋯⋯⋯⋯⋯⋯⋯⋯⋯⋯　284

附录二　访谈提纲⋯⋯⋯⋯⋯⋯⋯⋯⋯⋯⋯⋯⋯⋯⋯⋯⋯⋯⋯　288

附录三　访谈对象与调研区域列表⋯⋯⋯⋯⋯⋯⋯⋯⋯⋯⋯⋯　290

导　论

一　研究缘起

（一）问题缘起

党的二十大报告强调："建设人人有责、人人尽责、人人享有的社会治理共同体。"[①] 党的二十届三中全会指出："健全社会治理体系。"[②] 习近平总书记指出："要加强和创新基层社会治理，使每个社会细胞都健康活跃。"[③] 乡村是中国基层架构的重要组成单元，乡村治理关乎国家和社会稳定。乡村兴则基层兴，乡村衰则基层衰，乡村治则基层稳。"乡村之治"可以助推"基层之治"与"国家之治"。如今，进入新时代，迈向新征程，随着乡村治理环境和条件的转换，特别是乡村社会主要矛盾变化、新型城镇化、乡村振兴与城乡融合的快速推动，在乡村治理取得显著治理成效的同时，传统的村庄共同体也正在消解且逐渐式微，乡村由"共同体"走向"原子化"，乡村基层也面临治理低绩效、治理责任模糊与治理目标偏离的困境。新时代的乡村治理迫切需要在党的引领下实现内涵的延伸和质的飞跃，即转向基于共同体的关系治理，运用共同体的思维和组织形式来推动乡村治理现代化。可以说，新时代乡村治理共同体建设是从乡村治理现代化中找寻乡村之治的现实依托，是新时代乡村治理的进阶形态，充分彰显了中国式现代化的本质要求，是时代所需和民心所盼。质言之，"乡村治理

[①] 习近平：《高举中国特色社会主义伟大旗帜　为全面建设社会主义现代化国家而团结奋斗——在中国共产党第二十次全国代表大会上的报告》，人民出版社，2022，第 54 页。

[②] 《中共中央关于进一步全面深化改革　推进中国式现代化的决定》，人民出版社，2024，第 41 页。

[③] 《习近平谈治国理政》第 4 卷，外文出版社，2022，第 338 页。

共同体"的提出是对乡村治理领域的重新思考、设计和建构,其变革的动力源于社会治理、基层治理与乡村治理的外生环境及内生基础条件的深层次变迁,同时也是适应乡村治理内部矛盾运动的结果。

新时代乡村治理共同体建设顺应了社会治理共同体和基层治理共同体构建的需要。党的十九届四中全会、五中全会、六中全会和党的二十大都提出"建设人人有责、人人尽责、人人享有的社会治理共同体"的重大战略,而社会治理共同体的着力点和落脚点是基层。为此,2021年4月,《关于加强基层治理体系和治理能力现代化建设的意见》进一步明确提出:"建设人人有责、人人尽责、人人享有的基层治理共同体。"[①] 这就为建设乡村治理共同体提供了方向指引,因为乡村治理共同体是基层治理共同体的有机组成部分。"人人有责"意味着各个乡村治理主体的责任定位,"人人尽责"意味着相对应的责任履行,"人人享有"预示着乡村治理共同体建设所要实现的成果共享。乡村治理共同体立足中国特色社会主义乡村治理实践的全局视角,是支撑中国"基层之治"宏大格局的实践载体,充分体现了基层治理重心不断下移的趋势。只有实现乡村治理共同体建设过程与结果的有机统一,才能在真正意义上实现乡村治理的共建共治共享,进而为"人人有责、人人尽责、人人享有"的基层治理共同体目标实现奠定坚实基础。乡村治理共同体彰显了基层治理实践驱动的逻辑,也细化了基层治理共同体建构的重要方面,因为乡村是整个基层治理共同体建构中的薄弱治理场域,所以没有乡村治理共同体的建设,基层治理共同体的构建也就无从实现。可以说,乡村治理共同体建设承接了基层治理共同体在乡村的治理效用和功能,是基层治理共同体在乡村的重要支撑和联结纽带。它在有效整合乡村社会异质性多元治理主体需求的基础上,不断践行"人人有责、人人尽责、人人享有"的治理要求,充分体现了其整体性、人民性、共享性的治理特征。当然,乡村治理共同体建设并非机械式地承接基层治理共同体建构的具体要求,而是要把握好共性和个性的关系,在把握乡村治理的具体情境基础上,不断优化和推进乡村治理的秩序发展与活力培育,发挥好秩序功能和活力释放功能,防止出现新的乡村治理内卷化和异化现象,

---

[①] 《中共中央 国务院关于加强基层治理体系和治理能力现代化建设的意见》,中国政府网,https://www.gov.cn/zhengce/2021-07/11/content_5624201.htm。

并且通过推动异质性多元乡村治理主体的利益整合的系统性优化调整，真正释放乡村社会内生力量，形成各个乡村治理主体协同共治的有机共同体。

新时代乡村治理共同体建设是提升乡村治理现代化水平的有效路径。现代化是乡村治理的根本取向。现代化治理的典型特征就是复杂的制度设计，同时治理手段向技术化方向推进升级。乡村治理现代化主要表现在制度体系和制度执行能力两个方面。2018年，《乡村振兴战略规划（2018—2022）》中就明确从体系建构上提出健全现代乡村治理体系的具体要求，并强调打造充满活力、和谐有序的善治乡村。2019年，"中央一号"文件从能力视角出发，强调要增强乡村治理能力。可见，新时代乡村治理体系和治理能力现代化日益受到党和政府的高度重视，国家政策接连不断地"入场"，持续赋能乡村治理现代化进程。乡村治理体系和治理能力二者相互支撑、相辅相成，其中，乡村治理体系现代化是指构建与乡村社会基础相适应的制度体系、基层组织架构与治理机制，乡村治理能力现代化是指更好地满足广大农民的新需求，并不断提升乡村治理效能。但是，在高度复杂且不确定的乡村社会变迁与转型背景下，乡村治理现代化并不是单一化的乡村治理主体驱动，而是共同体式的系统推进。乡村治理共同体与乡村治理现代化要求是相契合的，乡村治理共同体旨在建立"一核多元"的治理主体系统，即在强化乡村党组织对乡村治理共同体的核心引领的基础上，将其他乡村内生性治理主体纳入治理共同体系统，并充分释放和发挥他们的治理潜能和独特优势，推动乡村治理多元主体实现思想共鸣与行动共振。这有助于激活乡村治理主体的内生动力，汇聚起推动乡村治理现代化的磅礴力量，进而为推进乡村治理现代化奠定主体基础。另外，民主、公平、正义等价值已经成为提升我国治理现代化水平的主要价值追求，而建设乡村治理共同体所遵循的共建共治共享原则正与公平正义的价值相契合，也与提升乡村治理现代化水平的发展理念相承接，乡村治理共同体建设使乡村治理现代化朝着更稳定、更公正、更民主的方向迈进。"十四五"时期，要继续强化新时代乡村治理共同体建设，以助推中国特色和中国风格的乡村治理现代化迈上新台阶。

总之，社会治理的重心在基层，而乡村治理共同体则成为其重要的场域。在乡村治理现代化的新征程中建设新时代乡村治理共同体，既是势之所趋，也是理之应然，是破解"共同治理"困境的关键。可以说，它是在乡村治理实践基础上提出的。这就需要我们重新深刻认识乡村、理解治理、把握共同体。

（二）研究价值

1. 理论价值

（1）新时代乡村治理共同体建设是对马克思共同体思想的深化发展。马克思从唯物史观出发，在对资本主义"虚假共同体""虚幻共同体"进行深刻批判的基础上，提出了"真正共同体"即"自由人的联合"，这意味着在"真正共同体"中，所有成员的共同利益能够得到真正落实。共同体是所有社会成员组成的有机体，而非当前乡村社会普遍存在的"麻袋里的马铃薯"式的机械体。只有在共同体中，个人才能获得全面发展并实现个人自由。换言之，到那时，作为自由人的个体才能平等自由地寻求公共利益中真正属于个体的人的自我利益，才能从自为的人转变为自由的人。由此可知，建设"人人有责、人人尽责、人人享有"的乡村治理共同体，是马克思共同体思想在乡村治理场域的延伸和发展。进一步讲，"人人有责、人人尽责、人人享有"为人的全面发展和个人利益的真正实现提供了全新的方式或路径。乡村治理共同体中所遵循的"集体—个人"相统一的价值原则，有助于消除个体异化，这也就为马克思提出的个体与共同体辩证统一的实现提供了现实路径。但是，新时代乡村治理共同体建设绝非一蹴而就，而是分阶段、有步骤地逐渐推进的过程，是由低形态的治理共同体向高形态的治理共同体演进的动态发展过程，充分彰显了合目的性和合规律性相统一的动态演进逻辑。可见，它赋予了马克思共同体思想新的实践生命力，并实现了创新发展。乡村治理共同体每一次的量变演进和质变飞跃都在超越自身，在"人的自由而全面发展"的目标指引下，其终将迈向"真正的共同体"，到那时，个人利益和共同体利益才能实现高度一致。总之，新时代乡村治理共同体建设彰显了马克思共同体思想与时俱进的理论品质以及历史唯物主义的根本属性。

（2）新时代乡村治理共同体建设是马克思"国家—社会"关系思想的深化发展。马克思"国家—社会"关系思想是唯物史观的重要内容。马克思提出市民社会决定国家的思想。尽管按照马克思的观点，国家和社会相互作用，即社会对国家具有决定作用，而国家对社会产生反作用，然而，国家兼具阶级性和社会性而存在，国家源于社会，最终要回归社会。随着时间的推进，国家的社会性逐渐增强，越来越多的公共事务将由社会治理实现，直到国家完全消亡并被社会所取代。这正如恩格斯所言。[①] 马克思、恩格斯所提出的国家与社会复归统一的思想，明晰了"社会把国家政权重新收回"的历史性发展方向。乡村治理共同体的提出彰显了国家与社会关系的演进发展，要求国家在社会治理层面适当向社会放权。此外，国家和社会关系在人类社会实践中主要表现为四种样态：弱国家—弱社会、弱国家—强社会、强国家—弱社会、强国家—强社会。乡村治理共同体正是从强国家—弱社会向强国家—强社会转变的关键，因为"共同体"本身具有极强的社会属性，乡村治理水平和层次的提升正是乡村社会结构变动和力量壮大的必然需要。乡村治理共同体将各类乡村治理主体进行整合，从而使乡村治理效率、能力大为提升，这不仅是打造强国家—强社会必经的实践历程，也为国家最终回归社会奠定了基础。概而论之，处于社会主义初级阶段的中国，需要顺应时代特征，立足本国实际，构建出一种新型治理样态，这种治理形态应当超越国家与社会二元对峙的局面，能够促使国家与社会基于自身发展规律而实现良性互动。马克思"国家—社会"关系思想契合了新时代乡村治理共同体建设的研究，乡村治理共同体建设中的多元治理主体完善与国家—乡村社会的互动紧密相关。质言之，马克思"国家—社会"关系思想有助于指导和调节国家和乡村社会的紧张关系，从而为建设适合乡村治理实际的乡村治理共同体奠定了基础。

（3）新时代乡村治理共同体建设是马克思主义人民立场思想的深化。习近平总书记指出："我们要始终把人民立场作为根本立场。"[②] 马克思主义人民立场思想是乡村治理共同体建设的根本理论基础。可以说，乡村治理共同体始终把人民作为建设共同体的主体力量。在乡村治理向乡村治理共同体转变的进程中，广大农民作为乡村治理的发展主力与基本依靠力量，其主体性和创造性需要进一步彰显。要始终恪守"农民在场"原则，因为广大农民是建设乡村治理共同体不可或缺的、天然的、基础性与广泛性并存的主体力量。当然，它不仅包含农民主体，而且强调"人人"都应参与

---

① 恩格斯指出："那时，国家政权对社会关系的干预将先后在各个领域中成为多余的事情而自行停止下来。"参见《马克思恩格斯选集》第 3 卷，人民出版社，2012，第 812 页。
② 《十九大以来重要文献选编》（上），中央文献出版社，2019，第 429 页。

乡村治理，凸显满足"人人"需求就是乡村治理共同体建设的目标动力，即以实现广大农民的根本利益和需求为旨归，充分体现了治理为了人民、治理依靠人民、治理成果由人民共享的执政理念。这里的"人人"也并非单指单个的"群体"或者单个的"人"，而是由各类治理主体组成的联合体。总之，乡村治理共同体建设是以广大农民的利益和需求为出发点和落脚点的，而乡村治理共同体建设的主体对象也是由广大农民组成的乡村社会。只有支持鼓励他们参与乡村治理共同体建设的各个环节与领域，才能为乡村治理共同体建设奠定广泛的群众根基。为此，马克思主义人民立场思想为建设乡村治理共同体提供了价值指引，同时乡村治理共同体建设又进一步在实践中深化了马克思主义人民立场思想。

2. 实践价值

（1）新时代乡村治理共同体建设是夯实国家治理现代化战略的迫切要求。乡村社会是国家治理的重要场域。党的十九届四中全会强调："国家治理一切工作和活动都依照中国特色社会主义制度展开。"① 国家治理能力现代化一方面包括国家在社会中的资源汲取、经济发展、社会管理、公共服务、制度建设等方面能力的现代化，另一方面涵盖无形的国家和社会之间的协调互动能力的现代化。② 基层社会治理在国家治理结构和治理体系中具有基础性地位与功能，也是国家治理路径的一个重要切入点，因为国家的政策任务都需要基层予以落实，所以相应的基础性工作也势必需要在基层完成。而乡村治理又是基层社会治理的基础，其水平和程度直接影响国家治理体系和治理能力现代化的进程和质量。可以说，作为其微观单元和基础，有效的乡村治理既是国家稳定的压舱石，也是实现国家治理现代化的关键。近年来，乡村基层社会发生了很大改变，相当数量的乡村人口外出务工，造成乡村组织与社会缺少内生活力，乡村经济可持续发展也遭到削弱，乡村在治理理念和治理方式上还面临很多困境，仍然有许多治理短板。为此，建设新时代乡村治理共同体就成为补齐国家治理能力在乡村基层中的短板的重要途径，以"乡村之治"助力"国家之治"，能够有效凝聚各方乡村治理主体力量，并打造共建共治共享的乡村治理格局，从而不断巩固

---

① 《十九大以来重要文献选编》（中），中央文献出版社，2021，第269页。
② 李红娟、董彦彬：《中国农村基层社会治理研究》，《宏观经济研究》2021年第3期。

国家治理现代化的基层根基。

（2）新时代乡村治理共同体建设是顺应城乡融合发展战略的迫切要求。在过去，乡村长期依赖并依附于城市发展。而就目前来看，城乡融合发展体制机制仍然有待完善，城乡之间的资金、土地、人口等要素流动不顺畅，其短板主要集中在乡村。为此，城乡融合发展的提出为一系列乡村治理问题的解决提供了时代契机。城乡融合不仅是对城乡二元分治模式的根本变革，而且更要通过乡村治理体系的重塑和革新来提升乡村治理水平，以破解城乡要素交换障碍，从而实现深度的城乡融合。新时代乡村治理共同体是推动乡村治理体系升级的理想选择，它将乡村治理现代化进程中的各个治理主体以及与之关联的治理客体要素进行整合调整，着力缩小城乡发展差距，为实现更高层次的城乡融合发展战略奠定了坚实基础。

（3）新时代乡村治理共同体建设是解决乡村社会一系列矛盾的迫切要求。党的二十大报告强调："要紧紧抓住人民最关心最直接最现实的利益问题。"[①] 乡村治理共同体建设是实现广大农民日益增长的美好生活需要的重要保障，有助于解决乡村发展不充分、城乡发展不平衡的问题。目前，乡村治理任务相当艰巨。随着新型城镇化及乡村振兴战略的推进，乡村治理过程中的新矛盾日益凸显，如村民增收难、乡村土地征用难、乡村文化发展滞后、乡村社会组织发展缓慢等。这些治理困境的产生表明，乡村治理进程中的不和谐因素以及治理环境的不确定性影响了乡村社会的和谐稳定。基于此，为了更有效地化解乡村社会各类矛盾，并把乡村基层社会矛盾控制在萌芽状态，就要建设乡村治理共同体，即以共同体的方式予以治理，及时回应各方乡村治理主体的利益诉求。要及时破解广大农民的揪心事、烦心事与操心事，切实实现农民有诉求、组织有回应、服务有保障，让问题在最末端解决，使矛盾在第一线化解，让美好在家周边实现。要把治理政策的惠果落实到广大农民的各项权益上，实现乡村全面和充分发展，从而提升广大农民的获得感和幸福感，并满足广大农民对美好生活的共同需要，只有这样，乡村社会主要矛盾及其各类具体矛盾纠纷才会迎刃而解。

---

① 习近平：《高举中国特色社会主义伟大旗帜　为全面建设社会主义现代化国家而团结奋斗——在中国共产党第二十次全国代表大会上的报告》，人民出版社，2022，第46页。

二 研究范畴界定

（一）治理

治理的本意是控制、操纵与引导，"治理"一词最早来自亚里士多德的《政治学》。自1989年世界银行在关于非洲的报告中首次使用"治理危机"后，治理开始逐渐被更多的政治发展研究机构及其学者采用，随后在政治学、经济学、管理学领域被广泛采用。美国学者詹姆斯·N.罗西瑙认为，治理就是当两个或更多规制产生冲突或重叠、需要调解时才发挥作用的规范、原则、规则以及决策程序。[①] 万绍红认为，治理更多的是强调主体间的互动关系，即国家、公民社会与私人部门之间的互动，是一个社会管理其政治、社会及经济事务所依赖的制度、政策与价值体系。[②] 徐勇强调治理是通过一定权力的配置和运作对社会加以引导、管理和调节以实现一定目的的活动。[③] 总之，关于治理有以下几个方面。一是其最终目标是善治，即建立与社会发展相适应的现代化治理体系，以实现公共利益的最大化。二是主体多元性。与相对单一的"统治"的主体不同，"统治"的范围以政府的权力所及为边界，而"治理"更加注重政府、社会组织、个人等多元主体间的协调合作，是以公共领域为边界的。三是权威性来源多样。"统治"的权威性一般源于强制性的法律，而"治理"的权威性则源于法律和非强制性的契约，是强制性和非强制性的结合。四是运作模式。与单向、强制、刚性的"统治""管治""管理"的运作模式不同，治理更具复合、包容、合作的特征，更加强调公共权力配置与运作的互动性和多元性。综上，治理是政府、社会组织、公众等在不同的范围内运用公共权力，以协商的方式控制、引导和规范各治理主体的行为，从而实现维护公共秩序和增进公共利益的目的。

[①] 〔美〕詹姆斯·N.罗西瑙：《没有政府的治理》，张胜军等译，江西人民出版社，2001，第9页。
[②] 万绍红：《政治制度、治理绩效与治理体系现代化研究》，上海三联书店，2021，第24页。
[③] 徐勇：《中国农村村民自治》，华中师范大学出版社，1997，第22页。

(二) 乡村治理

自1998年徐勇首次明确提出"乡村治理"概念后,学术界即以乡村公共权力运行为中心,进行了广泛而深入的研究。一些学者认为它表达的是乡村一级运用乡村公共权力,通过各类乡村公共资源的配置与对乡村公共治理事务实施的组织和管理,以实现乡村公共秩序的建构目标。[①] 还有学者认为,乡村治理是在国家政权与乡村社会两种主要力量的互动过程中推进的,势必牵涉到平等治理主体之间的互动建构在怎样的权利基础上,治理主体彼此间互动处理哪些以及怎样处理乡村公共事务、最终要达到何种治理目标,以及怎样实现目标的问题。[②] 可见,乡村治理主要是立足于乡村基层社会视角的,是在党的全面领导下,运用协同共治的方式,作用于乡村的政治、经济、文化等各项治理事务,解决乡村面临的公共性难题,以稳定乡村社会秩序,并推动其不断实现乡村善治目标的一系列治理行为和活动。从治理主体来看,乡村治理呈现多元性,多元治理主体共建共治是发展趋势,即多元主体在协调合作的基础上化解乡村利益冲突,以实现和谐稳定状态;从治理方式来看,乡村治理表现为协同性,治理过程由以人治与权威为主向协商和民主转变,这有助于增强村民权利意识,推进乡村民主政治发展;从治理内容来看,乡村治理的核心是村级治理,乡村治理具有较强的公共性,即壮大集体经济、发展公共事业、提供公共服务、促进乡村居民增收等;从治理目标来看,乡村治理要建构起系统推进、协同互动的整体性乡村治理体系,实现由管治、管理向治理、服务的转变。

(三) 共同体

共同体以整体性或普遍性的方式存在,个人离不开共同体,人只有在共同体中才能得到秩序感、实现交往、参与政治生活、参与生产实践。郁建兴认为,共同体是建立在相似的目标追求、价值认同基础上,

---

[①] 杜娇:《村庄治理现代化的实现路径》,中国社会科学出版社,2021,第42页。
[②] 曹志立、孙德超:《乡村振兴战略下的乡村治理转型与完善》,《商业研究》2018年第12期。

由个体、组织等自觉形成的相互促进、相互关联且关系稳定的群体。①可以说,共同体是组织化了的人群聚集体,它以特定的组织原则把人聚集在一起,为各个成员之间的交往提供了条件,共同体运用充分体现了集体成员利益的规则或秩序,协调各成员之间的相互关系,是关系共同体的彰显。只有每个成员"各司其职,各尽所能",不做他们职责范围之外的事情,即处于一个确定的位置,才能使整个共同体变得井然有序。总之,共同体通过特定的组织方式,把人组织和凝聚在一起,它作为人赖以存在的载体,使人根据某种组织原则联结起来,从事有利于共同体发展的事情。② 共同体成员的价值归属感与认同感,具有较强的自主性和凝聚力,在建构秩序、协调利益、凝聚成员等方面发挥着重要的作用。另外,虽然共同体是借助成员的活动来显示共同性,但这并不意味着共同体是一成不变的,相反,共同体始终处于从自在走向自为的动态变化中。

(四) 乡村治理共同体

乡村治理共同体主要包括以一系列治理价值为价值导向所形成的价值共同体、人人有责的治理主体所形成的主体共同体、人人尽责的治理规则—治理工具—治理方式所形成的秩序共同体、人人享有的治理行动所形成的行动共同体四个基本维度,是治理价值、治理主体、治理秩序、治理行动这四个共生要素系统集成、相互建构所形成的结构系统。这里的"人人"既包括个人也包括组织化的个体,可以说,人作为治理实践的主体在乡村治理共同体建设中发挥着重要作用。第一,从治理价值维度来看,主要以人民至上、共建共治共享、公平正义、共同富裕等价值理念、价值目标、价值准则和思维取向为指引,具有相对稳定的选择性、导向性与共在共融性。第二,从人人有责的治理主体维度来看,主体共同体意味着责任的界定与配置,其扮演承担者、参与者的角色,是从事乡村治理活动的各类组织的个体或者具体的个人,是权责同构的复合体。具体而言,是由嵌入性治理主体即乡镇党委政府、乡村企业、新乡贤与内生性治理主体即乡

---

① 郁建兴:《社会治理共同体及其建设路径》,《公共管理评论》2019 年第 3 期。
② 马俊峰、马乔恩:《构建人类命运共同体的历史性研究》,人民出版社,2019,第 35 页。

村党组织（村党支部）、村民委员会、村民小组、乡村社会组织、乡村经济合作社、广大农民等构成的乡村多元治理主体纵横交错的"重层结构"系统。由于多元治理主体由多个不同的同质体构成，所以具有明显的治理主体异质性特征，各个异质性治理主体之间是建立在博弈与合作基础上的互动关系。第三，从人人尽责的治理秩序维度来看，乡村治理秩序包含外部嵌入性的规范秩序和乡村内生性的自主秩序两个层面，秩序共同体意味着责任的履行，涵盖乡村多元治理主体推动的规则、工具、方式三个方面，主要包括乡村自治规则、乡村法治规则、乡村德治规则、乡村智治工具、乡村民主协商方式。第四，从人人享有的治理行动维度来看，行动共同体意味着基于乡村多元治理主体责任配置和履行所达成的"普惠共享"的治理成效和治理成果，进而意味着实现乡村有效治理、和谐有序、充满活力，推动乡村治理体系和治理能力现代化。总之，新时代乡村治理共同体不仅包括目标性与引领性强的价值共同体、多元主体关联互动的责任性主体共同体以及治理规则方式多样的工具性秩序共同体，更是一个内涵"普惠共享"的结果性行动共同体。

三 研究述评

（一）国内研究回顾

1. 乡村治理研究的整体脉络——基于文献计量法与 CiteSpace 的可视化知识图谱分析

本书基于中国知网数据库文献资源，运用文献计量法分析乡村治理研究的发文趋势（见图 0-1）。乡村治理研究自 1998 年正式进入学术研究视野后，整体研究热度一直呈现上升趋势。2005~2012 年，乡村治理研究呈现平缓趋势；2013~2016 年，乡村治理研究呈现上升趋势；2017 年至今，乡村治理研究的热度陡然提高。本书通过采用 CiteSpace 可视化分析方法，对乡村治理研究进行知识图谱分析，即通过关键词共现知识图谱、关键词聚类知识图谱、关键词时区分布、核心发文机构、核心发文作者的可视化知识图谱分析，全面直观地了解该研究领域的研究进路、主要论域，进一步呈现乡村治理研究的主题变化规律、最新研究热点以及研究趋势。研究发现，学术界对乡村治理问题的研究呈现研究面向广、多学科交叉的特征。以中国知网数据库为基础，借助高级搜索模式，将年份设置为 2018～2022 年，期刊设置为 CSSCI 来源期刊，并以"乡村治理"为关键词进行精确检索，得到相关文献 1860 篇。

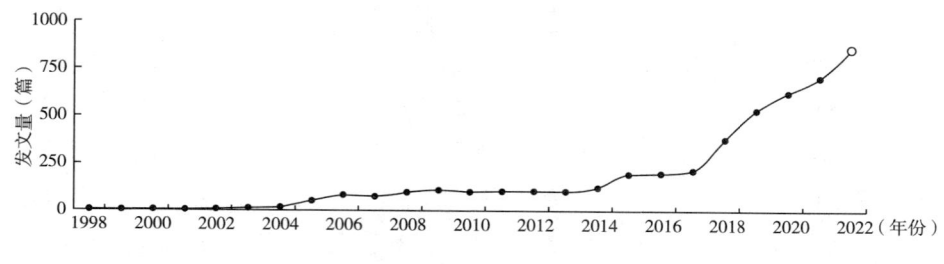

图 0-1　乡村治理研究 CSSCI 来源期刊发文趋势

（1）乡村治理研究关键词分析。笔者围绕乡村治理研究的 CSSCI 期刊的关键词，通过 CiteSpace 计量软件，绘制出了关键词共现知识图谱。关键词是研究的核心和精髓，能够充分全面地反映研究的主题、重点和热点。关键词是计量分析法中常用的指标。立足乡村治理研究的关键词属性以及关联聚类分析，对检索到符合条件的"乡村治理"有效文献进行关键词聚类，得到国内乡村治理研究主题的关键词聚类图谱，该图谱直观地反映了研究关键词及其发展演变方向的具体情况。如图 0-2 所示，关键词主要聚焦乡村振兴、乡村治理、村民自治、基层治理、新乡贤等，其中，围绕乡村治理和乡村振兴两大节点，延伸出乡村治理体系、乡村治理现代化、治理效能等关键词节点。在此基础上，进一步对乡村自治、法治、德治、党建引领、数字乡村、新乡贤、村规民约等问题进行研究，它们之间的连线越紧密代表其相关性越强。与此同时，对排名前 10 的热点关键词进行词频统计，分别是乡村治理、乡村振兴、乡村振兴战略、村民自治、基层治理、新乡贤、精准扶贫、乡村治理体系、社会治理、新时代（见表 0-1）。可见，国内乡村治理研究主题的时间演变表明，关键词聚类的发展变化始终紧跟时代变革需求和乡村发展治理需要，并且始终围绕"中国特色"推进，即都是在聚焦中国特有的乡村经济发展状况、社会发展水平与文化观念基础上展开的。

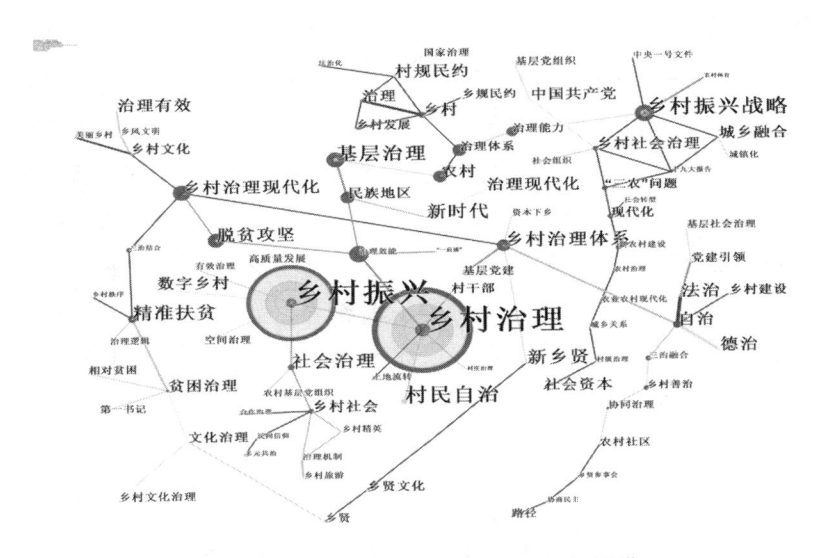

图 0-2 乡村治理研究关键词共现知识图谱

表 0-1 乡村治理研究关键词频统计

序号	频次	中心度	关键词
1	672	0.7	乡村治理
2	619	0.54	乡村振兴
3	75	0.68	乡村振兴战略
4	70	0	村民自治
5	51	0.9	基层治理
6	44	0.1	新乡贤
7	44	0.28	精准扶贫
8	43	0.69	乡村治理体系
9	39	0.34	社会治理
10	39	0.05	新时代

关键词聚类知识图谱（见图 0-3）可以更加清晰地展现乡村治理研究的关键词分布情况。在聚类图谱的 8 个标签中，每个标签都代表了一个主题，序号越小，意味着该聚类中涵盖的关键词越多，内部关联越密切，相关性也越高，研究视域丰富且较为成熟。例如，"#0 法治"的聚类标签涵盖

的关键词最多，主要包括党建引领、基层社会治理、路径、农村社区、协同治理、乡村善治、乡村建设等，而"#8现代化"的聚类标签涵盖的关键词最少。对乡村治理研究的主题和热点进行梳理，我们可归纳出目前研究呈现以下特点：乡村治理研究既关注宏观战略布局，又侧重微观（区域）治理实践和案例探讨；乡村治理研究既关注乡村治理（工具）的理性判断与选择，又注重乡村治理（主体）的价值性回归；乡村治理研究既注重借鉴学习西方治理思想的相关理论有益成果，也注重建立和发展中国特色乡村治理理论与话语体系；随着研究的不断深入，其研究的高度、广度、深度也在不断变化，由原来的以政策描述为主的倡导性研究逐渐转向学理性较强的基础性研究。

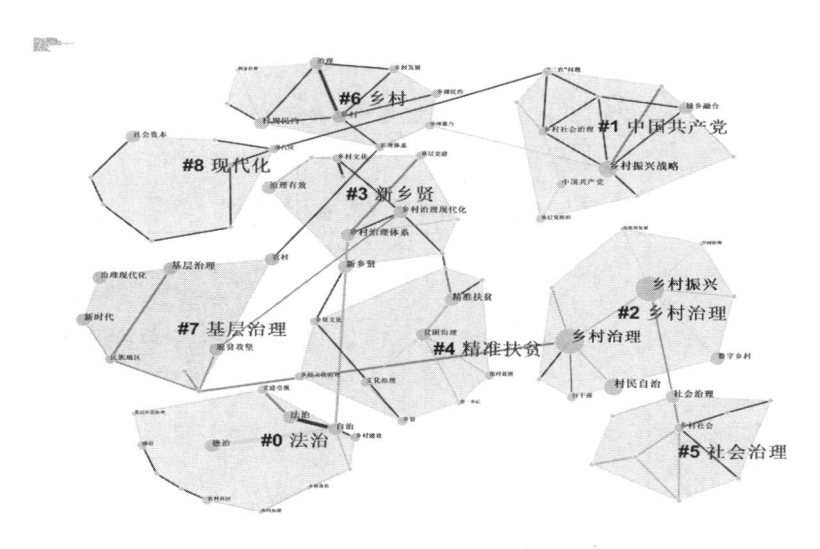

图 0-3　乡村治理研究关键词聚类知识图谱

（2）乡村治理研究时区分析。对 2018 年以来乡村治理研究的时区分布进行分析（见图 0-4），我们可以得知，节点连线越多且颜色越丰富，表明关键词在该领域研究越活跃。不同年份对乡村治理研究的侧重点有所不同，清晰地展现了不同时间节点的研究热点、前沿议题和转换趋势，这与当前国内外经济文化环境的变化对乡村治理的影响密切相关。例如，2018 年（乡村振兴、乡村治理）、2019 年（脱贫攻坚、乡村善治）、2020 年（治理现代化、民族地区）、2021年（乡村文化治理、数字乡村）、2022年（治理效能、一肩挑）等，可以看出，乡村治理研究日益聚焦，乡村治理研究主题"由大到小"转变的趋势明显，更加突出以问题和时代发展为导向。

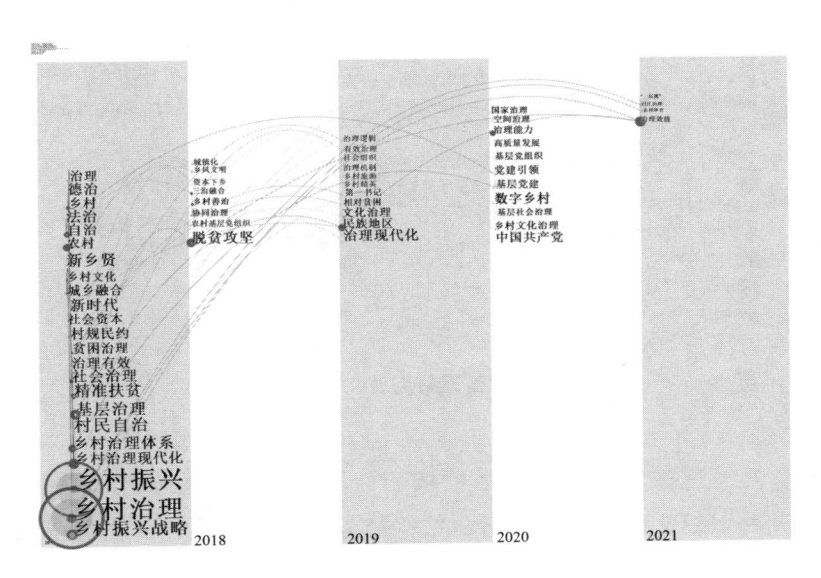

图0-4 乡村治理研究关键词时区分布

（3）乡村治理研究核心机构分析。从发文机构看，位于前3名的分别是中国农业大学、武汉大学、华中师范大学（见图0-5），这3所学校在乡村治理研究领域都拥有雄厚的实力。总体来看，各个研究机构之间的连线较少，较为独立分散，网络密度较低，合作不强，研究尚局限于个别研究机构间的小规模联合，存在一定学术壁垒，这不利于各个机构之间的信息交流和共享。为此，需加强各研究机构的交流合作，以拓展乡村治理研究的广度，提升其高度和深度。

（4）乡村治理研究核心作者分析。清晰呈现乡村治理领域的核心作者的知识图谱（见图0-6）可知，节点圆的大小表明作者发文数量，作者之间的连线代表彼此合作，作者名字的大小按照发文数量的比例呈现。2018年以来，以赵秀玲、宋才发、王亚华、于水、桂华、贺雪峰、刘守英、何阳等为代表的学者的节点较大，这表明这些学者在乡村治理研究领域的成

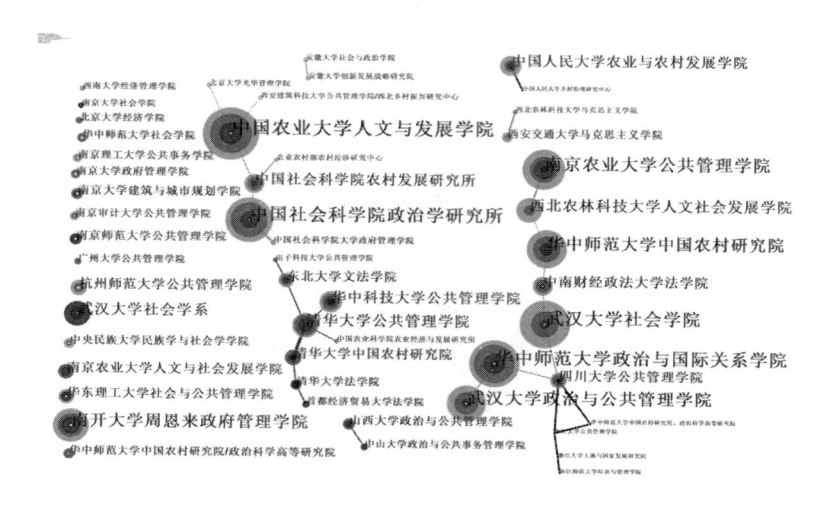

图 0-5　乡村治理研究发文核心机构分布

果丰硕。尽管这些学者具有较强的代表性，也有自己的研究团队，然而，学者之间是以线状分布为主，网状结构尚未形成，连线在 3 人以上的比较少。这表明专注于乡村治理研究的学者之间的聚合性不够，彼此的学术联系较为薄弱松散，尚未形成稳定的核心作者群。在未来的乡村治理研究中应加大跨学科、跨单位、跨团队的交流和联系，以拓宽乡村治理研究的合作领域，提升合作深度，拓展研究广度，强化该研究领域的影响力。

2. 关于乡村治理的主体、模式、结构的研究

学术界对乡村治理主体的研究大致分为国家政府层面、乡镇村级层面、村民个体层面三个层级，并据此阐述不同主体的角色定位。大多数学者认为，乡村治理主体是多元的，需要运用恰当的方式和制度设计，使各个乡村治理主体能够发挥各自作用。第一，从治理主体间关系出发，吴娜认为乡村治理各行动者之间的关系正由想象共同体转变为利益共同体。[①] 高千、张英魁则认为乡村治理主体冲突主要表现为乡镇政府与村委会的冲突、村

[①] 吴娜：《想象共同体与利益共同体 乡村治理的权力结构与内卷化》，《商业时代》2013 年第 27 期。

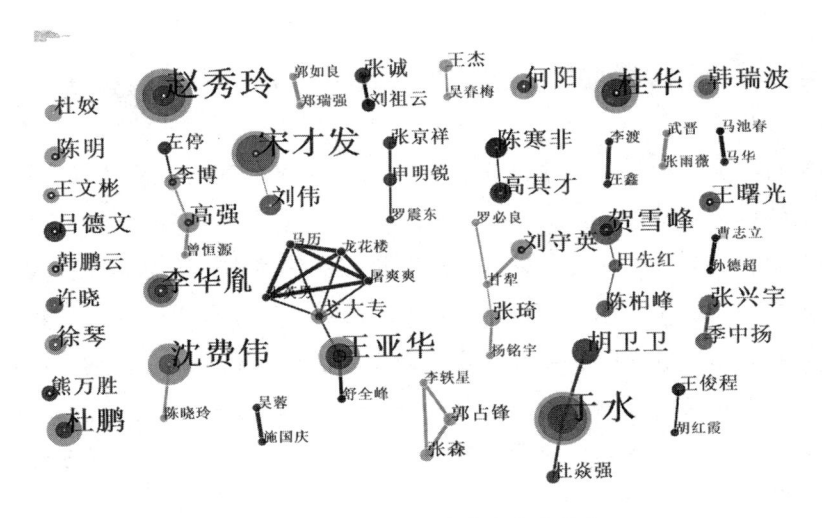

图 0-6　乡村治理研究发文作者分布

支部与村委会的冲突、村委会与社会组织的冲突。① 第二，从乡村治理主体的有效性看，黄涛、朱悦蘅认为应从治理资源禀赋和对目标的实现程度来界定标准。② 第三，从乡村治理主体的划分看，陈晓莉认为乡村治理主体包括组织性主体、群体性主体、个体性主体三大类。③ 杜智民、康芳认为基层政府、村"两委"、乡村精英和普通村民构成多元乡村治理主体。④ 孙迪亮认为乡村治理主体包括两级党委、乡镇政府、社会组织和农民群众。⑤ 第四，从乡村治理主体面临的困境看，宋烨认为乡村治理主体能力有待提升、主体的缺位弱化、主体地位尚待彰显、主体信任基础缺失、主体参与机制有待强化。⑥ 张国磊、张燕妮则认为乡村治理主体角色弱化的原因包括乡镇

---

① 高千、张英魁:《乡村振兴战略下乡村治理主体冲突及其化解策略》,《宁夏社会科学》2019 年第 6 期。
② 黄涛、朱悦蘅:《农村集体产权制度变革与乡村治理研究》,商务印书馆,2018,第 76 页。
③ 陈晓莉:《新时期乡村治理主体及其行为关系研究》,中国社会科学出版社,2012,第 68~85 页。
④ 杜智民、康芳:《乡村多元主体协同共治的路径构建》,《西北农林科技大学学报》(社会科学版) 2021 年第 4 期。
⑤ 孙迪亮:《论乡村社会治理的系统性》,《齐鲁学刊》2019 年第 4 期。
⑥ 宋烨:《城乡统筹背景下乡村治理模式研究》,中国商务出版社,2018 年,第 34~35 页。

政府不恰当的行政干预、驻村干部的选择性回应、社会组织的不在场、乡村精英流失等方面。[①]

学术界从不同维度对乡村治理模式进行解构，包括演变动因、特点以及模式评价等。第一，就乡村治理模式本身而言，尹广文认为乡村治理模式包括自下而上的乡村自主治理、自上而下的国家动员型治理以及横向互动中的协同复合治理。[②] 杨新荣、杨勇军等认为乡村治理模式是指以辖区居民为对象，协同各种社会力量，在遵循相应的治理机制下，解决社会问题，从而形成相对稳定的治理范式。[③] 第二，就乡村治理模式的变迁趋势而言，孙强强、李华胤认为中国乡村治理模式经历了弱国家—强社会的简约治理、强国家—弱社会的全能治理、强国家—较弱社会的威权治理的变迁。[④] 侣传振认为互联网时代的农村协同治理存在"公开—监督""互动—协商""开放—共治"三种模式。[⑤] 吕洁认为我国乡村治理历经传统的乡村治理模式、行政权力的深度参与和全面控制、乡政村治体制的形成发展、乡村治理模式的发展创新四个阶段。[⑥] 第三，就乡村治理模式的类型而言，邹艳丽认为乡村治理模式大体分为行政主导型、集体主导型、社会主导型、市场主导型、合作治理型五种类型。[⑦] 沈永东、陈天慧认为多元主体乡村治理的共治模式可以分为补缺模式、协同模式与替代模式三种。[⑧]

关于乡村治理结构的研究。第一，从乡村治理结构的变迁出发，陈晓莉认为乡村治理结构由单中心治理走向多中心治理。[⑨] 周庆智认为当前乡村

[①] 张国磊、张燕妮：《新时代乡村振兴主体的角色定位》，《农村经济》2019 年第 12 期。
[②] 尹广文：《新时代乡村振兴战略背景下乡村社会治理体系建构研究》，《兰州学刊》2019 年第 5 期。
[③] 杨新荣、杨勇军等：《乡村社会治理的框架、模式与路径研究——以广东省为例》，《农业经济问题》2019 年第 8 期。
[④] 孙强强、李华胤：《乡村弹性化治理：一个概念性框架及其三重维度——基于"国家-社会"关系历史演进的考量》，《南京农业大学学报》（社会科学版）2021 年第 1 期。
[⑤] 侣传振：《互联网时代农村协同治理模式、演进逻辑与路径选择》，《湖南农业大学学报》（社会科学版）2019 年第 6 期。
[⑥] 吕洁：《中国乡村社会治理模式研究》，中国社会科学出版社，2021，第 58~95 页。
[⑦] 邹艳丽：《乡村管理走向乡村治理》，中国建筑工业出版社，2017，第 142~143 页。
[⑧] 沈永东、陈天慧：《多元主体参与基层社会治理的共治模式——以宁波市鄞州区为例》，《治理研究》2021 年第 4 期。
[⑨] 陈晓莉：《新时期乡村治理主体及其行为关系研究》，中国社会科学出版社，2012，第 34~35 页。

治理的两个结构性变化主要是国家权力全面进入乡村社会以及以基层党组织为核心的乡村权威关系的重组。① 第二，从乡村治理结构的困境出发，杨嵘均认为乡镇行政管理困境、村民自治困境、农村社会中介组织发展困境是乡村治理结构系统运行的梗阻与症结。② 王晓毅认为村庄层面的国家弱化、市场缺位、农民参与不足导致乡村治理结构陷入困境。③ 周少来认为权力过密化导致乡村治理的结构性问题。④ 第三，从乡村治理结构的完善出发，赵晓锋、马欣荣等认为乡村治理结构的健全要充分重视提高劳动者素质以及尊重农民的经济利益。⑤ 杜鹏认为乡村治理中的政治和行政逻辑赋予乡村治理结构以弹性。⑥ 赵泉民认为乡村治理结构从以"强制性秩序维持"为核心目标的"单中心"治理结构，走向以"多主体协同"为手段和"协商性整合"为取向的新型治理结构。⑦ 尹利民认为乡村治理结构包括以"一元主导"为特征的党的全面领导加强、以"三治"为框架的治理体系拓展、以"合作共治"为核心的治理机制构建。⑧

3. 关于乡村自治、法治、德治的研究

关于乡村自治的研究。第一，从乡村自治的内容看，徐勇系统分析了村民自治的兴起发展、制度体系、组织形式、活动内容、运作模式及运作机制等。⑨ 李华胤、吴开松认为村民自治的研究范式主要包括制度—价值、条件—形式、规则—程序、治理—有效四个方向。⑩ 第二，从乡村自治的变迁看，徐勇认为中国村民自治的实现经历以自然村为基础的自生自发、以建制村为基础的规范规制、建制村之外的内生外动三个波段。⑪ 吕德文认为

---

① 周庆智：《重构乡村社会：国家视角或社会视角》，《甘肃社会科学》2020年第1期。
② 杨嵘均：《乡村治理结构调适与转型》，南京师范大学出版社，2014，第191页。
③ 王晓毅：《完善乡村治理结构，实现乡村振兴战略》，《中国农业大学学报》（社会科学版）2018年第3期。
④ 周少来：《"权力过密化"：乡村治理结构性问题及其转型》，《探索》2020年第3期。
⑤ 赵晓锋、马欣荣等：《中国乡村治理结构的转变》，《重庆大学学报》（社会科学版）2013年第2期。
⑥ 杜鹏：《乡村治理结构的调控机制与优化路径》，《中国农村观察》2019年第4期。
⑦ 赵泉民：《合作社组织嵌入与乡村社会治理结构转型》，《社会科学》2015年第3期。
⑧ 尹利民：《中国乡村治理的结构性转换与治理体系塑造》，《甘肃社会科学》2022年第1期。
⑨ 徐勇：《中国农村村民自治》（增订本），生活·读书·新知三联书店，2018，第18~127页。
⑩ 李华胤、吴开松：《近年村民自治研究的范式转换与趋势展望》，《中南民族大学学报》（人文社会科学版）2020年第1期。
⑪ 徐勇：《乡村治理的中国根基与变迁》，中国社会科学出版社，2019，第207~217页。

70年来乡村治理的变迁主要表现为治理主体多元化、治理内容由政务向村务转变、治理方式制度化。[1] 第三，从乡村自治的困境看，李勇华认为村民自治面临农民财产权利被加速侵犯、村级公共事务杂乱无章、行政权力过大、村务治理空心化等困境。[2] 方帅认为影响村民自治重心下移的结构性要素可归纳为单元、利益、权力和规则结构四类。[3] 第四，从乡村自治的完善路径看，刘成良认为乡村微自治通过治理单元下沉、重塑基层自治主体等手段，开展自我管理和自我服务。[4] 肖琳认为应将国家行政权作为村民自治权的保障。[5] 黄博认为村民自治的发展路径应通过强化村域经济、文化和组织资源的三重嵌入来建构。[6]

关于乡村法治的研究。第一，从乡村法治化的困境看，李营认为乡村法治化面临法律法规制度体系不完善、治理主体法治素养不足、治理机制法治化程度偏低、治理环境法治氛围不足的困境。[7] 王贺强认为乡村法治化面临治理主体断层、机制不健全和法治土壤不成熟的挑战。[8] 杜艳艳认为法治乡村建设受人治传统的影响。[9] 徐婧认为基于立法、执法、守法等方面存在的客观局限性，乡村"法治"面临薄弱化、虚置化、边缘化的困境。[10] 第二，从乡村法治的路径看，孟莉认为推进乡村治理法治化建设要制定专门的乡村治理法律体系。[11] 宋才发、许威认为要注重发挥传统文化中规则文化的法治功效，即通过习惯法、村规民约、公序良俗等予以强化。[12] 刘茂林、

---

[1] 吕德文：《70年来乡村治理的自治传统及实践动向》，《人民论坛》2019年第29期。
[2] 李勇华：《乡村治理现代化中的村民自治权利保障》，中国社会科学出版社，2015，第270~327页。
[3] 方帅：《村民自治重心下移的结构与困境》，《求实》2020年第3期。
[4] 刘成良：《微自治：乡村治理转型的实践与反思》，《学习与实践》2016年第3期。
[5] 肖琳：《私人治理与规则之治：村民自治的实践困境及其出路》，《中共福建省委党校（福建行政学院）学报》2020年第6期。
[6] 黄博：《乡村振兴战略与村民自治：互嵌、诉求与融合》，《求实》2020年第1期。
[7] 李营：《乡村治理法治化转型困境及破解之策》，《领导科学》2019年第22期。
[8] 王贺强：《乡村治理法治化现状分析及实现路径》，《农业经济》2020年第7期。
[9] 杜艳艳：《新时代法治乡村建设的理论创新与实践发展》，《哈尔滨工业大学学报》（社会科学版）2021年第2期。
[10] 徐婧：《"三治融合"乡村治理体系的"法治"进路》，《华中农业大学学报》（社会科学版）2022年第1期。
[11] 孟莉：《乡村治理法治化建设的现实困境与路径》，《领导科学》2019年第24期。
[12] 宋才发、许威：《传统文化在乡村治理中的法治功能》，《中南民族大学学报》（人文社会科学版）2020年第4期。

王鸾鸾认为要充分发挥程序法治的价值整合与权力规制作用。[1] 朱政基于三治融合视角探讨法治乡村的实现机理,认为应通过挖掘法治乡村的丰富内涵、创新法治乡村建设的体制机制等来推进法治乡村建设。[2]

关于乡村德治研究。第一,从乡村德治的困境看,李元勋、李魁铭认为乡村德治面临乡村传统文化体系消融解体、意识形态分散化、乡村道德滑坡的困境。[3] 第二,从乡村德治的实现路径看,周申倡、戴玉琴认为道德教化是乡村德治有效运转的制度化保证。[4] 王海成、张丽君认为乡村德治需要借鉴传统乡村德治的思想资源和方法途径,对德治进行重新定位。[5] 周申倡、戴玉琴认为村级治理中的"德治涵养自治"要通过培育新德、制度耦合、组织农民来实现。[6] 第三,从乡村德治的发展趋势看,高艳芳、黄永林认为村规民约具有形成家庭美德、培育个人品德、弘扬社会公德的德治功能。[7] 于语和、雷园园认为推动乡村德治主体趋向多元化,要通过法理化的民间规范以及礼俗化的国家价值观,重构起多维协同共治的权威和话语体系。[8] 第四,从乡村德治的功能看,刘婷婷、俞世伟认为乡村德治能够增强村民自治有效性,弥补法治效力不足。[9] 徐茜认为乡村德治的"软约束"作用有限。[10] 第五,从乡村德治的历史变迁看,周申倡、戴玉琴认为乡村德治

---

[1] 刘茂林、王鸾鸾:《法治乡村视野下村域社会治理的权力配置及其优化》,《中南民族大学学报》(人文社会科学版) 2021 年第 5 期。

[2] 朱政:《"三治融合"视域下法治乡村建设的实践机理与理想图景——基于湖北宜都试点的讨论》,《云南社会科学》2021 年第 2 期。

[3] 李元勋、李魁铭:《德治视角下健全新时代乡村治理体系的思考》,《新疆师范大学学报》(哲学社会科学版) 2019 年第 2 期。

[4] 周申倡、戴玉琴:《迈向治理文明:乡村德治的实践辩证法——基于中央有关政策文件的解读》,《岭南学刊》2020 年第 5 期。

[5] 王海成、张丽君:《"三治"结合背景下乡村德治的定位与转型》,《西北农林科技大学学报》(社会科学版) 2020 年第 6 期。

[6] 周申倡、戴玉琴:《村级治理中"德治涵养自治"逻辑的政治学分析》,《宁夏社会科学》2021 年第 3 期。

[7] 高艳芳、黄永林:《论村规民约的德治功能及其当代价值——以建立"三治结合"的乡村治理体系为视角》,《社会主义研究》2019 年第 2 期。

[8] 于语和、雷园园:《村民自治视域下的乡村德治论纲》,《山东大学学报》(哲学社会科学版) 2020 年第 1 期。

[9] 刘婷婷、俞世伟:《乡村德治重构与归位:历史之根和现代之源的成功链接》,《行政论坛》2020 年第 1 期。

[10] 徐茜:《乡村治理也需要"德治"》,《人民论坛》2018 年第 30 期。

历经从"教化—控制"型到"教化—改造"型再到"治理—善治"型的演变过程。①

4. 关于乡村三治融合与乡村智慧治理的研究

学术界观点较为一致地认为，乡村三治融合应处理好自治、法治、德治的关系，而且自治、法治、德治不应该脱离整体的三治融合下的乡村治理体系独立发展，应该立足新治理体系框架，并和其他治理方式一起共同作用于乡村。第一，从乡村"三治"的关系结构看，陈于后、张发平认为自治、法治、德治彼此间绝非简单相加、相乘的排列组合关系。② 李亚冬认为三治结合强调多元主体和多元规范的相互作用，其功能在于促进乡村发展。③ 陈松友、卢亮亮认为三者间的关系是自治为基，法治为本，德治为先。④ 张明皓认为三治融合的乡村治理体系生成逻辑包括国家和社会关系变革的外部驱动、乡村治理结构的内源优化、新时代以人民为中心的价值立场。⑤ 高青莲、于书伟认为三治合一的逻辑过程体现三者"一体两翼"的支持关系及其实践。⑥ 第二，从乡村三治融合面临的困境看，唐皇凤、汪燕认为在三治结合的实践中存在重三治而轻结合、治理行政化和碎片化、创新实践同质化、参与主体缺乏可持续的动力机制等困境。⑦ 李小艺、金江峰认为乡村三治实践受到多元组织载体、内生于治理单元的社会资本等的限制。⑧ 李小伟认为治理体系的制度化、专业化建设相对滞后，导致"三治融合"的合力尚未形成最佳效应。⑨ 第三，从乡村三治融合的完善路径看，孙冲认为

---

① 周申倡、戴玉琴：《从"教化—控制"到"治理—善治"：基层治理模式递嬗中的乡村德治》，《江海学刊》2020年第6期。

② 陈于后、张发平：《新时代乡村"自治、法治、德治"融合治理体系研究》，《云南行政学院学报》2019年第6期。

③ 李亚冬：《新时代"三治结合"乡村治理体系研究回顾与期待》，《学术交流》2018年第12期。

④ 陈松友、卢亮亮：《自治、法治与德治：中国乡村治理体系的内在逻辑与实践指向》，《行政论坛》2020年第1期。

⑤ 张明皓：《新时代"三治融合"乡村治理体系的理论逻辑与实践机制》，《西北农林科技大学学报》（社会科学版）2019年第5期。

⑥ 高青莲、于书伟：《"三治合一"乡村治理体系的逻辑演绎与实现机理》，《学习论坛》2020年第11期。

⑦ 唐皇凤、汪燕：《新时代自治、法治、德治相结合的乡村治理模式：生成逻辑与优化路径》，《河南社会科学》2020年第6期。

⑧ 李小艺、金江峰：《差序协同：村庄地权纠纷处理的"三治"关系实践》，《云南民族大学学报》（哲学社会科学版）2020年第1期。

⑨ 李小伟：《"三治融合"创新农村社会治理体系》，《经济问题》2021年第10期。

乡村三治融合能够适应村级治理的差异化、弹性化与精细化需求，实现善治之目标。① 冯留建、王宇凤提出构建自治、法治、德治相结合的治理共同体。②

乡村智治主要是指基于乡村数字化治理背景，通过大数据、人工智能、区块链等信息技术手段，实现乡村的智慧治理。第一，从乡村智治的作用看，郑永兰、信莹莹认为新一代数字化、网络化、智能化信息技术塑造着乡村治理的新情境、新模式，并提供了新动力。③ 王林霞、魏磊认为大数据嵌入乡村治理将成为优化乡村治理生态的重要驱动力。④ 沈费伟认为实现数字乡村韧性治理要推动整体性、适应性、包容性、风险性、内生性治理，以提升治理绩效。⑤ 第二，从乡村智治面临的困境看，丁波认为数字乡村治理可能带来形式主义、隐形工作、关系疏离等数字负担。⑥ 谭新喜认为西部乡村数字治理困境主要是资金和技术投入不足、信息孤岛和管理分离、乡村干部和村民对数字治理认知度有限等。⑦ 第三，从乡村智治的实现路径看，谭九生、任蓉认为要通过构建多元共治的大数据系统与大数据嵌入的乡村治理保障体系来推进乡村智治。⑧ 沈费伟、诸靖文认为未来乡村治理需要采取硬技术与软技术相结合的治理策略。⑨ 沈费伟认为乡村技术赋能涵盖个人、组织、社区三个层面。⑩ 冯献、李瑾等认为乡村智治要构建城乡一体的数字基础设施网络、乡村数字化基础平台，以加快治理内容数字化。⑪

---

① 孙冲：《村庄"三治"融合的实践与机制》，《法制与社会发展》2021年第4期。
② 冯留建、王宇凤：《健全自治、法治、德治相结合的乡村治理体系》，《中国高校社会科学》2021年第4期。
③ 郑永兰、信莹莹：《乡村治理"技术赋能"：运作逻辑、行动困境与路径优化——以浙江F镇"四个平台"为例》，《湖南农业大学学报》（社会科学版）2021年第3期。
④ 王林霞、魏磊：《大数据嵌入乡村治理的路径建构》，《云南行政学院学报》2020年第5期。
⑤ 沈费伟：《数字乡村韧性治理的建构逻辑与创新路径》，《求实》2021年第5期。
⑥ 丁波：《数字赋能还是数字负担：数字乡村治理的实践逻辑及治理反思》，《电子政务》2022年第8期。
⑦ 谭新喜：《西部乡村数字治理的困境与破解》，《农村·农业·农民》（A版）2022年第9期。
⑧ 谭九生、任蓉：《大数据嵌入乡村治理的路径创新》，《吉首大学学报》（社会科学版）2017年第6期。
⑨ 沈费伟、诸靖文：《乡村"技术治理"的运行逻辑与绩效提升研究》，《电子政务》2020年第5期。
⑩ 沈费伟：《乡村技术赋能：实现乡村有效治理的策略选择》，《南京农业大学学报》（社会科学版）2020年第2期。
⑪ 冯献、李瑾、崔凯：《乡村治理数字化：现状、需求与对策研究》，《电子政务》2020年第6期。

5. 关于乡村治理共同体的研究

学术界研究主要集中于乡村治理多元主体视域下的乡村治理共同体建设，主要表现在两个方面：一是乡村治理共同体内部多元主体并非单一；二是各治理主体间的关系是多元化的辩证统一而不是对立。同时，围绕乡村是否要构建乡村治理共同体、未来新型的乡村治理共同体呈何种形态，以及由谁来构建乡村治理共同体这三大问题，学术界展开了深入探讨。第一，从治理多元主体看，孙迪亮、孙泽玮立足马克思国家与社会关系视角，认为构建乡村治理共同体必须坚持社会力量参与、县乡政府负责及以农民群众为本的原则。[1] 程秋凤、何玲玲提出构建由乡镇政府、村委会、农村精英、村民及社会组织等多元主体参与的乡村治理共同体路径。[2] 刘俊生、陈璟认为"村为中心"的乡村治理共同体由村民小组、村民、政府、企业、新乡贤等主体联结而成。[3] 第二，从面临的治理困境看，丁菲菲认为乡村治理共同体建构存在共同体意识缺失、主体功能模糊和机制有待创新等困境。[4] 高卫星、张慧远认为构建乡村治理共同体存在基层干部治理理念滞后、相关制度不健全、村"两委"动员和整合力量不足、治理动力有限等问题。[5] 廖慧勤认为乡村治理共同体面临基层组织功能弱化、结构松散化、意义世界隐退等多重挑战。[6] 第三，从实现路径看，毛一敬认为乡村治理共同体要通过权力、责任及利益分配来影响共同体内的主体行为，整合主体优势，激发主体动力。[7] 尹晓静、李雪飞认为要通过共同体意识的培育、多元治理主体的科学整合、治理手段的创新来推动乡村治理共同体建设。[8] 田毅鹏、张笑菡认为将乡村治理空间中的复杂主体关系置于乡村社会"重层

---

[1] 孙迪亮、孙泽玮：《马克思国家与社会关系理论视域下乡村社会治理共同体构建》，《桂海论丛》2020年第1期。
[2] 程秋凤、何玲玲：《乡村振兴战略背景下乡村治理主体多元化研究——基于治理共同体视角》，《安顺学院学报》2020年第3期。
[3] 刘俊生、陈璟：《"村为中心"的乡村治理共同体：祁阳实践》，《行政论坛》2021年第3期。
[4] 丁菲菲：《乡村社会治理共同体构建的困境与出路》，《现代农业》2021年第5期。
[5] 高卫星、张慧远：《乡村治理共同体构建的理论逻辑、现实困境及策略》，《中州学刊》2021年第2期。
[6] 廖慧勤：《建构乡村社会治理共同体的境遇与选择》，《理论导刊》2022年第1期。
[7] 毛一敬：《构建乡村治理共同体：村级治理的优化路径》，《华中科技大学学报》（社会科学版）2021年第4期。
[8] 尹晓静、李雪飞：《乡村治理共同体建设困境及路径创新》，《中阿科技论坛》（中英文）2021年第7期。

结构"的框架中,是有效构建乡村治理共同体的可行路径。[1] 第四,从建构形态上看,王杰、曹兹纲认为乡村治理共同体强调从单边治理迈向共同治理,是由党、政府、社会组织、群众组成的行动集体。[2] 孟祥瑞认为要形塑党建引领、主体耦合、三治融合、技术承托的乡村治理共同体。[3] 从县域治理视角,贺海波认为乡村治理责任共同体的特征在于政治化的治理任务、规范化的治理行为、常规化的治理监督以及私利化的治理参与。[4] 孟庆渡认为建立村庄参与网络、再造信任网络以及重塑规范网络是推动村庄治理共同体形成的重要途径。[5]

(二) 国外研究回顾

1. 关于发达国家乡村治理的典型模式的研究

学术界从个案研究、比较研究及整体研究的视角,围绕国外主要发达国家的乡村治理模式展开了深入研究和有效探索。第一,立足个案研究层面,沈费伟、刘祖云概括了不同地域下主要发达国家的乡村治理模式:一是以东亚发达国家为代表的乡村治理模式,如日本极具特色的"一村一品"、韩国自主协同型的新村运动;二是以西欧发达国家为代表的乡村治理模式,如德国村庄"土地整理"、荷兰农地管理、瑞士生态环境型乡村建设、法国综合发展型的农村改革;三是以北美为代表的乡村治理模式,如城乡共生型的美国乡村小城镇模式、加拿大伙伴协作型的农村计划。[6] J. W. Kwon 和 C. Y. Park 认为新村运动是韩国具有代表性的以地方发展为目标的全国性运动,其形成了韩国的民族品牌元素。[7] 第二,从比较研究视角

---

[1] 田毅鹏、张笑菡:《村落社会"重层结构"与乡村治理共同体构建》,《中国特色社会主义研究》2021年第4期。
[2] 王杰、曹兹纲:《韧性乡村建设:概念内涵与逻辑进路》,《学术交流》2021年第1期。
[3] 孟祥瑞:《乡村社会治理共同体的内涵、挑战与构建路径》,《长春师范大学学报》2020年第11期。
[4] 贺海波:《论新时代县乡村治理的责任共同体》,《社会主义研究》2021年第6期。
[5] 孟庆渡:《论乡村振兴背景下基层党建与村庄治理共同体构建》,《四川行政学院学报》2022年第2期。
[6] 沈费伟、刘祖云:《发达国家乡村治理的典型模式与经验借鉴》,《黑龙江粮食》2017年第12期。
[7] J. W. Kwon, C. Y. Park, *A Study on the Landscape plan to the Cheongdo Saemaeul Movement Memorial Park*(*Journal of Korean Society of Rural Planning*, 2014).

出发，党国英、罗万纯认为美国人口布局郊区化、日本农村人口过疏化、欧洲以小城市发展联结城市与乡村，是在城市化大趋势下呈现的三种不同的乡村治理模式。① 第三，从整体研究视域出发，刘洪涛、肖功为将世界乡村治理行为划分为平行模式与两栖模式两种主流模式，平行模式主要以强调城市和乡村发展同等重要的德国为典型，而两栖模式主要以强调能够在城市和乡村之间自由选择栖息地的日本为代表。② 祁勇、赵德兴在《中国乡村治理模式研究》一书中，评述了西方发达国家治理模式的构成要件，指出西方发达国家纷纷走向城乡一治，加快城市化的进程，城乡一治的治理模式是西方国家发展得比较完善的模式，以英、法、日为代表的单一制国家（地方自治传统）以及以美、加、德为代表的联邦制国家（地方分权化和交叉化）纷纷实行城乡一治的模式。王海燕在《新时代中国乡村振兴问题研究》一书中，依据乡村资源禀赋和发展条件，即土地资源和劳动力条件，划分了三大类型的乡村发展模式，第一类以美国、巴西为代表（土地资源丰富而劳动力相对短缺），第二类以日本、荷兰为代表（土地资源匮乏而人口相对较多），第三类以法国、德国为代表（土地资源和人口都比较适中）。③ R. Wilden 认为德国土地可持续发展的方法之一就是对森林地区的土地进行整理，开发利用木材资源，这样既可以兼顾生态利益，又能使生态环境得到改善。④

2. 关于发达国家乡村治理的经验总结的研究

学术界普遍认为，西方发达国家基于资源禀赋、自然环境、经济发展、政府推进等条件和手段，形成了一系列集经济和社会效益于一体的成功乡村治理经验。第一，从乡村治理参与主体的角度看，沈费伟、刘祖云认为作为乡村治理主体的政府应提供法律支持和资金保证，作为农村自治组织的农民协会具有改善村民弱势地位的功能，城市—企业—学校应推动乡村的发展与繁荣，作为乡村建设带动者的乡村精英可以加快农村改革的进程，作为乡村治理助推者的农村金融机构应承担推动农村可持续发展的重任。⑤

---

① 党国英、罗万纯：《发达国家乡村治理的不同模式》，《人民论坛》2016 年第 13 期。
② 刘洪涛、肖功为：《世界乡村治理的主流模式及隐性机制研究》，《世界农业》2018 年第 11 期。
③ 王海燕：《新时代中国乡村振兴问题研究》，社会科学文献出版社，2020，第 14 页。
④ R. Wilden, *Land Consolidation in Forest Areas – The German Approach in Terms of Sustainability* (Shaping the Change XXIII FIG Congress Munich, 2006).
⑤ 沈费伟、刘祖云：《发达国家乡村治理的典型模式与经验借鉴》，《农业经济问题》2016 年第 9 期。

第二，从日本、韩国经验启示的角度看，任中平、王菲认为要通过知识精英返乡创业、发挥价值体系引导作用、引入市场机制来推动形成多元协作供给模式。① 卢先明、刘清泉等认为日本、韩国在乡村振兴人才队伍建设，包括人才组织和培育激励，以及乡村振兴人才队伍建设体制机制创新方面有丰富经验，对我们有重要启示。② 邱春林认为，日、韩的乡村振兴经验表明，乡村振兴既要有实施理念的创新，又要坚持体制机制的创新。③ 叶雨寒、高强通过对日韩乡村治理经验的分析认为，中国农村空心化治理应从分区分类治理、动员农民参与、构建立法体系、发展乡村产业、健全农村土地管理制度等方面来进行完善。④ N. Nishizawa 和 M. L. Kabir 认为，对于日本的乡村经济振兴而言，最重要的因素是当地民众的积极参与，以及在发展过程中对当地资源的重视。⑤ 第三，从其他发达国家乡村治理经验的角度看，张驰、张京祥等认为乡村规划视角下的荷兰乡村在土地整理和开发、空间规划两方面的经验对于推动中国乡村发展多元共治等具有重要启示。⑥ 潘启龙、韩振等认为，美国农村从加速发展向法治化阶段过渡的成功经验包括健全和完善法律法规体系、重视农民主体地位、提升规模化和机械化程度、完善农业职业教育体系、重视农村功能分区规划。⑦ M. Gkartzios 和 M. Scott 认为，爱尔兰对农村发展和住房之间关系的处理是一个值得研究的典范，因为它强调农村地区的住房发展，这在本质上代表了乡村发展的快速解决方案。⑧ S. Arora-Jonsson 和 O. Larsson 指出，瑞典在应对农村地区寻

---

① 任中平、王菲：《经验与启示：城市化进程中的乡村治理——以日本、韩国与中国台湾地区为例》，《黑龙江社会科学》2016年第1期。
② 卢先明、刘清泉、邓正华：《韩国、日本乡村振兴人才队伍建设的经验及对我国的启示》，《湖南行政学院学报》2021年第2期。
③ 邱春林：《国外乡村振兴经验及其对中国乡村振兴战略实施的启示——以亚洲的韩国、日本为例》，《天津行政学院学报》2019年第1期。
④ 叶雨寒、高强：《日韩经验对中国农村空心化治理的启示》，《湖北农业科学》2021年第10期。
⑤ N. Nishizawa, M. L. Kabir, *One Village One Product Movement Success Story of Rural Development in Japan and Learning Points for Bangladesh*(economic science, 2005).
⑥ 张驰、张京祥、陈眉舞：《荷兰乡村地区规划演变历程与启示》，《国际城市规划》2016年第1期。
⑦ 潘启龙、韩振、陈珏颖：《美国农村阶段发展及对中国乡村振兴的启示》，《世界农业》2021年第9期。
⑧ M. Gkartzios, M. Scott. *Placing Housing in Rural Development: Exogenous, Endogenous and Neo-Endogenous Approaches*(Sociologia Ruralis, 2014).

求庇护者大量涌入的问题时，日益注重移民个人的融合政策，特别是在教育、就业和住房方面。同时，随着农村治理从国家控制转向与非国家行为体合作，民间社会能够前所未有地参与农村地区寻求庇护者的接收和融入。① 第四，从国外发达国家整体乡村治理的经验看，郭永奇从国外社区意义上的乡村治理出发，认为新型农村社区建设应采取不同类但等值的思维方式，准确定位新型农村社区建设的主体，注重基础设施的建设。② 苏聪聪认为推动农村社区的经济发展是根本，农村剩余劳动力转移是动力，公共服务设施及社会保障体系均等化是重要方面。③ 乔婷认为发达国家主要从制定乡村振兴法律法规、强化各级政府的主导作用、加强顶层设计和规划、制定切实可行的支持政策等方面来强化乡村治理。④

（三）总体评析

综上相关研究可知，如何实现乡村治理现代化，走中国特色社会主义乡村善治道路，已经成为国内学者研究的重要议题之一。学术界也对中国式的乡村治理问题给予了比较充分的"学术回应"和"现实关怀"。学术界在关于乡村治理的主体、模式、结构、"三治"（自治、法治、德治）、智治的研究上已经取得了较为丰硕的成果，这些研究为我们剖析乡村社会的复杂样态奠定了理论和实践基础，为我们立足当前去看待历史变迁中的乡村治理提供了重要借鉴，这些视角已经将乡村治理研究归纳得非常精细化。然而，乡村治理固有的复杂性、系统性、时代性及差异性，要求我们树立整体性治理思路，强化实证及比较研究方法的运用。对于乡村治理的研究应摒弃重复性的梳理分析，不应只停留在描述历史、呈现事实、总结经验的层面，而应该立足于新时代乡村振兴及新发展阶段的大背景，以既有的乡村治理一系列经验和事实为出发点，探究乡村治理的现实图景、演变规律以及未来发展趋势，而共同体恰恰为研究这一问题提供了很好的解释维

---

① S. Arora-Jonsson, O. Larsson. *Lives in limbo: Migrant Integration and Rural Governance in Sweden* (Journal of Rural Studies, 2021).
② 郭永奇：《国外新型农村社区建设的经验及借鉴——以德国、韩国、日本为例》，《世界农业》2013年第3期。
③ 苏聪聪：《国外新型农村社区规划建设的经验及启示》，《边疆经济与文化》2015年第6期。
④ 乔婷：《发达国家和地区乡村振兴经验及借鉴》，《内蒙古民族大学学报》（社会科学版）2020年第6期。

度。本书以共同体为切入点,可以说,共同体建设是乡村治理的前置变量,具有消解乡村内生秩序和国家介入间张力,进而实现国家刚性政策在乡村治理中"软着陆"的作用。新时代乡村治理共同体的提出,旨在把异质性多元化的乡村治理主体凝聚成相互融合的有机共同体,以进一步提升乡村治理效能,达到乡村善治目标。新时代乡村治理共同体是崭新的论题,学术界虽然从不同学科和维度对其有了初步探讨,如关于乡村治理共同体建设的意义、基本特征、困境及路径的探讨,但仍处于起步阶段。目前,研究主要集中于政治学、社会学、管理学领域,以概念层面和理论层面的一般性阐释与溯源为主,停留于宏观层面的乡村治理共同体的整体描摹,如集中于政策发展路径研究,而缺少多维路径的分析,缺乏较为充分系统的学术建构和底层架构,主要表现为历史由来阐述不系统、缺乏哲学考量、理论溯源不足、可行方案的操作性与具体化程度存在不足,研究整体处于零散化和碎片化阶段,维度也较为单一,综合性和系统性亟待加强。此外,目前研究以期刊论文为主,硕博学位论文、专著较少,宏观理论层面探讨得比较多,缺乏对各个治理主体的深入探讨,忽略了乡村治理共同体的落地实施及有效推进的问题。因此,还要从中观层面结合历史分析法和多案例分析法,立足乡村治理实践,继续对新时代乡村治理共同体建设展开研究,探讨其现实图景,从而为乡村治理共同体建设注入新鲜血液,以进一步提升其学术和实践价值。唯有如此,才能对其进行本土化的路径建构。

学术界主要就发达国家乡村治理模式及经验进行研究,这为我国在新时代建设乡村治理共同体提供了丰富的思想素材。研究国外发达国家乡村治理变迁的历程,可以为我国乡村治理共同体建设提供清晰的路径指引。可见,在现代化进程中,我们既要遵循基本的治理规律,同时又要发挥创造性与创新性的治理思维。由于各国乡村治理状况以及所处发展阶段存在差异,诸如各国的政权、政党、经济社会发展与民间社团组织形式存在显著不同,所以有许多国外的乡村治理思路显然与我国的乡情不符。尽管有许多不同的乡村治理做法,但也有许多具有共性特征的治理思路和治理启示值得我们借鉴。为此,一些国外学者还形成了关于我国独特的乡村研究范式,这为乡村治理共同体建设提供了理论指引。但总体来看,国外学者对于我国进入新时代以来的乡村治理研究并不全面系统,研究维度和研究视角也较为单一。如何加强和创新乡村治理,推动乡村治理现代化,仍然是一个亟须进行实践创新、理论创新的重大问题。尤其是在新时代乡村治理共同体建设方面，国外既没有成功的经验可以借鉴，也没有现成的模式可以照搬，我们必须立足中国乡村治理实际不断探索创新。

四 研究设计

（一）研究思路

本书从马克思主义的立场、观点、方法及其鲜明的问题导向出发，基于马克思主义中国化研究的学科范式，以共同体为研究视角，主要围绕历史维度、理论维度、现实维度、实践维度四个方面对新时代乡村治理共同体建设进行系统化论述。按照新时代乡村治理共同体演变发展完善的研究主线，遵循"何为（概念界定）—何以缘起（时代诉求、理论基础与分析框架）—何以可能（历史考察）—何以可行（理论认知）—何以必然（实践探索）—如何建设（实现进路）"的思维路径和逻辑链条，并立足"价值—主体—秩序—行动"的分析框架展开深入探讨（见图0-7）。

（二）研究内容

根据研究思路，除了导论以及结语，正文共五章，具体内容（见图0-8）如下。

第一章为"何以缘起：时代诉求、理论基础与分析框架"。新时代乡村治理共同体正是在充分适应新时代大背景下乡村社会主要矛盾转化、乡村社会治理变革、乡村振兴战略实施等新动向、新需要和新要求下产生的重大治理选择。马克思共同体思想、恩格斯历史合力论以及中国共产党人关于乡村治理的重要论述为建设新时代乡村治理共同体提供了理论支撑。同时，源自西方的集体行动理论、多中心治理理论、协同治理理论为建设新时代乡村治理共同体提供了理论借鉴。基于"乡村治理"与"共同体"互构联结的关系，立足于学术界现有分析框架，本书建构了以马克思主义理论为基础的"价值—主体—秩序—行动"的互动分析框架。

第二章为"何以可能：乡村治理共同体建设的历史考察"。新中国成立以来的乡村治理，基于乡村生产力与生产关系的演进动力与变迁主线，主要经历了全面管治阶段（1949~1978年）的国家政权下乡与政社合一形塑、

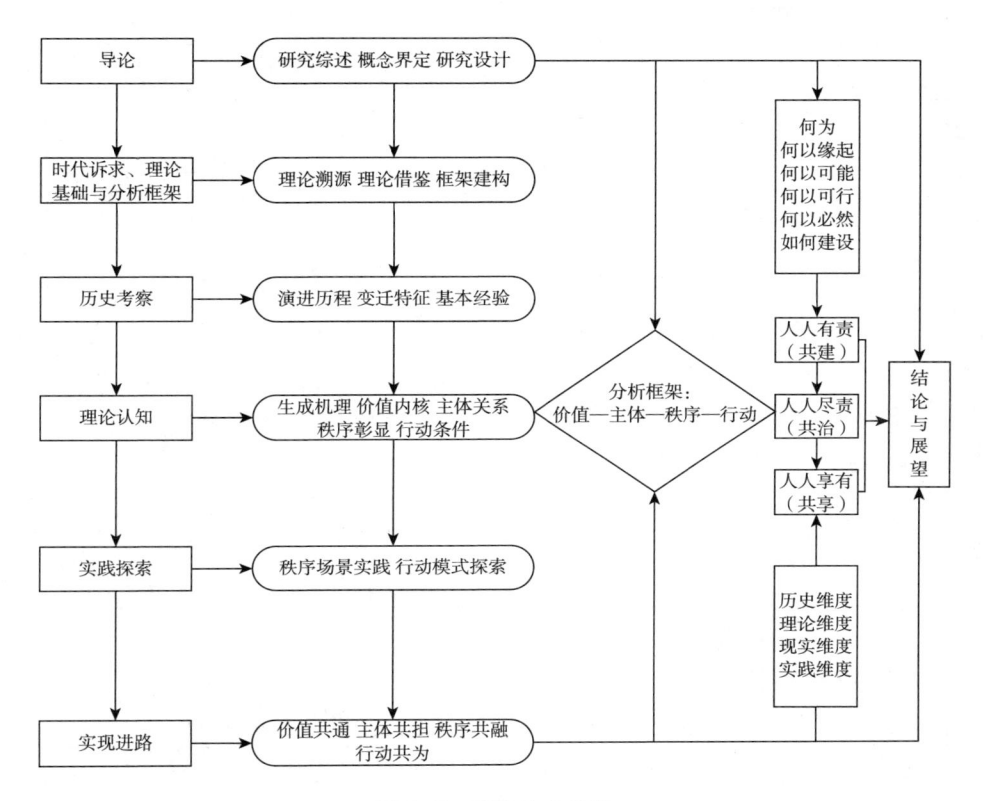

图 0-7 研究技术路线

全面管理阶段（1978~2012年）的家庭联产承包与乡政村治形成、全面治理阶段（2012年至今）的多元合作与乡村"三治"凸显的赓续和演进历程。70多年来乡村治理的变迁特征主要是乡村治理价值从"传统"走向"现代"、乡村治理主体从"单一"走向"多元"、乡村治理秩序从"管治"走向"三治"、乡村治理行动从"汲取"走向"互惠"。新中国成立以来乡村治理变迁的基本经验包括：必须坚持正确的价值目标和价值立场；必须坚持发挥乡村党组织引领作用及农民主体作用；必须坚持积极进行秩序维护与秩序调适；必须把握正确的行动指南和行动规律。

第三章为"何以可行：新时代乡村治理共同体建设的理论认知"。新时代乡村治理共同体的生成机理包括乡村生产方式革新（深层动因）、乡村治理成效显著（坚实后盾）、乡村治理现代化指引（目标导向）。就其价值内

```
┌──────────┐   ┌─────────────────────┐   ┌──────────┐
│ 何以缘起 │   │ 互动分析框架建构：  │   │ 系统审视 │
└──────────┘   │ 价值—主体—秩序—行动│   └──────────┘
               └─────────────────────┘
        ┌──────────────────┐         ┌──────────────────────────────────┐
        │ 时代诉求：        │         │ 理论基础：                        │
        │ 乡村社会主要矛盾  │         │ 马克思共同体思想 恩格斯历史合力论 │
        │ 乡村社会治理变革  │         │ 中国共产党人关于乡村              │
        │ 乡村振兴战略实施  │         │ 治理的重要论述 集体行动理论       │
        │                  │         │ 多中心治理理论 协同治理理论       │
        └──────────────────┘         └──────────────────────────────────┘

┌──────────┐   ┌──────────────────────────┐   ┌──────────┐
│ 何以可能 │   │ 乡村治理共同体建设的历史考察 │   │ 历史维度 │
└──────────┘   └──────────────────────────┘   └──────────┘
   演进历程              变迁特征                 基本经验
   全面管治阶段     价值转换：传统到现代      价值层面：价值目标与价值立场
   (1949—1978年)    主体转变：单一到多元      主体层面：村党组织与农民主体
   全面管理阶段     秩序转轨：管治到"三治"    秩序层面：秩序维护与秩序调适
   (1978—2012年)    行动转向："汲取"到"互惠"  行动层面：行动指南与行动规律
   全面治理阶段
   (2012年至今)

┌──────────┐   ┌──────────────────────────────┐   ┌──────────┐
│ 何以可行 │   │ 新时代乡村治理共同体建设的理论认知 │   │ 理论维度 │
└──────────┘   └──────────────────────────────┘   └──────────┘
   生成机理         价值内核       主体关系      秩序彰显      行动条件
   乡村生产方式     三共耦合       主体定位      秩序力度      利益联结共生
   革新             三重底色       关系呈现      秩序效度      农民意愿凝聚
   乡村治理成效     四大特征       结构生成      秩序精度      组织规模适度
   显著                                          秩序温度      文化关联相通
   乡村治理现代                                                地域空间毗邻
   化指引

┌──────────┐   ┌──────────────────────────────┐   ┌──────────┐
│ 何以必然 │   │ 新时代乡村治理共同体建设的实践探索 │   │ 现实维度 │
└──────────┘   └──────────────────────────────┘   └──────────┘
           秩序场景实践                          行动模式探索
   乡村三治：规则完善与治理优化      民主协商型：成都市温江H村
   乡村智治：科技赋能与智慧治理      合作治理型：南充市阆中W村
   实践经验：系统治理与活力释放      利益整合型：德州市乐陵F村
                                     行动启示：制度优势与效能提升

┌──────────┐   ┌──────────────────────────────┐   ┌──────────┐
│ 如何建设 │   │ 新时代乡村治理共同体建设的实现进路 │   │ 实践维度 │
└──────────┘   └──────────────────────────────┘   └──────────┘
     价值共通        主体共担        秩序共融        行动共为
     价值依托        外部强化        "三治"融合     共同富裕行动
     价值目的        "一核多元"     智治支撑       要素互通行动
     价值牵引        协同共生        民主协商       民生优化行动

                    ┌──────────────┐
                    │  结论与展望  │
                    └──────────────┘
```

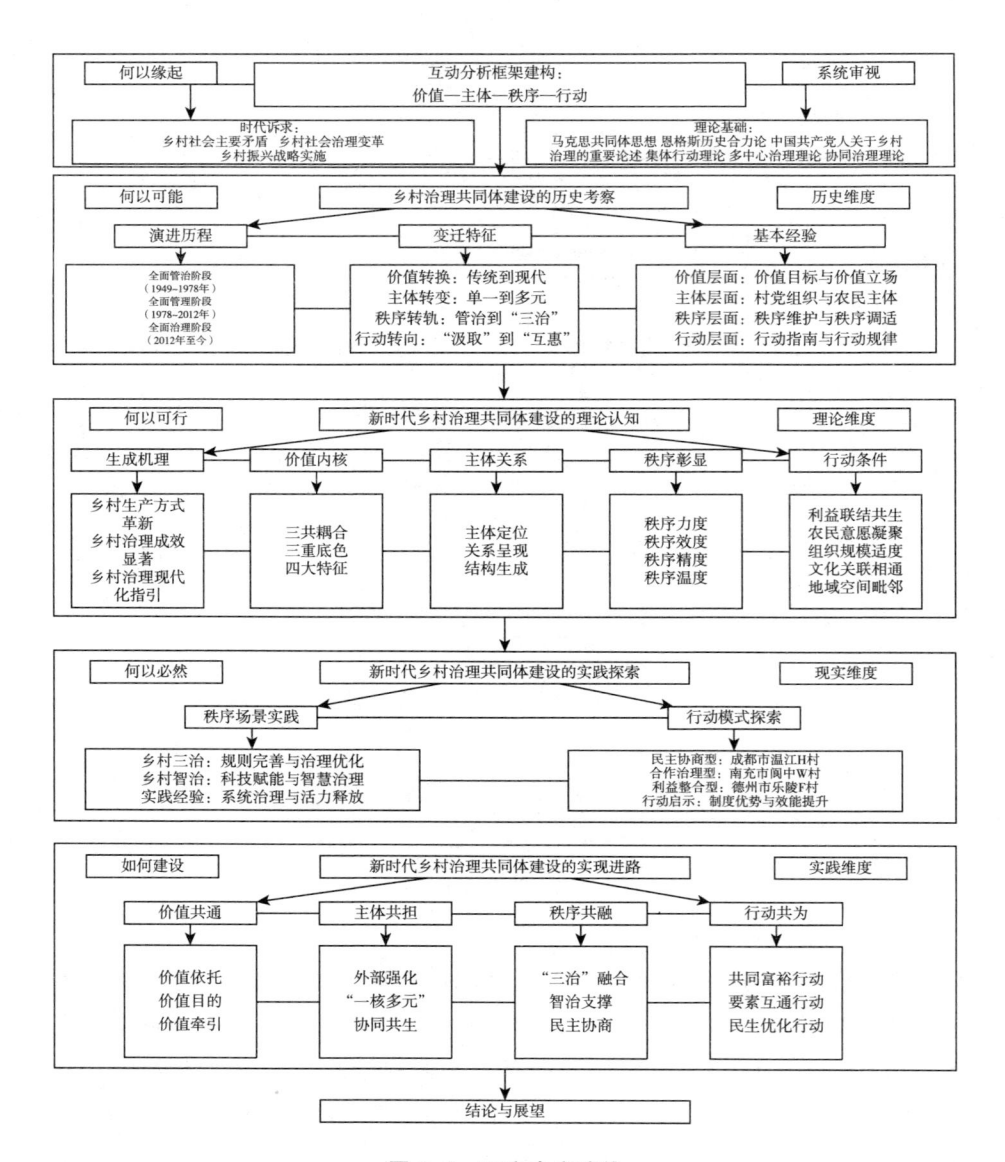

图 0-8　研究内容路线

核而言，乡村治理共同体的内涵意蕴包括人人有责的共建意蕴、人人尽责的共治意蕴、人人享有的共享意蕴三个方面，三者环环相扣；乡村治理共同体的本质属性包含利益共同体、制度共同体、价值共同体三重底色；乡村治理共同体具有系统性、协同性、公共性、人民性的基本特征。就主体关系而言，主要包括嵌入性治理主体和内生性治理主体的主体定位、关系呈现、结构生成三个方面。在明晰各个治理主体关系的基础上，注重增强协同效力并不断提高乡村治理效能。就秩序彰显而言，主要包含秩序运行的"力度""效度""精度""温度"四个方面。就行动条件而言，主要包括利益联结共生（动力条件）、农民意愿凝聚（先决条件）、组织规模适度（保障条件）、文化关联相通（内在条件）、地域空间毗邻（外部条件）五个方面。

第四章为"何以必然：新时代乡村治理共同体建设的实践探索"。主要包括乡村"四治"的治理秩序场景实践所推动的规则完善与智慧治理，以及民主协商型、合作治理型、利益整合型的行动模式探索。本章通过挖掘乡村治理实践中的运行机理与治理效应，呈现其现实图景和实践表达，以及探讨其如何达成共识、如何形成治理合力，从而进一步夯实有效治理的行动基础。

第五章为"如何建设：新时代乡村治理共同体建设的实现进路"。新时代乡村的治理共同体再造就是要重构联结纽带，而治理价值、治理主体、治理秩序、治理行动成为重构联结纽带的关键。从共同体价值层面的耦合凝聚看，要通过构建价值依托、价值目的、价值牵引来为多元治理主体、治理秩序、治理行动的实践提供价值指引，以助推乡村治理共同体建设的价值共通，从而促成共同体内部的合作；从共同体主体层面的关联互动看，要尽可能吸纳乡村治理的各方力量，并强化彼此的协同，化解利益矛盾，形成合力，以强化乡村治理共同体建设的主体共担，实现人人有责的共建要求；从共同体秩序层面的有机结合看，要通过规范"三治"规则、运用智治工具、完善民主协商方式，确保乡村治理共同体建设的秩序共融，实现人人尽责的共治要求；从共同体行动层面的高效推进看，要通过壮大乡村集体经济、加快城乡融合发展、推动乡村基本公共服务高质量发展，呈现良好的治理成效或治理成果，以保障乡村治理共同体建设的行动共为，实现人人享有的共享要求。

（三）研究方法

1. 文献研究法

本书在研究过程中查阅分析了大量关于乡村治理、乡村共同体、马克思共同体、社会治理共同体、基层治理共同体、乡村治理共同体的国内外研究成果，如梳理了费孝通、徐勇、贺雪峰等学者在乡村治理研究领域的一系列代表性著作。笔者试图从他们既有的研究成果中寻找研究出发点和切入点，也注重一手文献及资料的收集整理。同时，运用CiteSpace文献分析软件对以乡村治理为关键词的文献进行分析，并立足研究需要，寻求与本研究相关的数据作为支撑，以期从整体上把握乡村治理的研究脉络，从而使研究更加贴近真实情形，实现预期研究目标。

2. 历史与逻辑相统一的方法

本书在研究过程中采用历史和逻辑相统一的方法，始终遵循历史演进的顺序。从历史本身的变迁历程中剖析事物的内容和特征，并把握其内在联系以揭示演变的内在规律，从而更精准地把握其出场的历史语境和时代关联。然而，乡村治理共同体建设并不仅仅是一个历史进程，还是一个思想性很强的逻辑进程。思想过程是历史过程抽象性、理论上前后一贯的反映。因此，本书还从事物演进的逻辑过程中探寻其内在规律，进而为推进乡村治理共同体建设提供方向指引和理论借鉴。

3. 理论与实践相结合的方法

本书在研究过程中基于理论和实践两个层面相结合展开研究。理论是灰色的，但实践是常青的。唯有使科学的理论与鲜活的实践相结合，才能彰显理论与实践的价值。乡村治理共同体既是一个理论命题，同时又是重大的现实问题。因此，在开展新时代乡村治理共同体研究中，我们要始终坚持理论和实践相结合的中观研究，准确把握历时和共时两个维度，在坚持马克思主义理论及借鉴西方相关理论的基础上，结合当前乡村治理现实图景、时代语境，力求实现理论与实践的辩证统一。

4. 辩证的矛盾分析法

辩证的矛盾分析方法，是马克思主义唯物辩证法的根本分析方法，即对立统一地分析问题，坚持"两点论"与"重点论"、"普遍性"与"特殊性"的辩证统一，同时坚持以"发展"的观点看矛盾。本书有多处对矛盾分析方法的运用，且贯穿于本书的分析思路之中。譬如，基于生产力与生产关系这个矛盾范畴的主线，从纵向的历史维度对70多年来乡村治理历史进程演变的分析；在总结乡村治理变迁的基本经验时，注重"自上而下"的顶层设计与"自下而上"的基层探索的统一；在分析异质性乡村多元主体时，看到"嵌入性主体"与"内生性主体"两个方面，这就是对矛盾分析法中"两点论"的运用；在本书的分析中运用的一些案例及获得的实践启示，坚持了矛盾"普遍性"与"特殊性"的统一；本书中相应路径的提出，实质上坚持了以"发展"的观点看矛盾，因为矛盾的动态性决定了矛盾可以在发展中被解决。

5. 案例分析法

本书在案例的选取上具有典型性，国内案例选取均来自农业农村部国家乡村振兴局推介的各地区乡村治理先进典型以及乡村治理效果良好的治理案例，并不是随机抽样式的一般案例，具有一定的引领性和前瞻性。探寻乡村治理实践中的运行机理与治理效应，能够为乡村治理共同体建设提供"如何做"的实践参考，进而为发展相对缓慢的广大乡村地区提供借鉴。虽然本研究主要通过实际调研的方式推进，且所选取的乡村治理案例并不能涵盖所有的研究问题。但精心筛选典型鲜活的实践案例有助于为进一步把握乡村治理共同体建设的方向和实践路径提供重要参考，为本书的研究奠定扎实的基础，并对深化相关理论具有一定借鉴价值。

6. 问卷调查法

为了更清晰地了解乡村治理共同体建设的现状及其困境等，本书设计了相关调查问卷（见附录一）。通过互联网平台（问卷星）和实地调研的方式，在全国范围内共发放问卷1000份，其中互联网平台（问卷星）发放800份，有效问卷692份；实地发放200份，有效问卷173份。互联网平台（问卷星）和实地调研的有效问卷共计865份，有效率为86.5%。调研问卷的发放时段为2021年12月～2022年4月，问卷调查全部采取匿名方式进行，问卷样本的基本情况见表0-2。填写问卷所涵盖的区域较为广泛（见图0-9）。其中，实地发放的200份问卷的区域包括辽宁省、山西省、四川省的乡村，具体为：辽宁省丹东市东港市F村20份，山西省临汾市蒲县S村20份，四川省成都市温江区X村、H村、M村各20份，四川省成都市龙泉驿区B村、B1村、T村各20份，四川省成都市郫都区Z村20份，四川省南充市阆中市W村10份，四川省成都市蒲江县S村10份。本次调查对象广泛，代表性较强。在实地发放问卷的过程中，笔者尽量扩大了调查样本的范围。书中所使用的问卷调查数据均来自这865份有效问卷，其为本书的研究奠定了扎实的基础。

表 0-2　问卷样本基本情况（有效问卷 N = 865 份）

单位:%

性别	男	47.59	年龄	18~35 岁	71.66
	女	52.41		36~55 岁	22.73
民族	汉族	94.39		56~65 岁	4.55
	少数民族	5.61		66 岁及以上	0.16
政治面貌	群众	62.30	身份	一般农民	61.76
	共青团员	20.59		乡村干部	5.08
	中共党员	14.97		乡村企业家	1.60
	民主党派成员	1.87		乡镇干部	4.01
	无党派人士	0.27		其他	27.54
文化程度	初中以下 15.34	高中 40.28	大学本科及以上 44.38		

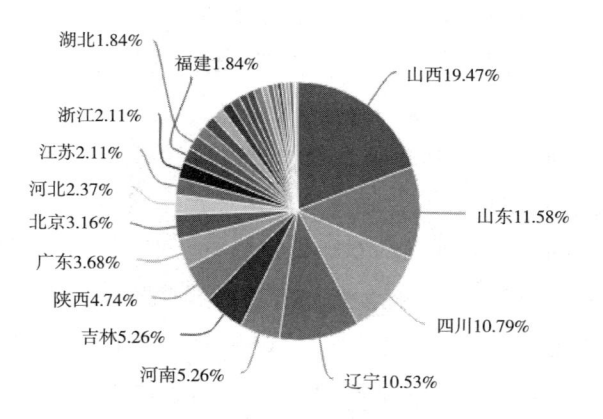

图 0-9　问卷调查所包括的区域情况

湖北1.84%　福建1.84%　浙江2.11%　江苏2.11%　河北2.37%　北京3.16%　广东3.68%　陕西4.74%　吉林5.26%　河南5.26%　辽宁10.53%　四川10.79%　山东11.58%　山西19.47%

7. 访谈法

为了更深入地了解乡村治理共同体建设状况并展现其现实图景，笔者采取了深度访谈的方式，设计了访谈提纲（见附录二），对乡村治理的各个方面进行了较为全面深入的了解。笔者先后通过微信语音、电话、实地访谈等形式，详细咨询了访谈对象所在乡村的治理状况，获得了较为翔实的一手调研资料，主要包括访谈录音和文字材料等。访谈时间段为 2021 年 12 月~2022 年 4 月。深度访谈能够挖掘和弥补其他数据或方式难以呈现的各种行为背后的隐秘因素，从而进一步了解受访对象的真实想法、感受、态度和行为认知，这有助于增强调查对象的全面性、真实性与可靠性，也确保了田野调查资料的翔实和丰富。根据学术研究惯例，全部采取匿名的方式进行，所有受访对象均用数字代号或者字母的形式表示，如访谈资料20220421AMSD，代表20220421（日期）＋AM（上午）＋SD（省份简写），以此类推。深度访谈对象的省份涵盖东部、中部、西部以及东北地区，受访对象共38名（见附录三），包括一般农民、乡镇干部、乡村干部三大类，从而确保了调查结果的真实可靠。重点从"在做什么、想做什么、该做什么、能做什么"四个方面，审视受访者发挥作用和履行职责的情况，并且通过受访者进一步全面了解乡村治理共同体建设的现状，进而为本书研究提供诸多佐证。

五 研究重点和难点

本书的研究重难点是新时代乡村治理共同体的概念界定、分析框架建构、现实困境及实现路径。目前学术界对乡村治理共同体建设的研究还不够深入，处于起步状态。第一，学术界对乡村治理共同体的概念界定尚未达成共识，如何精准把握研究对象，存在概念上的认知和阐释难度，这就给本书研究带来了挑战。第二，学术界对乡村治理共同体建设的研究框架建构较为宏观笼统，多数研究仅限于要素的列举，并未详细阐释它们之间的互动关系，且存在解读逻辑的缺陷。如何进一步建构科学合理且解释力较强的分析框架去阐释乡村治理共同体至关重要，这也是本书研究的重难点。第三，学术界对乡村治理共同体建设的现实困境和实现路径也大多数停留于宏观层面的分析阐释，缺乏具体的可操作性、应用性和实证分析方法，相应的乡村治理创新实践案例也较为单一，不够丰富，多学科综合探究有难度，这就给本书研究带来了较大挑战。概而论之，新时代乡村治理共同体建设研究更倾向于从应然层面去探讨，因此，对于乡村治理共同体建设的实然层面的深入分析就显得至关重要。唯有如此，才能为应然层面的乡村治理共同体建设研究奠定坚实基础。

第一章 时代诉求、理论基础与分析框架

习近平总书记指出:"时代是思想之母,实践是理论之源。"① 要注重以发展的理论指导动态的实践。时代坐标指引前进方向,新时代乡村治理共同体正是在充分适应新时代大背景下乡村社会主要矛盾变化、乡村社会治理变革、乡村振兴战略实施等新动向、新需要和新要求下产生的重大治理选择,是时代呼唤和时代变迁的产物,具有鲜明的时代性特质,对增强新时代的适应性至关重要。理论是为指导实践而服务的。马克思共同体思想、恩格斯历史合力论以及中国共产党人关于乡村治理的重要论述为建设新时代乡村治理共同体提供了理论支撑。具体来看,马克思共同体思想是立足于现实利益与人的本质的双重考察,主要包括本源共同体(前资本主义共同体)、虚幻共同体(资本主义虚假共同体)、真正共同体(自由人联合体)三个辩证发展层次,阐述了个体和共同体的对立统一关系;恩格斯历史合力论认为主体与客体诸因素的相互促进产生的"总合力",即"主体—客体"相互作用而产生的合力,推动历史的发展进程;中国共产党人关于乡村治理的重要论述为建设新时代乡村治理共同体提供了理论指导。同时,源自西方的集体行动理论、多中心治理理论、协同治理理论为建设新时代乡村治理共同体提供了理论借鉴,尤其是为新时代乡村治理共同体建设中多元治理主体的完善与协同提供了重要参考。基于"乡村治理"与"共同体"的互构联结关系,立足于学术界现有分析框架,本书建构了以马克思主义理论为基础的"价值—主体—秩序—行动"的互动分析框架。本章通过阐明乡村治理共同体建设的时代诉求、理论基础与分析框架,阐述"新时代乡村治理共同体建设何以缘起",更好地为下述开启的主干内容做好充分的背景生成、理论准备和思路指引。

---

① 《习近平谈治国理政》第3卷,外文出版社,2020,第21页。

第一节 新时代乡村治理共同体建设的时代诉求

新时代乡村治理共同体建设的提出，顺时而生、正当其时，是时代所需和民心所盼。新时代乡村治理共同体建设并不是凭空产生的，而是立足于时代诉求和时代环境交互转换的背景下应运而生的现实关切与有效回应，具有鲜明的时代特质。中国特色乡村治理现代化交织于整个乡村社会发展变迁过程之中，走出一条具有中国特色的乡村治理现代化之路，是新时代中国乡村治理的使命所在。乡村治理共同体的出现有其现实的逻辑必然性，是新时代的诉求和需要，具体包括乡村社会主要矛盾转化的迫切需要、乡村社会治理变革的现实要求、乡村振兴战略实施的实践驱动三个基本方面，是三者共同作用和共同影响下的结果。

一 适应新时代乡村社会主要矛盾转化的迫切需要

社会主要矛盾的阶段性决定我们需要及时精准地对其进行把握。进入新时代，最重要的基本特征即社会主要矛盾转化为人民日益增长的美好生活需要和不平衡不充分的发展之间的矛盾。社会主要矛盾的转化是基于社会政策理论和客观发展现实变化而作出的判断选择，主要矛盾的转化一定是表现在社会的方方面面的，特别是在乡村表现得尤为突出。社会主要矛盾的转化不仅对国家与社会治理发展总任务提出了新要求，而且对乡村治理现代化的战略选择提出了新要求。乡村发展视域下的主要矛盾转化，进一步凸显了乡村治理变革的紧迫性和重要性。如何实现乡村治理的与时俱进成为当务之急，未来相应的乡村治理目标、治理方向、治理重点、治理战略、治理方式势必也会随之改变，以此来适应全新的乡村历史方位的治理逻辑，更好地满足应对新矛盾的需要。

乡村社会主要矛盾着重表现为乡村治理的供给与广大农民的需求之间的结构性矛盾。从乡村治理的供给侧来看，改革开放40多年来的乡村治理成效显著，从家庭联产承包责任制到乡村基本经营制度的确立，不同时期的乡村治理制度供给满足了不同阶段广大农民对土地使用的需求。然而，在推进乡村治理一系列配套改革举措供给的进程中，乡村社会也呈现结构性失衡，结构性矛盾较为突出。信息渠道的增加使广大农民对这些社会矛盾所产生的不利影响的即时感受更为敏锐，相应的耐受力也在下降，这最终会导致在乡村治理供求不对等情况下的矛盾冲突。从乡村治理的需求侧来看，主要矛盾的转化意味着其基本目标已更新升级，相对应的人的需要逐渐向更高层次的发展与享受需要迈进，广大农民在美好生活需要上迎来了与乡村发展紧密相关的需求的结构性优化调整。特别是广大农民的主体意识和权利意识日渐觉醒，对乡村事关民生的公共安全以及社会公正的有效实现提出了更高的要求，广大农民渴望一个更加公正合理、富裕美好的乡村社会。当广大农民的需求得不到及时满足和回应时，乡村治理的供求矛盾也就因此而起。概言之，乡村治理的供需处于不断地调整变化中，特别是进入新时代，乡村社会主要矛盾的转化使乡村全面深化改革也逐步进入深水区。乡村治理的主体结构、客体对象以及技术工具手段都发生了很大变化，面对乡村治理中的新需要、新问题、新矛盾，迫切需要对旧的乡村治理体系进行改革，即以乡村主要矛盾的转化倒逼机制改革，适应乡村发展变革之需求。新时代乡村治理共同体建设正当其时。乡村社会矛盾的结构性转化所产生的乡村社会新的现实境遇，能够帮助我们厘清乡村治理思路并找到相对应的解决方案。进一步讲，可以通过自上而下的乡村治理共同体建设的理论指引和自下而上的乡村治理共同体建设的实践创新，共同推动新时代乡村治理共同体走向成熟定型。作为推动乡村社会治理走向更加完备的实践路径，建设一个"人人有责、人人尽责、人人享有"的乡村治理共同体，能够凝聚乡村各方治理力量，充分激发乡村社会自主性力量，进一步促进国家和乡村彼此间的有效互动，更好地回应新时代乡村社会主要矛盾的转化。总之，新时代乡村治理共同体关注广大农民产生的新需要，重视广大农民差异化的发展治理诉求，更加注重整体治理需求与差异化治理需求的协调统一，要求在参与乡村治理现代化实践的过程中实现广大农民的美好生活需要，不断朝着使个体与共同体共同发展的方向前进。

二　符合新时代乡村社会治理变革的现实要求

处于新时代的乡村社会在各方面均已发生变化，与之相应的乡村治理也出现了新一轮的变革。新时代乡村治理的重要变革，不仅体现在乡村发展和乡村秩序两个基本维度上，还在治理体系和治理效能两个方面有所体现。① 面对乡村治理转型变革中的各种困难和挑战，传统乡村社会难以应对，亟须与新的乡村治理方式建立有效联结。

第一，从乡村发展维度看，新时代表明乡村迈进了新的发展阶段，乡村治理方式势必也会相应地发生变革。一方面，在五大新发展理念引领下，乡村治理的驱动方式发生转变，这为乡村治理提供了新的发展动能；另一方面，处于新发展格局下的乡村需要不断地进行创新变革，以构建具有自己特色的治理方式和治理路径。乡村的不断发展也就意味着承担国家治理的基层任务越来越琐碎繁杂，乡村治理共同体正是在新时代乡村社会新发展的变革背景下应运而生的。面对乡村新发展背景下出现的要素流动频繁化、人群结构复杂化、公共事务碎片化等治理新挑战，乡村治理的突发性、系统性、不确定性等问题凸显，亟须将乡村治理置于乡村高质量发展大背景中，不断提高乡村治理的制度化、规范化、系统化及协同化水平，而乡村治理共同体建设的系统整体性正与新时代乡村治理的新要求相契合。

第二，从乡村秩序变化角度看，新时代的社会变革和乡村秩序演进密切相关，乡村秩序的建立和存续，总是以有效的乡村治理为基础，即某个阶段或者时期的乡村秩序势必要以主导的乡村治理力量为支撑，而相应的乡村秩序性的推进也会随着乡村主导的治理方式策略的调整而改变。当前，中国乡村正在经历由封闭到开放、由农业向工业、由传统向现代化的深刻转型，70多年来，乡村社会发生了巨大变化，尤其是改革开放推动下的乡村经济社会治理环境、发展条件以及乡村社会关系均发生了巨大变革，这给新时代乡村治理共同体建设带来了前所未有的挑战。随着乡村流动性、开放化趋势的增强，乡村和外界的交流接触日渐频繁，接触领域和接触范围的不断延展使乡村人际关系以及交往网络日趋复杂多变，出现表面化、物质化的倾向。同时，乡村家庭成员间的代际关系被削弱，乡村家庭越来越简单化和小型化，甚至出现"一人户"，传统乡村的熟人社会已经逐渐被陌生人社会替代。也就是说，传统乡土社会流动性不强且彼此相对熟悉的人际关系格局被逐渐打破、消解甚至瓦解。乡村熟人社会网络的信任被消

---

① 陆益龙、孟根达来：《新时代乡村治理转型的内在机制与创新方向》，《教学与研究》2021年第8期。

解，乡村个体"主体意识"逐渐觉醒，农民的自由度逐步提高，使乡村社会运行以及乡村未来发展的不确定性日益增加，迫切需要全新的治理体制来调适。尤其是进入新时代，乡村治理格局发生重大调整，与此同时，自治、法治和德治也在新时代的乡村治理实践中发挥重要的作用，乡村秩序已经建立在"三治"共治基础上。在新的秩序影响下，处于乡村人口大流动大背景中的乡村原有的各种治理力量、各种组织、各种资源之间的关联以及运作方式也会发生转变。尤其是基层干部与群众间的相互关系已经发生很大变化，农民的权利意识持续觉醒，而其中夹杂着不正当利益诉求，对乡村社会秩序造成冲击。因此，乡村治理共同体在优化整合乡村各种治理主体以及各种治理资源方面发挥着重要的主导作用。可以说，乡村治理共同体建设既是新时代乡村秩序重塑的治理实践载体，又是现代乡村社会治理发展变迁的必然选择。

第三，从治理体系和效能的视角看，变革意味着机制转轨和结构调整，其转换力度的大小集中体现在治理体系和效能在处理各种乡村社会矛盾时所发挥的作用大小上。乡村社会变革时期还是乡村各种矛盾的凸显期，随着乡村治理结构变迁以及广大农民权利意识的不断增强，各种不稳定因素叠加交织，各种利益纷争、诉求变得更加复杂多样，乡村社会共识逐渐弱化、流失，这些均使乡村治理情况更为复杂，形势更为严峻。乡村社会关系与利益格局的复杂化使新旧治理主体利益关系交织博弈，彼此的利益结构更加复杂化，形成了多维的利益关系和多重的治理秩序，新旧主体并存的治理规则使乡村治理格局愈加多样复杂。这些问题如果得不到及时解决，很容易放大或激化乡村社会矛盾，不利于乡村社会的稳定。作为社会治理最基本组成单元的乡村，是缓解城乡矛盾的重要源头，是协调平衡乡村各利益主体关系并构建和谐乡村社会的关键环节。面对乡村自身发展的不足，亟须通过它化解乡村社会矛盾并提升乡村治理能力，以降低秩序风险。要通过乡村多元力量、多元主体的积极参与，形成既各司其职又合力共促、多元共治的乡村治理共同体新格局。在全新的乡村治理共同体建设中，可以有效地凝聚乡村治理共识，形成风险共担、同舟共济的利益共同体，从而加快提升乡村治理现代化水平，以全面适应乡村社会变革的需要。

三 契合新时代乡村振兴战略实施的实践驱动

乡村振兴，治理有效是基础。作为传统的农业大国，在当前和今后相当长的一段时期内，我们仍然会有较大比例的人口居住生活在乡村。乡村治理的目标之一就是摆脱乡村治理的阻碍，以推动乡村更好地发展，而建设新时代乡村治理共同体也是适应乡村振兴战略而做出的重大治理选择与战略考量。乡村有效治理为乡村治理共同体建设提供了目标方向，也是推动乡村全面高质量振兴的前提基础，为乡村振兴提供了充分的支持保障。没有有效的乡村治理，就无法真正实现乡村振兴。有效的乡村治理是乡村产业振兴的"助推器"、乡村生态宜居的"保护伞"、乡风文明的"黏合剂"。新时代高质量乡村振兴迫切需要形成乡村发展治理新动能，以应对乡村日益复杂的公共事务。有序团结的乡村秩序和良好的乡村治理环境是实现乡村振兴的基石。在新时代乡村振兴背景下，乡村社会急剧变革中失序的治理现实，使乡村振兴面临组织匮乏、社会失序、主体缺失、共识缺场等诸多挑战。乡村振兴作为一项系统性工程，多元治理主体的主动参与至关重要。在此背景下，要建设充满生机和活力的乡村治理共同体，为其注入源源不断的新活力，并确保乡村振兴推进过程中秩序的稳定。另外，乡村五大振兴中的组织振兴为其提供了方向指引，面对中国广大乡村布局分散、人口众多、治理类型多样、相关治理事多人少的现状，以及乡村的空心化、老龄化问题，部分作为乡村治理核心主体的乡村组织涣散，只有推动党组织振兴，才能凝聚起其他乡村治理主体，特别是推动乡村其他社会组织的振兴，如乡村自治组织、乡村合作经济组织等，进而才能建设"一核多元"的乡村治理共同体。乡村振兴是一场更深刻的利益调整过程，面对乡村治理薄弱的物质基础、单一的治理手段，碎片化、分散化的治理体系等问题，只有建设新时代乡村治理共同体，更好地发挥利益协调作用，即村级治理主体通过有效的治理机制与利益协商方式及时解决新困境，才能实现乡村更高程度的持续发展。乡村振兴战略的实施，也在不断激发和刺激乡村内生治理资源更大程度地被释放，涵盖乡村人力、土地资源等，这使乡村治理共同体建设获得更大的能量场、更广阔的治理空间、更巨大的治理红利。

第二节　新时代乡村治理共同体建设的理论溯源

理论源于实践又指导实践，梳理和挖掘理论对新时代乡村治理共同体建设有重要的意义和价值。而更加深入的理论概括和分析，必须追溯到马克思共同体思想、恩格斯历史合力论以及中国共产党人关于乡村治理的重要论述中，以寻求理论指引和深刻启迪，这对于新时代建设乡村治理共同体以及推进中国特色社会主义乡村治理现代化具有重大意义。

一　马克思共同体思想

马克思共同体思想的内涵主要包括本源共同体（前资本主义共同体）、虚幻共同体（资本主义虚假共同体）、真正共同体（自由人联合体）三个辩证发展层次。个人与共同体的关系也是随着社会历史发展及人的需求变化而不断演进的，这三个阶段中也分别体现了个人和共同体的关系由原始的统一到开始走向分裂，再到实现更高层级的统一的历史过程。但就其共同体的本质而言，它涵盖人自身的生命本质与价值本质两方面。

（一）马克思共同体思想的内涵

1. "人的依赖"阶段的本源共同体：个人与共同体的直接原始统一

这个阶段的个人与共同体的关系主要是前资本主义阶段的"依附性的个体"和"自然共同体"的关系。共同体贯穿人类社会发展始终，人很早就在共同体中生活，人并不是孤立的原子，而是共同体中的一员。越向前追溯历史，人就越表现为对自然形成的共同体的依附和依赖。前资本主义社会主要包括原始、奴隶、封建三种社会样态的共同体，而这一时期共同体的演进和发展与生产力状况、分工程度以及共同体内部交往的深化程度密切相关。在《1857—1858年经济学手稿》中，马克思提出了资本主义生产关系之前的三种所有制形式，它们都从属于第一个前资本主义的社会形态，是共同体早期的实践样态。第一种是亚细亚所有制共同体，即主要以家庭和部落形式构成的"天然共同体"，正如马克思所言："自然形成的部落共同体，或者也可以说群体——血缘、语言、习惯等等的共同性。"① 可见，血缘是彼此相互依赖、存续及稳固发展的前提和基础，个人和共同体是通过血脉关联而实现天然统一的。第二种是古代公社所有制和古代奴隶制的共同体。以城邦共同体为例，随着生产力的提高，在疆域有限、物资充沛的地带，出现了私有财产和国家财产并存的状况，其所建立的共同体也呈现小国寡民的特征。在城邦共同体中，人也从属于共同体并作为整体的一部分存在，对于个人而言，城邦是唯一的，人与城邦是共存亡的关系，城邦中的每个人都是从城邦共同体的整体利益出发来各司其职的。在这样的共同体中，城邦共同体更多地表现为军事共同体，国家和私人财产并存也就意味着所有制的双重形式，即国家所有和私人所有。第三种是以公社为基础形成的日耳曼民族共同体。正如马克思所言："德意志人总是按血族共同体集体定居，而不是单独定居的：'他们是按氏族和亲属关系一起居住的。'"② 这个时期的私有制成分进一步发展，"在日耳曼人那里，公有地只是个人财产的补充"③。可见，日耳曼共同体公有地和私有地并存，但这个时期公有地只是作为补充。这种双重所有制会随着生产力的发展进一步促进社会分工，即商业、农业、工业的分工，这最终为封建王国式共同体的产生奠定了基础。综上，"人的依赖"阶段形成的三种形式的共同体，其本质属性仍然是以血缘、地缘为纽带的人的联合。又由于个人只有在共同体中使用生产资料才能获得生存，所以个人以共同体为目的，并在共同体范围内进行生产，"个人是集体规则的奴隶，个人的生产、生活以及思想都被局限在很小的范围"④。可见，无论是奴隶主、封建农奴还是奴隶与农奴，此阶段的共同体只是散落在各地区的小共同体，人类活动仅仅被限制在狭小的范围之内。人的自由而全面发展很难实现，因为它是一种不平等、不自由、依赖性较强的人身依附关系，此阶段的个人被束缚在特定的社会关系中。这个阶段的个人无法摆脱共同体成员的身份，不能选择成为自己，只能被限制在共同体赋予他的职能和地位范围内。共同体中成员之间的关系取决于他们的身份、地位与职能，个人是被规定的存在者，个体和共同体之间是一种内部关系。这就极大地限制了个人的生

---

① 《马克思恩格斯选集》第 2 卷，人民出版社，2012，第 725~726 页。
② 《马克思恩格斯文集》第 10 卷，人民出版社，2009，第 285 页。
③ 《马克思恩格斯选集》第 2 卷，人民出版社，2012，第 734 页。
④ 马俊峰、马乔恩：《构建人类命运共同体的历史性研究》，人民出版社，2019，第 72 页。

产活动方式，这个时期的个人也处于不平等与不自由的阶段。尽管这个阶段的共同体能够给成员带来一种归属感和安全感，但身处其中的成员没有个人自由与权利，这埋没了人的个性与自由。除了天然纽带的作用外，要看到三种共同体的瓦解在于社会生产力的提高使所有制形式改变，人的独立性也逐渐增强。换言之，生产力发展突破了原有自然共同体的桎梏，并成为个人和共同体关系变更的决定力量。可见，个人和共同体的关系也是社会和历史发展的产物。

2. "物的依赖"阶段的虚假共同体：个人与共同体的分裂

这个阶段的个人与共同体的关系主要是资本主义阶段的"抽象的个体"和"形式共同体"的关系。随着生产力水平的大幅提高，私有制与分工的进一步拓展，前资本主义时期狭隘的自然共同体开始突破血缘、语言、种族、地域等限制，逐渐走向瓦解，并开始形成更大范围的共同体。随着生产力的发展，个人应对自然的能力不断提升，个体对共同体的依赖程度日益下降。正如马克思所言："共同体以主体与其生产条件有着一定的客观统一为前提的。"[1] 随之而来的是以私有制为基础的资本主义生产方式的逐步确立，原来共同体中的成员，逐渐转变为雇佣劳动者。生产关系的变更使个人在共同体中的依附条件也随之丧失，这就导致个人和共同体的直接统一关系也被瓦解。换言之，新的雇佣劳动者身份已经摆脱了原来共同体链条上的束缚和控制，新的共同体成员相对应的生活领域不再扎根于土地。同时，商品交换的出现和发展也解构了本源共同体，正如马克思所言："商品交换是在共同体的尽头，在它们与别的共同体或其成员接触的地方开始的。"[2] 这就使前资本主义共同体中直接相互联系的成员走向分离，"这个分离过程的主要推动力是同其他共同体交换商品"[3]。相对于原始共同体而言，个人摆脱了奴隶社会和封建社会的人身依附关系，这无疑具有重大解放意义。尽管这种个体解放的自由还只是形式上的，但毕竟在资本主义共同体的交换领域中开创了自由交换的空间，即双方有了自主选择交换的权利，可以选择交换或者不交换，且交换双方在表面上被置于平等的地位。同时，

---

[1] 《马克思恩格斯选集》第2卷，人民出版社，2012，第750页。
[2] 《马克思恩格斯选集》第2卷，人民出版社，2012，第131页。
[3] 《马克思恩格斯选集》第2卷，人民出版社，2012，第215页。

这种共同体的局限性也是不言而喻的，那些失去生产资料且一无所有的资本主义发展阶段的个人只能凭借出卖劳动力来维持与共同体的关系，即那些雇佣劳动者通过出卖自己的劳动力来交换生活资料，以维持最基本的生存需要，获得十分有限的工资。在所谓"等价交换"的掩饰下，雇佣劳动者的剩余价值被肆意剥削。所以，在这种共同体下，一部分人的自由是在对另一部分人压迫和剥削的基础上形成的，平等也只是就资产阶级内部而言的。

进一步来讲，资本主义社会阶段，个人和共同体的关系转变为外部的物质关系。这一阶段共同体的基本特征就是共同体被"物"所驾驭，这个"物"也就是商品经济/私有财产。真正交换的是以物为代表的交换价值，而非以生命形式存在的个人。人类在实现形式上的、空壳般的、虚假的自由和平等的同时，被物所控制和掩盖，最终造成人对物的绝对依赖。而这种物和物之间的关系，以及人和人之间剥削和被剥削的关系，正是资本主义虚假共同体的实质所在。但同时，在这一阶段，人的独立性和主体意识也逐渐形成，开始追寻自己独立的个性自由，这与资本主义虚假共同体对个体生命的剥夺和削弱格格不入，逐渐导致个人和共同体的尖锐对立与矛盾激化。人的自由与个性被一种异己的力量所支配，只能是虚幻的自由。换言之，生产力的极大发展彻底撕裂了血缘、地缘、语言等强有力的自然纽带，使个人陷入抽象的物质关系之中，资本和利益成为个人和共同体相互关联的唯一纽带，而主体双方之间是漠不关心的，以至最终形成"物的依赖"阶段抽象的虚假共同体。这个阶段尽管克服了前资本主义共同体的某些弊端，但被资本的私人占有侵蚀了共同体的共同性和公共利益空间。相比前资本主义阶段在"狭小的范围内和孤立的地点上发展着"① 的个人生产力而言，资本主义发展阶段"形成普遍的社会物质变换、全面的关系、多方面的需要以及全面的能力的体系"②，然而，这却是片面地发展，个人在共同体中的发展始终受到资本的控制并趋向于满足资本需求。个人只能片面地隶属于阶级，成为阶级利益的牺牲品。个人和共同体之间的共同感被彼此的隔阂所替代，因为身处阶级中的个人总是以阶级利益为出发点，

---

① 《马克思恩格斯文集》第 8 卷，人民出版社，2009，第 52 页。
② 《马克思恩格斯文集》第 8 卷，人民出版社，2009，第 52 页。

无法拥有独特的个性,这就使其难免会与其他阶级中的个人发生冲突,从而造成共同体内部的对立和分裂。正如马克思所言:"它成了人脱离自己所属的共同体。"① 个人和共同体的关系呈现彼此对立、分裂的状态,成为人新的桎梏。但是,这种状态同时也并非永恒的,而是一个历史的进程,具有历史暂时性。短期来看,个人和共同体的关系是围绕资本这个中心展开的,人的本质被异化,个体之间的关系也是单一的物质关系。而从长远的阶级分析视角看,个人是隶属于某个阶级的,个人在本阶段共同体中的地位及发展是由其所处的阶级决定的。而这种阶级关系是建立在物质关系范畴内的更隐蔽的人身依附关系,会不断侵蚀共同体中个人自由而全面发展的可能性。但是,"资产阶级的灭亡和无产阶级的胜利是同样不可避免的"②。随着资产阶级的灭亡,这种以资本为中心的虚幻的共同体也将随之解体,个人和共同体的关系就会消除对立、摆脱资本逻辑并走向真正的、更高层级的统一。因此,在未来生产力高度发展的情况下,随着私有制的灭亡,人的真正解放将最终实现,自由人联合体将最终形成。

3."自由人联合体"阶段的真正共同体:个人和共同体的矛盾超越

这个阶段的个人和共同体关系主要是共产主义阶段的"自由而全面发展的个体"和"真正的共同体"的关系。马克思主义认为,个体和共同体之间的对立和矛盾是由分工和私有制造成的,消灭分工与私有制就能够弥合个体和共同体之间的分裂状态。个人和共同体的关系随历史的发展而发展,其间会出现不同的共同体形态。随着生产力发展到一定程度,个体将逐渐走向联合形式的共同体。从"虚假"走向"真实"的共同体,势必是生产力高度发展和社会巨大进步的共产主义阶段,人已经不再从属于原来的某个阶级,人本身已经根本地突破国家局限和虚假共同体,从而实现本质意义上的自由全面发展,正如马克思所强调:"在那里,每个人的自由发展是一切人的自由发展的条件。"③ 随着国家的消亡,阶级压榨和剥削也会逐渐消失,人将进入真实的共同体,即"只有在共同体中才可能有个人自由"④。而这种真正的共同体需要通过建立代表公共利益的自由人联合体的

---

① 《马克思恩格斯全集》第1卷,人民出版社,1956,第430页。
② 《马克思恩格斯选集》第1卷,人民出版社,2012,第413页。
③ 《马克思恩格斯选集》第1卷,人民出版社,2012,第422页。
④ 《马克思恩格斯选集》第1卷,人民出版社,2012,第199页。

组织来实现，即"各个人在自己的联合中并通过这种联合获得自己的自由"①。可见，真正的共同体并不意味着个体个性的丧失和泯灭，而是使人成为不再从属于阶级意志的社会化联合控制的主体，即成为建立在新的社会关系基础上的全新主体。在这个阶段，生产资料已经完全被社会全体成员占有，高度发达的生产力也成为彻底实现和发展自由个性的坚实支撑，私有制完全被由全体成员组成的共同体的公有制所替代，人在实现个人自由的同时也为其他人的自由实现创造了条件。自由人的联合与交往使人的发展和劳动不再对立，劳动成为人的第一需要，彻底摒弃了资本主义阶段以异化劳动和阶级剥削为主要表现方式的虚假联合，摆脱了以资本增殖为目的的运作方式以及人与人之间的统治从属关系，"随着联合起来的个人对全部生产力的占有，私有制也就终结了"②。人最终彻底摆脱了资本逻辑的奴役和控制，成为共同体中的真正的主人、大写的人。在由个人自愿联结而成的真正共同体内，个人的自由和共同体本身并不排斥。而自由人联合体的实现有一个过程，马克思主义认为，无产阶级的联合是必要条件，而且要通过革命手段，唯有如此，人的自由解放才能实现，共产主义社会才能到来。总之，"自由人联合体"阶段的真正的共同体并不是封闭静态的实体，而是始终处于动态发展过程中。随着生产方式的变革而不断调整的动态过程，以及与共产主义运动相关联的共同体的建构，是在批判资本逻辑基础上形成的，历经由低级向高级共同体演变以及消除共同体异化的历程。它指明了人类社会发展新形态，解答了人类社会未来发展走向的"历史谜题"，即建立一个没有剥削、没有压迫、人人自由而平等的理想社会（共产主义社会），在这个社会中，个人和共同体再次实现了更高层面的相互融合以及有机互构，超越了功利主义的物化逻辑，真正按照"人的方式来组织世界"，共同体中的个人实现了"自由个性"的全面发展。个体在真实的共同体中享受平等的生存发展权并履行相应的义务，不存在对抗性或不可调和的矛盾，群体之间、个体之间也实现了和谐共生。可以说，个体和共同体的分裂是可以通过人类自身发展的不懈努力而逐渐被消解的，人的自由而全面发展实际上是个体和共同体之间相互依存且有机互构的过程，个体

---

① 《马克思恩格斯选集》第 1 卷，人民出版社，2012，第 199 页。
② 《马克思恩格斯选集》第 1 卷，人民出版社，2012，第 210 页。

助推共同体发展，共同体为个体发展创造条件，从而真正实现从必然王国向自由王国的跨越。

（二）共同体思想的本质特征

1. 共同体中人自身的生命本质呈现

作为人根本存在方式的共同体，除了自身作为一个有机体具有生命力量外，共同体的成员也会彰显人自身的生命本质。马克思立足人类社会发展规律，不断追寻属人的真正共同体。他认为市民社会使人成为与真正共同体割裂的个体，是真正共同体的否定形式。人被资本主义阶段虚假的自由和平等所遮掩，并附带很强的阶级属性和差别。而解决的手段就是回归工人劳动本身，只有消除异化劳动，才能展现人自身的生命本质。正如马克思所言："工人自己的劳动使工人离开的那个共同体是生活本身……人的本质是人的真正的共同体。"[1] 马克思基于人类彻底解放的向度，改造资本主义虚假共同体以重构真正属人的共同体。人的本质是一切社会关系的总和，具有现实性而非抽象性，共同体是人的社会属性体现，人的本质也充分体现了共同体的发展本质。共同体的存在应以促进个人在共同体中自由而全面发展为最终目的，为每个成员的生存、发展和自由提供坚实保障。人类只有真正依靠自身的能力，以真正的共同体为纽带，共同生活在所建构的共同体中，才能使共同体中的每个成员得以自由而全面发展。反之，使人异化的共同体就意味着属人本质的丧失，即失去道德的、生活的、享受的、活动的等一切彰显人自身生命本质的特性，这都是违背人性的。人不能沦为任何物的附属品，人自由自觉地实践才是共同体发展的真谛所在。总之，马克思共同体思想中的人的生命本质呈现揭示了共同体运行的一般规律。马克思共同体思想是在批判资本主义虚假共同体个体本位基础上形成的。资本主义虚假共同体所形成的歪曲的利己主义、个人主义使共同体发展陷入危机，即异化的共同体导致现代性危机。只有真正的共同体才能彰显人自身的生命本质，人需要这赖以存在的根本和载体以升华人自身的生命本质。这也就意味着人自身的生命本质呈现势必随着共同体形式的不断转变而逐渐变化，共同体的发展、变化、建构实际上也是人自身生命本

---

[1] 《马克思恩格斯全集》第3卷，人民出版社，2002，第394页。

质的逐渐展开和延伸。因此，只有真正契合人类发展需求，契合人对自身生命本质的认识，且能够建构属人的生命本质的共同体，才能为自由个性的人的主体性力量实现起到积极推动作用。

2. 共同体的价值本质呈现

马克思共同体的价值本质彰显的是一种应然状态下的真实的共同体价值，体现的是利群性和利他性特征。这就需要通过消除阶级对立与私有制分工，建构起真正的人与人之间的平等关系，真正实现个人与共同体的复归统一，促进人的自由而全面发展。首先，马克思共同体思想是立足无产阶级和人民立场的。马克思是通过人的关系来阐释共同体中所涵盖的无产阶级价值立场的，他立足虚假共同体的现实状况来思考共同体价值立场，对共同体的正义性进行了深刻反思。马克思指出："他们之所以有个人自由，只是因为他们是这一阶级的个人。"[①] 资本主义国家只能代表资产阶级的利益而不能代表全体成员的共同利益。这些资本主义国家作为维护自身利益的组织形式，时常冒充代表全体成员普遍利益的共同体，不能承担为绝大多数成员服务的相对应的社会职能。因为它是凌驾于绝大多数成员普遍利益之上的虚假的国家形式的共同体，其根本目的是维护统治阶级利益。这种资本主义国家存在的阶级分化与人民立场是相违背的，这种以过度追逐私人利益为旨趣的工具性共同体，造成了个体利益与公共利益的矛盾，对个体发展十分不利。而马克思主张建构的真正的共同体始终坚持人民利益的至上性，注重全体社会成员而非资产阶级的个人价值实现。真正的共同体立足真正的人的世界，即聚焦于人本身而非人之外的物，从利己主义的物化逻辑中抽离出来。其次，马克思共同体思想以实现人的解放为最高目标指向和价值旨归。在马克思的视域下，共同体作为一个整体，具有鲜明的"共同价值"取向以及"人类公共性"色彩。资产阶级革命并未实现人的真正解放，自由人的联合才是根本目标。政治国家和市民社会的割裂导致上层建筑和物质生产活动中人的"双重性"特征，即人同时在政治共同体和市民社会中生活，这种割裂也进一步加剧了"虚假共同体"中人的异化状态。政治共同体表明人是以社会性生活存在的，而市民社会中的人则是以现实利益为出发点并参与其中的现实物质关系的生活的。由此得知，

---

① 《马克思恩格斯选集》第 1 卷，人民出版社，2012，第 199 页。

在政治解放和市民社会的双重推动下，公共和私人领域之间形成了多重断裂，这使得个人和共同体难以实现统一。而只有让人摆脱现实的物质利益关系的束缚，才能让私人利益和普遍性公共利益从矛盾对立走向直接统一。唯有如此，才能实现人的真正解放，从根本上打破两种利益相互撕裂的对立局面，实现个人和共同体的和解，把人的关系归还给人本身。最后，马克思共同体思想彰显了共同的物质价值。除了运用人的尺度来衡量共同体的价值本质外，我们还可以从物的尺度去表现"人的劳动创造、社会贡献及经济等的物质价值"[①]，使不断增长的社会物质财富能够成为助力。真正的共同体应该从私有制中抽离出来，但这并不意味着否认资本主义发展阶段所积累的生产力。在生产力还没有发展到足以消灭阶级存在的条件之前，破坏现有生产力是不可取的，更不能过度采取"捣毁机器，烧毁工厂"[②]的激进行为。我们要做的是消除这种生产力发展的私有制属性，改变不平等现状，消灭剥削，逐渐扬弃片面化、过度逐利的生产力发展倾向，重建个人所有制，唯有如此，才能实现共同体交往中真正的平等关系。这将彻底扭转虚假共同体中一些成员自由而另一部分成员不自由的物化世界差别，最终为人的本质力量以及自由人联合体的实现创造条件。

二 恩格斯历史合力论

恩格斯历史合力论内涵丰富，是唯物史观的重要内容，主要涵盖主体、客体、主客体合力三个方面。其中，主体合力是在人类生产生活实践中由无数个体的意图、意志和目的相互作用而形成的合力；客体合力是由人类生产生活实践所指向的对象生成的合力；主客体合力则是由"主体—客体"相互作用而形成的合力。历史合力论全面充分地论述了人们如何在经济、政治、文化等现实发展条件下，在凝聚许多个人意志的相互作用、相互冲突的力量中共同创造历史，最终构成历史发展的"总合力"。这一"合力"是一种具有集体性与共存性的整体力量，它是在多种主客观要素相互交织的交互作用下形成的。历史合力呈现的是一个动态过程，而非一个静态的过程，是各种力量之间相互作用、彼此对立和抗衡，最终汇聚成多个短暂

[①] 徐宁：《马克思共同体思想的哲学研究》，光明日报出版社，2019，第147页。
[②] 《马克思恩格斯选集》第1卷，人民出版社，2012，第408页。

结果以及一个最终结果的过程。①

（一）凝聚主体合力

恩格斯对主体合力的形成有过一段精辟论述。② 这并不意味着个体效果为零或未发生过作用，"相反，每个意志都对合力有所贡献"③，只不过作用大小不同罢了，这揭示了单个意志和群体合力的关系。恩格斯充分肯定了人的主观能动性。每个人都是根据自己的利益、愿望、动机、需求和意志在一定条件下和实践活动中创造属于自己的历史，并对历史的发展进程产生一定影响，即都会对历史发展产生一个作用力。可见，作为分力的个体的意志和力量也会对历史发展有作用。但是这种个体的意志受制于现实的物质条件，并受到其他个体的影响和制约。也就是说，每个人的成长背景、生活环境与条件的差异，以及每个人在参与的不同选择，会导致主体意志的多元化。这些单个意志所产生的力在方向和大小上可能截然不同，甚至各个作用力之间会形成相互掣肘或抵消，计划、期望和目标的迥异就会导致结果的不同，也就会对历史发展造成不同的影响。但历史发展的结果，是由无数单个力组成的平行四边形互相协调、增补和约束的过程和状态，并非个体力或众多分力的简单叠加就能够主导的，因此个人的意志力量势必受到"意志总的合力"的制约。这个总合力不以任何人的意志为转移，无论人们是否承认，它都是决定人类历史发展性质、趋势与方向的客观存在。可见，历史的发展和推进是拥有不同意志的无数个人彼此间交互活动的产物，历史发展中的总合力就像一个复杂的动力总系统，无数个人的意愿和期望是这个动力总系统中的子系统，最后汇聚成"总的平均数"。而"最后出现的结果就是

---

① 郑元凯：《历史合力论：逻辑与澄明》，《中共福建省委党校（福建行政学院）学报》2020年第5期。
② 恩格斯指出："历史是这样创造的：最终的结果总是从许多单个的意志的相互冲突中产生出来的，而其中每一个意志，又是由于许多特殊的生活条件，才成为它所成为的那样。这样就有无数互相交错的力量，有无数个力的平行四边形，由此就产生出一个合力，即历史结果，而这个结果又可以看做一个作为整体的、不自觉地和不自主地起着作用的力量的产物。因为任何一个人的愿望都会受到任何另一个人的妨碍……各个人的意志……虽然都达不到自己的愿望，而是融合为一个总的平均数，一个总的合力。"参见《马克思恩格斯选集》第4卷，人民出版社，2012，第605页。
③ 《马克思恩格斯选集》第4卷，人民出版社，2012，第606页。

谁都没有希望过的事物"①，即并未依据某个人或某个群体的期望来发展，而是朝合力的方向前进。人与人之间并非孤立地进行实践活动，而是处于一定发展阶段和社会关系中的具有能动性的各个实践主体共同推动社会历史的发展。当然，作为个体的主体也只有在尊重社会客观发展规律必然性的基础上，才能形成和凝聚为推动历史发展的正向合力。因为"他们受自己的生产力和与之相适应的交往的一定发展……所制约"②，人们的一切活动必须遵循生产关系适应生产力的规律，必须尊重历史的客观规律。主体合力凸显了人的主体力量和主体地位，但个人总是处于特定的社会关系中。因此，个人的作用力只有融合为阶级、阶层或某些集团的作用力，才能真正发挥作用，才能成为推动历史发展的能动性力量。这也充分表明，人民群众、杰出人物以及普通个人在历史发展中的作用是不同的，只有符合经济发展必然要求和历史发展趋势的人民群众或群体合力才能推动历史进步。只有作为真实主体的广大劳动群众才是社会变革的决定性力量和历史的创造者，"最强大的一种生产力是革命阶级本身"③，这也是对个人英雄史观这种唯心主义思想最有力的回击和批评。总之，历史合力论的核心就是"力的平行四边形"，它揭示了"意志总合力"的内在本质，可以说，真正的历史主体合力就是由无数单个意志构成的集合体。换言之，任何历史事变或事件的发生，都是按照平行四边形法则，根据众多参与者的实际作用力合成的结果。④ 在这个过程中，人们之间不同的目的、动机、意图在大多数场合往往彼此干扰，所以合成的结果通常既不是这些人所预想的，也绝非那些人所期盼的，而是"一个平均数"。

（二）汇聚客体合力

历史客体不是纯粹的自然之物，而是主体认识和改造世界活动对象的总和，它处于主体之外，又被纳入主体活动范围之内。⑤ 历史客体是相对于

---

① 《马克思恩格斯选集》第4卷，人民出版社，2012，第605页。
② 《马克思恩格斯选集》第1卷，人民出版社，2012，第152页。
③ 《马克思恩格斯选集》第1卷，人民出版社，2012，第274页。
④ 叶泽雄、鄢然：《历史合力论视域中的"两种决定"作用及其关系问题》，《江海学刊》2022年第4期。
⑤ 周银珍：《"历史合力论"的辩证思想与新时代人类命运共同体研究》，《云南民族大学学报》（哲学社会科学版）2021年第3期。

历史主体而言的，这里，历史的客体通过客体诸要素相互联系、相互交织、相互作用而形成的合力，就是客体合力，它以客观发展规律发生的必然性为基础。主体只有在遵循其演进趋势的基础上，才能按照主体的生存和发展需要来有效精准地改造客体，以服务和满足主体自身的需要和诉求。而历史奇迹的创造是多个因素相互交织的产物，虽然各客观因素的力量和作用并不是平均的，但离不开每一客观要素的力量参与。影响客体合力的因素主要涵盖经济基础和上层建筑两个层面，其中，作为推动社会发展的根本性力量的经济因素决定了人类社会发展状态及趋势。然而，人类历史发展的整体性、复杂性以及曲折性决定了经济因素并非唯一的因素，还包括上层建筑中的政治、思想、文化等诸多历史推动因素的相互交织和互促互融。这些社会赖以生存和发展的不可或缺的关键要素共同凝聚为推动社会发展的系统性的综合力量，但这些因素并不起决定性作用。正如恩格斯所言："其中经济的前提和条件归根到底是决定性的。但是政治等等的前提和条件……也起着一定的作用。"[1] 同时，经济因素对社会发展的推动作用也是依托于政治、法律、哲学等上层建筑中的一系列因素才得以实现和完成的。这些上层建筑具有自身的发展形式和规律，在一定历史条件下能够转化为强大的物质力量并对经济基础产生积极或消极的影响。因此，推动人类社会发展必须贯彻整体性发展思维，推动包括经济基础和上层建筑在内的诸多社会客观因素交互融合。总之，经济因素并非决定社会历史发展的唯一因素，诸因素相互作用产生的"合力"是推动历史发展的内部驱动力。尽管意识形态等相关因素不起"归根到底"的决定性作用，但绝不能否认它们的重要影响。历史客体合力既强调经济因素（经济基础），又重视非经济因素（上层建筑）对历史发展的推动作用，但"经济运动是最强有力的、最本原的、最有决定性的"[2]，这充分凸显了经济在各个历史推动要素中的根本性决定地位，也符合物质决定意识的唯物主义的根本性观点。整个历史发展过程是在经济因素和上层建筑诸因素"相互作用的形式中进行的（虽然相互作用的力量很不相等）"[3]，这进一步揭示了马克思主义历史辩证

---

[1] 《马克思恩格斯选集》第4卷，人民出版社，2012，第604~605页。
[2] 《马克思恩格斯选集》第4卷，人民出版社，2012，第614页。
[3] 《马克思恩格斯选集》第4卷，人民出版社，2012，第614页。

法视域下的经济基础和上层建筑之间的辩证关系。

（三）积聚主客体合力

作为历史主体的广大劳动群众，只有在和历史客体的交互作用下，才能推动历史的发展。可以说，主体与客体两者互相交织、共生共存，是紧密关联的命运共同体。恩格斯对此进行了论述。① 可见，只有作为历史主体的人，才能不断改造并利用自然，才能在实践过程中和客体相互关联，构建起"为我而存的关系"。在社会历史领域，历史主体与历史客体互促互进中产生的"总合力"，推动着人类历史向前发展，正如恩格斯所言，"这里表现出这一切因素间的相互作用"②，即包含历史主客体在内的一切因素相互交互。这种相互作用具体表现为以下三个层面。第一，人与自然的交互作用。人是自然的产物，自然用其丰富的物产滋养了人类，"人靠自然界生活"③。人并非被动地像动物般地适应自然，而是"创造环境"④，充分发挥自己实践活动的能动性，主动改变自然的原初状态，创造出"人化自然"。这种人化自然是通过人的实践改造并打上人的烙印而形成的，是将自然改造成人类自身所需的样态。另外，人改造自然是建立在人与自然统一的基础上的，而不是肆意破坏自然并违背自然规律，否则只会给社会发展带来负向的历史合力。人类必须遵循自然规律并与自然界相融合，可见，人类只有正确地作用于自然所形成的合力才是积极的、正向的。进一步讲，只有作为历史主体的人遵循自然客观规律，历史客体才会同时对历史主体产生积极的反作用，最终在人与自然的互促中共同推动社会历史发展。第二，人与社会的交互作用。个人与社会是相互依赖的，没有人构成的社会不能称为社会。一方面，人是社会存在物，是社会中的人，人的生存活动离不开社会这个大寓所；另一方面，社会的存续也依赖人。因此，处于社会中的个人的期望、意愿、计划既有违背社会发展规律的，又有顺应社会发展

---

① 恩格斯指出："现在这些具有意识的生物……不仅意识到自己作为个体的行动，而且也意识到自己作为群众的行动，共同活动。"参见《马克思恩格斯全集》第39卷，人民出版社，1974，第63页。
② 《马克思恩格斯选集》第4卷，人民出版社，2012，第604页。
③ 《马克思恩格斯选集》第1卷，人民出版社，2012，第55页。
④ 《马克思恩格斯选集》第1卷，人民出版社，2012，第172页。

规律的。社会历史发展涵盖了许多人的愿望与需求，并且诸多因素间既相互冲突，也相互作用。而只有积聚成推动历史前进的人与社会相互贯通的合力，才能实现生产力发展和社会进步，才能调整和变革社会生产关系以推动社会形态向更高级阶段演进。这也意味着社会历史的发展以人为主体，在人的主观能动作用下展开。第三，人与人的交互作用。人与人之间的相互联系和合作，是促进社会各种实践活动以及推动社会可持续发展的前提和基础，"为了进行生产，人们相互之间便发生一定的联系和关系"①。因为个人的意志无法达到自己的预期目标，只有这种无数个人多种多样的意志之间的积聚，才能形成总合力以推动历史发展，个人目的也能够在很大程度上实现。总之，历史主客体合力体现在人、自然、社会的融会贯通上，它将客观规律与主观能动性、规律性和选择性统一起来，并强调社会历史发展是一个动态调整的有机整体。同时，其发展是以人为主体，在人的主观能动作用下进行社会实践活动的，故而，它是一种有根可循的、特殊的自然发展规律。

三 中国共产党人关于乡村治理的重要论述

（一）毛泽东关于乡村治理的重要论述

第一，建党初期和大革命时期。1922年，毛泽东在湖南建立了农民协会，并把农民协会认定为新的乡村自治机关。农民协会的作用在于动员农民群众争取经济和政治权利，旨在彻底打破地主乡绅在乡村的统治地位，实行真正的民主自治。1927年3月，毛泽东在《湖南农民运动考察报告》中批评了党内外对农会和农民运动的错误认识，号召要把农民"组织起来"②，肯定了农会是动员、启迪广大农民群众投身革命的组织载体，农会发挥着重要作用，即"农民既已有了广大的组织，便开始行动起来……造成一个空前的农村大革命"③。他还提出"一切权力归农会"④的主张，特别强调农会的政权性质（乡村自治机关）及治理中心地位，"农会便成了唯

---

① 《马克思恩格斯文集》第1卷，人民出版社，2009，第724页。
② 《毛泽东选集》第1卷，人民出版社，1991，第13页。
③ 《毛泽东选集》第1卷，人民出版社，1991，第14页。
④ 《毛泽东选集》第1卷，人民出版社，1991，第14页。

一的权力机关……农会的人不到场,便不能解决"①。

第二,土地革命时期。八七会议明确强调"乡村政权属于农民协会"②,在这一思想指引下,毛泽东号召根据地创办农民义务学校、农民夜校等,宣传土地政策,通过恢复与发展农民协会来管理乡村,初步实现了群众自治。毛泽东率先建立了井冈山革命根据地,积蓄革命力量,逐渐走出了一条立足中国实际的"农村包围城市"的中国特色革命道路。毛泽东还在革命根据地深入开展土地革命、党的建设、政权建设,进行了有益的乡村治理实践探索。一是在根据地内积极开展土地革命,《井冈山土地法》《兴国土地法》的颁布,为分田运动的顺利进行奠定了基础;二是注重基层党组织建设,如三湾改编、古田会议,壮大了基层党组织力量;三是注重强化基层政权建设。随着各地苏维埃政权的建立,农民协会的职能被农民委员会所取代,"乡苏之下,应该组织各种辅助乡苏管理各种专门工作的委员会"③,还要建立委员会制度,这也是联系群众的一种重要方法,即"村的委员会开会,乡委员会主任各要出席自己的下级那个委员会"④。毛泽东指出:"乡的工作重心在村,所以村的组织与领导,乡苏主席团应该极力注意。"⑤他还就乡村干部的职责分工提出了明确要求。⑥这个时期在基层乡村设立了许多乡村委员会,进一步创新发展了之前的乡村自治经验。乡村委员会通过号召广大群众自己管理自己,培养了他们当家作主的管理能力与阶级意识,极大地提升了农民群众的积极性与革命热情,改变了其被压迫、被剥削的地位,这有助于不断巩固苏维埃政权建设。

第三,抗日战争时期。一是建立"三三制"的民主原则以吸纳和团结社会各阶级、各阶层力量,即凭借广泛的民主选举方式,不断巩固和发展基层政权;二是组建妇抗会、青救会、农抗会等社会组织,进一步巩固党在乡村的社会基础,巩固党在乡村社会的领导权威;三是继续推动土地革

---

① 《毛泽东选集》第1卷,人民出版社,1991,第14页。
② 《建党以来重要文献选编》(1921~1949)第4册,中央文献出版社,2011,第442页。
③ 《毛泽东文集》第1卷,人民出版社,1993,第353~354页。
④ 《毛泽东文集》第1卷,人民出版社,1993,第355页。
⑤ 《毛泽东文集》第1卷,人民出版社,1993,第350页。
⑥ 毛泽东指出:"村设主任一人,副主任一人,由乡代表会议在代表中推举出来……村主任担负督促全村工作之责,副主任帮助主任督促全村工作。"参见《毛泽东文集》第1卷,人民出版社,1993,第350页。

命，通过减租减息来降低农民负担；四是主张加强农民教育和卫生工作，"我们要使边区所有的老百姓，每人识一千字，搞他十年八年"，"还有卫生工作……要开一个卫生班"①。

第四，解放战争时期。这一阶段的土改运动进一步提高了农民的政治觉悟。毛泽东强调要按照抽多补少、抽肥补瘦的数量和质量并举的原则向农民合理分配土地，同时"土地平分后要号召农民勤劳生产"②。这个时期毛泽东提出了很多具有开创性和开拓性的农村发展新思路，对于实现农民解放、彻底实现农民在农村经济和政治上的翻身以及巩固新中国政权发挥了关键性作用。

第五，社会主义革命和建设时期。毛泽东强调要注重解决乡村治理工作中的"五多"问题，"就是任务多，会议集训多，公文报告表册多，组织多，积极分子兼职多"③，还要"坚决制止滥发统计报表"④。毛泽东强调乡村治理要加强农村合作化以及科教文卫事业发展建设。面对农民个体经济"增产有限"的困境，毛泽东明确提出要发展互助合作社，要坚持自愿互利原则，使农民加入农业生产合作社，走中国特色农村合作化道路。毛泽东强调，"发展合作社，也要做到数多、质高、成本低"⑤，"农业生产合作社要注意多种经营"⑥。同时，毛泽东还就社会主义科教文卫工作提出一系列相关举措，特别是教育方面"要强调普及……不过分强调质量"⑦。此外，毛泽东还特别强调要强化对乡村干部的培训监督，要求各级干部积极参与农村生产实践，在实践中不断提升自己的业务能力和水平。这一时期，人民公社运动广泛开展，"三级所有，队为基础"⑧的"三级"包括公社、生产大队、生产队，人民公社的这种自我管理体制，使国家真正实现了对乡村社会的整合与控制，完成了农村管理的重建，为改革开放后的乡村治理实践奠定了基础。

---

① 《毛泽东文集》第 3 卷，人民出版社，1996，第 154 页。
② 《毛泽东文集》第 5 卷，人民出版社，1996，第 12 页。
③ 《毛泽东文集》第 6 卷，人民出版社，1999，第 271 页。
④ 《毛泽东文集》第 6 卷，人民出版社，1999，第 283 页。
⑤ 《毛泽东文集》第 6 卷，人民出版社，1999，第 300 页。
⑥ 《毛泽东文集》第 7 卷，人民出版社，1999，第 67 页。
⑦ 《毛泽东文集》第 7 卷，人民出版社，1999，第 245 页。
⑧ 《毛泽东文集》第 8 卷，人民出版社，1999，第 284~285 页。

（二）邓小平关于乡村治理的重要论述

第一，强调农村社会稳定对乡村治理的重要意义，这表明稳定是压倒一切的，农村稳定、农民安定对于中国社会经济发展尤为重要，农村稳定又会为乡村治理水平的提升创造良好的环境。相反，如果农村不稳定，乡村治理也会黯然失色，相应的社会经济发展就会面临很大困境。第二，强调要高度重视乡村治理制度建设，通过实行家庭联产承包责任制来变革农村落后的生产关系，大刀阔斧地进行乡村经营体制改革。在此基础上，邓小平进一步提出"两个飞跃"思想。[①] 这深刻揭示了农村生产力和生产关系之间，特别是适度规模经营与集体经济的辩证统一规律。为此，乡村治理要实现大的发展必须把"两个飞跃"相结合，使乡村治理焕发新气象。同时，"两个飞跃"助推下的乡村治理还能够极大地提升广大农民参与乡村治理的积极性，使农民的收入水平极大提升、生活面貌极大改善。第三，强调政社分开，下放权力，改变人民公社政社合一的农村管理体制，建立乡镇一级基层政府，并按照村民居住情况建立村民委员会。同时，乡村治理要不断赋予广大农民民主权利，邓小平强调，"给农民自主权……把基层的积极性调动起来了"[②]，"要切实保障工人农民个人民主权利，包括民主选举、民主管理和民主监督"[③]，向农民赋权。第四，强调乡村治理要加强文化建设，即"建设社会主义的精神文明"[④]，农民也要注重精神文明提升，提高道德文化修养。邓小平还重视教育在乡村治理中的重要作用，强调教育要坚持"三个面向"。第五，提出以科技兴农助力乡村治理，科学技术是第一生产力，大力发展科技是走向现代化的重要途径，乡村治理的顺利推进离不开科技兴农，唯有如此，才能进一步发展乡村生产力，变革乡村旧的生产关系，进而才能创新和发展乡村治理制度和体系。总体上看，邓小平所倡导的乡村治理旨在加快提升农村社会生产力，着力改善农民生活面貌，促

---

① 两个飞跃：第一个飞跃是废除人民公社，实行以家庭联产承包为主的生产责任制；第二个飞跃是适应科学种田和生产社会化的需要，发展适度规模经营，发展集体经济。参见《邓小平文选》第 3 卷，人民出版社，1993，第 355 页。
② 《邓小平文选》第 3 卷，人民出版社，1993，第 238 页。
③ 《邓小平文选》第 2 卷，人民出版社，1994，第 146 页。
④ 《邓小平文选》第 2 卷，人民出版社，1994，第 28 页。

进乡村治理的整体快速进步。邓小平积极探索农村改革发展的途径、方向与目标，形成了一系列关于乡村治理的重要论述，为发展和完善马克思主义乡村治理思想作出了突出贡献。

（三）江泽民关于乡村治理的重要论述

第一，强调党在乡村治理中的重要作用。这一阶段将党的建设提升到"新的伟大工程"的高度。江泽民强调农村管理工作的基础就是要注重加强基层组织建设，"要把村党支部和村委会班子建设好，特别要选配好村党支部书记"[1]。第二，乡村治理要不断健全经济体制机制。江泽民认为，要加快乡村治理各方面、全方位建设，推动农村发展水平迈上新台阶，"必须始终把加快发展生产力作为农村工作的中心"[2]。要以社会主义市场经济思路推动乡村治理，"进一步完善农村所有制结构"[3]。在这一思路的指引下，农村个体私营经济与股份制经营取得重要进展。第三，乡村治理要不断促进乡村民主发展，他强调要"加强农村民主政治建设"[4]，要"依法健全三项制度"[5]。第四，乡村治理要不断强化农村思想文化建设，尽管牢固的物质基础是乡村治理的重要保障，但乡村文化建设也不可或缺。江泽民强调，"要重视和加强农村社会主义精神文明建设"[6]，农村精神文明建设对促进乡村治理发展意义重大，只能加强，不能削弱，要始终做到两手抓、两手硬。第五，乡村治理还要不断完善农村公共卫生事业[7]，农村卫生工作是关乎农民健康的民生工程，对于深化农村公共卫生改革以及加强农村物质、精神文明建设意义重大。江泽民还强调要通过弥补民生短板强化乡村治理，包括"加快农村基础设施建设。改善农村金融服务。继续推进农村税费改革"[8]。

---

[1] 江泽民：《论社会主义市场经济》，中央文献出版社，2006，第310页。
[2] 《江泽民文选》第2卷，人民出版社，2006，第214页。
[3] 《江泽民文选》第2卷，人民出版社，2006，第214页。
[4] 《十六大以来重要文献选编》（下），中央文献出版社，2008，第141页。
[5] 三项制度：村民委员会的直接选举制度、村民议事制度、村务公开制度。参见《江泽民文选》第2卷，人民出版社，2006，第215页。
[6] 《江泽民文选》第1卷，人民出版社，2006，第276页。
[7] 江泽民指出，"做好农村卫生工作，保护和增进农民健康"，"发展和完善农村合作医疗制度"。参见《江泽民文选》第1卷，人民出版社，2006，第601页。
[8] 《江泽民文选》第3卷，人民出版社，2006，第546~547页。

(四) 胡锦涛关于乡村治理的重要论述

第一，提出构建和谐新农村的管理目标。胡锦涛指出："没有农村的和谐，就不可能有整个社会的和谐。"① 胡锦涛提出"生产发展、生活宽裕、乡风文明、村容整洁、管理民主"② 的社会主义和谐新农村管理目标。第二，强调要不断创新农村管理体制机制以加强农村社会管理。胡锦涛指出，"不断创新农村体制机制"③，尤其是深化乡镇体制、农村户籍、农村公共服务体制的改革。第三，强调建设社会主义新农村要"针对制约农村生产力发展的突出问题"④，大力发展生产力，推动农村经济繁荣，为农村全面发展与进步奠定扎实基础，同时要"健全乡村治理结构，建立农村工作新机制"⑤。第四，乡村治理必须加强民主法制建设。要注重保障农民各项民主权利，包括落实各项民主制度、搞好村民自治、健全村务公开制度、开展普法教育⑥，可以说，农民直接行使民主权利是民主政治建设的基础性工作。第五，乡村治理必须推进新型乡村文明建设。要"积极培育造就有文化、懂技术、会经营的新型农民"⑦，并营造农村健康文明新风尚。第六，强调要弥补民生短板以提升乡村治理水平。要大力提升农村基础设施建设水平，抓好"农田水利""耕地质量建设""饮水、道路、能源、电力、环境卫生"⑧ 建设。

(五) 习近平总书记关于乡村治理的重要论述

第一，注重乡村治理的民生方向改革，回答了乡村"治理方向"的问题。习近平总书记指出："许多农村出现村庄空心化、农民老龄化现象。"⑨ 因此，推进乡村治理要以改善与保障农村民生为优先方向，要围绕"让农

---

① 《胡锦涛文选》第 2 卷，人民出版社，2016，第 419 页。
② 《胡锦涛文选》第 2 卷，人民出版社，2016，第 412 页。
③ 《十六大以来重要文献选编》(下)，中央文献出版社，2008，第 141 页。
④ 《胡锦涛文选》第 2 卷，人民出版社，2016，第 413 页。
⑤ 《十六大以来重要文献选编》(下)，中央文献出版社，2008，第 642 页。
⑥ 《胡锦涛文选》第 2 卷，人民出版社，2016，第 416~417 页。
⑦ 《胡锦涛文选》第 2 卷，人民出版社，2016，第 418 页。
⑧ 《胡锦涛文选》第 2 卷，人民出版社，2016，第 414 页。
⑨ 《习近平关于社会主义社会建设论述摘编》，中央文献出版社，2017，第 122 页。

民得到更好的组织引领、社会服务、民主参与，加快构建党组织领导的乡村治理体系"①的目标进行。第二，提出"五治融合"的乡村治理内容。就乡村经济而言，一是要健全农村集体经济治理体系，习近平总书记指出："要形成有效维护农村集体经济组织成员权利的治理体系……构建集体经济治理体系。"② 二是要完善农村基本经营制度，不断深化农村土地制度改革，习近平总书记对此作出重要指示③，从而引领农村走向共同富裕之路。就乡村民主政治建设而言，习近平总书记注重村民自治制度的完善，注重整顿部分软弱涣散的农村基层党组织。就乡村文明建设而言，习近平总书记强调了"优秀道德规范、公序良俗失效"④的问题，面对"一些村庄，'形虽在，神已散'"⑤的现状，指出必须通过提升乡村治理水平予以解决。就乡村社会建设而言，习近平总书记提到"三留守"（留守儿童、留守妇女、留守老人）问题，还提到农村教育、文化、医疗卫生、社会保障发展滞后，要加快补齐短板。就乡村生态建设而言，习近平总书记强调："因地制宜搞好农村人居环境综合整治。"⑥ 面对"一些缺水地区还在搞大水漫灌，秸秆、粪便、农膜还没有得到有效治理和利用"⑦的问题，习近平总书记强调要"完善生态文明制度体系"⑧，实现人与自然和谐共生。第三，乡村治理现代化建设要按照"产业兴旺、生态宜居、乡风文明、治理有效、生活富裕"⑨的要求予以推进，强调要"加快推进乡村治理体系和治理能力现代化"⑩。第四，要建立健全乡村治理体系。习近平总书记对此作出了重要论述⑪，乡

---

① 习近平：《坚持把解决好"三农"问题作为全党工作重中之重 举全党全社会之力推动乡村振兴》，《求是》2022年第7期。
② 《〈中共中央 国务院关于稳步推进农村集体产权制度改革的意见〉学习手册》，人民出版社，2017，第2~6页。
③ 习近平总书记强调："坚持农村土地农民集体所有、坚持家庭经营基础性地位、坚持稳定土地承包关系。"参见习近平《论"三农"工作》，中央文献出版社，2022，第82~83页。
④ 习近平：《论"三农"工作》，中央文献出版社，2022，第236页。
⑤ 习近平：《论"三农"工作》，中央文献出版社，2022，第236页。
⑥ 习近平：《论"三农"工作》，中央文献出版社，2022，第101页。
⑦ 习近平：《论"三农"工作》，中央文献出版社，2022，第251页。
⑧ 《习近平著作选读》第1卷，人民出版社，2023，第611页。
⑨ 《习近平谈治国理政》第3卷，外文出版社，2020，第257页。
⑩ 《十九大以来重要文献选编》（上），中央文献出版社，2019，第141页。
⑪ 习近平总书记指出："建立健全党委领导、政府负责、社会协同、公众参与、法治保障的现代乡村社会治理体系，健全自治、法治、德治相结合的乡村治理体系。"参见习近平《论"三农"工作》，中央文献出版社，2022，第254页。

村"三治"是相互结合的有机整体，其中，自治是基础，法治是保障，德治是支撑，充分彰显出人民当家作主、依法治国与以德治国相结合的治理理念。习近平总书记还强调："要依据宪法法律完善居民委员会、村民委员会等基层群众自治组织。"① 第五，强调党对乡村治理工作的领导核心作用及发挥多元治理主体的作用。习近平总书记强调要特别重视党对乡村治理工作的集中统一领导，"办好农村的事情，关键在党"②，"农村党支部在农村各项工作中居于领导核心地位"③。唯有如此，才能有效提升党全面领导农村工作的水平与能力，唯有加强党的全面领导和发挥党的引领作用，乡村治理的各项政策才能真正落实到乡村治理实践中。要建立和完善以党的基层组织为核心的农村组织体系。村党支部并不是唯一的乡村治理主体，乡村治理主体是多元的。

第三节　新时代乡村治理共同体建设的理论借鉴

新时代乡村治理共同体建设离不开对西方相关治理理论的借鉴。源自西方的集体行动理论、多中心治理理论、协同治理理论，是对西方政治、意识形态和社会环境深入观察和思索的成果，它们根植于西方的治理土壤，因而不可避免地带有个人主义的治理传统弊端。尽管一些西方理论的可实践性尚需通过实践来检验和证明，且在实际应用中难免出现"水土不服"的情况，但仍然有很多值得借鉴的因素，具有一定的价值。基于此，我们应在充分吸收和借鉴西方理论合理成分的基础上，反思其适用限度，超越西方范式的治理话语逻辑，唯有如此，才能形成全面指导新时代乡村治理共同体建设实践的创新性理论成果。

一　集体行动理论

奥尔森在《集体行动的逻辑》《国家的兴衰》《权力与繁荣》等著作中对集体行动理论进行了全面论述。该理论以个人理性为逻辑起点，以搭便

---

① 习近平：《论"三农"工作》，中央文献出版社，2022，第224页。
② 习近平：《论"三农"工作》，中央文献出版社，2022，第205页。
③ 习近平：《论"三农"工作》，中央文献出版社，2022，第102页。

车和分利行为为逻辑依据,并把选择性激励作为集体行动论述的重点。然而,选择性激励会导致分利集团的出现,而分利行为会进一步加剧国家经济的衰退。因此,构建相容利益集团十分紧迫,即建立强化市场型政府,这是国家经济繁荣的必然要求。总之,权力先于繁荣,权力保障繁荣。① 概括地说,集体行动理论主要包括三个要点:个人理性不必然导致集体理性、影响集体行动的因素(个人获益度、效益独占可能性、组织成本)以及选择性诱因。② 具体如下。

第一,搭便车、集体行动以及选择性激励。奥尔森在《集体行动的逻辑》中提出理性的经济人势必导致搭便车的观点。奥尔森认为,当个体在追求自身相关利益时,个人理性并不一定形成集体理性,反而会导致集体困境与集体静默,在这样的集体行动中,个人理性的选择总是会让自身利益最大化,从而使集体行动溃败。正如奥尔森所述。③ 他认为代表集体利益的集团公共物品的共用性、非排他性和非竞争性表明,集团中的每个成员都能够以较低成本或代价获得,甚至轻而易举地、无须付出成本地均等分享,这就给搭便车行为提供了充分的可能空间。加之,理性个人的自利性决定他们只会最大限度地获得收益,而不是承担或分担成本,即他们会对自身参与集体行动的成本和从集团中获得的收益做出考量,而绝非为了创造更大的集体利益,这最终会产生集体行动中的搭便车困境。在这个一般性结论的基础上,奥尔森认为也并不是全部集团都没有获得集体利益的可能,这和集团的规模紧密相关。他强调,个体自发以及理性的利益追求能否形成有助于集团的行为取决于集团本身规模的大小和性质。正如奥尔森所言。④ 在他看来,相容集团比排外集团更容易获得共同的集体利益,因为排外性的利益是既定的利益,涉及"分蛋糕"问题,所以分利者自然越少越好,而相应的分利集团规模也是越小越有利,故称这类集团的典型特征

---

① 沈荣华、何瑞文:《奥尔森的集体行动理论逻辑》,《黑龙江社会科学》2014年第2期。
② 李炜:《奥尔森的集体行动理论》,《青年研究》1999年第1期。
③ 奥尔森指出:"有理性的、寻求自我利益的个人不会采取行动以实现他们共同的或集团的利益。"〔美〕奥尔森:《集体行动的逻辑》,陈郁等译,格致出版社、上海人民出版社,2014,第2页。
④ 奥尔森指出:"当根据这种集体利益的两分法而将各种各样的集团也相应地分为(利益)相容性集团和(利益)排他性集团两类时,他们集体行动的逻辑是不同的。"〔美〕奥尔森:《集体行动的逻辑》,陈郁等译,格致出版社、上海人民出版社,2014,第4页。

就是排斥他人进入；而相容性集团更多的是"众人拾柴火焰高"，是关于"做蛋糕"的问题，因此，这类集团希望越多成员加入越好。然而，相容性利益集团实现共同的集体利益也只是可能性较大，同样无法避免搭便车行为。奥尔森认为只有处理好集体和个体成员之间的利益关系，才能有效破解搭便车困局。于是他提出了新的动力机制——"选择性激励"，即通过对集团成员采取奖励和惩罚的手段，充分激励个人参与集体行动，以解决集体行动困境，但是这种手段和方式又会带来新的实施成本，越大的集团成本越高。在小集团中，当个体成员为集体利益的目标而行动时，它所获得的收益比它的付出要高。总而言之，奥尔森是根据个人理性—搭便车—集体无理性—集体行动困境的论证逻辑来推理的，而集体行动发生的核心动力机制无疑是选择性激励。他认为，相比没有选择性激励的集团，有选择性激励的集团更有可能达成集体行动的目标和价值。小集团将比大集团更可能采取集体行动，大集团集体行动必须采取选择性激励，唯有如此，才能实现其共同的集体利益。概而论之，搭便车和集体行动困境的问题是相一致的。当在某些集团或者组织中的成员达到一定规模且又没有强有力的手段或方式等对其进行限制约束时，寻求自利的、理性的集团或组织中的个体就不会为集体的共同利益而行动，会拒绝采取相应的行动来实现集团或组织的共同利益，而有效合理的机制设计能够最大限度地降低"搭便车"行为发生的可能性。

第二，搭便车与国家兴衰。在《国家的兴衰》中，奥尔森根据不同利益集团组织形成的可能性差异，认为国家中大量存在的分利联盟和分利集团造成了国家的衰退。他认为大量食利性强、搭便车的分利集团会使国家经济增长陷入停滞甚至倒退。这种"寄生虫"似的集团行动越频繁，国家经济效益就越差，国家和社会利益就会被瓜分得越严重。市场经济规则的破坏会导致市场的失灵，而这又会进一步扰乱民主秩序，最终使政府陷入失灵，国家无法正常运转。

第三，强化市场型政府与国家经济繁荣。在《权力与繁荣》中，奥尔森指出强化市场型政府是经济发展的根本所在，提出要建立既有限又有效的强化市场型政府，以促进国家经济的繁荣。

二 多中心治理理论

多中心治理理论起源于西方。1951 年，迈克尔·博兰尼在《自由的逻辑》中首次提出了"多中心"（polycentricity）的概念。他通过数学经济模型证明，每个经济中心全面的自我配合行动所解决问题的范围，比集中指令解决的范围要大。换言之，在集中指令没有办法操控的范围内，多中心仍然能够成功运作。由此得知，多中心的任务只有依赖相互调整的体系才能被社会所管理，而这种体系是自发秩序的体系，而不是合作秩序的体系。[1] 20 世纪 70 年代，奥斯特罗姆把"多中心"引入公共事务治理领域，创立了多中心治理理论，因此多中心治理理论是由"多中心"概念演变而来的。传统的市场调节和政府干预做法在处理公共事务中难免会出现市场或政府失灵的情况，因此，多中心治理理论正是以这一现实问题为出发点的。其内涵并非只依赖单一的政府或市场治理主体参与公共事务治理，而是力图组建多个社会治理主体，从而使公共事务得到合理、有效且充分的处理并使其保持可持续性，这也可以确保相关各方的利益都能够得到满足。[2] 他对囚犯困境博弈、公地悲剧、集体行动的逻辑的缺陷进行了讨论，并从小规模的公共池塘资源入手，经过一系列实证案例研究，形成了自主组织和治理公共事务的制度理论。它进一步拓展了集体行动理论，同时也为解决公共选择的困境提供了新的思路，从而为保护及可持续地利用公共事务提供了自主治理的制度基础，并以多个服务中心或权力中心为表征提出多中心治理理论。[3] 该理论把供给公共产品作为治理核心，强调要打破"命令—指挥"式的单个中心的治理格局。单中心模式一般情况下是一个上级对多个下级（一对多），强调政府是唯一的权力中心，政府在处理公共性事务中同时扮演多重角色，而这会造成实际治理过程中缺乏灵活性和科学性，从而导致治理失灵或决策不力。正是因为单中心模式自身的局限性无法克服，而且已经无法满足现代化治理的发展要求。为此，就需要构建起一种多中心的治理模式和网络，这无疑是一种新的治理方式。它强调在治理主体的选择中，并不排斥政府的作用，主张政府、市场、社会以及具备

---

[1]〔英〕迈克尔·博兰尼：《自由的逻辑》，冯银江、李雪茹译，吉林人民出版社，2010，第 170 页。

[2] 熊光清、熊健坤：《多中心协同治理模式：一种具备操作性的治理方案》，《中国人民大学学报》2018 年第 3 期。

[3]〔美〕埃莉诺·奥斯特罗姆：《公共事物的治理之道》，余逊达、陈旭译，上海三联书店，2000，第 1~2 页。

现代化意识的公民等利益相关者组成复合治理主体，主张改变之前政府扮演多重角色的自上而下、指令性、强制性的传统管理方式，更加注重参与主体的多元化和参与方式的多样化，即不同的治理主体功能和角色定位是相异的，从而使人和人、人和组织以及组织和组织之间的交互更加畅通。其目标在于处理和解决分权治理和集权治理的关系及其面临的两难困境，从而有助于化解集体行动的机会主义弊端，确保治理过程中的公共利益得以维护和持续推进，同时保证各个单中心治理实现利益最大化。

多中心治理理论主要有三个特征：注重微观治理下各权威治理主体的平等性，强调公私治理机制的整合与联结，以及决策重心下移、参与度广且多层次展开。在他看来，多中心意味着在形式上决策中心之间是相互平行且独立的，它允许多权威中心、多服务中心以及多层次并存，通过竞争和协作更有效地完成公共事务治理。概而论之，多中心治理是社会治理可借鉴的运作模式，它有利于解决单纯依赖政府或市场进行治理产生的难题，推动了治理观念的革命性变革，对于解决公共事务难题有一定的积极借鉴意义。然而，多中心理论重点强调的是多中心的重要性以及发挥自主组织与自主治理的关键性作用，对国家（政府）的主导性作用有一定的排斥。实际上，西方的多中心就是治理层面的"去中心化"，意味着国家和社会的二元对立，这种理论暗含的逻辑前提是私有化，难以直接嫁接至我国的治理情境。多中心治理理论最大的问题是打破了一元化的单中心秩序，过于强调治理的多中心秩序，甚至放弃了政治治理责任的要求，即没有政府的治理，这就给社会带来了新的负担。进一步讲，多中心治理理论强调治理主体的多元化，政府不再是唯一主体，必须依赖多元主体的相互合作，但同时也意味着由多权力核心构成的治理网络体系形成，存在一定的局限性。多中心治理是一个多维度、多主体互动的治理过程。它有利于解决单纯依赖政府或市场的弊端，最终构建出自主自治的合作网络。但是这种理念过多地强调多中心的重要性以及发挥自主组织与自主治理的关键性作用，难以有效避免"集体行动困境"与"搭便车困境"。而且，对国家（政府）主导性作用有一定的排斥，也就意味着其具有"去中心化"的趋势，核心在于推动参与主体、管理与权力的多元化，这就难以做到将独立多元的治理主体要素重新架构和组织起来。

三 协同治理理论

协同治理理论是交叉型理论,由协同论和治理理论相互结合而形成。协同治理是政府、非政府组织、个体等社会多元合法要素在一定技术等条件支撑下,且在一个既定的范围内,运用协同规则、治理机制与方式,通过相互协调、协同联动、共同合作来参与治理公共事务的诸多方式的总和。[①] 协同治理更加关注多元治理主体形成的一系列规范、共同规则和有序的系统。协同治理理论的提出具有重大意义,它对于从系统角度看待社会发展、全面认识社会的系统复杂性以及应对开放社会系统条件下的多元化具有重要参考价值。协同治理理论认为,一是为了更好实现公共利益,政府不再是单一的治理主体,而是需要政府、社会组织、市场主体、群众等多元治理主体共同参与以实现既定的治理目标任务。二是协同治理主张尊重多元治理主体的利益诉求,采取多元化的手段以增进公共价值。三是协同治理的过程是双向互动的,而非自上而下的单向的。它要求多元治理力量积极参与,共同摆脱社会治理过程中的一系列困境。四是主张系统治理。复杂多变的社会问题要求多元治理主体彼此协同,通过构建相互协作关系,运用系统治理的方式来推动社会治理水平向更高层次发展。五是强调治理的有序性。协同治理能够通过治理主体间的整合与调整,有效避免政府失灵、市场失灵的问题,实现社会的整体治理与有序推进,打造活力与秩序兼得的治理局面。总而言之,协同治理是实践属性很强的集体活动,其运行过程及参与者会对解决公共问题、达成治理目标产生重要影响。

第四节 新时代乡村治理共同体建设的分析框架

目前,学术界主要集中于宏观理论抽象以及应然研究层面。基于"乡村治理"与"共同体"的互构联结关系,本书在结合学术界现有分析框架的基础上,立足于马克思主义中国化的学科视角与研究范式,建构了以马克思主义理论为基础的"价值—主体—秩序—行动"的互动分析框架。本

[①] 刘涛、范明英:《协同治理视阈下国家治理能力现代化变革之道》,《广西社会科学》2015年第6期。

书尝试进行系统全面分析,从而为新时代乡村治理共同体建设提供思路指引与实践借鉴。

一 一体两面:"乡村治理"与"共同体"的互构联结

"乡村治理"与"共同体"是"一体两面"(双重面向)的互构联结关系。如前所述,共同体以特定的组织原则把人聚集在一起,并运用充分体现集体性的秩序,去协调各成员之间的相互关系。换言之,共同体的形成是建立在个体差异基础上的,且在这种差异或分化中寻求共同的秩序,协调彼此的矛盾或冲突,从而达到和谐的状态。只有彼此相互的关联性存在,才能形成真正的共同体。随着治理实践的不断延伸和拓展,共同体的内涵和建构路径也更加丰富,具备了价值性和工具性的双重特性,即治理(主体)的价值性回归与治理(工具)理性选择的结合。就乡村视域而言,"乡村治理"与"共同体"是相契合的。立足共同体视角展开的乡村治理研究,主要表征为"乡村治理"和"共同体"的互构联结关系,即在推进乡村治理进程中构建共同体和在共同体的基础上实现乡村有效治理两个方面,这是一种特殊的共同体形式。一方面,从在乡村治理进程中构建共同体来看,这个视域下的"乡村治理共同体"是一种应然状态,以价值性色彩为主。价值理性的考量是相对稳定的,即在推进乡村治理现代化进程中,通过责任共担的一系列行动,最终达到共同体建构的理想愿景和治理状态。其目标指向是在未来形成的某种价值性的共同体样态,要实现共享治理成果,这与马克思所倡导的"个体与共同体关系和解"以及当前提出的"人人有责、人人尽责、人人享有"等价值追求是相一致的。另一方面,以共同体的方式来推进乡村有效治理,这个视域下的"乡村治理共同体"是一种实然状态,以工具性色彩为主。工具理性的达成是阶段性动态变化的外在需要,即共同体被视为一种治理工具而存在。共同体不仅为实现乡村有效治理提供了互促联动的主体支撑与治理网络,并且能够有效提高共同体内部的凝聚力。因为共同体本身是建立在情感和利益基础上的共同认同,其通过个体和公共利益的充分融合,促使乡村治理场域形成紧密联结的有机联合体,因此以共同体的方式来推进乡村治理进程已经成为一种有效的治理方式。换言之,实然状态下的乡村治理共同体的本质在于实现有效治理,化解各种乡村矛盾,只是在手段上强调运用共同体的方式助推乡村治理现

第一章 时代诉求、理论基础与分析框架

代化。所以要正确处理好"乡村治理"与"共同体"之间的内在契合关系，即"共同体"作为手段，要避免治理实践中的"工具主义"倾向，要服务于"乡村治理"这个本质。"乡村治理"与"共同体"的结合充分体现了乡村社会复合治理的方式，即乡村治理诸多主客观要素的复合，它更加注重个体和共同体关系的平衡，是更趋向于融合型的治理思路。进一步讲，"乡村治理"与"共同体"的互构联结意味着建立在价值认同基础上的各个治理主体作用不断强化，而主体彼此间的关系也更加紧密。同时，在这个推进过程中，需要借助合理的治理秩序（规则方式）以支撑和整合，进而促成预期的行动结果。总之，乡村治理共同体所表现的"乡村治理"与"共同体"的互构联结关系，是"应然状态"与"实然状态"的结合，彰显了价值理性与工具理性的统一，二者是内在契合的，是分析乡村治理共同体具体问题的底层逻辑，也是破题的关键，符合本书研究的解释取向。加之，我国传统的村庄本身就是典型的共同体形态，特别是基于血缘和地缘所形成的自然村落，其内部具备很强的社会关系网络和社会联结基础，其中利益关系与文化认同的程度，直接决定乡村治理共同体建设的实践进程。为此，本书以共同体为研究视角，立足"乡村治理"与"共同体"的互构联结关系，进而分析乡村治理共同体建设实现的可能性和可行性。

二 范式比较：现有分析框架的评价与借鉴

目前，学术界关于乡村治理共同体的研究主要聚焦于历史演进、理论底蕴、主体汇聚、现实困境以及优化策略，提出了许多具有创新性和学术价值的思想观点。比较有代表性的分析和阐释框架如下：贺海波从"制度—行动"分析框架出发，探讨县乡不同治理主体的互动关系以及责任共同体机制;[1] 曾凡木从"制度供给—集体行动"分析框架出发，阐述了新乡贤在乡村治理共同体建设中的作用;[2] 李玲玲、杨欢等从"价值—组织—行动"分析框架出发，阐述了"三治融合"背景下乡村治理共同体的生成机

---

[1] 贺海波：《论新时代县乡村治理的责任共同体》，《社会主义研究》2021年第6期。
[2] 曾凡木：《制度供给与集体行动：新乡贤参与社会治理共同体的路径分析》，《求实》2022年第2期。

制;① 孙迪亮、孙泽玮从"国家—社会"关系的分析框架出发,指出构建乡村治理共同体必须注重社会力量参与、县乡政府负责、农民群众为本;② 蒋红军、李威从"政治共同体—社会共同体"的分析框架出发论述贫困村庄治理共同体的内在逻辑和行动过程;③ 夏红莉、张文举则从"人人有责—人人尽责—人人享有"的分析框架出发论述其内在逻辑;④ 段雨、孙艺宁从"利益—文化"分析框架出发阐述乡村治理共同体建设的内在逻辑;⑤ 文宏、林仁镇从"主体—工具—价值"分析框架出发构建新时代基层治理共同体的现实图景;⑥ 陈荣卓、车一顿基于"组织结构—利益激励—行动协同"的分析框架阐释乡村治理共同体何以建构。⑦ 综上可知,尽管这些分析框架从不同视域对乡村治理共同体建设进行了分析,具有很大的参考和借鉴价值。但目前学术界关于乡村治理共同体的研究仍处于探索起步阶段,多数是处于宏观层面的研究,相对忽略了过程与实践的探讨,而且很少深入乡村治理共同体内部,从组成要素与秩序运行等方面进行分析。在这个背景下,如何进一步深入认识新时代乡村治理共同体成为重大议题。

三 互动分析框架建构:"价值—主体—秩序—行动"

"互动"意味着系统或要素之间的相互影响与相互作用。建构"价值—主体—秩序—行动"的互动分析框架对新时代乡村治理共同体建设的研究至关重要。如前所述,以往研究的分析框架主要聚焦于"国家—社会"二元分析框架,或者以单一的价值性、工具性为出发点,或者立足"人人有

---

① 李玲玲、杨欢、赵晓峰:《"三治融合"中乡村治理共同体生成机制研究——以陕西省留坝县为例》,《西南大学学报》(社会科学版)2022年第3期。
② 孙迪亮、孙泽玮:《马克思国家与社会关系理论视域下乡村社会治理共同体构建》,《桂海论丛》2020年第1期。
③ 蒋红军、李威:《贫困村庄社会治理共同体建设的行动过程与内在逻辑》,《公共治理研究》2021年第5期。
④ 夏红莉、张文举:《乡村治理共同体建设的内在逻辑与路径研究》,《广西社会主义学院学报》2021年第1期。
⑤ 段雨、孙艺宁:《乡村治理共同体构建的内在逻辑、现实困境及其路径选择》,《安徽行政学院学报》2022年第2期。
⑥ 文宏、林仁镇:《多元如何共治:新时代基层社会治理共同体构建的现实图景——基于东莞市横沥镇的考察》,《理论探讨》2022年第1期。
⑦ 陈荣卓、车一顿:《利益聚合与行动协同:新时代乡村治理共同体何以建构?——来自武汉市星光村的经验观察》,《中国行政管理》2022年第10期。

第一章 时代诉求、理论基础与分析框架

责—人人尽责—人人享有"理念,或者从宏观层面较为笼统地以治理内容、治理过程、治理结果等为分析视角,存在一定的局限性和片面性,即多数研究仅限于要素的列举,并未详细阐释它们之间的互动关系,多数停留于宏观层面的指导,因过于抽象和笼统而缺乏解释力度。乡村治理共同体是一种复合式治理,并非单一的线性因果关系转换,而是价值理性与工具理性的统一体,表现为"乡村治理"与"共同体"的互构联结关系。因此,建构微观层面的"价值—主体—秩序—行动"的互动分析框架(见图1-1)就在一定程度上弥补了当前学术界研究的缺陷和不足,具有一定的必要性与可行性。该框架在保持解释力的同时又能清晰展现乡村治理共同体建设背后的逻辑,并回答价值、主体、秩序、行动这四个核心变量如何影响乡村治理共同体的建设过程,这也充分彰显出"乡村治理"与"共同体"的互构联结性。"价值—主体—秩序—行动"的互动分析框架所形成的互动式治理强调和彰显乡村治理中多元治理主体在价值引领与秩序范围内的有效协调、相互作用、充分交流、良性互动,进而推动乡村治理行动的贯彻落实,从而回应既定的价值旨归与目标。具体来看,四者之间存在紧密的逻辑关联且互嵌融贯。治理价值主要包括共在共融型的治理理念、治理思维、治理共识、治理文化和治理目标(价值追求与愿景)等层面,是统领治理主体、治理秩序、治理行动的指引,决定治理发展方向。治理主体主要包括单个的个体、组织化的个体以及彼此间以博弈与合作为基础的主体网络关系结构,包括嵌入性治理主体与内生性治理主体两部分,具有明显的治理主体异质性特征,是治理价值、治理秩序、治理行动的主要承载者与实施者。在治理实践中,不仅要注重治理主体与治理行动的互动,还要关注治理主体与治理秩序的动态互动过程。治理主体力量的强弱直接决定了乡村治理共同体建设的成败。治理秩序主要包括一系列的治理规则、治理工具、治理方式等层面的整合,是规范性的秩序集合空间,治理秩序是确保治理价值、治理主体、治理行动顺利推进和实施的关键,是确保乡村治理共同体建设顺利运行的重要保障。治理行动主要是为确保预期成效或成果实现而采取的一系列宏观或微观策略,充分表现为各个治理主体在互动协调过程中形成的行为结果。治理行动是检验治理价值、治理主体、治理秩序完善落实程度的重要标尺,同时也是确保治理价值、治理主体、治理秩序顺利推进的重要支撑。进一步而言,治理价值、治理主体、治理秩序、治理行动是彼此互嵌、内在契合、相互促进的关系，是一种互动式的治理。而以治理主体为中心的分析又是整个分析框架建构的核心，因为治理价值、治理秩序、治理行动都需要治理主体来完成和实现。

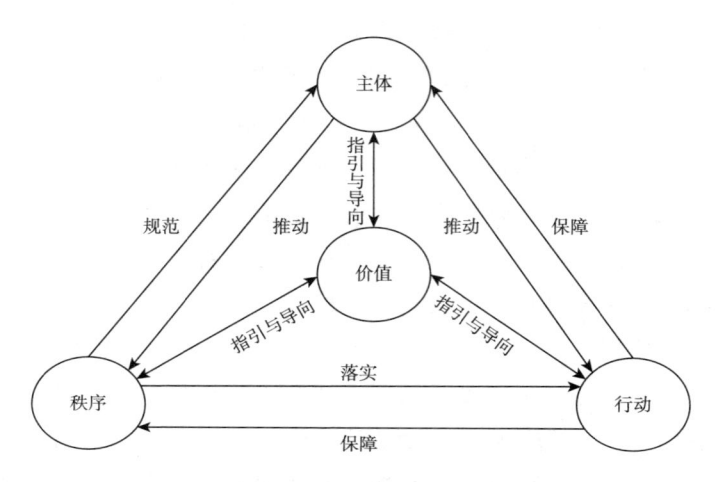

图 1-1 本书互动分析框架

"价值—主体—秩序—行动"的互动分析框架所构建的互动式治理具有深厚的理论与实践支撑。从理论探索层面看，乡村治理共同体建设的互动分析框架是存在理论根据的，其借鉴了诸多相关理论的分析要点。马克思共同体思想所提出的个体和共同体辩证统一的关系为乡村治理共同体建设的有序推进提供了价值指引，尤其是个体发展和共同体发展的内在联系为从整体主义出发探析其动态演变提供了重要指引；恩格斯历史合力论所提出的主客体合力为乡村治理共同体建设实践进程中的主体、秩序以及行动的整合优化提供了理论指导；中国共产党人关于乡村治理的重要论述为乡村治理共同体建设提供了理论根基，尤其是在乡村治理多元主体聚合以及秩序行动的开展中发挥了重要作用。集体行动理论强调基于共同利益的主体共同行动；多中心治理强调治理主体的分散多元性，反对一元化的权威主体作用，即打破一元化的单中心主体，主张治理的多中心，建立多个行为主体，并且将其置于同一合作网络关系中，规定各个相互独立的主体之间的相互制约与相互协作，这有助于在提升乡村公共事务治理效率的同时，摆脱集体行动困境，实现协作共赢；协同治理理论强调主体和客体要素的相互作用、协同耦合，尤其是强调多元治理主体的良性互动。这些都为构建"价值—主体—秩序—行动"的互动分析框架提供了理论借鉴。尽管源自西方的集体行动理论、多中心治理理论、协同治理理论为解决乡村治理的碎片化与模糊化问题及形成多元共治局面提供了重要指引，但是它难以克服资本主义私有化的弊端，存在"个体主义至上"等价值取向局限，因此相应的理论指引也存在不足与缺陷，这就与乡村治理共同体所遵循的共建共治共享理念相背离。该理念强调在遵循人人有责与人人尽责的义务优先前提下实现人人共享的权利诉求，更加注重个体和共同体的关系平衡，与西方的逻辑起点不同。从实践考量层面看，其互动分析框架是存在实践根据的，乡村治理共同体建设说到底就是秩序与发展的问题，即乡村治理共同体建设是围绕治理有效性展开的，旨在解决乡村的治理失序与发展困境问题。乡村治理实践的差异化与复杂化决定了乡村治理共同体一定是不同因素或要素互动关联、交互整合、共同塑造的结果，彼此间存在复杂多变的互动关系及其过程。本书认为乡村治理共同体是价值、主体、秩序、行动四个要素共同作用和共同影响的结果，唯有如此，才能真正把握乡村治理共同体的实质与核心。所以，本书主要围绕"建设什么样的治理共同体，怎样建设治理共同体"这两大"元问题"，构建了"价值—主体—秩序—行动"的互动分析框架，以此描绘并呈现乡村治理共同体建设的价值追求与现实图景，阐释多元治理主体如何实现共建共治共享的问题。与此同时，建立在"共建共治共享"理念指引下的价值、主体、秩序、行动的彼此互动联结，也克服了西方理论指引下的私有化弊端和价值取向局限，实现了对资本逻辑的超越、对主流价值的把握以及对价值理念认同的重塑。总而言之，"价值—主体—秩序—行动"的分析框架所形成的互动式治理，是一种静态与动态相互促进的解释视角，它以主体为中心，在相对具体、微观的治理共同体场域内，把握异质性多元治理主体间的互动、合作与交融，这种框架使原有的乡村治理架构发生改变，进而有助于在"人人有责、人人尽责、人人享有"理念引导下构建共建共治共享格局，其本身也成为乡村治理共同体建设的可行方向与治理路径。

本章小结

　　新时代乡村治理共同体建设要立足中国特色社会主义乡村治理大局。新时代乡村治理共同体的出现有其现实的逻辑必然性，是时代所需和民心所盼，具体包括新时代大背景下的乡村社会主要矛盾转化、乡村社会治理变革、乡村振兴战略实施三个基本方面，是共同作用下的结果。新时代乡村治理共同体建设不仅是对当下问题的解决，更是一个渐进的长期实践过程。理论溯源和理论借鉴的主要任务就是为新时代乡村治理共同体建设的行进路径提供理论指引。笔者通过对马克思共同体思想、恩格斯历史合力论、中国共产党人关于乡村治理的重要论述以及西方的集体行动理论、多中心治理理论、协同治理理论的阐释和把握，确定研究的理论指向，从总体上阐明和把握研究的理论脉络。具体而言，马克思共同体思想是立足现实利益与人的本质的双重考察，无论是在思想、认知、价值还是方法论层面，都对乡村治理共同体建设具有重要的理论指导意义。为此，要在新时代乡村治理共同体建设中，找到个体和共同体相互促进的实践路径，在迈向真正的乡村治理共同体的道路上逐步实现乡村治理现代化，为个人自由而全面的发展创造更多条件。恩格斯的历史合力论为当前建设乡村治理共同体奠定了思想基础，主客体诸因素的相互促进产生的"总合力"是终极动力和力量之基。中国共产党人关于乡村治理的重要论述是在乡村治理实践中形成的一系列独创的、规律性的认识，是新时代乡村治理共同体建设的直接思想来源。源自西方的集体行动理论、多中心治理理论、协同治理理论具有重要的借鉴意义，它对于整合碎片化的乡村社会，凝聚新时代乡村治理多元主体的思想和行动共识至关重要。本书基于"乡村治理"与"共同体"互构联结关系，立足现有分析框架，结合马克思主义中国化研究的学科视角与研究范式，构建了"价值—主体—秩序—行动"的互动分析框架。本章通过乡村治理共同体建设的时代诉求、理论基础与分析框架，阐述"新时代乡村治理共同体建设何以缘起"。

第二章 乡村治理共同体建设的历史考察

马克思始终遵循历史和逻辑相统一的方法。追溯历史，是为了更好地深耕现实、展望未来。新时代乡村治理共同体建设并不是无根之木、无源之水，它是在新中国成立以来乡村治理的不断赓续和演进中形成的，经历了历史的、辩证的演变过程。新中国成立以来的乡村治理，基于乡村生产力与生产关系的演进动力与变迁主线，立足于相关政策文本及目标指引，主要经历了全面管治阶段（1949~1978年）的国家政权下乡与政社合一形塑、全面管理阶段（1978~2012年）的家庭联产承包与乡政村治形成、全面治理阶段（2012年至今）的多元合作与乡村"三治"凸显的演进。70多年来乡村治理的变迁特征主要是乡村治理价值从"传统"走向"现代"、乡村治理主体从"单一"走向"多元"、乡村治理秩序从"管治"走向"三治"、乡村治理行动从"汲取"走向"互惠"。新中国成立以来乡村治理变迁的基本经验包括：必须坚持正确的价值目标和价值立场；必须坚持发挥乡村党组织引领作用及农民主体作用；必须坚持积极进行秩序维护与秩序调适；必须把握正确的行动指南和行动规律。透视新中国成立以来乡村治理的演进历程、变迁特征、基本经验，不仅有助于我们更好地认识马克思主义乡村治理思想中国化的历史进程和思想进程，全面理解中国特色乡村治理现代化道路的演进规律及独特意义，而且有助于我们更加深刻地认识到新时代乡村治理共同体建设的历史定位、现实走向及目标任务。可以说，建设新时代乡村治理共同体是对新中国成立以来乡村治理思想的嬗变、延续、传承、创新以及超越的结果，是不断演进变迁的时代产物。如今，建设新时代乡村治理共同体需要在借鉴70多年乡村治理变迁经验的基础上，始终坚持"变"与"不变"的辩证统一，顺应"变化"，坚守不变，深刻认识到其产生的历史必然性，真正做到以史为鉴、守正创新，进一步助推乡村治理现代化进程。通过对乡村治理共同体建设的历史考察，我们可以从历史维度审视"新时代乡村治理共同体建设何以可能"。

第一节 新中国成立以来乡村治理的演进历程

治理的本意是操纵、控制与引导，与单向、强制、刚性的"统治""管治""管理"的运作模式不同，治理更具复合、包容、合作的特征，更加强调公共权力配置与运作的互动性和多元性。就乡村治理而言，如图2-1所示，立足于乡村生产力与生产关系变迁的内生动力主线，新中国成立以来的乡村治理主要经历了全面管治阶段（1949~1978年）的国家政权下乡与政社合一形塑、全面管理阶段（1978~2012年）的家庭联产承包与乡政村治形成、全面治理阶段（2012年至今）的多元合作与乡村"三治"凸显的调适转换过程。不同历史发展阶段乡村治理所面临的时代环境、具体表征是存在差异的。新时代乡村治理共同体的建设，势必也是新中国成立以来，在中国共产党依据科学理性化决策，推动乡村治理变迁基础上嬗变、演绎和发展的结果，演化出不同历史发展时期，形成了彰显中国风格、独具中国特色的乡村治理演进历程与逻辑脉络（见图2-1）。

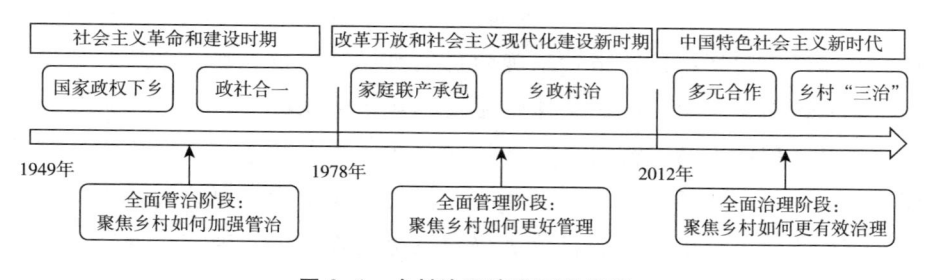

图 2-1 乡村治理演进历程示意

一 全面管治阶段（1949~1978年）：国家政权下乡与政社合一形塑

全面管治阶段的乡村治理主要围绕"乡村如何加强管治"的议题展开。新中国成立初期，面对民生凋敝、百业待兴的国家，为尽快实现从"一盘散沙"向"组织起来"的转变，党开展乡村治理实践，其主要任务是恢复乡村社会生产力和实现乡村社会秩序的重构，即改造旧的乡村社会，着力变革乡村社会无组织现状，搭建起新生人民政权的乡村社会组织形态，在乡村有效地将广大农民组织起来。因此，这个时期的乡村治理处于全面管治阶段，政府统管成为这个时期的主要特征。1949~1978年，为快速恢复乡村经济社会发展和推进乡村治理现代化，避免乡村陷入新的无序困境，党凭借革命性的管治方式，依赖持续的政治动员和强有力的政治指令，推动乡村生产力发展，进行了艰辛曲折的探索历程，实现了从"无组织""旧组织""弱组织""弱生产"向"有组织""新组织""强组织""强生产"的转变。

（一）国家政权下乡与农业合作化运动

土地改革成为国家政权下乡和巩固工农联盟的首要突破口，成为这一时期乡村治理的重点任务，重建了乡村经济与政治秩序。通过土地改革，个体农户家庭经营的生产组织形式得以形成，乡村治理的组织结构也初步建立。随着《中华人民共和国土地改革法》的颁布，"耕者有其田"的农民所有制得到全面推进，农民成为独立的个体生产者，实现了"耕者有其田"的理想，土地产权可以自由流动。土地改革不仅是乡村的经济革命，更是乡村政治的整合运动，它兼顾了乡村政治体系的改造和构造。这场运动第一次把全国范围内的乡村控制权交给国家，国家取代了以往长期统治乡村的地主阶级。土地改革在真正把土地分配给农民的同时，也强化了农民对政权组织的高度认知、认可和认同，使党员干部赢得民心，实现了乡村的从乱到治。如果说国家层面的政权下乡使乡村的经济和政治实现了双赢，那么政党下乡则进一步从政党层面强化了对新生人民政权的政治性弥合。以变革乡村土地关系为契机，我国乡村历经了一场前所未有的经济革命与利益格局调整，在此基础上，乡村治理的组织架构也被重塑，即对乡村社会的结构权力进行调整重组。土地改革彻底扭转了旧乡村的生产关系、旧秩序和权力结构。土地改革结束后，乡村基层党组织在全国范围内普遍建立并不断得到强化，国家层面的政权下乡也得到进一步巩固。与此同时，乡村基层政权也不断发展和完善。1950年，相关通则[①]中规定，乡和行政村

---

① 《乡（行政村）人民政府组织通则》《乡（行政村）人民代表会议组织通则》。

都是乡村基层行政区域,处于同一个行政级别,只是规模上存在差异。这彻底改变了以"家户模式"为主的传统乡村,"乡村政权制"由此形成,使乡村治理重心下沉。这也就意味着"乡村政权制"契合了巩固新生政权、加强乡村社会稳定和推进现代化建设的需要,树立起国家的主导权威,符合当时的历史潮流,极大增强了农民对新生政权的高度认同,有效提高了国家对乡村的可控度。由此,传统乡村的权威治理结构被变革,乡与乡、村与村之间的关系被重新划分与调整,乡村治理"无为而治"的状态被改变,这也是中国历史上首次把乡村正式划入政府行政管理体系。但是,为了提升行政效率和方便为人民群众服务,1954年《宪法》和《地方组织法》撤销了行政村建制,县级以下设立乡、镇、民族乡,乡镇基层政权正式被赋予合法地位。《关于健全乡村政权组织的指示》明晰了乡镇领导和统一管辖自然村的基本模式,作为基层政权机构的乡镇登上历史舞台,而原来的村级公共权力则由村党支部或上级部门下派工作组行使。这就进一步规范和确认了乡村基层政权体制以及乡村基层行政区划,形成了县乡政权的组织架构,至此,乡村治理步入一个崭新的阶段。另外需要注意的是,这个时期村级政权向乡村政权的收缩和取缔,并不意味着国家对乡村社会的管控力减弱,反而使分散且碎片化的乡村社会凝聚在国家治理大局中。在制度层面完成国家政权下乡后,要想让党和国家的政策真正贯穿于乡村,还需要有效地把农民组织起来。

农业合作化运动是基于农业经营组织形式的乡村经济治理。农业的社会主义改造成为乡村治理的重要内容。在这个过程中,农业经营组织形式和生产资料走向集体化,农业的经营组织形式向互助组、初级社、高级社转变,开启了合作社集体经营的模式,农村土地等生产资料逐渐成为集体所有。随着乡村经济日益纳入国家主导,为了应对乡村经济变革,乡村基层政权再次做出调整,乡(镇)政权成为乡村基层政权组织,以行政村为单位的基层政权组织被取缔,这也意味着国家权力在乡村社会的再次"渗透"并进一步巩固。农业合作化运动是新民主革命时期农民合作运动的延续,同时也是国家对农业进行社会主义改造的重要组成部分。它得到了广大农民的支持和响应,其基本特点仍然是在不改变土地私有权的基础上将分散的农民组织起来以促进农业生产,即土地所有权仍然属于农民,而土地的使用权转给初级社,进行土地入股和统一经营。互助组和初级社是高级社和人民公社发展的雏形，但存在本质区别，因为这个时期的乡镇政权下的乡村治理的主体仍然是具有土地所有权的农民群众，其主要目标也是推动乡村经济发展。土地改革后，大多数贫下中农土地数量有限、资金短缺、劳动力不足，这就产生了互助合作的需求和动力，从而使农业合作化运动不断升级。随着乡村互助合作运动的高涨，加之乡村小农经济以及土地私有制弊端暴露出来，乡村高级社逐渐形成，性质也已经发生改变，即原来个体农民的土地等生产资料转变为合作社集体所有，并由合作社统一组织乡村劳动生产，其专业化程度远高于初级社。高级社不仅承担乡村经济职能，而且高级社内部组织设置的社员大会、监督和管理委员会等还需要承担维护乡村社会稳定等行政属性较强的政治职能。相对现代化的乡村治理体系逐渐构建，这个时期乡村合作化和集体化的目的是要改变乡村落后的生产关系以更好地促进生产力发展。乡村合作化时期，农民的个体劳动转变为集体劳动，集体主义思想在乡村逐渐形成，农业合作化成为推动乡村治理的主要力量，尤其是在农业生产、公共服务、生态保护等方面发挥着重要作用。与此同时，随着合作化程度的进一步提高，高级社实现跨越式、超常规地发展，集体村庄的农村基层建制也开始形成，高级社已经构建起相当规模和较为完善成熟的组织体系，规模与较大的自然村相接近，乡村权力结构日益走向集中化。实质上，作为劳动组织单位的高级社已经成为这个时期乡村内部的基本治理单元，这也为人民公社化治理的形成奠定了基础。在农业合作化运动下，乡村政治领域的乡村基层政权也再次变革，形成"乡—组"的治理结构，乡镇政权也在职权划分、人员任期和构成等方面有了较为详细的运作规则与相关规定。

（二）人民公社时期的"政社合一"

1958年，人民公社开始替代高级农业生产合作社，并日渐发展成为乡村治理的核心主体。1962年，《农村人民公社工作条例》明确了"公社、生产大队和生产队"的三级乡村治理架构，其特征是"三级所有，队为基础"的政社合一式的乡村治理模式。这一模式进一步明确了人民公社在乡村治理中的地位和作用，人民公社彻底取代了乡镇治理模式，也就意味着国家权力在乡村社会的"全面深入"。可以说，这是"一种融合政权组织体制、农业生产体制和乡村治理体制为一体的新型组织"[①]。人民公社已经成为集经济和政治组织职能于一体、以高度集中管理体制为主要特征的基层政权组织。人民公社制就是集体村社制，是一种全新的农民组织化形式，村社不仅是地域文化上的共同体，更是由经济社会地位平等的成员组成的共同体。这种"横向到边、纵向到底"的治理模式将农民的生产生活纳入计划性的分配范围，使广大农民紧密地联系在一起，加速了乡村的社会主义改造。

二 全面管理阶段（1978~2012年）：家庭联产承包与乡政村治形成

全面管理阶段的乡村治理主要围绕"乡村如何更好管理"的议题展开。经济基础决定上层建筑，所有制结构的变动使乡村社会经济关系结构加速变革，原有的平均化和整体的利益结构被打破。改革开放以来，随着工作重心向经济建设转移，计划经济体制也逐渐被社会主义市场经济体制取代。乡村治理实践中的主要任务是建立健全乡村社会管理体系，建立适应社会主义市场经济要求的乡村管理体制，调整和优化乡村生产关系，进一步解放和发展乡村生产力，发展乡村基层民主，以适应多元化的社会结构、多样化的利益诉求和矛盾，为改革开放事业创造有序稳定的乡村环境。这个时期的乡村治理处于全面管理阶段，乡村治理开启了"政社分开"的探索与实践，逐步呈现"放权"的过程。尽管国家经济社会发展面临重大变革和调整，乡村仍然是首要的改革对象。就乡村治理而言，从小岗村的"包产到户"开始，到之后作为乡村经济基础的家庭联产承包责任制逐步推进，由此"乡政村治"的乡村治理结构和基本治理格局也逐步形成、发展和完善，这对我国乡村的经济市场化、政治民主化进程产生了深远影响。

（一）家庭联产承包责任制的推行

家庭联产承包责任制在乡村的推行，是乡村生产力和生产关系的重大变革，它促使农民自主权得到释放和保障。新的制度主要实施以家庭承包

[①] 滕明君、张昱：《建党百年来乡村治理范式的嬗变逻辑及新时代启示》，《西南民族大学学报》（人文社会科学版）2021年第3期。

为基础、统分结合的双层经营体制,"两权分离"(所有权和承包经营权)调动了广大农民的生产积极性、创造性,并提高了劳动生产率。改革后的农民获得了土地经营权,劳动者和生产资料再次紧密联系在一起。农民对自己的劳动力也有了充足的支配权,开始采取"分户经营、自负盈亏"的生产形式,这种把农民的权责利紧密关联的经营方式受到广大农民的普遍欢迎。它克服了"平均主义"的缺陷,同时又继续保持和发扬了集体经济的优越性,从而进一步解放了乡村生产力。新的制度以个体农户为经济核算单位,取代了过去的以生产队为核算单位的核算方式,这也意味着乡村经济结构的巨大变革,其势必对乡村治理产生重大影响。1983年,中央"一号文件"确立了家庭联产承包责任制在乡村改革进程中的重要地位。20世纪90年代初,新修订的《宪法》颁布,家庭联产承包责任制从法律层面得到确认和保障,这对于稳定乡村土地经营基本制度、促进乡村农业发展以及乡村社会和谐意义重大,是关乎乡村农民生存发展、切身利益的重要法律,它对家庭承包的权利义务关系,承包原则、程序、期限等作出了详细的规定。

进一步讲,作为相对独立的经营主体的家庭被纳入集体经济并成为集体经济中的一个经营层次后,"家庭回归为较为完整的经济单元,生产、生活、消费和分配单元一致,解决了生产激励性问题"[①]。乡村的要素流动组合、财产积累、分工分业都将发生深刻的转变,它将真正使乡村治理由传统迈向现代、由封闭走向开放。家庭联产承包责任制使农民获得独立的生产经营权以及对劳动产品的支配权,他们逐步成为独立的财产主体和经济主体,这种独立性、自主性为后来乡村自治组织的建立提供了可能性空间与现实基础。

(二) 乡政村治的形成发展

1983年《关于实行政社分开建立乡政府的通知》指出,在推行家庭联产承包责任制的同时,乡村要实行村民自治,使乡村治理朝着社会主义现代化方向不断前进。"乡政"与"村治"的二元治理格局由此开始生成、正式运行并不断完善。这意味着国家与乡村社会的关系再次被重构与重塑,国家开始逐渐向乡村社会让渡治理空间,放权于乡村社会。乡政是国家层

[①] 邓大才:《中国乡村治理:从自治到善治》,中国社会科学出版社,2020,第156页。

面最基层的一级政府（乡镇政权）所担负的政治职能，即国家最基层的行政权力设置在乡镇一级，不再向下拓展，这实质上体现了国家权力的回缩。它作为国家治理乡村的中枢角色而存在，上联国家，下接乡村社会，同时在乡村继续坚持党的领导地位并发挥领导作用。而村治则是基于国家法律框架下的村民自治，旨在协助基层政府执行好党和国家的各项政策、方针和任务。村民自治的运转主要依托于乡村基层自治组织的自我管理、服务和监督，涉及乡村内部的所有公共事务。村民自治使广大农民获得较为独立的利益表达空间，旨在维护乡村和谐稳定并促进其经济社会发展。同时，乡镇一级基层政府也要对其进行工作上的指导和监督。随着1998年《村民委员会组织法（修订）》的颁布，乡村治理的法律地位最终确立。进一步讲，在乡政村治模式下，乡镇对村民委员会负有支持、指导与帮助的职责，但在相关法律框架内，不得擅自越权干涉乡村内部的自治事项。只要作为乡政村治基石的村民自治依法有序进行，整个乡政村治格局就会正常稳定运转。尽管乡政村治格局已经形成，极大激发了自治活力并提升了农民的主体意识，但随着乡村时代的发展和变迁，新的乡和村的矛盾就会显现，如乡村整体自治水平有限、村党支部与村民委员会之间的矛盾、对村委会监督乏力等，这就需要乡和村之间不断磨合适应并改良升级，以实现乡村治理的稳定运行，这同时也需要广大党员干部和群众不断进行探索。

具体而言，一是乡镇基层政权的重塑。新中国成立后，乡镇是作为基层政权而存在的。1982年《宪法》规定，我国基层行政区域包括"乡村、民族乡、镇"；1982年《地方各级人民政府组织法》规定，乡镇基层政权职权包括执行上级政策命令、管理本乡镇经济文化社会公共事务、保护民众权利以及完成上级人民政府交办的其他事项；1983年《关于实施政社分开建立乡政府的通知》要求实施政社分开，恢复和重建乡镇政府；1985年建乡任务完成。这个时期，乡镇的经济职能已经大幅削减，在农业领域的生产职能几乎不再存在，行政职能单独成系统。随着国家发展战略、发展阶段以及政治体制的变革，乡级政府职能不断改变。然而，在实际发展进程中，存在职能定位不准的问题，经济领域政府干预较多，而社会管理和公共服务又略显不足；专业部门职能存在虚化和弱化的现象。二是村民自治的重塑及发展。从自治角度看，1949~1978年这个时期的村民自治主要是以自然村为基础而形成的。改革开放后，家庭联产承包责任制的推行为这个时期的乡村自治注入了强劲动能,成为其兴起和发展的强大力量。这个时期,乡村自治主要以法治型基层治理为主要特征,并且成为重塑国家与乡村关系新格局的内生动力。① 这个时期主要以建制村为基础形成了规范的村民自治。相对于自然村而言,建制村的规模较大,在一个彼此不熟悉的村子中,不能再依赖于以共同习俗为主的自然村式的治理方式,必须采取新的组织和治理模式,即把乡村治理纳入法治化轨道,这也是构建现代乡村自治体系的内在要求。国家先后通过或修订的《村民委员会组织法》就是最好的例证。1982 年底"村民委员会"被正式载入《宪法》;1987 年《村民委员会组织法》(试行)颁布;1998 年《村民委员会组织法》正式实施,均对其运行机制等进行了相应的规定,可见乡村自治日渐法治化、规范化以及正规化。另外,随着这一时期农业产业化以及经营主体多元化的发展,村民委员会日益成为乡村治理体制中的新型力量,并参与村"两委"推动的村治框架,相应的农业生产组织与制度体系也发生了变革,这实际上是生产关系的革新,与生产力发展共同构成变革优化"乡政村治"格局的最内生动力。

新农村建设时期,党和国家对乡村税费进行了改革。2006 年,党和国家作出取消农业税的重大决定,社会主义新农村建设由此拉开帷幕。取消农业税,再次对"乡政"和"村治"关系进行了调整和重塑,进一步促进了乡村治理体制的完善。2006 年中央"一号文件"提出了"乡村治理机制"一词,标志着我国的乡村治理进入了深化改革阶段。2008 年中央"一号文件"进一步强调了探索乡村有效治理机制,在党的组织领导下,实现了政府行政管理和基层群众自治的有效良性互动。可见,"乡政"和"村治"的关系重塑后,随着乡村治理的探索和实践,乡村治理逐步走向深入,朝着不断完善体制机制层面推进。由于农业税取消,乡镇与乡村基层关系变得更加松散,"乡政"和"村治"的关系也需要在治理实践中不断探索、变革与调整。

三 全面治理阶段(2012 年至今):多元合作与乡村"三治"凸显

全面治理阶段的乡村治理主要围绕"乡村如何更有效治理"的议题展

---

① 公丕祥:《新中国 70 年进程中的乡村治理与自治》,《社会科学战线》2019 年第 5 期。

开。党的十八届三中全会用"社会治理"取代了"社会管理"。社会管理的主体主要由政府组成，管理型思维占据主导；而社会治理则更多强调相关治理主体的多元化参与及其与核心治理主体间能动关联、平等、民主和协商的关系，强调能动性的关联思维。"社会管理是适应简单社会的管理形态，复杂社会内在地要求多元参与的良性互动，以达成更可接受和更为均衡的治理方案。"① 从"管理"向"治理"的转变，是在社会发展规律以及社会主要矛盾转化基础上提出的，这也标志着乡村治理进入全面深化治理改革的新阶段。乡村治理更多地开始表现为"均权"与"多元赋权"的过程，乡村"三治"也逐渐凸显，乡村生产力发展的活力进一步被释放。党的十八大以来，乡村治理进入新时代，这个时期的乡村治理是在全面推进社会治理和实施乡村振兴战略的基础上开展的，因此迫切需要作出与时俱进的回应。全面治理阶段的乡村治理体系建构，契合了乡村治理的新时代发展需要，是党对中国特色的乡村治理体制作出的重要调整和变革，对继续提高乡村生产力发展水平、推进新发展阶段乡村社会的发展转型以及提升广大农民的幸福感与获得感意义重大。新时代乡村治理的发展概括及内容体系如下。

第一，新时代乡村治理的发展概况。新时代的乡村治理涉及治理主体、原则、方式、机制、任务、目标等多维度。与之前两个阶段的乡村治理相比，全面治理阶段中国共产党对乡村治理进行了全方位的系统化设计、规划和部署，即围绕乡村五大振兴而推动乡村治理。要以乡村产业振兴与人才振兴来夯实乡村治理的经济和人才基础，以乡村文化振兴来夯实乡村治理的文化基础，以乡村生态振兴来夯实乡村治理的绿色发展基础，以乡村组织振兴来强化乡村治理的组织保障。尽管乡村治理的具体任务安排有所不同，但其主要目标仍然是实现乡村治理现代化。新时代以来，国家政策接连不断地"入场"，持续赋能乡村治理现代化进程。如表2-1所示，党的十八大以来对乡村治理的政策部署主要围绕党的领导、制度规范体系化、村级工作规范化、集体经济统筹化、民主协商常态化、民生事务兜底化等方面稳步推进。国家政策的持续赋能还有助于进一步助推乡村"五位一体"

---

① 韩志明：《迈向多元良性互动的治理转型——破解建构社会治理新格局的密码》，《南京社会科学》2022年第11期。

的治理，并为其营造良好的政策发展环境。同时，还有助于优化乡村治理的环境，推动乡村治理多元主体实现思想共鸣与行动共振，激活乡村治理主体的内生动力。另外，国家政策的赋能为新时代乡村治理共同体建设提供了现实契机，国家的政策导向和政策环境优化为乡村治理共同体建设提供了更为有利的治理空间和治理红利。

表 2-1　2013~2022 年中央"一号文件"关于乡村治理的概述

2013 年 中央"一号文件"	关于强化乡村基层党组织建设：党组织队伍建设、农村合作社党建工作、党员干部的教育、监督与管理、党风廉政建设、强化村干部"一定三有"政策；关于农村基层民主管理：完善自治机制、健全"四议两公开"制度；关于农民群众合法利益：强调利益表达、协调与保障；关于农村社会公共安全
2014 年 中央"一号文件"	关于加强乡村基层党的建设：服务型党组织建设、宣传干部先进典型、改进干部作风；关于健全基层民主制度：强化党在农村执政基础、完善乡镇政府功能、开展社区、村小组村民自治试点；关于创新基层管理服务：推进农村集体产权股份合作改革、扩大公共服务、推广"枫桥经验"
2015 年 中央"一号文件"	关于创新乡村治理机制：规范村"两委"职责；激发农村社会组织活力（优先发展专业、慈善、社区服务类组织）；构建农村立体化社会治理防控体系
2016 年 中央"一号文件"	关于创新乡村治理机制：加强乡镇服务型政府建设；探索党组织领导村民自治形式；深化农村社区建设试点；涉农信访专项治理；增强农村法律服务和法律援助
2017 年 中央"一号文件"	关于加大农村改革力度：完善农业补贴；改革财政支农投入机制；加快农村金融创新；健全农村集体产权制度改革；完善农业农村发展用地保障机制；完善农村创新创业体制
2018 年 中央"一号文件"	关于构建乡村治理体系：深化自治实践、法治乡村、乡村德治；强化农村基层党组织的领导核心地位；建设平安乡村
2019 年 中央"一号文件"	关于完善乡村治理机制：发挥群众主体作用；加强农村精神文明建设（文化礼堂、文化广场、新时代文明实践中心）
2020 年 中央"一号文件"	关于加强农村基层治理：持续整顿软弱涣散村党组织、完善村务监督机制、健全激励村干部干事创业机制；深入推进平安乡村建设（扫黑除恶纵深推进）
2021 年 中央"一号文件"	关于乡村基层党组织与乡村治理：完善第一书记和工作队制度；创建民主法治示范村；加强县乡应急管理建设
2022 年 中央"一号文件"	关于突出实效改进乡村治理：健全乡镇党委统一指挥和统筹协调机制、推行村级"一张表"制度；推行数字化赋能、网格化管理、精细化服务；创新农村精神文明建设有效平台载体；推进更高水平的平安法治乡村建设

第二,基层党组织成为新时代乡村治理的关键支撑。党的十八大以来,党推动乡村治理的领导能力不断增强,提出了许多关于基层党建的新论断、新思想。在伟大的乡村治理实践中,乡村以全面加强乡村党建为抓手,全方位夯实党的基层组织根基,并注重发挥好党的引领作用和领导核心作用。在相关条例①中,就党在乡村的组织领导、主要任务、队伍建设、保障举措、考核监督等方面作出全面部署,特别指出了村党组织书记在强化乡村党的建设中的关键作用。在推动乡村治理进程中,党通过自身的组织化、政治性、动员性等优势,不断为乡村治理赋能。党作为主导的核心力量,在统筹其他各方力量中占据引领位置。同时,整合统领全国各地区乡村治理资源的党中央,要始终发挥好"中枢控制"的作用,在引领各个基层党组织推动乡村治理实践中,形成相互协调、密切配合以及运转高效的乡村治理体系。此外,全面加强党风廉政建设,全面惩治和打击乡村"微腐败",为乡村治理营造了坚实的群众基础和良好的治理环境。

第三,吸纳更多元的治理主体力量融入。要以土地产权制度和精准扶贫为抓手,使治理主体彼此间的互动性进一步增强,为更好地实现与保障乡村治理体系的善治奠定坚实基础。但多元乡村治理主体以及区域发展的不同,使不同地区的多元化表现形式存在差异。为此,要始终以乡村振兴为核心发展任务,不断创新乡村治理的实践形式,拓展和延伸乡村的新型治理结构。概言之,要形成一种新的乡村治理方式,即多元主体合作协同共治的模式,它主要是在"乡政村治"体制基础上,把乡村多元化治理主体逐渐吸纳进来,使不同治理主体彼此间的互动更加紧密,关系更加协调,从而逐渐构建起多元协同共治的乡村治理新样态,这也就意味着国家与乡村之间建构起了一种多元治理主体共建共治共享的协同合作关系。国家整合吸纳乡村多元治理主体力量的主要目的是推动国家治理与乡村治理的有机统一。

第四,新时代以乡村"三治"融合的多元规范协同治理为主要发展方向。在乡村"三治"融合体系下,自治是法治和德治的组织基础,它使法治观念和德治情操转化为具体行动,为乡村振兴提供重要支撑;作为乡村硬性治理方式的乡村法治,对于捍卫农民切身利益、规范乡村治理秩序发

---

① 《中国共产党农村基层组织工作条例》《中国共产党农村工作条例》。

挥着关键作用，即法治在协调各种乡村社会利益关系和保障乡村社会有序运转中发挥着重要功能。乡村治理必须遵循法治，通过将自治纳入由国家强制力保障的法治轨道，平衡乡村社会利益、规范乡村社会行为，确保自治实效，为乡村振兴保驾护航；而作为乡村柔性治理方式的乡村德治在重塑乡村民风、道德感化、情感引导等方面发挥着关键作用，道德是内心的法律，正所谓德润人心，可以把德治和法治相结合，法治依赖于道德的支持，道德践行也不能脱离法治约束，二者相互弥补且相得益彰，从而共促乡村有序运转。同时，德治还为乡村振兴提供价值支撑和营造良好的文明风尚。概言之，要始终坚持自治为基、法治为本、德治为先的安排，以德治滋养自治并涵养法治，使其贯穿乡村治理的各方面和全过程，进而推动"三治"融合更加协同互促。尽管自治、法治、德治在乡村治理中发挥的功能和作用不同，但绝非孤立存在，而是互为补充、相辅相成，并共同统一于中国特色社会主义善治总目标。新时代乡村"三治"融合在治理理念、方式、主体、手段等方面实现了根本转变。

第五，乡村治理能力现代化进一步提升。之前乡村治理过度依靠党政一元化主导下的乡镇党委政府和村"两委"。党的十八大以来，各类乡村社会组织不断涌现，公益慈善类、社会服务类等乡村社会组织的活力被激活，促使乡村治理的社会化水平不断提高。乡村治理的法治化进程加快，建设良法善治的法治中国，并全面推进依法治国，乡村治理法治化是中国式法治化在乡村基层的具体表现，即把乡村治理活动纳入法律化和规范化的治理轨道。党的十八大以来，全面依法治国的贯彻实施使乡村治理法治化进程明显加快，乡村治理的法治体系也逐渐完善健全，从而为乡村基层政府及广大农民参与乡村治理提供了法律支撑。乡村治理的智能化成效显著，新时代以来，随着大数据和人工智能的日益普及，乡村治理成效迅速提升。通过智能化的平台建设，广大农民参政的积极性得到很大提升，乡镇和村委的工作效率也极大提高，乡村治理决策的准确性及科学性不断提高。可以说，乡村智能化时代的到来给乡村治理的变革带来革命性影响和重塑。乡村治理的专业化水平不断提升，乡村治理最终要靠人来实现。乡村人才振兴的不断推进给乡村治理带来了经验丰富、学有专长的强大专业型人才队伍，这些人才成为乡村治理的重要助推器。

第二节　新中国成立以来乡村治理的变迁特征

乡村治理的历史变迁并非一个线性的因果关系，而是不同因素彼此互动、关联、影响所共同形塑的结果。70多年来，广大农民不断进行乡村治理的实践探索，乡村治理发生了重大转变。通过梳理乡村治理的三个不同阶段，本书得出了四个乡村治理的变迁特征，即乡村治理价值从"传统"走向"现代"、乡村治理主体从"单一"走向"多元"、乡村治理秩序从"管治"走向"三治"、乡村治理行动从"汲取"走向"互惠"，总结其变迁特征可以更好地为新时代乡村治理共同体建设提供启示和借鉴。

一　乡村治理价值转换：从"传统"走向"现代"

在新中国成立以来的乡村治理进程中，随着国家治理现代化的渐序展开，乡村治理价值也不断从传统转变为现代。具体表现在以下三个方面。一是从传统礼治思维向法治思维转变。传统的乡村社会价值基于礼治权威实现和维系。礼治权威并不是法治权威，它是一种构建于等级制之上的道德权威，是传统乡村社会重要的治理资源，是运用道德权威力量形成的组织架构。在传统乡村治理结构中，"国法不入乡"的礼治占据主导地位，而内在的礼治又通过具体的村规民约来呈现和维系，传统礼治是乡村社会按照传统乡村习惯而铸就的治理方式，因此它并不需要国家权力的介入就能够实现乡村社会的"无为而治"。由此，乡村形成了以儒家伦理为本位的、非正式的"天然礼治文化共同体"，这种治理模式在节约国家行政成本的同时也取得了较好的善治成效。传统礼治不依赖于以"契约信任"为主要特征的法律框架，而是依靠建立在"身份信任"基础上的整套机制来运行，因此熟人社会的乡村难以接受外部力量的强力介入。随着市场经济的推进，乡村社会的开放程度不断加深，乡村的人际交往不断延展，传统的熟人社会网络很快被打破。传统的礼治已经不足以应对日益复杂多变且开放的乡村社会，为此，由国家层面所推进的法律约束成为乡村治理不可或缺的组成部分，乡村开始逐步向法治过渡。这里的法治是现代乡村的"法治思维"，是以法律为准绳并贯穿乡村治理全过程的，在依法治理指引下的依法治村理念日渐深入乡村社会，无论是村民自治还是村民选举都要按照国家的相关法律进行,乡村礼治价值的约束力也就日渐式微。党的十八大以来,随着全面依法治国的深入推进,法治已经成为乡村发展大趋势,相应的乡村法治价值与权威也不断得到强化。"只有推行法治才能推动乡土社会的现代化转型,加快农业农村现代化进程。"① 尽管法治已经成为发展大趋势,但乡村仍然存在礼治的文化基因,只有在礼治价值和法治价值相一致的情况下,两者才能真正成为被遵从的规则并得到乡村社会的认同。二是从人治思维向法治思维转变。新中国成立后,随着地主阶级的消灭,我国乡村治理方式逐渐由人治转变为法治,开始构建起国家正式的基层权力组织,开启了对乡村的依法控制和管理。实现从人治向法治转变是推进乡村治理现代化的根本任务和目标之一。然而,受到根深蒂固的封建思想影响,加之乡村基层法律体系的不完备,乡村治理方式在一定程度上仍存在"人治"的做法和行为,"家长制""一言堂"等在乡村治理中仍有所体现,这主要体现在农村基层政权建立初期。党的十一届三中全会在实事求是路线的指引下,重新确立了依法治国的方针,乡村治理也逐渐趋向于法理化、规范化。党的十八大以来,随着全面依法治国的贯彻,法治观念已经深入乡村社会的各个角落,乡村治理方式的法治化主要体现在两个方面。一方面,乡村治理的法治体系不断完善;另一方面,乡村治理的法治执行力也不断提高。三是从集权思维向分权思维转变。改革开放之前,中国乡村形成了党政一体、政社合一、权力集中的乡村治理模式。党的十一届三中全会后,党和国家通过分权改革,构建起以多元治理主体分权制衡为特征的"乡政村治"格局,通过村民自治把乡镇以下的治理权力重新归还至村民集体,使村民集体行使村庄治理权力,进行自我管理和监督。同时,家庭联产承包责任制下的农民获得了生产经营的自主权,即农民个体自主性增强以及自由活动范围不断扩大。党的十八大以来,乡村治理权力运行不断优化并更加趋向多元化。总之,70多年党领导下的乡村治理变迁是传统价值和现代价值交融博弈的过程。传统与现代是对立统一的关系,现代化是在批判继承传统基础上形成和演变而来的,它并不完全脱离传统而存在。我国乡村基层治理的价值也是随着现代化国家的转型从传统走向现代化的,而这一变迁背后是传统与现代变革的相互博弈。

---

① 陈文胜:《论中国乡村变迁》,社会科学文献出版社,2021,第131页。

二　乡村治理主体转变：从"单一"走向"多元"

70多年来，乡村治理主体逐渐从单一化向多元化转变。乡村治理主体是指在乡村治理中扮演相对应角色的组织、机构和个体。一元治理模式是由单一权威或权力主体组成并形成的权力支配结构，而多元治理模式则由两个及以上权威或权力主体组成，形成多主体协调互动的结构。[1] 70多年来，乡村治理主体整体从单一向多元转变，乡村治理主体在结构性与功能性上均逐渐发生变化。治理主体间不再是自上而下的行政命令关系，而是相互协作、多方互动的状态。它们通过协同合作，更好地实现乡村治理的美好愿景。从新中国成立到改革开放的这个时期，基本都是单一主体的乡村治理。新中国成立初期形成的"乡政权"体制，由乡党委、乡人民代表大会、乡人民委员会和村级党组织共同搭建起乡村基层政权体系，具备处理乡村各项公共事务的权力。这也意味着乡村初步构建起以乡镇政权为核心的一元治理主体结构。之后，为了整合乡村资源以推动乡村建设，历经土地改革、农业合作化、人民公社，逐渐形成了"政社合一"的模式，这个阶段表现为党和政府对乡村的全面管治与介入，相应地，治理主体也主要是单一的党政主导，主要依靠政社合一的政治机构及其群众动员机制。在这个阶段，人民公社组织集多种治理主体功能于一体，在乡村治理中处于占据绝对优势的"一元"主体地位。改革开放后，随着家庭联产承包责任制的推行，尽管乡镇政府仍然占据治理主体地位，但由于乡村生产力进一步解放和发展以及市场化不断推进，乡村治理主体开始由一元主体转变为政府和市场二元主体。20世纪90年代，全国广大乡村地区开始实行村民自治。在此背景下，以各类乡村社会组织为代表的第三方治理力量日益参与到乡村治理的各项具体事务中，包括民间自治组织、返乡精英、农民等。村级组织逐步多元化，村民代表、村干部和党员共同形成村治主体，对乡村社会经济、政治生活产生了显著影响。进入21世纪，随着新农村建设的推进，多元主体乡村治理模式逐渐形成。随着经济资源、社会资源和权力资源向乡村的分配流动，乡村中各种社区性组织及社会性组织、经营性组织等不断涌现，对乡村治理权力资源的重组分配产生了重要影响。这一时

---

[1] 胡永保：《中国农村基层互动治理研究》，博士学位论文，东北师范大学，2014。

期乡村政治、经济、社会基本实现分离重组,基层党组织功能得到拓展,农民合作组织以及集体经济组织蓬勃发展。它们兼具的经济、社会、政治属性意味着它们要共同承担推动乡村经济发展、提供基本公共服务等职能。特别是进入新时代,多元化的乡村治理主体进一步完善和优化,多元主体共治和相互协作的局面不断巩固,农民的主体性地位进一步被强调。新时代"一核多元"的协同治理格局逐渐形成,放权赋能的服务型乡镇政府治理也逐渐凸显,政府责任意识不断增强,农民群众获得了更多的管理权和主动权。总之,"一核多元"主体结构体系下的乡村治理不再是自上而下的"命令—强制"关系,而是处于多元治理主体结构体系中的上下互动的"协同—合作"关系。乡村治理主体从单一到多元协作共治的治理局面的形成意味着一种新治理理念和方式的探索。乡村治理过程中形成的矛盾、利益、思想的多元化势必造成乡村治理主体的多元化。为此,今后在乡村治理实践中需要处理好各治理主体之间的相互关系,必须发挥党、农民、政府、民间组织等多元治理主体的合力及优势,实现共同治理。

三 乡村治理秩序转轨:从"管治"走向"三治"

70多年来,乡村治理秩序实现了从"管治"向"三治"的转变,意味着乡村治理民主程度不断深化,乡村治理效果不断提升。新中国成立初期,"政社合一"的乡村治理秩序凸显的是乡村管治模式。改革开放后,家庭联产承包责任制的推行为乡村"自治"构筑了强大支撑,开始从"管治"向"自治"转变;同时,"依法治国"也不断推进,乡村自治逐渐被纳入法治轨道,《中华人民共和国村民委员会组织法》的颁布及修订,从法律层面进一步明确了乡村治理的法律地位,乡村民主建设以及村民自治发展逐步被纳入制度化、法治化范畴。进入新时代,自治、法治、德治相融合的乡村治理体系蓬勃发展,彼此互补的协同治理关系不断优化,自治化解乡村矛盾、法治消除乡村纷争、德治凝聚乡村民心的"三治"融合不断推进。党的十八届三中全会和党的十九大报告所强调的"加强和创新社会治理",不再是原来政府管理层面上的社会各领域的改革创新,而是凸显社会治理色彩,即科学合理地顺利实现从社会管理向社会治理的转变。从乡村视域来看,不管是乡村管理还是乡村治理,其最终都是为了实现和维护乡村社会的有序状态而实施的治理安排。然而,作为一种理念,乡村治理更加凸显一种全新的治理概念,它强调了从"权力社会"向"社会本位"的逻辑变迁。乡村治理的主体除了政府外,还包括非政府的其他组织,或者是由政府与民间共同组建的乡村社会组织。从"管治"向"三治"的转变意味着从管治型治理向服务型治理的转型。从70多年来党领导下的乡村治理的既定目标来看,构建服务型治理是实现乡村"善治"的基本需求。乡村走向"三治"融合是在乡村治理中构建服务型治理的未来发展趋势。

从"管治"向"三治"的转变体现的也是国家和乡村社会的交互调适。新型"乡政村治"治理模式的形成表明乡村开始自我管理与自我治理。这种政治层面的放权式乡村治理改革与乡村经济层面的家庭联产承包责任制推行是相匹配的。进入新时代,乡村"三治"融合体系的形成和发展进一步拓展和延伸了国家和乡村社会的交互融合关系。特别是乡村振兴战略的提出和实施,国家不断地向乡村基层下沉资源并让渡乡村治理空间,新型的乡村治理格局得以重塑并不断巩固发展。加之村级农民组织建设以及基层党建的强化,国家和乡村社会的交互联动关系进一步提升,"强国家—强社会"的新时代乡村治理格局正在逐渐形成。总之,70多年党领导的乡村治理的变迁就是在国家和乡村社会力量交互调适下实现的。乡村治理从"管治"向"三治"的变迁充分表明,作为后发的现代化国家,中国有自身特殊的国情乡情,乡村治理必须在党和国家力量的介入下才能实现稳定有序发展,才能使国家和乡村社会的良性互动关系更加深入,才能使乡村治理中的"三治"融合行稳致远。

四 乡村治理行动转向:从"汲取"走向"互惠"

70多年来,国家对乡村治理的行动逐渐从单向度的"乡村资源汲取"向双向度的"城乡资源互惠"转变。无论是传统社会还是现代社会,资源汲取作为一项国家基础性能力,是确保国家机器正常维持和运转的资源基础。同样,对乡村进行资源汲取也是为了确保乡村乃至国家治理的有序稳定。"从乡村社会与外部尤其是国家的关系看,乡村治理资源方面大致历经了从固化的内部循环走向流动的内外交互循环的变迁过程。"[1] 新中国成立初期,为快速恢复国民经济、推进工业化和城市化建设,乡村组织投入大量资源支持国家工业化建设。改革开放后,乡村治理资源开始向流动的内

---

[1] 韩俊:《新中国70年农村发展与制度变迁》,人民出版社,2019,第143页。

外交互循环转变。特别是农村税费改革、统筹城乡发展、城乡一体化以及工业反哺农业在全国相继开展实施后,国家开始以一种全新的面貌进入乡村,广大乡村被视为现代化目标的战略重点和重中之重,逐渐进入"城市支持农村"的阶段。党的十八大以来,多数民政、社保等政策都以服务于乡村事务为重心。新时代乡村振兴战略和城乡融合发展的推进,使中国乡村开始步入城乡融合发展背景下的乡村振兴新时代。特别是乡村精准扶贫的开展以及脱贫攻坚战的实施,国家向乡村贫困落后地区投入大量资源,最终消灭了乡村绝对贫困。党和政府还通过一系列外部性的配套政策重新激活了农村集体所有资源,如建立土地股份合作社,这成为新时代乡村治理资源的重要补充。另外,还重新激活了乡村内生资源,强化了乡村德治资源的挖掘和探索,赋予新时代德治新的内涵,包括乡风文明以及社会主义核心价值观的培育等,同时,注重充分发挥德治在乡村治理中的功能定位。总之,从"汲取"到"互惠"的转换是国家和社会力量交互作用、相互碰撞、既竞争又协作的治理转换过程。在这一治理情境下,国家以权力下沉的方式来整合与汲取乡村资源,而乡村则作为相对独立的治理空间维持相应的治理秩序。70多年党领导的乡村治理行动从"汲取"到"互惠"的转换,背后映射出的是国家和乡村社会力量交互调适和交互作用的历程。在这个过程中,随着国家不断地向乡村基层下沉,城乡之间的治理资源"互惠性"行动得到增强,党领导下的乡村治理也逐渐实现了从对立竞争走向合作治理、从彼此分离走向多元互动的转向。

第三节 新中国成立以来乡村治理的基本经验

党的二十大报告指出:"社会稳定是国家强盛的前提。"[①] 70多年来党领导的乡村治理始终与我国社会经济发展变迁紧密关联。70多年来,不同的时代环境和历史发展使命决定了乡村治理的结构、关系、功能在不同阶段会表现出差异,但其始终与历史发展一脉相承且遵循一系列乡村治理经验。乡村治理作为国家治理的一个有机组成部分,70多年的乡村治理演进

[①] 习近平:《高举中国特色社会主义伟大旗帜 为全面建设社会主义现代化国家而团结奋斗——在中国共产党第二十次全国代表大会上的报告》,人民出版社,2022,第52页。

历程可以得知，乡村治理需要坚守价值目标和价值立场、坚持发挥乡村党组织引领作用及发挥农民主体作用、持续推进秩序维护与调适、把握正确的行动指南和行动规律。在全面建设社会主义现代化国家的新征程上，新时代乡村治理共同体建设势必要继续沿着这些基本经验，探索符合乡情的现代化乡村治理之路，这为新时代乡村治理共同体建设提供了重要的经验借鉴与实践启示。

一 价值层面：坚持乡村治理的价值目标与价值立场

（一）价值目标：坚持推动乡村治理体系和治理能力现代化

治理目标决定治理方向。现代化是现代乡村社会的一个核心目标诉求。70多年来，乡村治理现代化在广度、深度与幅度上实现了质的飞跃。乡村治理现代化是国家治理在乡村基层社会层面的展现和延伸。相对于建立在乡绅社会、儒家思想、官僚体系、伦理本位基础上的传统乡村社会而言，乡村治理现代化无疑是摆脱相对单一且手段陈旧的传统乡村治理方式的最佳选择，是极具中国特色和中国国情的现代化。因为中国式的国家治理现代化具有不同于西方实现现代化的发展轨迹，进一步讲，中国式的乡村治理现代化是在充分适应现代化基本趋势的发展要求下，对传统治理架构的持续变革与整合再造。这也充分表明，多元主体在乡村治理的制度性程序框架下进行良性互动，从而实现彼此之间的持续协同合作以达到乡村善治目标。然而，乡村治理现代化并非一蹴而就。新中国成立后，为了重构乡村治理新秩序，中国共产党推动乡村渐次有序地进入现代化治理轨道，建立起以乡村基层党组织为引领的乡村治理载体，并使之成为推动乡村治理现代化的核心领导力量。同时，相应的乡村治理结构也演变为现代化的党政统合型结构，这有助于最大限度凝聚整合多元主体和多重资源，以对接乡村治理现代化。可见，国家治理视域下的乡村社会既是乡村治理现代化的基础保障，又是现代化治理进程中较为传统的部分，在一定程度上受城镇化驱动和国家主导的现代化外部力量的推动。换言之，乡村治理现代化既是一个理性发展的过程，又是一个追求现代性的过程，党领导乡村治理现代化的历程正是理性和现代性相结合而不断演变的过程。具体表现在以下四个层面。第一，乡村治理向制度化、法治化方向演进。系统有效的制度化和法治化建设是乡村治理现代化的重要特征。面对人口多、地域广、利益关系复杂且生产力发展水平较低的乡村，中国共产党着力在制度化、法治化方向发力。从新中国成立开始，中国共产党就不断加强乡村基层党组织建设。2018年颁布《中国共产党农村基层党组织工作条例》，进一步明确了党组织的作用和机制，切实保障了乡村治理制度化、有序顺畅地推进。从封建土地所有制到农村土地所有制，再到人民公社体制，农民从旧生产关系中解脱后，乡村生产力大幅提升，实行集体生产、共同分配，再到改革开放后家庭联产承包责任制确立，党的十八大之后的"三权分置"改革，农村土地制度的"四梁八柱"不断完善确立，同时，乡村基层民主、财税金融、教育医疗等方面的制度建设也逐渐走向健全。作为乡村治理的推动者和执行者的乡村基层政权，早在新中国成立伊始就朝着法治化建设方向进行了一系列乡村治理实践，先后制定一系列关于乡村地区政权建设的法律法规。改革开放后，《村民委员会组织法》颁布，意味着乡村治理的法治化水平迈上了新台阶。针对乡村治理结构中存在的村"两委"职责不明晰问题，党的十八大以后颁布的《中国共产党农村工作条例》对村"两委"的关系及职责进行了明确规定。另外，《中华人民共和国农业法》《中华人民共和国土地管理法》《中华人民共和国土地承包法》等共同构成乡村治理的法律基础。第二，乡村治理手段智能化、精细化。技术工具的使用对乡村治理方式的革新意义重大，它能够发挥高效精准的优势，助力乡村治理的方方面面，使其内容进一步延伸、拓展与丰富，逐渐实现乡村治理的标准化与规范化。新中国成立后，中国共产党开始逐步通过技术手段重构乡村社会，特别是在农业生产技术领域取得显著进步。改革开放后，随着科教兴国战略的提出，乡村治理模式逐渐走向精细化。随着新时代信息化社会的发展，传统乡村管理模式受到挑战。为此，需要探索运用智能化方式以推动乡村基层治理创新，大数据、云计算的广泛运用使乡村治理的方式和手段发生革命性的变革，如线上线下相结合的智能化公共服务平台。这种精细化的技术在降低治理成本的同时，提升了乡村治理效率与乡村治理专业化水平，从而能够实现精准治理，并且高效化解各种乡村复杂矛盾。第三，乡村治理过程民主化。乡村治理现代化的重要标志就是要实现政府和乡村社会之间的互动，运用乡村基层协商民主的新形式取代以往行政命令式的治理方式，真正落实乡村"众人的事情由众人商量"的原则。70多年来，乡村基层民主法制不断完善，乡村基层民主机制不断健全，乡村基层民主形式愈加丰富，推进未来乡村治理过程的民主化，要继续优化基层民主环境、丰富基层民主形式。第四，乡村治理过程中的农民现代化。如果作为乡村治理主体之一的广大农民的现代化没有实现，又何谈乡村治理的现代化？农民的现代化是基础性工程，不容忽视。中国式农民现代化历程的特征主要包括运动式自上而下推进、问题导向的解决之策、以制度建设为保障、情感认同的内化交流。[1] 70多年来，中国共产党一直致力于推进广大农民的现代化进程，特别是改革开放赋予了农民经济自主权，使农民参与现代化的进程加快。党的十八大以后，立足于农民和现代化关系的战略高度，农民参与乡村治理现代化进程被进一步强调，共享现代化成果，更加注重农民的权利、机会、规则公平，这表明农民在乡村治理现代化进程中进入了平等参与和共享发展的新阶段。

（二）价值立场：坚持立足广大农民的根本利益

利益是农民最基本的诉求。只有党和国家推动乡村治理的政策路线和农民的利益追求相符合，即从农民的利益出发，彰显出鲜明的价值立场，乡村治理才能取得良好成效并保持平稳较快发展，这也是实现乡村有效治理的前提和基础。反之，如果农民利益不能得到充分保障，乡村社会秩序就会受到威胁甚至面临严峻挑战。新中国成立后，党建立起了农民土地所有制，进一步在全国范围内从体制机制层面维护了农民的根本利益，颁布了《中华人民共和国土地改革法》，对农民利益予以保障，满足了农民对土地的急切需求。同时，党还在全国开展"扫盲"运动，大力提升农民政治文化素养并满足农民文化需要。面对小农经济的局限性和脆弱性，为了有效克服小农分散经营的困境，党通过乡村集体化、人民公社把广大农民重新组织起来，同时在提升乡村物质生活水平、改善农村基础设施等方面取得显著成效，广大农民生活更加殷实。改革开放后，面对乡村生产力发展滞后、农民温饱问题，党中央把改革的重点首先放在乡村，解放和发展乡

---

[1] 赵秀玲：《农民现代化与中国乡村治理》，《清华大学学报》（哲学社会科学版）2021年第3期。

村生产力，摆脱了乡村治理的经济发展困境。邓小平也对此进行了论述。[①]同时，党积极推动乡村治理的政治化改革进程，通过村民自治，有力保障了广大农民当家作主的权利，并维护了乡村治理秩序的稳定。进入新时代，在以人民为中心的发展思想的指引下，面临各种错综复杂的乡村矛盾，仍然需要坚定不移地以维护农民的利益为根本，继续践行乡村治理的农民主体理念，朝着实现农民全面发展的方向努力。随着乡村自治活力的不断释放，广大农民的个体利益和权利进一步拓展延伸，这需要通过一系列的乡村治理制度设计来实现和保障。1982~1986年、2004~2022年的中央"一号文件"都是以"三农"为主题的，可以说，改革开放以来的乡村治理面貌发生了翻天覆地的变化，与农民切身利益息息相关的乡村公共服务和基础设施实现了全面升级，农民实实在在地享受到了乡村治理带来的红利和成果。总之，在70多年乡村治理变迁的各个阶段和时期，尽管党的工作重心和历史任务发生过转移，经过了从农村到城市再到城乡一体化的实践历程，但无论如何，党始终把保障农民利益放在首要位置，即维护农民的物质权益和政治权利等，使农民的获得感和幸福感与日俱增。唯有如此，乡村才能实现有效治理。这也形塑了党在不同历史时期以维护农民根本利益为价值底色的乡村治理范式，彰显了新中国成立以来党为人民谋福祉的初心使命。新发展阶段的乡村治理要继续维护农民根本利益。

二 主体层面：坚持发挥乡村治理的党组织引领作用与农民主体作用

（一）组织主体：坚持发挥乡村基层党组织的引领作用

70多年的历史证明，党的领导是乡村治理过程中的中流砥柱，党领导乡村是乡村治理的最大优势和最大特色，这也是我们的传统。乡村治理在历史变迁的过程中始终都要坚持党的领导，这是由党的性质、宗旨、执政地位所决定的。中国共产党领导广大农民建立了新政权，使广大农民在经济上获得土地，在政治上翻身做主人。广大农民经济和政治地位的根本转

---

① 邓小平强调："农业本身的问题，现在看来，主要还得从生产关系上解决。这就是要调动农民的积极性。"参见《邓小平文选》第1卷，人民出版社，1994，第323页。

变就是依托于中国共产党的领导。乡村生产力的发展和农民生活水平的提高也是依托于中国共产党的领导。中国共产党是不同时期乡村治理路线、方针和政策的推动者，始终坚持以马克思主义乡村治理思想为指导，并且在理论和实践相结合的过程中始终引领着70多年来乡村治理变迁的发展基调和变革方向。可见，党的集中统一领导是乡村治理顺利推进的前提基础和重要保障。新中国成立后，中国共产党继续把农民组织起来，以全面推动乡村集体经济发展，改变乡村贫困落后面貌。新中国成立初期先后历经农业合作化、人民公社，乡村社会上升至很高的组织化程度。与此同步推进基层政权建设，乡村政权体制也相应构建，乡村社会秩序的稳定性也显著增强。这个时期，共产党还充分凭借强有力的政治动员，高度运用外部资源，推动乡村教育、医疗、水利等基本公共服务快速提升。例如，党在全国范围内开展乡村教育，逐渐形成了以劳动为荣、热爱中国共产党的新风俗、新道德。进一步讲，我们要从大历史观的角度审视这个阶段，即集体化时期共产党领导的乡村治理。这个时期的集体化成就在70多年的乡村治理进程中具有重要的分水岭意义。改革开放后，在党的集中统一领导下，全国范围内的乡村普遍建立起村民委员会，这成为我国乡村治理的重要特色之一。随着《村民委员会组织法》的确立，村民自治展现出强大的乡村治理生机与活力。在改革开放的推进过程中，中国共产党始终把培养适应时代发展要求的治理习惯和治理方式贯穿乡村治理全过程，加强党员干部的思想政治教育，构建起服务农民的新型治理体系和工作方式，以为人民服务为原则的社会主义道德逐步扎根于广大农民心中。党的十八大以来，乡村治理体制机制发生新的调整和变革，党对"三农"工作的领导不断得到加强，党领导的乡村"三治"融合机制也不断完善，精准扶贫和乡村振兴战略的先后实施进一步为乡村治理变革奠定了坚实基础，这对于乡村治理政策和环境的优化来说意义重大，有效保障了党对新时代乡村治理的领导。可以说，党的领导引领着乡村治理的方向与性质，党始终坚持社会主义方向的乡村治理，根据乡村面临的形势和任务，在乡村治理实践中不断完善相应的政策和体制机制。特别是21世纪以来，连续出台的中央"一号文件"都围绕乡村治理问题展开，这些文件是新时代乡村治理的纲领性文件，是党领导乡村治理的重要见证。强化党在乡村治理中的作用必须注重发挥乡村基层党组织的引领作用，这也是发挥基层战斗堡垒作用的关键。

第二章 乡村治理共同体建设的历史考察

习近平总书记指出："抓好农村基层组织建设是关键。"① 乡村基层党组织像一颗"子"，能够有效激活乡村善治一盘"棋"。基层党组织是党联系群众的重要纽带与桥梁，是落实党在乡村治理中工作任务的战斗堡垒。② 可以说，基层组织在确保党的决策部署以及路线方针的贯彻方面扮演着关键角色。基层党组织的建设质量关乎乡村治理过程中执政根基的巩固，也关系着乡村各项治理任务的落地施行。要加强创新党领导下的乡村治理，就要使乡村基层党组织成为密切联系广大农民的领导核心。70多年来，我们党在任何时期都十分重视基层党组织建设，乡村基层党组织在不同的乡村治理演变时期都作出了重要贡献，党在乡村基层单位建立了严密的组织体系。新中国成立后，"党政合一"的人民公社成立，实现了党对乡村的全面领导。随着时代条件转换，党又富有创新性地把"支部建在线上"。正是基于70多年来基层党建在乡村的不断巩固所构筑的严密组织体系，以及基层党组织在乡村治理中的政治和组织优势的充分发挥，才使乡村治理永葆活力，并取得了重大成就。党的基层组织是党在社会基层组织的战斗堡垒。党中央开始逐步强化乡村基层党建，特别是加强乡村思想政治工作。乡村治理迎来了"黄金发展时期"，乡村基层党组织建设成效显著。党的十八大以来，乡村振兴战略以及城乡融合发展的加快折射出乡村党建的薄弱环节。为此，2019年《中国共产党农村基层组织工作条例》明确强调党的农村基层组织应当加强对各类组织的统一领导。正是由于乡村基层党组织的不断扎根，乡村治理才能行稳致远。唯有如此，乡村基层党组织才能不断发力，进而乡村治理工作也才能有序推进。特别是党要注重在发挥党员先锋模范作用上多下功夫，同时也要不断强化自身建设，不断提升自身领导乡村治理的能力和水平，不断强化基层党组织的战斗力与凝聚力。要锻造一批政治素质硬、思想素质好以及综合能力强的乡村党员队伍，并使之成为乡村振兴强有力的组织支撑和坚强后盾。总之，作为乡村治理领导力量的村级党组织，是党在基层的延伸力量，在贯彻党的方针政策、对接国家治理战略以及自下而上地表达广大农民意愿方面发挥着重要的作用，即肩负传递党的意志和实现乡村善治的双重使命。他们是党和广大农民之间的"人民

---

① 《习近平关于社会主义社会建设论述摘编》，中央文献出版社，2017，第179页。
② 刘儒：《乡村善治之路：创新乡村治理体系》，中原农民出版社，2019，第56页。

心声"传递者和"政策"传播者。这也为党和国家权威塑造奠定了扎实的群众根基,并进一步巩固了广大农民对党和国家的高度认同,从而成功地推进了乡村治理现代化。

(二) 农民主体:坚持发挥广大农民的主体作用

邓小平指出:"农民没有积极性,国家就发展不起来。"[①] 充分激活农民的主体性作用能够为实现乡村治理现代化集聚更多力量。70多年来,党领导的乡村治理使广大农民从政治客体转变为政治主体。马克思主义始终坚持人民群众是历史的创造者,是历史发展过程中的决定性力量的观点。走群众路线,是共产党的优良传统。中国作为农业大国的特殊国情决定了农民占中国人口的绝大多数。乡村治理的成效与农民主体作用的发挥程度息息相关。70多年来党领导的乡村治理变迁历程正是始终尊重农民主体地位的生动展现,党的领导为广大农民主体地位的实现提供了强有力的组织保障。无论是革命、建设、改革时期,还是中国特色社会主义进入新时代,农民的主体地位对乡村治理始终起到至关重要的作用,中国共产党也是紧紧依赖农民推动乡村治理,这正是对马克思唯物史观的深刻践行。70多年来,中国共产党在马克思主义群众史观的指导下,在乡村治理的不同时期和发展阶段,都把农民的主体性作为出发点与归宿。70多年来,党领导的乡村治理正是因为尊重农民的主体地位,不断激发农民主体的积极作用,才取得了伟大成就。进一步讲,乡村治理体制的生命力和发展活力是和广大农民的主体性以及自主意识紧密相关的,农民主体性所迸发的主体能量是乡村治理得以有效推动的群众基础。新中国成立初期,党通过土地改革来保障和实现农民主体地位,即在满足广大农民利益诉求的基础上,真正唤醒广大农民的劳动自主精神和自身角色意识。相对应地,农民的物质权益以及政治权利在国家治理层面也得以保障和确立。譬如,土地改革时期,农民翻身做主,参与乡村治理的积极性高涨,农民协会等组织相继成立,在土地改革中发挥了重要作用。改革开放后,中国共产党运用自下而上与自上而下相结合的方式来推动乡村治理范式的变革,家庭联产承包责任制就是从坚持农民主体地位和尊重人民群众首创精神出发的。它赋予农民土

---

① 《邓小平文选》第3卷,人民出版社,1993,第213页。

地使用权和经营权,充分尊重广大农民在农业生产经营中的主体地位,从而有效激发了农民的积极性、自主性和创造性,使乡村农民物质生活水平和乡村生产力迅速提升。村民自治赋予农民自我管理权利以及更加充分的民主权利,实现了政权治理和村民自我管理的相互协调和共同发展,成为推动乡村治理现代化的内源式动力。新时代以来,尽管乡村治理主体多元化的特征日趋明显,但农民的主体地位并没有动摇且仍处于首要位置,因为各类乡村治理主体发挥作用和功能的群众基础始终是广大农民。在共享发展理念的指引下,要致力于解决在乡村治理过程中阻碍农民主体地位提升的新问题,满足广大农民的多元化需求,更加注重广大农民主体的权利和平等意识,不断构建并完善以农民为主体的权益保障体系,这体现了中国乡村治理改革创新的内生性特征。尤其在乡村土地"三权分置"改革中,党通过不断的理论创新和实践创新使乡村产权体系实现重塑,不断赋予广大农民更加厚实的土地权能。总之,70多年来,农民主体性的充分发挥在过程和结果中都得到了展现。从乡村治理过程来看,其实践探索历程始终都围绕农民主体所面临的生产生活实际;从乡村治理结果来看,其所取得的成效都是为了广大农民主体的根本利益。可见,农民是70多年来乡村治理演进的承载者、受益者、衡量者。党领导的农民主体性建设的70多年演进历程表明,要以马克思主义人民主体思想为引领,通过"增权农民"不断激发农民的主体意识,通过"赋能农民"不断提高农民主体的能力,通过补齐农村民生短板不断提升农民的幸福感。[1] 如何继续在乡村治理现代化进程中发挥农民的主体作用,仍然是一个不断探索创新的实践过程。

三 秩序层面:坚持乡村治理的秩序维护与秩序调适

(一) 秩序维护:坚持实现乡村社会的和谐稳定运行

乡村社会的和谐稳定关键在于乡村社会秩序的有序运行。"一个社会要有秩序,必须调解各种可能扩大的矛盾。"[2] 就乡村而言,良好的秩序体现在主要矛盾以及一系列矛盾纠纷出现后的及时消解,换言之,保持乡村社

---

[1] 石峰浩:《中国共产党农民主体性建设的百年历程与基本经验》,《大连海事大学学报》(社会科学版) 2021年第6期。
[2] 贺雪峰:《新乡土中国》,北京大学出版社,2013,第149页。

会稳定的基础是具备化解矛盾纠纷的能力,这也是乡村治理能力的基本表现。70多年来,在党领导的乡村治理进程中,主要矛盾以及其他各种矛盾纠纷一直存在,没有矛盾纠纷的乡村社会反而不正常。

　　社会主要矛盾在同一社会形态的不同历史时期通常也会有不同的表征。70多年来党领导的乡村治理历程,是党带领广大农民正视矛盾、化解矛盾的过程。可以说,70多年的乡村治理也是在主要矛盾的迭代更替中不断向前推进的。新中国成立初期,在广大乡村地区,作为剥削阶级的封建地主仍然拥有大量土地,为根除封建主义与广大农民之间的主要矛盾,党在乡村开展土地改革运动,彻底消灭地主阶级,农民不再受地主阶级束缚,获得了生产资料,耕者有其田的目标最终实现。但由于农民个体所有制推动下的农业生产效率有限,生产关系单一,抵御自然灾害能力有限,乡村经济发展仍然相对滞后,加之存在土地自由买卖和兼并的弊端,乡村矛盾有所激化。为此,党领导农民走上农业社会主义改造道路,变个体经济为集体经济,有效克服了农民土地个体所有制的弊端。改革开放后,面对生产力和人民物质生活状况的新变化,党的十一届六中全会进一步明确了我国社会的主要矛盾,即人民日益增长的物质文化需要同落后的社会生产之间的矛盾。这一表述拓展丰富了社会主要矛盾的科学内涵。面对乡村生产力和生产关系的矛盾,共产党带领广大农民先后历经家庭生产承包责任制、乡政村治格局形成等阶段,即在改变旧有的乡村生产关系基础上,发展了乡村生产力。党通过发展乡镇企业、建设新农村、城市反哺农村等措施,使乡村生产力水平不断提高,乡村社会的主要矛盾得到很大程度缓解。进入新时代,经过改革开放40多年的发展,社会各方面生产能力都突飞猛进,我国社会主要矛盾再次转变。随着乡村振兴战略的提出和逐步实施,这个时期农民对美好生活提出了更高的要求,包括在物质生活基础上的民主、正义、环境等需要。乡村民生问题的解决程度直接与乡村治理成效密切相关。只有把乡村民主问题等都解决好,才能使广大农民的获得感和幸福感不断提升,乡村"共享"利益分配格局逐渐形成,乡村治理实现持续推进。总之,正确认识社会主要矛盾是70多年来各个时期乡村治理明确主要任务以及制定路线方针政策的基本依据,直接关系到乡村治理现代化顺利推进并取得成功的问题。因此,要坚持在马克思主义矛盾观指引下,注重与时俱进地从乡村社会生产和广大农民需要两个维度出发,去分析乡村社会主要矛盾的发展演变。

除了乡村总抓手的主要矛盾外,乡村社会的复杂性以及乡村的转型发展势必造成矛盾的多发性。任何一种矛盾纠纷都是乡村社会关系的具体表现,70多年来,乡村既定的利益关系不断被瓦解,新的利益关系不断形成,乡村利益差别和利益分化逐渐凸显,从而导致乡村矛盾日渐呈现碎片化、多元化的特征。但总体来看,大致分为生活性和结构性矛盾两大类。乡村生活性矛盾是指村民在日常生活中,在社会互动或人际交往过程中产生的普遍民间纠纷;而乡村结构性矛盾则主要针对由社会关系结构中的不均衡造成的利益格局不均衡而产生的矛盾纠纷。对于这类结构性矛盾,解决的方法是对利益格局进行调和与调整。[①] 具体来看,党在推进乡村治理过程中,通过不断反对形式主义和官僚主义的斗争来解决乡村存在的繁杂问题。建立起乡政合一的乡村基层组织体系,这对于解决乡村社会各类矛盾以及重建社会秩序发挥了重要作用。中国共产党要始终坚持以马克思主义矛盾观为指引,继续处理和化解在新时代乡村治理进程中所面临的各种矛盾纠纷。要充分利用社会宏观治理结构的优化调整来解决乡村内外不平衡的结构性矛盾,要坚持以乡村"三治"(自治、法治、德治)为主要治理规则来解决和化解乡村各类矛盾,要建立一整套汇聚各方资源且能容纳乡村内生发展动力的治理机制。同时,要对乡村治理进程中在不同类型和条件下形成的矛盾进行精准施策和制度供给,实现乡村社会利益关系的重组和整合,让治理成果惠及多元乡村治理主体,以构建利益均衡、融合的新型乡村治理体制机制。这有助于持续推动乡村治理体系和治理结构的优化升级,实现乡村善治,从而为乡村治理的稳定有序开展奠定坚实的基础。

(二)秩序调适:坚持顶层设计与基层探索的上下联动

顶层设计与基层探索体现了马克思主义认识论的必然要求,是新时代乡村治理共同体建设实践中必须遵循的秩序原则。顶层设计能够为新时代乡村治理共同体建设提供战略性指引,基层探索则为乡村治理共同体建设提供不竭动力。宏观层面的顶层设计虽然能够明晰新时代乡村治理共同体建设的重大原则性、方向性问题,但下沉到基层后,还需历经各地区乡情

---

① 陆益龙:《后乡土中国》,商务印书馆,2017,第227~229页。

多样性与复杂性的检验。尽管从理论层面看，乡村治理共同体具有均质性与线性发展特点，但从乡村治理实践看，各地域乡村治理共同体的发育与塑造是高度差异化的。在中国超大规模且复杂的乡村社会中，乡村治理共同体的生成和延伸是在顶层设计与基层探索的联动中实现的。新时代乡村治理共同体要注重发挥上下互动、互促并进、有机结合的治理合力效能，坚持以顶层设计引领基层治理实践，以基层治理实践进一步丰富优化顶层设计。各个乡村有着各自的特质，完全依赖党和国家自上而下式的顶层设计，无法充分展现各自的特质，为此还必须通过自下而上的基层乡村实践探索予以推动。此外，我国作为后发国家，乡村治理能力的提升需要一个长时间的摸索过程，不可能一蹴而就，这就需要在顶层设计和基层探索的互动中深入推进，并在这种交互推进中推动乡村治理的演进。可以说，70多年来党领导的乡村治理历程，也是顶层设计和基层探索交互推进以及良性互动的历史。70多年来，党在乡村治理的战略决策层面展开顶层设计，即战略构想与目标，而在战术选择层面积极推动基层实践。70多年来的顶层设计为基层探索提供了思想和实践指引，其中包含的丰富实践经验以及实践指向，为基层探索提供了理论和方法，规定了基层探索的实践目标、内容与形式，而基层探索则为顶层设计提供了源源不断的活力，只有立足于丰富基层实践的顶层设计才更具有生命力。[①] 一方面，顶层设计是基层实践的强力推动的重要因素，它为基层实践创造了更多的实施条件；另一方面，基层实践的大胆创新也发挥了关键作用，不断助推顶层设计"落地生根"。70多年党领导下的乡村治理取得的伟大成就，与其基于"顶层设计"与"基层探索"的有机结合而产生的强大推动力是紧密相关的。新中国成立后的土地改革、农村社会主义改造等都是对中国共产党制定的农业农村现代化建设方略以及乡村政策路线的具体贯彻与执行。就农地制度变迁而言，由新中国成立初期的"耕者有其田"的顶层目标导向到集体经济组织的土地所有制，表明党中央在经过一段时期的农民土地所有制实践探索后，发现了小农经济的弊端，同时也为了与工业化强国战略相配套，开始转变原有农地制度的顶层设计方案，朝着土地集体化的新方向继续探索实践。改革开放后，在党和政府的发动和组织下，乡村土地改革拉开了序幕，党

[①] 徐斌：《基层探索与顶层设计的辩证统一关系》，《人民论坛》2019年第25期。

第二章　乡村治理共同体建设的历史考察

中央肯定了在乡村实践中形成的包干到户、包产到户的做法，邓小平也强调"摸着石头过河"的渐进式改革方法，强调要充分尊重农民首创精神，尊重基层探索，指出："农民一点回旋余地没有，怎么能行？……总要给地方一些机动。"① 正是在这种顶层设计和基层探索的互动中形成了比较成熟的"两权分离""统分结合"的经营体制，这对于解决乡村温饱问题以及解放和发展乡村生产力意义重大。进一步讲，家庭联产承包责任制是党中央顶层设计与广大农民基层探索上下联动的探索成果，是理论和实践互动的结果，同时也是诱致性的自下而上变迁与强制性的自上而下演进共同作用的结果，这一制度对中国今后乡村改革和发展产生了重大影响。这个时期首批成立的村委会，也得到了党中央在充分考察后的肯定和支持，党和政府随后出台了一系列法律法规对村民自治行为作出规范，这也是顶层与基层良性互动的典范，如广西宜山县合寨村自发成立村民委员会，建立相关村规民约进行自我管理的实践，点燃了村民自治的星星之火，这也是农民基于对乡村治理的内生性需要而作出的实践探索。

进入新时代，随着作为顶层设计的乡村振兴战略的推进，各地区先后涌现了许多乡村治理的典型案例和做法，如陕西咸阳以"袁家村"为代表的"村集体组织带动模式"、河南郑州以"泰山村"为代表的"村集体与社会资本共同撬动模式"等。可见，新时代这种自上而下的党中央政策导向和党中央引领下的地方乡村治理实践，在推进基层实践发展的过程中发挥了主导作用。作为指导新时代乡村发展与治理的乡村振兴战略规划，其主要目标就是推动实现乡村治理现代化，其主要规划内容涉及乡村治理各领域的完善和发展，是在对全国各地乡村发展实际情况进行系统化设计、协调推进的基础上提出的乡村治理整体布局。但乡村发展与治理的内容繁杂、难度大、范围广，因此需要通过小范围的乡村治理实践探索来优化和呼应乡村发展与治理的顶层设计。总之，在顶层设计指引方面，要自上而下形成乡村发展与治理的战略蓝图，指明其前进方向，即要通过目标框定、制度保障等方式，对乡村发展与治理进行周密部署与统筹协调。在基层探索方面，主要是在顶层设计框定的目标蓝图指引以及提供的保障基础上，对乡村发展与治理进行回应，为其提供动力源泉。70多年来，党领导的乡村

---

① 《邓小平思想年谱（1975~1997）》，中央文献出版社，1998，第54页。

治理是在党和政府推动与乡村基层农民的探索实践良性互动中向前演进的，新时代乡村治理共同体建设也势必要继续遵循顶层设计和基层探索相互联动的秩序原则。目前，新时代乡村治理共同体建设处于摸索阶段，亟需顶层设计强化制度规范，同时又需要在具体治理实践中不断汲取经验。70多年来的乡村治理实践表明，理论与实践相结合以及统筹安排与具体执行相统一，是顶层设计与基层探索能够紧密结合且顺利推进的关键所在。实现顶层设计与基层探索的相互促进、上下联动和相互赋能，有助于推动新时代乡村治理共同体建设。

四 行动层面：坚持乡村治理的行动指南与行动规律

（一）行动指南：坚持围绕党和国家的治理任务予以推进

党和国家的现代化战略和治理任务会对乡村治理产生重要的影响，是乡村治理持续向前推进的行动指南。乡村治理要随着国家治理任务的转变而循序渐进地实现，乡村治理内容、目标、模式的调整优化和适时转换要契合国家战略以及乡村社会经济发展需要。党和国家的最高治理任务实现时间长、难度大，因此要立足国情、党情，将其分解为不同时期的具体任务，这些阶段性任务既相互关联又一脉相承。新中国成立后，面对国民经济发展滞后的现状，为迅速使我国从落后的农业国中摆脱出来，国家制定了工业化战略任务。因为近代以来中国的落后面貌让党深深地认识到工业化是强国富民的必由之路。土地改革和农业现代化成为国家实现工业化战略任务的基本前提。土地改革的成功在激活乡村经济活力和生产能力的同时，为党制定新的发展方向及策略赢得了宝贵时间，也在一定程度上为国家工业发展积累了所需的劳动力、原料、资金等物质基础。换言之，农业经济的恢复对于国家工业化起到了重要的经济支撑作用。正如刘少奇在《关于土地改革问题的报告》中所强调的那样。[①] 另外，土地改革树立了党在广大农民中的威信，为党在农村的一系列社会主义改造奠定了坚实基础。这个时期，农业基础设施的兴建和农业科技的快速推进使农业现代化水平

[①] 刘少奇指出："废除地主阶级封建剥削的土地所有制，实行农民的土地所有制，借以解放和发展农村生产力，从而为新中国的工业化建设开辟道路。"参见《刘少奇选集》（下），人民出版社，1985，第33页。

第二章 乡村治理共同体建设的历史考察

显著提升。农业现代化成为持续推进和实施国家工业化战略的重要前提。农业现代化一方面对稳定农村社会具有重要作用，另一方面为城市工业化提供了充足的工业原料、资本与市场保障。① 而同样在这一时期，农业合作化和人民公社为国家工业化战略实施提供了组织依托，使农民实现了集体化和组织化，农业也日益朝着生产集体化以及机械化方向推进。尽管历经曲折坎坷，但其在为乡村治理现代化奠定制度和群众基础的同时，也为工业化提供了持续不间断的资本积累，正如陈云所指出的那样。② 这种组织化与集体化强化了国家对乡村资源的管控和动员能力，并且在一定程度上保证了乡村社会的稳定。1964 年，周恩来提出国民经济发展的"两步走"③安排，更加强调以农业科技助推农业现代化的进程，这就进一步为乡村治理指明了方向。改革开放后，党提出了"把我国建设成为高度文明、高度民主的社会主义国家"④ 的伟大号召，并提出了"三步走"的发展路线，为乡村治理提供了时间表和路线图。2002 年，党的十六大提出统筹城乡经济社会发展的要求，这意味着乡村和城市开始朝着协调发展方向迈进，党和国家从城乡分治到城乡协调发展战略的转变对乡村治理产生了深远影响，特别是乡村基础设施和乡村社会事业由此得到了迅速发展。这一阶段的乡村治理任务重在对乡村进行创新改革，不断完善乡村治理机制，从而较为充分地调动起广大农民开展乡村治理现代化建设的积极性和主动性。党的十八大"五位一体"总体布局的提出进一步丰富了乡村治理现代化的任务体系。党的十九大明确指出第二个百年奋斗目标要通过"两步走"⑤ 实现，并制定了明确的时间表、路线图。这也就意味着乡村治理现代化也要分两步走，即将国家的战略安排步骤和推动乡村治理现代化的发展进程精准衔接，特别是和实现社会主义现代化强国紧密衔接。另外，作为国家战略任

---

① 王景新、冯开文：《近代以来中国农村变迁史论（1949~1978）》，清华大学出版社，2019，第 480 页。
② 陈云指出："所以合作化是花钱少、收效快的增产办法。国家在财力上应该给予更多的支持。"参见《陈云文选》第 2 卷，人民出版社，1995，第 239 页。
③ 周恩来指出："第一步，建立一个独立的比较完整的工业体系和国民经济体系；第二步，全面实现农业、工业、国防和科学技术的现代化，使我国经济走在世界的前列。"参见《周恩来选集》（下），人民出版社，1984，第 439 页。
④ 《十四大以来重要文献选编》（上），人民出版社，1996，第 207 页。
⑤ "两步走"战略安排：到 2035 年基本实现社会主义现代化，到 2050 年建成富强民主文明和谐美丽的社会主义现代化强国。

务之一的乡村振兴战略为乡村治理现代化提供了方向指引，这就需要将乡村振兴战略中的治理有效目标要求和乡村治理现代化任务关联衔接。总之，70多年来党领导的乡村治理现代化水平的提升与党和国家的阶段性治理现代化任务息息相关，即乡村治理现代化的动态性目标是与党和国家的治理任务以及现代化建设同频共振和适配的。70多年的乡村治理始终是在党和国家的治理任务与发展战略指引下遵循乡村发展规律的治理，是极具中国特色的治理。每个发展阶段都充分地展现了明确的战略目标和计划，这些目标计划都立足国情实际且具备可操作性，从而能够确保乡村治理的稳定持续推进。

（二）行动规律：坚持实现乡村生产力与生产关系的相互促进

乡村生产力与生产关系的互促互进是有效推进乡村治理行动的关键。在乡村治理现代化进程中，乡村生产力与乡村治理现代化彼此紧密相连，乡村生产力的进步为乡村治理现代化提供了坚实的物质基础，同时乡村治理现代化又服务于乡村生产力的发展要求。党领导乡村治理的本质在于不断调整乡村生产关系以促进作为决定因素的乡村生产力的快速发展，而乡村生产关系是其中的重要组成部分。乡村生产力是乡村生产关系的基础，随着乡村生产力的发展，乡村生产关系也要随之变革以更好地适应乡村生产力发展的步伐。生产力决定生产关系，解放和发展生产力是推动乡村治理创新发展的根本途径。在推进乡村治理现代化进程中，必须坚持以解放和发展乡村生产力为治理根本，唯有如此，才能确保乡村治理有序进行。党领导的乡村治理要始终围绕实现乡村生产力发展这一目标前进，乡村治理方式归根结底要和乡村生产力发展水平相契合，什么样的治理方式有助于实现乡村生产力发展，就应采取什么样的治理方式，否则乡村治理现代化就缺少了治理根基。当然，要实现乡村生产力的快速发展，必须使乡村治理有序聚焦于如何激发乡村经济发展活力这一主题，不断调整变革相应的乡村治理结构和乡村治理关系。作为生产关系层面的乡村治理对生产力发展具有反作用。新中国成立初期，历经多年的动荡，乡村生产力遭到破坏，原有的传统乡村治理体系也被打破，出现了短暂的"治理真空"。如何快速提高乡村生产力，重塑乡村治理秩序，进而巩固新生的政权，成为当时亟待解决的问题。通过土地改革运动，农民获得了土地，但是这种农民土地私有制存在弊端，人多地少的现状在客观上造成了土地的碎片化，阻碍了生产力的提升，不利于农业生产效率和农民生活水平的提升。这种小农经济的不稳定性使乡村治理水平的提升受到羁绊，之后党通过合作化和集体化的方式，改变了乡村的生产关系。改革开放后的农村经济体制改革，改变了单一所有制经济体系，进一步解放和发展了乡村生产力，乡村开始出现多种经济成分，乡村治理体制得以重塑并不断被调适。在政社分离的推动下，"乡政"与"村治"关系得以重塑，税费改革与新农村建设进一步消除了束缚乡村生产力发展的因素。进入新时代，土地"三权分置"改革进一步释放了乡村土地发展活力，提升了乡村集体经济发展能力，强化了乡村"造血"功能，进而为推进乡村治理现代化提供了物质保障。概言之，作为乡村生产关系层面的乡村土地集体所有制，是中国特色社会主义制度优势在乡村的充分彰显。它能够在村级视域下发挥集中力量办大事的优势，具有很强的发展韧性和适应性。尽管随着乡村治理实践的变化，相应的具体政策也会与时俱进地优化调整，但无论怎么变，都不能动摇乡村土地集体所有制，不能"改小了""改偏了"，更不能"改垮了"，要坚决摒弃土地私有化的治理思维。马克思主义认为，社会生产力的推进势必使社会生产方式发生变革，劳动社会化和生产资料的社会使用是社会化生产方式形成的主要表征。为此，要通过不断壮大集体经济来推动乡村生产力的发展，注重农业科技在提升乡村生产力中的作用。同时，在乡村生产力发展的基础上，借助"农业一体化"和"新型农业经营体系"的改革理念和思路，逐步把广大农民组织起来进行共同生产，强化彼此的分工协作，以逐渐取代分散的以小农为主的生产方式，并为实现乡村社会化大生产奠定坚实基础。要在乡村土地集体所有的基础上，不断激活乡村经济治理活力，提升治理服务水平，即盘活乡村集体经济，拓展乡村集体所有制的实现形式，也就是不断拓展乡村生产关系的具体实现形式，拓展乡村经济发展的深度和广度。这也为乡村集体经济、乡村互助经济和乡村合作经济之间相互促进和相互补充奠定了基础，符合治理能力提升的现实需要。总之，党领导乡村治理变迁，就是要不断调整乡村生产关系，以促进乡村生产力的调适、转换和发展。要通过乡村治理体制机制的持续变革，扫除乡村生产力发展的障碍，而乡村生产力的提升又会确保乡村治理行动的稳步运行。这是在乡村治理行动过程中遵循的一条根本变迁主线与行动规律。需要强调的是，乡村治理体制机制的变革调整不能脱离乡村生产力发展水平，同时也要紧跟乡村生产力发展的步伐。

本章小结

新时代乡村治理共同体建设并非无根之木、无源之水，它是在党领导的 70 多年乡村治理演进基础上生成的。知者随事而制，明者因时而变。追溯历史，是为了更好地在总结历史经验和把握历史规律的基础上深耕现实、展望未来。乡村治理的历史变迁并非一个简单的线性因果关系，而是不同因素彼此互动、关联、影响所共同形塑的结果。新中国成立以来的乡村治理围绕乡村生产力与生产关系的演进动力与变迁主线，立足相关政策文本及目标指引，主要经历了全面管治阶段（1949~1978 年）、全面管理阶段（1978~2012 年）、全面治理阶段（2012 年至今），分别围绕"乡村如何管治""乡村如何更好管理""乡村如何更有效治理"三个议题展开；新中国成立 70 多年来乡村治理价值从"传统"走向"现代"、乡村治理主体从"单一"走向"多元"、乡村治理秩序从"管治"走向"三治"、乡村治理行动从"汲取"走向"互惠"；乡村治理必须坚持正确的价值目标和价值立场，必须坚持发挥乡村党组织引领作用及农民主体作用，必须坚持积极进行秩序维护与秩序调适，必须把握正确的行动指南和行动规律。70 多年的乡村治理演进历程启示我们，要通过渐进性改革，以多种手段推进和创新乡村治理方式。建设新时代乡村治理共同体是对新中国成立以来乡村治理思想的嬗变、传承、延续、创新以及超越的结果。从乡村管治、乡村管理、乡村治理到"共建、共治、共享"的乡村治理新格局，再到"人人有责、人人尽责、人人享有"的乡村治理共同体，是一脉相承又与时俱进的关系。透视新中国成立以来乡村治理的演进历程、变迁特征、基本经验，有助于我们更加深刻地认识到新时代乡村治理共同体建设的历史定位、现实走向及目标任务。在此基础上，可以进一步厘清与判定乡村治理演进进程中的成功方面与薄弱环节，尤其是在其指导思想和实践面向上的主要经验，构成了理解和推进新时代乡村治理共同体建设的重要方面与基本线索，这为新时代乡村治理共同体建设提供了借鉴、筑牢了基础，也为未来制定新时代乡村治理共同体的方案设计与优化路径提供了参考依据。新时代乡村治理共同体的提出，具有丰富的历史底蕴与深厚的历史根基，并非某种抽象化的产物，因此，对 70 多年来乡村治理演进的广度与深度，我们必须有科学、客观、全面的认识。真正做到"以史为鉴"，否则，就难以理解乡村治理变迁的历史性进步与局限，更难以理解新时代乡村治理共同体建设的基本方向与路径选择。总之，本章希望通过对乡村治理共同体建设的历史考察，从历史维度审视"新时代乡村治理共同体建设何以可能"，更好地为下述开启的内容提供研究的历史线索、方向指引并做好充分的经验准备。

第三章　新时代乡村治理共同体建设的理论认知

马克思指出:"现在的社会不是坚实的结晶体,而是一个能够变化并且经常处于变化过程中的有机体。"① 新时代乡村治理共同体和之前传统的乡村共同体最大的不同之处在于,它是一个流动开放的个体化社会共同体,而非传统封闭的村落共同体。新时代催生新的治理需要,形成新的治理要求,产生新的治理目标,因此有必要从理论认知层面对新时代乡村治理共同体建设作进一步阐述。新时代乡村治理共同体的生成机理包括乡村生产方式革新(深层动因)、乡村治理成效显著(坚实后盾)、乡村治理现代化指引(目标导向)。就其价值内核而言,乡村治理共同体的内涵意蕴充分展现了治理共同体的时代性与现代性,包括人人有责的共建意蕴、人人尽责的共治意蕴、人人享有的共享意蕴三个方面。共享内含共建、共治,共建是共治、共享的前提,共治是共建、共享的保障,共享是共建、共治的目的。因此,只有在人人有责的共建、人人尽责的共治的推动下,人人享有的共享才能实现,三者环环相扣,是层次递进的关系,即人人有责的共建是前提,人人尽责的共治是实现手段,人人享有的共享是最终结果,这也契合了马克思"真正的共同体"的发展方向;乡村治理共同体的本质属性包含利益共同体、制度共同体、价值共同体三重底色;乡村治理共同体具有系统性、协同性、公共性、人民性的基本特征。就主体关系而言,新时代乡村治理共同体是一个以治理共同体形式存续的系统结构,在治理共同体的系统中,不同治理主体都在总的治理共同体系统的整体持续合理运行中发挥各自的功能。乡村治理共同体的主体关系主要包括嵌入性治理主体和内生性治理主体的主体定位、关系呈现、结构生成三个方面。在明晰各

---

① 《马克思恩格斯选集》第2卷,人民出版社,2012,第84页。

个治理主体关系的基础上，要整合协同多元治理主体彼此间的利益与力量，增强协同效力并不断提高乡村治理效能。就秩序彰显而言，主要包含治理过程之维的秩序运行"力度"、治理效果之维的秩序运行"效度"、治理方法之维的秩序运行"精度"、治理手段之维的秩序运行"温度"四个方面的秩序取向。就行动条件而言，主要包括利益联结共生、农民意愿凝聚、组织规模适度、文化关联相通、地域空间毗邻五个方面。本章通过乡村治理共同体建设的理论认知，从理论维度检视"新时代乡村治理共同体建设何以可行"。

第一节　新时代乡村治理共同体建设的生成机理

新时代意味着新的治理动向，催生新的治理需要、形成新的治理要求、产生新的治理目标。新时代乡村治理共同体建设并不是凭空产生的，其出现与形成必然有其内在的生成机理。乡村生产方式的革新是乡村治理共同体生成的深层动因，乡村生产力与生产关系的辩证作用与矛盾运动给整个乡村治理格局带来了整体性的变革和联动效应；乡村"五位一体"的治理成效显著，成为新时代乡村治理共同体建设生成的坚实后盾；乡村治理现代化则指引着乡村治理共同体建设的发展方向与实现路径，是新时代乡村治理共同体生成的目标导向与有效回应。

一　乡村生产方式革新：乡村治理共同体生成的深层动因

毛泽东指出："内因是变化的根据，外因通过内因而起作用。"[①] 可见，作为内在或内源因素的生产方式变革是推动事物发展的根本力量。马克思主义认为，物质资料的生产方式（生产的组织形式）包括生产力与生产关系两个方面，其中生产力包括生产者、生产对象、生产工具，而生产关系包括生产资料的所有制关系、人与人在生产中的相互关系、人们对产品的不同占有关系。生产力与生产关系作为一对矛盾统一体，其中，生产力决定生产关系，生产关系对生产力具有反作用。分工作为中介环节，对生产力决定生产关系的过程产生影响，即生产力通过劳动分工决定生产关系。

---

① 《毛泽东选集》第 1 卷，人民出版社，1991，第 302 页。

随着生产力的持续发展，新的劳动分工也在不断形成，而劳动分工本身又隶属于生产资料所有制范畴，是变革生产关系的内在基础。因此，劳动分工的新发展就会促进生产关系内部的新变革。在生产方式的不断推进下，经济基础与上层建筑也会相应做出改变，对此，马克思曾做出精辟论述。①由此得知，与生产力相适应的生产关系总和构成经济基础，所以上层建筑既可以对生产关系产生直接的反作用，也可以通过国家政权作用、协调社会关系以及维护生产关系等途径反作用于生产力的发展。具体来看，推动乡村治理共同体生成的深层动因（内因）是乡村生产方式（生产力与生产关系）的调整与升级。乡村生产方式的革新会给整个乡村社会治理带来联动效应。乡村生产力变化，其相应的生产关系也要随之变革，以更好地适应乡村生产力的发展。进入新时代，乡村生产力发展水平实现了跨越式的高质量发展，随着农业现代化的持续推进，农业生产力水平大幅提升，农业规模化经营成效显著，特别是家庭农场和农民合作社得以迅速发展。农业经营的社会化生产方向逐渐凸显，社会化大农业发展态势基本形成，现代化的农业体系逐渐完善。社会化大农业已经成为小农户与现代农业衔接的重要载体，并且这种社会化大农业日益朝着适应市场需求的方向延伸拓展，已经成为不可阻挡的历史主流，这也势必将使乡村发展要素配置不断优化，并促进乡村生产力进一步提高。作为乡村生产力组成部分的生产工具和科学技术也不断发展，生产工具的变化与科学技术密切相关，特别是大数据和人工智能技术的推进促进了数字农业和数字乡村的发展，极大提升了乡村生产力水平。与此同时，作为乡村生产力要素的人（生产者）的素质与能力也不断提高，人（生产者）是最活跃、最积极的生产力要素，是生产关系的体现者，能够为生产方式的有效运作与高效运转奠定主体基础，高素质人口是乡村治理的结构与功能顺畅运行的重要保证。人的素质主要表征为个体能力的尺度性范畴，没有人的作用，相应的劳动资料与生产工具就不会发挥作用，人（生产者）的能力素质提升会助推乡村生产力的发展。

---

① 马克思指出："人们在自己生活的社会生产中发生一定的、必然的、不以他们的意志为转移的关系，即同他们的物质生产力的一定发展阶段相适合的生产关系。这些生产关系的总和构成社会的经济结构，即有法律的和政治的上层建筑竖立其上并有一定的社会意识形式与之相适应的现实基础。物质生活的生产方式制约着整个社会生活、政治生活和精神生活的过程。"参见《马克思恩格斯选集》第2卷，人民出版社，2012，第2页。

新时代以来，广大农民的职业教育和就业培训力度加大，使其能力素质（生产技能、知识素养）不断提高，农民成为乡村新生产力的代表，这既是乡村生产力自身水平提升的表现，又为乡村生产力的进一步发展奠定了基础。

乡村生产力的发展使得作为生产关系范畴的乡村治理发生深刻变革。乡村生产力的发展使乡村的治理主体、治理思维、治理理念、方式手段、结构样态、组织形式等发生变化。尤其是乡村生产力的发展推动了农业新旧动能的转换，乡村社会分工也进一步深化拓展。新型经营主体、乡村各类农民合作社、新型农民、龙头企业的出现和发展，就是乡村社会分工发展的结果。乡村多层次生产力和生产关系并存的局面日益深化，这也意味着乡村治理主体日益多元化发展。但多元不一定共治，所以迫切需要以共同体的方式重新对乡村治理主体进行整合重塑，以优化治理主体彼此间的权责分工关系，提升多元内生治理主体的聚合力，增强彼此间的利益相关性。乡村生产力的发展使乡村各类治理要素（资金、人才、技术）等不断丰富，同时治理主体的多元也造成了治理思维分散和治理共识难以形成的问题，因此，迫切需要发挥乡村治理共同体的功能与优势进行整合，以提升集体生产与治理效率。乡村生产力的发展还使乡村治理技术手段丰富，特别是随着乡村数字化治理的发展，迫切需要借助乡村数字化工具推动乡村治理共同体的生成，从而解决乡村人口流动大带来的治理主体缺失难题，满足乡村有效的流动性治理需求；乡村生产力的发展也使乡村治理方式手段不断变革，特别是乡村自治、法治、德治各自不断发展且成效显著，但彼此之间存在协同性不足的问题。因此，乡村"三治"融合发展的客观要求，是发挥乡村治理共同体建设相应的功能，以实现乡村治理方式手段的"多规合一"。概而论之，新时代乡村治理共同体的出现和发展并不是抽象的，而是具体的，是立足于乡村生产方式革新的产物。它既牵涉乡村生产力，又涉及乡村生产关系。乡村治理共同体可以将分散的个体或个人的生产力汇聚成集体的生产力，即通过聚合形成的多元治理主体的集体能力推动生产力发展。而"人人有责、人人尽责、人人享有"的目标要求，正是充分体现了集体力量的整合汇聚。换言之，作为"集体力"的乡村治理共同体可以在更大程度上促进乡村生产力的发展。另外，乡村治理共同体建设势必也会受到一定阶段的生产关系制约，即作为生产关系层面的乡村治理在一定时期内的发展具有客观稳定性，会对新时代乡村治理共同体建设产生重要影响。可见，没有乡村生产方式的革新，乡村生产力与生产关系也就无法交互，乡村中对人进行的组织、调配、整合以及由此产生的规则也就难以实现，更谈不上建设乡村治理共同体。在乡村生产方式的变革调整下，乡村经济基础和上层建筑也会发生变化，如作为乡村上层建筑部分的乡村治理多元主体的权力配置运行和组织结构优化、乡村产权制度，以及观念层面的乡村法治与乡村德治等都会发生变化，新的治理需要和需求推动乡村治理共同体建设生成。

二 乡村治理成效显著：乡村治理共同体生成的坚实后盾

在乡村生产力发展的基础上，乡村"五位一体"的治理成效显著，成为新时代乡村治理共同体建设的坚实支撑与基础性工程。第一，乡村经济治理成效显著。进入新时代，随着国家对乡村的资源不断投入，乡村经济共同体的特征逐渐凸显，尤其是村集体经济组织和乡村经济合作社的作用和功能不断延伸拓展，培育了村民间较强的集体互助协作、风险共担意识，这种集体合作经济的发展势必为乡村治理共同体建设提供强有力的经济治理环境保障。乡村治理共同体建设的根本之道就是经济先行，只有乡村经济发展顺畅，才能谋划更有效的乡村治理。经济基础决定上层建筑，强大的经济基础是新时代乡村治理共同体建设的物质与财力的重要保障，同时也为多元主体的形成提供了物质激励和约束。第二，乡村政治治理成效显著。进入新时代，乡村基层党组织、村民自治、乡村法治建设取得了一系列治理成效，为建设新时代乡村治理共同体奠定了坚实政治支撑。以组织振兴为契机，党建阵地和党组织活动逐渐规范化，乡村基层党组织战斗堡垒作用不断强化，乡村基层党组织的活力不断提升，党在乡村的政治优势不断转化为乡村治理效能；党的十八大之后，各地相继开展了乡村自治的实践探索，乡村自治的形式不断创新，成功实现了乡村自治单元的下沉，如村民议事会、理事会的乡村基层实践创造，使乡村自治焕发了生机活力；乡村法治在队伍、制度、技术建设上不断加强，乡村法治治理模式的探索也逐渐深入。第三，乡村文化治理成效显著。党的十八大以来，乡村文化治理主要体现在乡风文明、乡村公共文化服务以及乡村文化产业三个方面。进入新时代以来，全国各地乡风文明建设活动逐渐兴起，乡村传统农耕文化不断被挖掘，培育了一批乡村文化人才，在价值引领、文化熏陶、道德

第三章　新时代乡村治理共同体建设的理论认知

风貌重塑、新乡贤带动方面取得了显著成效，特别是新乡贤在塑造乡村文明新风、推动乡村移风易俗、完善村规民约方面发挥的作用越发凸显，乡村德治工程的实践探索也逐渐走向深入；在推动乡村文化供给侧结构性改革的背景下，乡村逐步形成了功能完备、实用高效、以群众需求为导向、覆盖基层的乡村公共文化基础设施体系，更加丰富、快捷、人性化的文化惠民体系也逐渐健全，《乡村振兴战略规划（2018—2022）》对乡村公共文化服务的标准、种类以及内容作出了明确规定；乡村文化产业的大力发展已经成为推动乡村文化振兴、乡村经济全面发展的重要引擎，乡村文化业态更加丰富，乡村传统文化活化传承力度不断加大，主要集中在乡村文化旅游、乡村工艺品制造、乡村文艺创作表演三个方面，乡村特色的传统文化元素和乡村产业的深度融合有效地实现了活化传承。第四，乡村社会治理成效显著。乡村社会维度的治理涵盖包括民生问题在内的方方面面，包括乡村基础设施建设、推进平安乡村建设、加强乡村社区治理、推进乡村贫困治理、乡村数字化治理五个方面。进入新时代，乡村基础设施不断完善；乡村平安建设不断深入，随着乡村治安综合治理以及治理综合能力的提升，乡村公共安全体系得到健全，有效地维护了乡村社会的和谐稳定；乡村社区治理逐渐构建起政府、社会调解、居民自治的良性互动关系，并且更加注重民生导向、法治、基本公共服务均等化在乡村社区治理改革创新中的作用；乡村进入治理新时代，为实现贫困治理体系和治理能力现代化奠定了坚实基础；乡村治理数字化建设取得显著进步，随着《国家信息化发展战略纲要》《数字乡村发展战略纲要》《数字乡村发展行动计划（2022—2025年）》的相继提出和实施，乡村数字化基础设施、乡村公共管理数字化、乡村公共安全治理数字化、乡村公共服务治理数字化等方面取得突出成效。数字信息化技术加快向乡村基层延伸拓展，云计算、人工智能不仅有效改善了乡村的治理条件，提高了广大农民的生活品质，而且为乡村基层组织整合乡村内外资源、全面了解与及时收集社情民意、提高村务透明度、落实党和国家方针政策以及强化党群、干群关系提供了技术支持，减少了治理阻滞，是乡村治理共同体建设的新推力，已逐渐成为不可或缺的新载体。第五，乡村生态治理成效显著。进入新时代，乡村生态治理理念逐渐现代化；在乡村生态治理主体的推动下，乡村人居环境极大改善，美丽乡村建设助推乡村人居环境发生根本变革，乡村垃圾大部分已经实现集中处置和清运；乡村生态治理制度逐渐现代化，乡村生态环境保护的管理制度、乡村生态保护的标准化、乡村生态治理的运行机制、乡村基本环境公共服务的供给机制逐渐完善，乡村生态状况极大改观。这为新时代乡村治理共同体建设提供了现实的生态支撑。总之，新时代以来乡村治理取得的显著成效为乡村治理共同体的生成提供了坚实后盾。

三 乡村治理现代化指引：乡村治理共同体生成的目标导向

习近平总书记指出："要推进乡村治理能力和治理水平现代化。"[①] 现代化是乡村治理的根本取向，其变迁发展与实践逻辑决定了必须依据现代化要求推进乡村治理，而作为中国式现代化的重要组成，乡村治理现代化又指引着乡村治理共同体建设的发展方向与实现路径，是新时代乡村治理共同体生成的目标导向。乡村治理现代化主要表现在制度体系和制度执行能力两个方面。2018年，《乡村振兴战略规划（2018—2022）》就明确从体系建构上指出了健全现代乡村治理体系的具体要求，并强调要打造充满活力、和谐有序的善治乡村。2019年中央"一号文件"从能力视角出发，强调要增强乡村治理能力。具体而言，从乡村治理体系现代化来看，主要包括乡村治理过程的规范化与乡村治理实施手段的技术化两个方面。其中，健全乡村治理规范必须强化乡村自治、乡村法治、乡村德治以及乡村民主协商在宏观层面的制度安排、中观层面的体制保障、微观层面的机制运行，以消解乡村治理体系内部的结构性张力，这与新时代乡村治理共同体建设的制度完善要求是相一致的；推进乡村治理实施手段的技术化必须聚焦乡村技术实施的基础和条件，着力提升乡村数字化治理水平，充分发挥技术优势，最大限度地将分散的乡村治理主体力量进行整合凝聚，这打破了传统的治理方式，有助于大幅提升乡村治理效率，破解一系列乡村治理难题，特别是有助于解决治理主体缺位的问题，这与新时代乡村治理共同体建设的治理主体优化整合与乡村智慧治理水平提升的目标是相辅相成的。从乡村治理能力现代化来看，主要包括各个异质性多元治理主体的能力提升及现代化意识培育、乡村治理能力专业化、乡村公共服务能力全面系统化，这有助于实现乡村公共事务治理的现代化，以确保乡村治理的精准高效，可以满足

---

① 《习近平谈治国理政》第3卷，外文出版社，2020，第259页。

农民治理需求并提高村民的幸福指数。乡村治理能力现代化的目标要求同样与新时代乡村治理共同体建设的共建共治共享愿景是相契合的。进一步讲，新时代乡村治理共同体的提出，本质上也是为了推进乡村治理的现代化。在这一目标导向下生成的乡村治理共同体可以有效摆脱乡村一系列治理困境，如在克服乡村治理"内卷化"弊端、解决农民主体地位虚化问题、提升乡村治理现代化思维意识、扭转乡村治理"空心化"等方面发挥重要作用。唯有如此，才能消解推进乡村治理现代化进程中的诸多阻力因素。由此可见，乡村治理现代化与乡村治理共同体是辩证统一、相互促进的关系。

第二节　新时代乡村治理共同体建设的价值内核

新时代乡村治理共同体是建立在"人人有责、人人尽责、人人享有"理念以及共建共治共享治理格局下的主体共同体、秩序共同体、行动共同体，是各个治理主体权责明确的有机联合体，包括人人有责的共建意蕴、人人尽责的共治意蕴、人人享有的共享意蕴三个基本面向。乡村治理共同体呈现利益共同体、制度共同体以及价值共同体的三重演进逻辑，其中，利益共同体是乡村治理共同体建设的前提基础，制度共同体是乡村治理共同体建设的根本保障，价值共同体是乡村治理共同体建设的精神引领，充分彰显其本质属性，这有助于进一步深化对新时代乡村治理共同体的理论认知。新时代乡村治理的历史方位与时代坐标也塑造了新时代乡村治理共同体的基本特征与多重面向。它是由治理主体、治理规则、治理方式、治理目标四个要素构成的复杂系统，具有系统性特征；乡村治理共同体的系统性特征决定其有效运转必须依靠协同治理，从而具有协同性特征；随着乡村治理公共事务的复杂性以及治理主体的多元化，乡村治理共同体的公共性意蕴特征由此被激活；"人人有责、人人尽责、人人享有"的治理理念决定了乡村治理共同体具有人民性特征。

一　"三共耦合"：乡村治理共同体建设的内涵意蕴

（一）人人有责的共建意蕴

新时代乡村治理共同体的"共建"意蕴，意味着在"主体—责任"层面，多元治理主体（嵌入性主体与内生性主体）共建，其要义在于发挥多元治理主体的力量，充分彰显为"人人有责"的乡村多元治理主体的合作自觉和合作意识，是以责任为纽带而形成的主体共同体。主体共同体意味着多元乡村治理主体责任的界定与配置，通过吸纳多元治理主体共同构建乡村治理共同体的运行框架来加强责任配置，确保"人人有责"。这里的"人人"强调的是多元责任主体在参与意义上的必要性与重要性。"人人有责"强调了多元治理主体都肩负推进乡村治理现代化实现的责任。而乡村治理共同体的建设，意味着治理主体逐渐从单一主导的状态向有限政府、多元化发展方向的转换，从而构建起多元乡村治理主体良性互动的新样态，彻底克服传统乡村治理格局的单一性与局限性，充分体现了乡村治理主体的广泛性，全方位提高了乡村治理的系统性和有效性。"人人有责"的乡村治理共同体之所以强调"共建"，主要是由乡村社会的变迁以及现实的乡村治理需求决定的。随着乡村社会转型，传统"熟人社会"逐渐瓦解，村民互动出现了"脱域化"，导致广大农民彼此间产生了更多的生疏感。加之农民个体意识增强，更多地转向关注个人私利，对乡村治理公共事务缺少足够的治理热情，这些都使乡村治理条件更为复杂。在这样的乡村治理境遇下，单一的乡村治理主体很难摆脱困境，必须寻求多元治理主体共建。在具体治理实践中，治理效果并不明显，主要就是由于缺少主动积极参与的广大农民，他们处于一种"虚化"状态而未能发挥其应有的乡村治理功能。因此，从乡村现实的治理需要出发，培育积极理性、协同共建的多元治理主体至关重要。倘若只是单一化的主体，就谈不上乡村"共建"，也就无法实现其治理效能。"人人有责"的乡村治理共同体建设的过程是建立在乡村多元治理主体权责一致基础上的协同共建，即乡村多元治理主体能够实现协同互动、共同治理。"共建"即"共同参与和建设乡村治理"。

就村级视域而言，在乡村党组织领导的基础上，应充分发挥各自优势及作用，实现乡村内生性治理主体的多元共建局面，从而推动乡村有效治理。要想实现这一"共建"目标，必须培养能够担当责任的乡村新农民。在建设"人人有责"的乡村治理共同体进程中，需要在乡村"共建"中形成"人人有责"的治理共识，这也是实现责任归位的具体体现。这种"人人有责"的治理共识旨在不断强化乡村多元内生性治理主体的自觉意识，更加强调各个治理主体间的治理责任共担，彰显的是乡村社会责任意识的重塑。在乡村治理共同体建设实践中产生的"人人有责"的合作共识,能够使各个治理主体间都做到各司其职、权责明晰,最终汇聚成"人人有责"的乡村多元治理主体协同互动的"共建"格局与整体治理自觉,使之能够以"人人有责"的担当意识推动乡村治理的全面现代化进程。除了意识层面的"人人有责",乡村治理共同体建设中的"人人有责"还意味着广大农民在乡村治理共同体建设实践中都是平等的责任主体。乡村治理共同体作为我国追求实现"真正的共同体"的现实表征,坚持维护最广大农民的根本利益,强调平等责任主体,表明广大农民在乡村"共建"格局下拥有平等的责任和平等的地位。在"人人有责"的平等责任意识基础上,要求多元治理主体积极推动乡村治理现代化进程,使乡村治理共同体建设中的乡村个体农民在"共建"格局下相互依赖、相互促进,形成个体农民之间、治理主体之间的密切关联。这不仅能够有效化解乡村各个治理主体间的冲突矛盾,凝聚"共建"的治理共识,还能够充分地释放多元治理主体的治理潜能,促使他们以平等、有责的状态,共同推进乡村有效治理。这正如恩格斯所言。① 乡村治理共同体建设中的"人人"除了强调广大农民个体的平等,还强调各乡村治理主体在乡村治理共同体建设中亦是平等的治理个体,即在乡村"共建"格局下作为"个体"的治理主体。无论是作为个体的乡村农民还是整体中的个体的治理主体,"人人有责"强调每个个体在乡村"共建"格局下平等参与乡村治理共同体的建设进程。"平等……还应当在社会的、经济的领域中实行。"② 可见,马克思、恩格斯所强调的共产主义社会,既要实现政治上的平等,更要在社会、经济等方面实现平等。作为我国迈向共产主义社会具体实践的乡村治理共同体,要求人人平等参与乡村经济社会治理进程,强调平等承担责任,要在乡村治理共同体建设中形成没有等级和差别的紧密关联的平等治理责任关系,并使各治理主体汇聚在共同的乡村治理目标下,实现乡村"共建"。这种"治理主体之间平等责任关系的产生有利于推动主体与主体之间、个体与共同体之间的有效联

---

① 恩格斯指出:"一切人,或至少是一个国家的一切公民,或一个社会的一切成员,都应当有平等的政治地位和社会地位。"参见《马克思恩格斯选集》第3卷,人民出版社,2012,第480页。
② 《马克思恩格斯选集》第3卷,人民出版社,2012,第484页。

合，激发社会治理活力"①。总之，异质性多元治理主体在不同场域下的角色定位不同，承担的使命就会存在差异，相应的权力、权利及需要履行的责任义务也不同。为此，多元治理主体必须在利益一致和"人人有责"的基础上，切实履行其角色定位所要求承担的责任，同时相互监督治理责任的履行程度，有效提升彼此治理水平，才能在协同互助中共建美好乡村，实现乡村社会治理的良性发展。

（二）人人尽责的共治意蕴

新时代乡村治理共同体建设的"共治"意蕴，意味着在"秩序—过程"层面，多元治理主体（嵌入性主体与内生性主体）共治，其要义在于有效的乡村治理规则与方式，充分彰显为"人人尽责"的乡村多元治理主体的合作治理秩序，是以协同合作为秩序逻辑的秩序共同体。秩序共同体意味着多元乡村治理主体的责任履行，通过完善一系列治理规则和方式，确保"人人尽责"。这里的"人人"，强调的是多元行动主体在参与过程中的积极性、主动性与创造性。"人人尽责"是"人人有责"的递进和升华，它强调了各个治理主体不仅有建设乡村治理共同体的责任，而且要做到全力以赴、尽职尽责。在日益形成的多元化乡村主体治理局面下，倘若不能实现乡村治理共同体建设实践中的协商、合作，就难以实现乡村有效治理，甚至会导致乡村的"乱序"或"无序"。乡村"共治"强调的是多元主体的公共治理参与，强调要充分运用乡村自治、乡村法治、乡村德治的治理规则，充分发挥党总揽全局、协调各方的作用，推动乡村治理结构的合理化，实现多元内生性治理主体间的协同合作。质言之，"人人尽责"的乡村治理共同体建设的治理决策进程，无论是协商还是合作，都离不开乡村自治、乡村法治、乡村德治规则以及多元治理主体利益分配方式、矛盾化解方式、资源配置方式、权责分配方式的有效运用和发挥，离不开多元治理主体的积极参与，尤其是离不开广大农民的积极参与。需要强调的是，"人人尽责"的乡村"共治"是在乡村治理规则和乡村治理方式推动下的"共治"，充分体现了治理过程的有效性，唯有如此，才能提升各治理主体的履责能

---

① 李增元、刘上上：《新时代社会治理共同体的历史渊源、理论基础及内涵阐释》，《行政论坛》2021年第4期。

力水平以及履责主动性,保障其责任的履行,形成治理主体间共同的有效运作。在乡村"共治"中,要积极践行乡村治理规则和完善乡村治理方式,充分彰显广大农民的治理实践主体性,这是马克思主义人民主体性的重要体现。具体来看,"人人尽责"一定是以"现实的人"为治理主体,而且"这些个人是从事活动的,进行物质生产的"① 的人民群众。乡村治理共同体建设的"人人尽责"始终坚持以广大农民为治理主体,将从事实践劳动的广大农民作为治理主体的基础性力量,并以乡村"共治"的具体实践摆脱乡村治理的一系列困境,不断提高乡村治理的有效性。同时,如前所述,"人人尽责"还蕴含各个乡村治理主体在乡村治理共同体建设实践中形成的有机联系,即形成相互咬合的有机共同体。新时代乡村治理共同体要求建设各个多元嵌入性与内生性治理主体交互的乡村治理场域,即有效驱动异质性多元乡村治理主体在"人人尽责"的"共治"愿景以及共同治理规则方式的约束下,借助各种乡村交流沟通平台和渠道,开展和推进系统治理,形成乡村"共治"秩序。这既可以提升各个治理主体与新时代乡村治理共同体之间的契合度,也能有效发挥其乡村"共治"合力,还能够避免治理主体的治理功能耗损和治理力量分散,从而为各个乡村治理主体的协同耦合以及彼此的治理秩序协调奠定坚实基础。

(三) 人人享有的共享意蕴

新时代乡村治理共同体的"共享"意蕴,意味着在"结果—成效"层面,多元治理主体(嵌入性主体与内生性主体)共享,其要义在于有效乡村治理成果和成效的实现,充分彰显为"人人享有"的乡村多元治理主体推动下的合作治理成果与合作治理成效,是以普惠共享为结果导向而形成的行动共同体。行动共同体意味着多元乡村治理主体责任配置和履行所形成并达到的治理愿景目标、治理成效和治理成果,行动共同体确保"人人共享",这里的"人人"强调的是多元受益主体参与治理结果的公平性。只有通过"人人有责"的乡村"共建","人人尽责"的乡村共治,才能最终实现"人人享有"的乡村"共享"。换言之,履行职责、尽职尽责之后的结果就是实现治理成果的共享。"共享"是在乡村"共建、共治"基础上形成

---

① 《马克思恩格斯选集》第 1 卷,人民出版社,2012,第 151 页。

的物质性或精神性的治理成果。这种乡村"共享"的治理成果是指广大农民共同享有"治理红利",表征为包含改善民生福祉在内的制度、规则、权利、机会的平等,尤其是在治理资源与治理收益的分配上应当充分彰显共享性,使各治理主体能够公平地共享治理成果。乡村治理共同体建设中的"人人享有"的"共享"意蕴意味着乡村个体利益和共同体利益的协同发展。个体农民的特殊利益的实现离不开其他农民特殊利益的实现,形成乡村共同的普遍治理利益能够超越并保障个体农民的特殊利益。换言之,乡村治理共同体的"人人享有"强调个体在共同体中满足自身利益诉求的同时,也能够使乡村普遍利益得到充分保障。具体而言,首先,"人人享有"强调乡村各个治理主体在共同体中平等享受"治理红利",倘若乡村多元内生性治理主体的利益没有得到保障,就会"重新开始争取必需品的斗争"[①]。可见,乡村多元内生性治理主体的利益需求对乡村的"共享"具备鲜明的导向作用。当前,随着个体农民权利意识的不断提高,广大农民对美好生活的需要更加多样,而建设乡村治理共同体能够使多元治理主体享受充分的政策福利以及由此生成的"治理红利"。其次,乡村治理共同体建设中的"人人享有"强调的个体利益与共同体利益的相统一,这与马克思主义"真正的共同体"的建立是一致的,普遍利益与特殊利益的相互促进和良性互动也就表明,个体能够在"真正的共同体"中实现自己的利益需要,从而实现自由个性。在马克思主义关于"真正的共同体"思想的指引下建设乡村治理共同体,意味着实现政治上的公平正义、经济上的互惠高效、社会保障上的安全幸福、生态上的和谐美丽,从而助推个体利益的实现,使广大农民的获得感、幸福感、安全感得以提升。与此同时,广大农民作为乡村治理共同体中的实践主体,其治理能力的多元性可以不断推进治理共同体共同利益的保障。总而言之,"人人有责"的乡村"共建"和"人人尽责"的乡村"共治",构建起了共同体与个体之间相互关联的互动局面。要尽可能使每个作为个体的治理实践参与者能如愿以偿。乡村治理共同体的"普惠共享"结果导向,能够促使乡村治理资源的公平合理分配,使乡村多元内生性治理主体都能在乡村治理共同体建设实践中,获得应该享有的权益和成果,助推广大农民的美好需要实现,确保乡村实现"全民共享、全

[①] 《马克思恩格斯选集》第 1 卷,人民出版社,2012,第 166 页。

面共享、共建共享、共治共享、渐进共享"。这种共享的精要在于范围普惠、责任优先以及过程渐进。① 进一步讲，乡村"普惠共享"强调整个乡村治理共同体建设中的全面共享治理成果，它能够避免乡村部分群体或者个体对乡村治理共同体的公共利益的侵占；乡村"普惠共享"有效突破了整个乡村治理共同体建设中的狭隘个体主体性，并实现了共同主体性，使个体能够正视乡村治理共同体建设中的共同主体性，从而最大限度地激发了广大农民的"人人有责"的责任意识和"人人尽责"的责任履行；乡村"普惠共享"推动治理主体能力优化提升、治理规则与治理方式完善调整，保障了乡村治理共同体建设的持续运行；乡村"普惠共享"强调"共同体"的福祉，推动了乡村善治的增量发展。

二 "三重底色"：乡村治理共同体建设的本质属性

（一）利益共同体底色

利益共同体是新时代乡村治理共同体建设的前提基础。唯物史观强调了利益对社会发展的积极意义，利益是人类永恒的追求目标，社会成员是基于多方面的利益考量而形成多元的利益共同体。利益共同体是建立在个人利益基础上，并在追寻共同利益的进程中形成的，表征为利益的兼容性，其实质是共同利益主体的联合体。马克思对共同利益有过相关论述。② 进一步讲，"共同利益是促进个体互动和集体行动的内驱力"[3]。利益共同体为乡村治理共同体建设奠定了坚实的物质根基，利益共同体的形成壮大以及关联度提升是建设乡村治理共同体的基础性条件，要进一步凸显其基础作用。质言之，乡村治理共同体是利益协调共生的整合力量，利益的协调共享与均衡分配是其重要推动力。利益共同体能够助力其高效运行与协调合作，从而形成公共利益与秩序活力并存的治理共同体。可以说，乡村治理共同

---

① 朱碧波：《论我国社会治理共同体的生成逻辑与建构方略》，《西南民族大学学报》（人文社会科学版）2020年第10期。
② 马克思指出："共同利益恰恰只存在于双方，多方以及存在于各方的独立之中，共同利益就是自私利益的交换。"参见《马克思恩格斯全集》第46卷上册，人民出版社，1979，第197页。
③ 张艳、曹海林：《社区治理共同体建设的内在机理及其实践路径》，《中州学刊》2021年第11期。

体与当前乡村社会公共利益密切相关。在乡村公共利益契合度相对较高的乡村治理状态下，建设乡村治理共同体的社会基础就相对比较深厚。这意味着乡村社会治理分化倾向的公共性回归，即旨在打破乡村社会存在的利益分化，推动治理主体力量的整合优化。换言之，利益共同体能够有效整合村庄多元主体力量，助推乡村治理共同体实现多元治理主体间的高效协同合作，而这种合作又进一步推动更多乡村公共利益的生成，破解其离散化困境，共建多元治理主体新格局，从而构筑不同利益主体之间良性互动以及彼此共同利益的互动调适机制。利益共同体还具有异质性和开放性的特点，身份差异性较为凸显的利益共同体成员主体在受教育水平、资源禀赋、思想观念等方面存在的差异性，使共同体呈现异质性的特征，同时构成主体的多元化以及价值理念的现代化，从而不断赋予利益共同体更加开放的特征。[1] 此外，利益、制度和价值三者彼此动态关联，这一内在的逻辑关系决定了利益共同体的演化和发展。第一，利益与制度相互关联。利益的生成与分配需要共同的规则秩序予以规范，而制度则有效规范了其利益生成与分配的秩序，并将乡村共同利益的集体治理行动优势转化为治理效能优势，从而进一步促进乡村治理共同体建设制度的完善与健全。第二，利益与价值相互关联。实现利益协调共享是重要的价值追求之一。我国推动的集体主义利益观与乡村治理共同体建设的价值选择相一致，从而有助于推动利益生产的高效化与分配的有序化，有效避免乡村内在价值的支离和撕裂。总之，"利益为乡村多元主体互助合作和共同行动提供内源动力"[2]。唯有对多元利益进行有效的系统化重塑与整合，才能使身份地位、生活方式以及价值观等存在较大差异的多元治理主体，依托共同的紧密利益而联结聚合起来，才能建设更多的乡村"共同利益场"，从而进一步巩固建立在利益共同体基础上的乡村治理共同体。

（二）制度共同体底色

制度共同体是新时代乡村治理共同体建设的根本保障。多元化乡村治

---

[1] 钟小容、尹恒：《利益共同体：地权变动中乡村共同体的转型与重构》，《岭南师范学院学报》2020年第4期。

[2] 廖慧勤：《建构乡村社会治理共同体的境遇与选择》，《理论导刊》2022年第1期。

理主体共同利益的强化拓展进一步促使利益共同体不断地进行优化调整，这使乡村治理共同体建设朝着"制度共同体"的方向推进。制度是一种促使共同体成员规范运行的重要规则与纽带，是利益共同体持续推进的重要依托，也是实现共同价值目标的关键所在。"制度共同体就是建立在意志协调一致与社会关系和睦的基础之上，对利益共同体进行运作的制度形式。"[1]乡村制度共同体建设是破解乡村既定利益固化藩篱的有效方式以及重塑乡村利益分配的有效路径，是确保利益共同体顺利运行的有效手段。从某种意义上看，乡村治理共同体是对之前旧有的乡村治理体制机制或者规则方式的调适革新，只有制度共同体发挥约束性强的优势，乡村治理共同体建设的运行才能发挥应有的高效协同作用。各个主体必须对共同体形成的正式化制度进行遵从，只有对乡村治理共同体建设中的制度形成权威性的认同，才能确保制度有序持续运行。乡村治理共同体是对传统制度共同体的超越，从一元化管理到多元性合作的治理转变，推动了乡村治理制度的现代化进程，这有助于进一步推动对乡村利益共建、乡村利益共治、乡村利益共享的整合优化。因此，乡村制度现代化推动作为利益共同体的乡村治理共同体迈入"制度共同体"的新阶段，并且形成了立体多元化的制度共同体。与此同时，制度的现代化还促使乡村制度优势转化为制度效能。总之，作为制度共同体的乡村治理共同体，在超越利益共同体的同时，又朝着价值共同体方向跃进。制度现代化不断促进其向更高价值形态演进，因为乡村治理共同体建设中的各个治理主体不只是停留于对既有制度的遵从认可，更要求制度共同体中的广大农民在价值层面上推动其公共性转换，即向价值共同体方向延伸和拓展。需要强调的是，制度既有刚性约束的一面，又可以发挥柔性凝聚力的作用，制度可以区分为正式制度与非正式制度。在新时代乡村治理共同体建设中，要注重非正式制度的作用，要通过正式制度与非正式制度的协同推动制度优势向制度效能转变。发挥制度共同体在乡村治理共同体建设实践中的作用，还要注重制度的供给与完善，要通过建立健全信息共享制度、利益表达制度等，为作为制度共同体的乡村治理共同体建设提供广阔的实践场域。因此，要不断强化乡村治理制度

---

[1] 石路、程俊霖：《社会治理共同体演进的三重逻辑》，《中共福建省委党校（福建行政学院）学报》2020年第5期。

的供给和完善，即通过建立健全灵活的主体参与制度体系、治理过程监督体系、利益保障体系等，增强乡村治理共同体建设实践行为的制度效力，持续不断地推动制度共同体中的制度优势转化为制度效能。

（三）价值共同体底色

价值共同体是新时代乡村治理共同体建设的精神引领。乡村治理的主体性回归以及共同的乡村公共价值的造就，使其最终沉淀和内化为观念形态与凸显实践导向的价值共同体。只有在农民个体的价值追求落实为公共性的集体行动以及产生相应的治理效能时，乡村价值共同体才能最终实现。它是在价值理念的公共导向下追求乡村社会利益协调共享的进程。为此，乡村治理共同体建设实践中的多元治理主体需要奉行"人人有责、人人尽责"的责任共担意识，践行多元统一的价值观，唯有如此，才能实现协调共生和公平共享。与以往价值理念相比，乡村价值共同体更加强调共同价值共识对于治理主体作用发挥的效应，正如有学者指出："价值共识是主体间进行社会交往的产物，是和利益紧密相关的一种互动性关系。"[1] 因此，要通过乡村治理资源的公平合理分配，使异质性多元乡村治理主体受益最大化，尤其是普通村民。总之，价值共识的聚合是一项极其复杂的系统工程，唯有发挥人民主体力量并实现人民根本利益，才能真正高效推动乡村现代化治理实践。当然，作为价值共同体的乡村治理共同体还需要社会主义核心价值观的引领。作为"最大公约数"的社会主义核心价值观，有助于增强社会主义集体意识和提升集体认同感，具有统领凝聚乡村社会价值共识的功能，能够摒弃由乡村多元化治理主体的客观存在引致的价值观偏差，实现文化认同，塑造强有力的影响力与感召力，从而吸引多元治理主体参与到乡村治理共同体建设中来。也只有这样，才能够形成"真正的共同体"，即"自由人的联合体"。唯有到了这个阶段，个体与共同体的关系才真正实现和谐统一，形成利益上的一致、制度的公共自觉以及价值上的高度凝聚，在这个阶段，特殊的个体价值也已经吸纳融入"真正的共同体"内。诚然，建设起真正的价值共同体，是一个漫长的过程，需要我们久久为功地朝着既定的价值目标去推进。就目前来看，要将社会主义核心价值观

---

[1] 韩升、张瑜：《新时代社会治理共同体的价值共识凝聚》，《学习论坛》2021年第5期。

不断融入乡村治理共同体的建设实践中,要不断整合多元主体的价值选择,巩固主流价值取向,同时还要塑造乡村社会文化形态,破解乡村向心力与凝聚力不足问题,不断提高乡村社会主义集体认同感,有效弥合乡村的价值分裂。乡村治理共同体建设并不是静态的,而是在动态演进中不断发展的过程。从乡村利益共同体到乡村制度共同体再推进到乡村价值共同体,形成了三大本质属性。乡村利益共同体在乡村治理共同体建设实践中会走向更高的物质层面,产生更多的乡村共同利益。而乡村治理共同体作为一种制度共同体也是不断变化的,在具体实践中的利益驱动下,制度也不断走向现代化,这就会推动乡村治理共同体迈向更高阶段的价值共同体,又会不断推动乡村治理理论与实践朝着现代化目标迈进。总而言之,乡村治理共同体终将超越"虚假的共同体",走向"真实的共同体",形成理想化的乡村治理格局,到了那个阶段,个体与共同体关系在利益、制度、价值三个方面将实现和谐统一。

三 "四大特征":乡村治理共同体建设的主要表征

(一)乡村治理共同体建设的系统性特征

乡村治理共同体是由治理主体、治理规则、治理方式、治理目标四个要素构成的复杂系统,因此必须从系统整体的视角去分析乡村治理共同体这个大系统及其内部要素的相互关系。第一,乡村治理主体主要指推动乡村治理共同体建设的行动主体,以及在一定秩序规则下形成的各个行动主体的职责职能和彼此相互关联的网络关系结构。乡村治理主体是推动乡村治理共同体建设的最基础要素,主要包括乡村异质性多元治理主体(嵌入性主体与内生性主体)及各个治理主体彼此间凭借权力、责任、义务分配而形成的协同关系与权责关系。乡村多元治理主体是乡村治理共同体建设的首要构成要素,具有明显的治理主体异质性特征,充分彰显基层政府权力逐渐下放和乡村自治性主体权责边界不断延伸扩大的趋势。多元治理主体具有在乡村基层党组织领导下多元参与、平等协作、互动共生的共同体特质。乡村治理主体系统是各个乡村治理主体按照有序的结构而建立的一个整体,单个治理主体作为系统的一个要素,要充分协调好与其他治理主体的关系。第二,乡村治理规则主要是指推动乡村治理共同体建设应遵循的法则与规范。这些规则是多元治理主体为实现共同的预期目标而遵循的诸多制度准则与行为规范。它主要通过构建外部客观的规则体系与内部主观的理念价值来规范多元乡村治理主体的行为边界，从而使各个治理主体做到各尽其能、各担其责、各司其职。进一步讲，乡村治理规则既涵盖约束不同治理主体各种行为的正式法律法规、规章制度，又包括非正式的村规民约等。乡村治理共同体建设中的治理规则具有多样性的基本特质。第三，乡村治理方式主要是指在推动乡村治理共同体运行中，多元乡村治理主体间必须协同的机理与方法。它主要表征为工具理性，是根据特定的乡村治理规则形成的一系列方式，如民主协商方式等。第四，乡村治理目标是推动实现价值追求与达到治理成果。乡村治理目标必须在党的全面领导下，坚持在以人民为中心、共同富裕、公平正义等理念指引下，推动乡村社会的治理有序，切实维护广大农民利益福祉，推动农民个体全面发展，使广大农民的治理获得感、幸福感、安全感全面提升，以实现乡村治理成果共享。乡村治理主体、乡村治理规则、乡村治理方式、乡村治理目标这四个治理要素共同构成了乡村治理共同体建设的系统性结构运行框架。乡村治理共同体各治理要素之间具有内在的逻辑关联，它们的健全程度决定乡村治理效能，彼此间的关联耦合与互动程度影响乡村治理共同体建设的整体实现程度。乡村各治理要素的运行逻辑仍然与人人有责的共建、人人尽责的共治、人人享有的共享三重意蕴相一致。具体而言，乡村治理主体意味着治理主体的多元性及其彼此的协调配合，回答了"多元治理主体如何共建"这个问题，回应了"人人有责"的要求，具体涵盖乡镇党委政府、新乡贤、乡村企业、乡村党组织、村民委员会、村民小组、乡村社会组织、乡村经济合作社、广大农民等治理主体及其形成的关系结构；乡村治理规则和乡村治理方式的整体性及协同性对乡村治理共同体建设至关重要，乡村治理规则规定了各个治理主体间的运行规范及其彼此的权利、义务与制约关系，包括各治理主体在其中的正式和非正式的行为规则，乡村治理方式主要是各治理主体的行为选择和协同机理，是乡村治理共同体建设的处理策略，乡村治理规则和乡村治理方式回答了"多元治理主体如何共治"这个问题，回应了"人人尽责"的要求；乡村治理目标的全面性及并行推动与否决定了乡村治理共同体建设的成败，乡村治理目标是其价值与结果的呈现，它既是目标要素，也是衡量与实现乡村有效治理的关键，主要包括乡村和谐、有序、稳定，以及乡村治理主体获得感、幸福感、安全感等内容，回答了"多元治理主体如何共享"这个问题，回应了"人人享有"的要求。

(二) 乡村治理共同体建设的协同性特征

协同现象在各类系统中以普遍的形式存在，这些系统由性质基本不同的诸多子系统组成，极具复杂性。协同可以促使系统中的各个子系统或相关要素借助某种手段或方式实现有机合作，在放大系统功效的同时推动整体系统的有序和稳定。新时代乡村治理共同体是各司其职、多方参与的合作式共同治理。乡村治理共同体作为一项系统工程，是由多元复杂的乡村治理主体组成的。每个治理主体的利益有所差别，相对应的目标、价值、理念势必也会存在差异，因此，传统的单一治理主体管理方式显然已经不能适应日益复杂的乡村社会矛盾和形势，需要进行协同以协调复杂的乡村社会关系、破解复杂的乡村社会问题、化解乡村各种矛盾。为此，在新时代乡村治理共同体建设实践中，要注重把握好协同原则、维度和方法。就协同原则而言，要坚持目标统领，紧紧围绕乡村治理共同体建设实践中的协同任务进行科学配置，谋划协同治理思路，有效提高乡村治理效能；坚持问题导向，一切从实际出发，运用新理念、新方式、新思路解决最突出的乡村矛盾与问题。就协同维度而言，要注重主体协同，这包含多元治理主体的理念协同、利益协同以及目标协同。协同性表明各个治理主体在遵守共同认可的制度规范基础上产生的平等互动关系，充分彰显出多元治理主体间的凝聚力聚合，意味着"去中心化"的多元治理格局的生成。[1] 因此，必须引导各个治理主体秉持大局观、系统观、协同观，充分发挥多元治理主体的作用，推动主体协同发展，增强彼此的利益关联，建立"一核多元"的治理新格局，推动乡村共建共治共享；要注重多界面与多层次的领域区域协同，乡村治理共同体建设必须依据战略性和阶段性治理目标，使各个领域区域围绕总目标因地制宜地建立相对应的治理任务体系，推动本领域区域协同发展并实现总目标。就协同方法而言，要注重乡村治理共同体建设中的治理规则与治理方式协同，唯有如此，才能达到预期的治理效果。必须坚持乡村自治规则、乡村法治规则、乡村德治规则的协同运行，

---

[1] 彭小霞：《农村基层社会互动治理的理论意蕴、典型探索与机制创新》，《兰州学刊》2020年第9期。

必须推动乡村智治工具、乡村民主协商方式等方面的协同。总之，要立足协同视角，充分实现乡村社会的治理聚合力，将各方面的治理力量充分凝聚起来，要注重乡村协同治理的平台建设、精神共识培育、相关机制完善、规则方式健全，营造乡村协同共治的良好外部环境，从而形成"多元参与、协同共治、活力释放"的治理局面，构建乡村社会协同的多元共治架构，有效实现乡村治理规则、方式及目标的衔接融合。

（三）乡村治理共同体建设的公共性特征

公共性主要是指在一定社会场域内，人们基于对共同利益的理解、对共同福祉的关注、对共同行为规范的认可而产生的普遍社会关系。[①] 公共性作为一种社会属性，是在人的利己性和利他性两者的整合中形成的共同性，它彰显人与人之间的彼此依存关系，即人们在不断为生存和发展创造条件的过程中，实现自身价值的同时又不断推动社会进步。公共性的核心就在于关注公共利益、追求公共价值。[②] 乡村治理共同体是由异质性多元治理主体构成的共同体，乡村治理主体彼此间在角色、作用、地位、利益诉求、价值观念等方面存在差异，这种既互有不同又紧密关联的共同体结构将乡村多元治理主体进行聚合，构成了乡村治理的公共领域，由此形成了既承认异同又寻求统一的公共性意涵。乡村治理共同体表征的正是这种公共性。具体而言，在乡村治理共同体建设中，各个异质性乡村治理主体以及每个个体都是作为类存在物在与他人的相互依赖、相互联系中开展行动的，并由此获得乡村治理共同体的身份认同。此外，乡村异质性多元治理主体处于共同的乡村社会治理环境中，存在共同的利益基础、相近的思维方式和相似的行为模式，这就为乡村异质性多元治理主体之间的交流、沟通与行动提供了基础条件。在"共同生活的情境"基础上，乡村多元治理主体直接面对治理实践中的公共性问题，即面对无法回避且纷繁复杂的乡村公共事务。另外，多元治理主体在乡村治理共同体中也表现出具有鲜明差异性的一面。由于乡村多元治理主体在权力来源、相关职能、利益诉求及运行

[①] 姜晓萍、董家鸣：《城市社会治理的三维理论认知：底色、特色与亮色》，《中国行政管理》2019年第5期。

[②] 马克林：《论我国社会治理中的公共性困境及其超越》，《甘肃社会科学》2020年第1期。

向度方面的不同，其相对应的行为选择也会不同。譬如，乡镇党委政府在发展乡村公共利益、提供公共产品供给、加强乡村资源整合以及协调乡村利益等方面扮演重要角色；乡村党组织在把握党建引领的原则方向、提升乡村治理整体效能方面发挥重要作用；乡村社会组织在整合社会资源中发挥重要作用。这些乡村多元治理主体的差异性在乡村治理共同体建设实践中有着特殊的意义，正是多元治理主体在立场、角色等方面的不同，有效避免了乡村多元治理主体的同质化。因此，乡村多元治理主体能够表达对乡村公共事务的不同见解，确保对乡村公共性问题的多维度认识，最终形成对乡村公共性问题的理性认知。所以，尽管乡村治理共同体建设实践中存在异质性多元治理主体的差异，但共同体纽带又将这些异同的治理主体聚合在一起，形成"既关联又分开"的基本结构，共同促进其公共性的复归与成长。在乡村治理共同体建设实践中，要遵循"求同存异"的原则，不断拓展公共性，注重培育乡村公共精神以凝聚价值共识，注重优化治理主体的权责关系以强化公共意识，注重促进乡村治理规则方式优化以拓展乡村公共空间，注重改善民生福祉和满足民生新需求以强化乡村公共利益聚合。唯有如此，才能激发乡村治理共同体建设的生机活力，相应的公共性意蕴也才能日渐彰显，公共性的持续生产也才能不断深入。

（四）乡村治理共同体建设的人民性特征

习近平总书记指出："人民性是马克思主义最鲜明的品格。"[①] 乡村治理共同体建设具有人民性特征，人民性也是乡村治理共同体建设的主体本色。马克思共同体思想的逻辑起点就是人民性。"以人民为中心"的思想有着深厚的历史渊源，马克思进一步指出人类社会历史研究必须是"从现实的、有生命的个人本身出发"[②]。从"全心全意为人民服务"到"是否有利于提高人民的生活水平"，从"代表最广大人民的根本利益"到"以人民为中心"。江山就是人民，人民就是江山。只有符合"人民性"的现代化理念才是推动乡村治理共同体建设的正确理念。"以人民为中心"的治理立场超越了西方资本主义国家"以个人价值"为主导的治理局限，为真正实现人的

---

① 《十九大以来重要文献选编》（上），中央文献出版社，2019，第429页。
② 《马克思恩格斯选集》第1卷，2012，第153页。

自由和平等提供了可能。乡村治理面貌的革新，必须紧紧依靠人民的力量，离不开全国整合各类资源优先投入乡村以提高乡村人民的生活水平，这在西方发达国家是难以做到的。建设乡村治理共同体必须在"以人民为中心"的指引下推动"人人有责、人人尽责"。而"以人民为中心"的治理立场具备"优先性"和"全面性"的典型特征。"优先性"主要表现为农业农村优先发展，这有助于满足广大农民美好生活需要，有助于乡村实现共同富裕。"全面性"主要体现在"统筹性"方面，即推动乡村治理共同体建设中乡村"五位一体"治理进步，并且强调乡村治理各个领域的关联协同性。这种"全面性"在"主体性"中的表现就是推动乡村各个治理主体的良性互动，从而激发乡村治理多元主体的内生动力。概言之，乡村治理共同体建设必须一切从广大农民利益出发，以"人民性"为导向，及时回应广大农民的治理需求。因为缺乏对"人"的关怀的治理共同体是不可持续且存在多重弊病的。要从人民群众"最急""最难""最愁""最盼"的治理难点、治理热点、治理薄弱点、治理重点出发，下真功夫和硬功夫，切实有效地破解治理难题，使广大农民的治理安全感、幸福感、获得感落到实处。

在乡村治理共同体建设实践中，人民不再是抽象化的整体，而是具体化的，即由不同利益交织而形成的、由具体个体构建的集合体。乡村治理共同体建设实践与乡村中具体的个人的参与密不可分。换言之，只有由每个个体组成的集体共同参与治理，才能真正实现乡村的有效治理。"以人民为中心"在乡村治理共同体建设实践中集中体现在乡村自治、乡村法治、乡村德治、乡村智治四个层面。具体而言，乡村自治充分体现了"发展依靠人民"的治理原则，它以制度化形式赋予了广大农民直接参与乡村各项公共事务治理进程的民主权利，广大农民通过自我管理与服务，真正在乡村治理共同体建设中发挥了主体性作用，彰显了主人翁意识，这使广大农民拥有了较强的获得感和参与感；乡村法治运用正式的、规范性强的法律制度为广大农民构建了民主通道，营造了良好的法治环境，引导广大农民运用合法化的方式维护自己的合法权益，只有强化乡村法治的约束力，才能够规范乡村基层民主进程，保障广大农民充分行使民主权利，维护乡村社会和谐稳定；乡村德治有着深厚的历史基础，"以人民为中心"的治理立场赋予了乡村德治以新的时代内涵，乡村德治引导和促使农民形成"勤俭持家、向上向善、孝老爱亲"的思想观念，有助于重塑广大农民的公共精神，激发农民的自主意识，从而提升广大农民对乡村的认同感和归属感以及推动乡村治理共同体发展的内驱动力；乡村智治作为一种新型的治理工具，具有平等性、公开化等特征，可以促使广大农民无差别、平等地获取相应的乡村治理服务资源，更好地推进广大农民实现利益共享。尽管乡村治理共同体并不是乡村治理现代化的唯一可选模式，但乡村治理共同体所表现出的"人民性"治理立场，是与马克思共同体思想相一致的。总之，乡村治理共同体建设的"人民性"特征决定了要始终坚持以人民为中心的发展思想，不断夯实治理成果，并使治理立场持续不断地转化为民生福祉。立足乡村治理新起点、新征程建设乡村治理共同体，要把"以人民为中心"贯穿于乡村治理现代化进程中的各个领域、各个方面，要切实把建设乡村治理共同体转化为人人共同参与的治理实践活动。开展乡村治理共同体建设从根本上讲是对人的服务和治理，要善于发挥乡村最广大农民的群体性合力，实现乡村治理现代化目标。

第三节 新时代乡村治理共同体建设的主体关系

乡村治理共同体建设的主体主要是根据功能的大小、作用的强弱进行划分的，是由嵌入性治理主体（乡镇党委政府、乡村企业、新乡贤）与内生性治理主体（乡村党组织、村民委员会、村民小组、乡村社会组织、乡村经济合作社、广大农民）共同组成的多元治理主体，是一种关系共同体和纵横交错的"重层结构"系统。也就是说，作为一种复合式治理结构，乡村治理主体并不是悬空存在的，其形成和存续取决于嵌入性治理主体和内生性治理主体呈现的不同关系组合与模式。各治理主体在乡村治理共同体建设中的角色不同，承担不同的治理使命，拥有不同的权利和责任。各治理主体在乡村治理共同体建设中准确行使治理权利、承担治理责任、增强彼此的关联互动、发挥相应的作用，是形成"人人有责的共建、人人尽责的共治"局面的关键所在。对嵌入性与内生性治理主体的主体定位、关系呈现以及结构生成的研究，有助于进一步厘清乡村治理共同体建设的主体关系。

一 主体定位：乡村嵌入性与内生性治理主体的构成

角色扮演通常以一种社会共同期望的目标为导向来实现既定目标。就乡村治理主体角色而言，乡村治理共同体建设应该朝着符合广大农民期望目标的方向前行。治理主体是新时代乡村治理共同体建设最为核心的要素，乡村治理共同体运用何种方式，代表谁的利益，映射什么样的价值倾向与治理性质，均受到相关治理主体的影响。如表3-1所示，乡村治理共同体建设中的多元治理主体主要包括嵌入性治理主体和内生性治理主体两部分，具有明显的治理主体异质性特征。第一，乡村嵌入性治理主体尽管不是乡村治理共同体建设中的直接治理主体，但仍然发挥着重要作用，可以最大限度地发挥乡村治理共同体系统内部的功效。乡村治理共同体建设需要借助多类型、多样化的治理主体，通过平等协商、交流和互动，依法对乡村各类公共事务进行处理和引导，从而实现乡村有效治理以及公共利益的最大化。因此，乡村治理共同体建设有赖于在党委领导与政府主导下，凝聚其他治理力量的多方参与，乡镇党委政府这一正式权威主体的作用必不可少。另外，市场的作用也不可或缺，资本下乡过程中产生的乡村企业，作为市场性力量和非正式主体，在带领村民致富和给村民带来实际利益方面发挥了重要作用。新乡贤作为乡村精英力量，凭借其拥有的资源，同样以互惠的方式引领乡村治理与发展，并树立起一定的权威性与话语权。所以，有必要厘清嵌入性治理主体的角色定位，唯有如此，才能深入研究各个嵌入性治理主体如何有效发挥作用。第二，乡村内生性治理主体是以广大农民为基础形成的，是在乡村治理共同体建设中区别于外部"嫁接"的直接治理主体。尽管部分治理主体并不是权威性主体，但其存在是不可或缺的。村"两委"是统领村务全局工作的主导者，除了发挥村"两委"作用外，村民小组作为村"两委"的直接执行主体，能够分担乡村各项公共事务，有效纾解村"两委"的治理压力。此外，各种民间性的乡村社会组织以及营利性的乡村经济合作社，在日常乡村公共事务的处理中，同样能够以互利的方式给广大村民带来切实利益。第三，理顺和明晰乡村嵌入性治理主体与内生性治理主体的关系，对于各个治理主体的定位至关重要。要更加注重使外部性治理主体嵌入与内生性治理主体生长相结合，实现优势互补、良性互动。总而言之，唯有将异质性的多元治理主体在乡村治理共同体建设中是否发挥实质性作用、发挥什么样的作用以及怎样发挥作用这些问题厘清，才能摆正各治理主体的位置，才能有效推进彼此间的协同合作，也才能汇聚起各方强大的治理力量，形成最大同心圆。

表 3-1　乡村多元治理主体构成

治理主体	来源	合法性	是否有权力	所处位置
乡镇党委政府	嵌入性	正式权威主体	是	政治性与行政性力量
乡村企业	嵌入性	非正式主体	否	社会与市场性力量
新乡贤	嵌入性	非正式主体	否	社会与个体性力量
乡村党组织（村党支部）	内生性	正式权威主体	是	政治性力量
村民委员会	内生性	正式权威主体	是	行政性力量
村民小组	内生性	非正式主体	否	执行性力量
乡村社会组织	内生性	非正式主体	否	社会性力量
乡村经济合作社	内生性	非正式主体	否	市场性力量
广大农民	内生性	非正式主体	否	个体性力量

（一）乡村嵌入性治理主体：乡镇党委政府、乡村企业、新乡贤

乡镇党委政府直接面向广大农民，是与乡村最为紧密关联的国家政权实体，肩负着实现乡村治理有效的重要职责。作为最基础的独立行政单元，乡镇党委政府位于治理权威的中心，是乡村治理的直接推动者和执行者，在推进乡村治理共同体建设中扮演承上启下的"传达执行"角色，即对上负责组织实施乡村治理规划和政策，对下负责解决村务具体事宜，管理本行政区域内的地方公共事务，即遵照并传达执行上级党委政府的一系列乡村治理政策与规划，协调解决或反映"村为中心"的乡村治理共同体建设中的治理难题。正是在这种重大的乡村治理使命感指引下，乡镇党委政府活跃在县际、镇际、村际。乡镇党委政府在乡村治理共同体建设中发挥重要的作用，承担诸多基础性职能，乡村治理共同体推进中的许多治理事项和治理工作都需要向乡镇党委政府审批报备。乡镇治理的重要功能之一就是对国家政策目标、治理规划以及制度安排等进行转换和调适，使其符合乡村社会现实，进而实现国家治理有效性与统一性的适配，其重要任务之一就是积极解决涉及人民群众利益的"小事"，把矛盾化解在基层，以确保

"小事不出村、大事不出镇"①。但乡镇党委政府在乡村治理共同体建设中并不是直接的内生性治理主体,而是属于外部嵌入的治理主体角色,是乡村治理模式及其发展方向的指导者,是乡村治理各类资源和乡村公共服务的主要供给者与保障者。

乡村企业是乡村治理共同体建设中的重要治理主体。乡村企业对乡村经济发展产生了较强的带动和辐射作用,可以弥补乡村建设发展的资金缺位问题。在美丽乡村建设、乡村振兴战略的引领下,受资本下乡的效应影响,乡村企业成为乡村治理主体中的关键角色。企业还具有较强的社会属性,应不断优化企业参与乡村治理共同体建设的环境。进一步讲,企业可以通过市场赋能、技术赋能以及公益赋能等形式履行其社会责任。②

新乡贤按照流动方向可划分为在场(本土乡贤)和不在场(离土乡贤、外来乡贤)两大类。新乡贤在推动乡村治理共同体建设中扮演着多样性的多重角色,这主要是由其从事职业的多样性、场域空间的多样化决定的。新乡贤一般拥有多样的知识信息、丰富的经验技能、较为广博的社会资源,以及丰富的市场关系网络和社会关系网,因而成为沟通乡村与市场的重要媒介,在乡村治理共同体建设中扮演咨询与帮助的角色。他们是能够组织动员广大农民、具有较高的乡村治理意愿和乡村治理能力并热心服务于当地的乡村精英和权威,当他们从一般性乡村权威转变为对乡村进行公共服务的乡村权威时,就可以称其为新乡贤。③ 换言之,新乡贤是具有乡村治理新思想、新观念、新情怀的权威人士、社会贤达、杰出群体,具有德才兼备、乡村情感纽带深、治理乡村意愿高且拥有民主法治精神的特质。

(二)乡村内生性治理主体:村"两委"④、村民小组、乡村社会组织、乡村经济合作社、广大农民

乡村党组织(村党支部)在"宣传党的主张、贯彻党的决定、领导基

---

① 金江峰:《中坚干部:乡镇治理有效的内生动力及其功能实践》,《求索》2022年第2期。
② 文宏、林仁镇:《多元如何共治:新时代基层社会治理共同体构建的现实图景——基于东莞市横沥镇的考察》,《理论探讨》2022年第1期。
③ 龚丽兰、郑永君:《培育"新乡贤":乡村振兴内生主体基础的构建机制》,《中国农村观察》2019年第6期。
④ 村"两委"主要指乡村党组织(村党支部)和村民委员会。

层治理、团结动员群众、推动改革发展"① 中发挥了重要作用。乡村基层党组织领导村民自治组织、村集体经济组织、群团组织以及其他社会组织、经济组织,发挥核心引领的作用,它行使的公权力在村域社会治理权力体系中处于枢纽地位,处于乡村社会政治中心,乡村党组织扮演领导者、动员者以及组织者的角色。

村民委员会,由广大村民直接选举产生,是乡村日常事务的管理机关与村民自治的执行机关,它一方面体现自治性,充分彰显自我管理的自治精神;另一方面必须在国家法律法规允许和规定的范围内从事乡村公共管理活动。村委会的职权范围主要包括自治体内由非国家机关直接负责的公共事务和公益事业。村委会的主要职责包括发展生产、管理集体资产与保护资源、积极维护社会治安、促进宣传和文化发展、社区建设、调解民间纠纷、遵守并执行村民会议的决定等。2018 年新修订的《村民委员会组织法》中规定了村民委员会的任务。② 村委会是代表广大农民意见的治理主体,是乡村的实际管理者,同时又在乡镇党委政府与村民之间扮演重要的"代言人"角色,是乡镇党委政府与广大农民沟通的桥梁,村委会向上级党委政府传达广大农民的意见要求,在乡村治理多元化主体的协同合作中起承上启下的作用。村委会的自治权本质上是一种社会公权力,源于成员让渡,经国家承认而获得合法性。③

村民小组并不是行政性的权威主体,它是在原来的生产小队基础上形成的自治组织,是自治的一个层次,也是乡村治理的最小单元,规模和大多数自然村落相当。村民小组主要负责协助村委会完成实际工作,分解和处理庞大的乡村公共事务。主要包括三个方面:收集并向村委会反映本组村民的意见与要求、向本组村民传达村委会的相关决定、协助村委会处理本村公共事务。村民小组还负责管理经营属于本小组的集体土地以及其他财产。可见,村民小组在连接村民与村委会、化解村庄各类矛盾纠纷中发挥了重要作用。尽管目前《村民委员会组织法》关于村民小组的内容较少,

---

① 《十九大以来重要文献选编》(中),中央文献出版社,2021,第 621 页。
② 村民委员会办理本村的公共事务和公益事业,调解民间纠纷,协助维护社会治安,向人民政府反映村民意见、要求和提出建议。
③ 刘茂林、王鸾鸾:《法治乡村视野下村域社会治理的权力配置及其优化》,《中南民族大学学报》(人文社会科学版)2021 年第 5 期。

村民小组也并非每个乡村都会设立，一般只有在较大治理规模的村庄才会存在，它的职能可以由其他组织承担。但是，村民小组作为上传下达的媒介，能够提高乡村治理效率以及乡村公共事务的执行效果。

乡村社会组织是以广大农民为主体，有计划地凝聚联结起来，以组织成员的共同意愿为特定组织目标，而开展一系列治理活动的，按照一定形式、为了共同的利益而做出努力的社会群体。其积极履行相对应的特定社会职能。乡村社会组织是乡村治理专业化的彰显，乡村治理的活力，关键取决于乡村社会组织的位置与角色，它在乡村治理共同体建设中具有协同辅助的功能。这里的乡村社会组织主要是指公益性、非营利性的新型自治组织，这类组织不同于在法律框架内确定的村民自治组织，而是更加凸显自治性与灵活性的民间组织，面向的是更加单向度或专业化的治理领域。活跃于乡村治理舞台的各类社会组织在推进乡村社会发展、保护生态环境、繁荣乡村文化等方面发挥了不可替代的重要作用，它们因个性化的目标、宗旨与使命，加之较强的专业效能与灵活机动性，通常能够推动乡村治理走向精细化发展。[①]

乡村经济合作社是开展乡村具体生产的劳动者联合的载体。作为市场化力量，乡村经济合作社在整合乡村分散的生产要素、提升农民的组织化程度、激活乡村经济活力、促进农民增收、提高乡村公共服务水平等方面发挥越来越重要的作用，旨在满足共同的经济和社会需求。可见，乡村经济合作社是农民组织化与乡村市场化的有效载体，其因具有广泛的群众基础，还能够带来乡村民主化的治理效益。乡村经济合作社遵循入社自愿、退社自由原则，经济目标是其首要目标，在经营业务上，以农业产业经营为主，专业性比较强。总之，乡村经济合作社在提供农业社会化服务中维护小农利益，促使乡村多元治理主体共享农村、农业发展成果，还有助于维护乡村秩序，改善乡村治理环境，具有经济和社会双重属性。

广大农民是乡村治理共同体建设中的基本活动主体和天然的主体力量，是乡村治理共同体建设中的主要参与者、承载者和受益者，其治理主体性对于实现乡村有效治理至关重要，而这种"治理主体性主要表现为农民参

---

① 王杰、曹兹纲：《韧性乡村建设：概念内涵与逻辑进路》，《学术交流》2021年第1期。

与乡村治理活动的自觉性和目的性"①，所以农民主体治理活力的释放是决定治理有效的关键。

（三）乡村嵌入性治理主体与内生性治理主体的宏观和微观、外源与内核的互补嵌合关系

如图 3-1 所示，乡村多元治理主体架构是由宏观层面嵌入性的外源治理主体架构和微观层面内生性的内核治理主体相统一而构成的组合形态和有机整体。二者在互促互进、相互协作中形成了互补嵌合关系，实现二者的辩证平衡关系能够为新时代乡村治理共同体建设奠定主体支撑。就宏观层面而言，针对村域外的乡村外源嵌入性治理主体，形成了"乡镇党委政府—乡村企业—新乡贤"的衔接互动，其所代表的是政府力量、市场力量、社会力量，实质是"政府—市场—社会"三位一体治理主体力量与整个乡村社会农民群体的关联互动与互嵌融贯。就微观层面而言，在村域范围内，基于"村为中心"的乡村社会，乡村内核的内生性治理主体定位形成了以乡村党组织为引领的"一核多元"治理主体架构，彰显了乡村党组织与其他乡村内生性治理主体的关联互动。宏观外源治理主体与微观内核治理主体二者相互联结、互动的关键节点是乡村党组织与广大农民。充分发挥好乡村党组织的引领作用和农民主体作用，持续不断壮大乡村外源主体力量和激发内核主体力量，事关乡村治理共同体建设全局。概而论之，宏观治理主体和微观治理主体的彼此耦合、相互形塑、协同合作、相互作用，有助于进一步明晰各个治理主体在新时代乡村治理共同体建设中的定位以及各自的位置与角色，优化了治理主体内部多元多样的关系，增强了彼此的交互性，进而为其各自功能与作用的发挥以及治理主体的共同发力奠定了坚实基础，助推了乡村治理共同体建设。

二 关系呈现：乡村嵌入性与内生性治理主体的交会

关系通常表现为个体之间或者个体与群体之间的某种性质的联系，而不同关系的联结就形成了关系网络。"治理就是许多主体和组织混合而成的

---

① 徐琴：《乡村振兴背景下农民主体性建设的自组织路径研究》，《内蒙古社会科学》2021 年第 1 期。

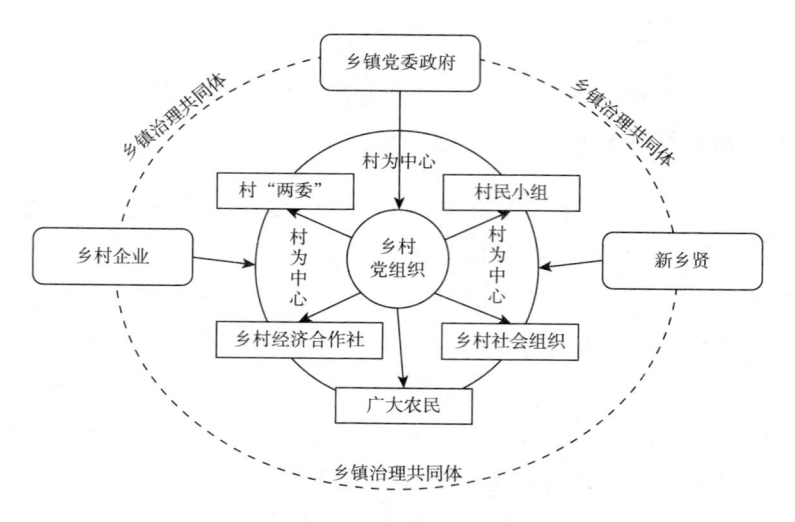

图 3-1 乡村治理主体构成关系示意

注：村"两委"指乡村党组织（村党支部）与村民委员会。

网络的运作。"① 治理理论的包容性决定了异质性治理主体的多元化，形成了多元主体间相互依赖的网络化关系。如图3-2所示，新时代乡村呈现的多种治理力量，意味着他们将形成彼此之间互嵌共生、紧密程度不同的关系网络。在新时代乡村治理共同体建设中，嵌入性与内生性治理主体的共存，产生了异质性多元治理主体之间以博弈与合作为基础的互动关系，由此形成了"关系共同体"。"互动"主要用于解释系统中各个构成要素的相互影响及其作用。在新时代乡村治理共同体建设中，各个治理主体之间基于相互交会、嵌合、影响与联动，形成了较强的主体关联性。当某个治理主体进行治理行动时，其他治理主体也会做出反应并获得反馈，所以各个治理主体之间存在较强的互动关系。当然，在治理实践中，要尽最大可能形成良性的且以博弈与合作为基础的互动关系，摒弃负面甚至对立冲突的互动关系。充分激发乡村治理共同体建设的内生动力，关键在于促进异质性多元治理主体之间形成彼此契合、有效良性的关系运作和关联互动。这种复杂的关联互动关系不仅包含嵌入性治理主体和内生性治理主体之间

---

① 王诗宗：《治理理论及其中国适用性》，浙江大学出版社，2009，第44页。

第三章　新时代乡村治理共同体建设的理论认知

的互动关系，也包含乡村各个内生性治理主体之间的良性互动，这是最重要的两种互动关系。然而，这种互动关系并非均衡的。从嵌入性治理主体与"村为中心"的内生性治理主体互动看，乡镇党委政府、乡村企业、新乡贤作为嵌入性治理主体，并非乡村治理实践进程中的直接性治理主体和全权主导力量，它们之间的互动主要表征为一种嵌合关系。然而，乡镇党委政府却能够凭借权威力量为农民群体构建一个合法有效的认同与治理关系，即通过赋能授权的方式，为乡村治理共同体建设提供必要的力量支持与群众支撑。因此，处理乡（镇）与村的关系十分重要，尤其是乡镇党委政府与村"两委"之间的指导与被指导关系，特别要注重强化彼此的制约监督与信息交互。从市场与社会的角度看，乡村企业为乡村治理共同体建设提供必要的资本支撑，其通过互利的方式，在带领村民致富和给村民带来实际利益方面发挥重要作用，所以要处理好村企关系，尤其是乡村企业与村"两委"、广大农民之间的关系。从个体精英力量的角度看，新乡贤能够为乡村治理共同体建设提供必要的资源基础。新乡贤凭借自身拥有的各种资源优势，同样以互惠的方式引领乡村治理发展，并树立起一定的权威性与话语权。因此，要处理好新乡贤与村的关系，尤其是与村"两委"、广大农民之间的关系。特别是在面对共同利益时，两者会产生协作方式的互动。无论是资本支撑还是资源基础，只有依靠其权威力量的带动与引领，才能得以顺利实现，所以乡镇党委政府同样也要加强与乡村企业、新乡贤的交流与协作。从乡村内生性治理主体内部的互动看，乡村党组织与村民委员会作为主要的内生性权威的治理主体，同时也是负责整个村域治理的主要正式组织机构，作为主要的负责主体，其共同目的都是维护乡村治理秩序的良好运行。特别是对于乡村社会组织、乡村经济合作社、广大农民而言，当自身需要不断发展壮大时，更凸显了村"两委"重要的指导作用，其中，乡村党组织是将乡村各种有效的治理力量调动起来的核心主体，所以村"两委"内部关系的调整优化至关重要。村民小组作为村民委员会的补充完善，作为基本的微治理单元，发挥最基础的治理功能，不应该被简单视为村委会的下属机构，而应该朝着合作共治的方向发展，进而实现良好的组内治理。另外，乡村社会组织和乡村经济合作社能够有效凝聚广大农民的力量，对村"两委"的治理工作起到辅助性与支撑性的作用。尤其是作为乡村内部市场性力量的农民经济合作社，可以为其提供经济和治理力量支撑。乡村内生性治理主体的构成基础本身也来源于广大农民。因此，作为个体性力量的普通村民在乡村治理共同体建设的推进与发展中是主要的承载者、参与者与受益者。形成其与其他内生性治理主体的紧密联结与关联互动的关系十分关键，相关的权威性治理主体要注重激发其参与治理的主动性与积极性。总之，无论是嵌入性治理主体还是内生性治理主体，都基于乡村各项治理公共事务而存在彼此间的"交集"与"互动"，从而基于此实现嵌入性与内生性治理主体的"内外共振"。

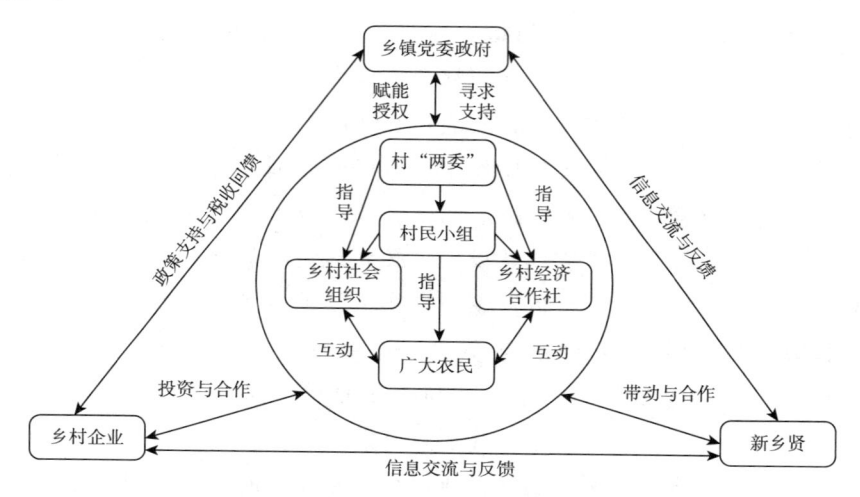

图 3-2 乡村治理主体互动关系示意

注：村"两委"指乡村党组织（村党支部）与村民委员会。

三 结构生成：乡村嵌入性与内生性治理主体的复合

结构是系统内要素间较为稳定的联系与作用方式。[①] 结构可视作一种关系的组合，体现了唯物辩证法基本规律，能够反映事物的外部组织形式以及内部逻辑构成，映射事物彼此间的逻辑联系与发展的客观规律。换言之，结构是系统诸要素间的耦合关系和组合方式的集成，反映了事物外在和内在的辩证逻辑。社会结构一般是指由各种社会个体、群体之间的关联互动

[①] 刘润忠：《试析结构功能主义及其社会理论》，《天津社会科学》2005 年第 5 期。

第三章　新时代乡村治理共同体建设的理论认知

形成的社会关系网络，有宏观与微观之分。本书中的"结构"特指"主体结构"，主要指不同治理主体间的互动关系及基于彼此的关系运作形成的较为稳定的关联模式，具备明显的结构性意涵，是形塑治理共同体场域的重要维度。在各类治理主体的权威互补、交融和调整过程中，实现彼此间的相互关联，形成治理主体结构或关系共同体结构，这才是实践进程中治理主体间互动的根本所在。因此，只有在厘清各种治理主体之间互动关系的基础上，剖析多元化治理主体的结构，即关系共同体结构，才能更加深入地呈现多元治理主体间的关系模式以及权赋关系，进而更加精准地把握乡村治理共同体场域形成的必要条件。尽管这些治理主体权威的来源不同，但各个治理主体彼此交会互动形成一定的治理结构，即关系共同体结构，这进而会影响到乡村治理共同体建设的实践过程。新时代乡村治理共同体是由异质性多元治理主体组成的纵横交错的"重层结构"系统。具体来看，由乡村嵌入性与内生性主体互动形成的乡村治理主体结构包括以行政逻辑为主的纵向治理结构和以自治逻辑为主的横向治理结构，二者共同形成了具有层级化与梯度化特征的纵横联结的乡村复合治理结构，是行政力量和自治力量相互交会的表现。从垂直型的上下互通的"条线式"纵向治理结构看，主要是"乡镇党委政府—乡村党组织—村民委员会—村民小组"的结构，这种结构体现了自上而下的政府主导式的科层化治理结构，是村庄多元外生与内生权威性主体整体治理的表现。尽管以自上而下的结构为主，但还要在治理实践中实现有效的双向互动与有机衔接。从平行延展的横向治理结构看，主要是"乡村党组织—村民委员会—村民小组—乡村社会组织与农民合作社—普通村民"，这种以乡村党组织为引领的治理结构，自治性色彩较强。所以，新时代乡村治理共同体建设的复合治理结构是政府主导式与"一核多元"相结合、自上而下与自下而上相结合的纵横联结的综合性网络关系治理结构。多元异质性的治理主体在整个复合治理结构中所处的位置要与整个结构的治理需求及治理主体属性相匹配，因为多元治理主体的位置直接关系到整个主体结构系统的功能发挥。乡村治理共同体建设实践中"多元赋权"的契机，为村域范围内的许多非正式主体提供了参与乡村治理共同体建设的可行路径，在充分发挥其作用的同时，也形成了新的主体关系，这就为优化乡村复合治理的结构奠定了基础。需要强调的是，纵向治理结构的形塑与横向治理结构的生成在治理实践中是相互交织、相互耦合、相互嵌套、相互影响的，只有通过不断地对接与调适，才能调整既有的关系共同体结构，优化异质性多元主体纵向统合与横向联结的复合治理结构系统。唯有如此，多元治理主体间关系才能更加融洽，并能够依据一定的结构有序组合，且各个主体的地位均能够实现准确定位，功能都得以充分有效发挥。①

"一核多元"的内生性横向治理结构是"一元内生性领导核心主体"与"其他多元内生性主体"有机结合而构成的复合网状结构。这表明乡村党组织与其他乡村多元内生性治理主体之间并不是平权的治理关系，也并非治理主体的简单回归与集中，而是主辅协作结构。换言之，乡村党组织这一特殊性主体处于乡村治理共同体建设的中心位置，处于村域治理范围内的"元治理"地位，发挥统筹、领导以及引领作用，并和其他多元内生性乡村治理主体进行互动融合，形成村域治理"党建同心圆"。这有效克服和解决了多中心治理的碎片化治理弊端，从而形成乡村治理共同体建设进程中的"再中心化"治理新格局。具体而言，要在"核"中有"分"，"核"即乡村党组织的引领角色，主要表现为要在政治上、思想上以及组织上扮演好领导和监督的角色，不参与具体的乡村治理工作，而"分"是指乡村党组织与其他乡村内生性治理主体的分工关系，即乡村党组织在乡村多元治理主体中扮演的角色。乡村党组织本身也是乡村多元治理主体中的重要组成，所以在"分工"层面上，乡村党组织发挥的又是"合"的作用，旨在凝聚最大的多元内生性治理主体合力。也就是说，在这个"分工"角色中，乡村党组织仍然是作为核心行动者而存在的，以统筹乡村治理的整体性工作为主，参与、协调与分配好相对应的其他乡村治理主体承担的各个具体的乡村治理工作，归结起来就是"核"中有"引领"和"分"，而"分"中有"合"。所以，乡村党组织的"核"的双重角色分别是在"整体性"治理视域下统筹乡村治理共同体建设全局的"引领"，以及在"分领域"治理视域下在乡村治理多元主体具体治理分工层面的"合"，也即统合。"一核多元"的乡村治理共同体，使各治理主体各归其位、各负其责，只有始终坚持党的全面领导，才能够重塑乡村治理秩序，集中力量"办大事"，并最

---

① 钟卓良、韦少雄：《高效能型乡村治理：生成机理、现实困境与实现路径》，《理论导刊》2022年第10期。

终实现乡村治理现代化。在村级视域下，发挥好乡村党组织在"一核多元"式的乡村治理共同体建设中的核心作用，并不意味着只强调"一核"而弱化"多元"，而是要正确地处理好乡村党组织和其他乡村多元内生性治理主体之间的主体边界、功能边界以及权责边界，以激活治理活力。

乡村治理异质性多元主体结构的发展，即关系共同体结构的完善，必须通过合作治理行动予以巩固。那么，至少需要具备两个基本条件。第一个条件是多元治理主体所具备的能动性和创造性，即强调多元治理主体为了实现共同的目标能够相对独立地发挥出自身特有的能力资源优势，提出一些有针对性的治理策略与治理方案，以解决乡村集体行动中的各种问题，特别是根本性的、至关重要的问题。在具有高度复杂性、不确定性的乡村社会治理中，唯有激发乡村多元治理主体的能动性和创造性，才能促成多元主体合作的发生、主体结构的生成以及合作治理系统的运行。这意味着由异质性多元治理主体组成的纵横交错的"重层结构"系统的力量将随着其主体能动性和创造性的变化而变化。与此同时，异质性多元治理主体只有依托于纵横交错的"重层结构"系统，才能充分彰显自身的价值；否则，多元治理主体的能动性和创造性将受到抑制，目标也将无法达成。因此，异质性多元治理主体的能动性与创造性和"重层结构"系统是相互依存、互促互进的。第二个条件是多元治理主体之间是平等且存在差异的，这也与"人人有责、人人尽责"的内在要求相契合，合作治理行动开展的第二个条件是行动者之间必须是平等的和有差异的。平等是乡村多元治理主体开展合作的前提，唯有如此，异质性多元主体彼此间的互动合作关系才能稳固，合作行动才能进一步推进。差异是乡村多元治理主体开展合作的动机与需要，正是存在资源能力等方面的差异和互补性，才能助推合作行动。如果彼此间没有能力、资源等方面的需求差异，即使他们地位平等，合作的需求也无从谈起。在新时代乡村治理共同体实践中，乡村异质性多元治理主体彼此间会推进资源或能力的交互，最终目的是实现"共生共在"。所以，异质性多元主体自身所具备的资源能力优势越突出，发挥的作用就越大，越能彰显出自己的位置及治理的有效性。当每一个治理主体都能够意识到协同合作的重要性时，乡村集体治理行动的默契便随之形成。只有基于地位平等和资源能力差异的互补所构建起来的纵横交错的"重层结构"系统和关系共同体结构，才能真正地助推新时代乡村治理共同体建设。

第四节　新时代乡村治理共同体建设的秩序彰显

秩序彰显主要包括治理过程之维的"力度"、治理效果之维的"效度"、治理方法之维的"精度"、治理手段之维的"温度"。其中，秩序有效运行的治理"力度"主要表现为乡村党组织与乡村治理共同体建设的联结互动程度；秩序有效运行的治理"效度"主要表现在治理主体信任、治理主体目标共识、治理主体凝聚能力、治理成效四个方面；秩序有效运行的治理"精度"主要表现为精准规范的精细化治理；秩序有效运行的治理"温度"主要表现为柔性化的情感治理。这为进一步把握乡村治理共同体建设秩序规范运行的科学性和合理性提供了重要的衡量标尺，为实现乡村治理共同体建设有序化的秩序取向奠定了基础。

一　治理过程之维：乡村治理共同体建设的秩序运行"力度"

秩序运行"力度"主要取决于乡村党组织与乡村治理共同体建设的联结互动程度。破除乡村党组织和乡村治理共同体建设之间内在张力的优化向度，就在于增强二者的互构联结和逻辑互动，加大秩序运行力度，从而提高其在治理过程中的向心力，并激活乡村党组织的治理创新活力。

从乡村党组织与乡村治理共同体建设的实践互动逻辑关系看，进入新时代，乡村党组织借助领导核心作用与引领优势为乡村治理共同体建设指明了方向；而乡村治理共同体建设则以面临的一系列现实需要为动力，促使乡村党组织持续创新和不断发力，二者紧密关联、互促互进。一方面，乡村基层党建是政党政治的永恒命题，有助于确保党的执政地位稳固。乡村党组织是动员组织广大农民和贯彻落实党中央方针政策的中坚力量，乡村治理主体的多元化决定了乡村党组织在乡村的领导地位。唯有坚持乡村党组织的领导地位，才能实现多元内生性治理主体的合作共治。进一步讲，乡村党组织强大的战斗力、凝聚力为建设共建共治共享的乡村治理共同体奠定了坚实基础。另一方面，乡村治理共同体更加强调治理主体的多元化、治理过程的互动性和治理结果的共享性。这种现实的治理需求能够持续助推乡村党组织的引领创新力。具体而言，从治理多元性视角看，乡村治理共同体建设不再仅仅是原来单一的源自政府的自上而下的治理，而是兼具包容性的共同体的共同治理,即依赖不同乡村治理主体之间的上下联动、协同共治来推动。从治理过程视角看,乡村治理共同体建设是一个多元治理主体彼此间充分体现自主性、协调性、互动性的治理过程,而且这种多元性是"一核多元"式的,能够为顺利推进乡村多元化治理主体的互动提供保障,同时也强化了"一核"的组织力,进一步推动了基层党建的发展。从治理结果视角看,乡村治理共同体建设以实现乡村治理共享发展为目标导向,这一目标促使乡村党组织不断优化提升自身的治理行为。总体来看,乡村治理共同体建设对乡村基层党建提出了"革命性锻造"的新要求。对此,要强化政治锻造,为乡村治理共同体建设提供政治保障,从而树立党组织在乡村治理共同体建设实践中的政治权威,有效实现党对乡村社会的全面领导;要强化组织锻造,为乡村治理共同体建设提供组织保障,整顿软弱涣散的党组织,并且不断扩大乡村基层党组织的"覆盖面",以组织的名义做好群众工作;要强化治理锻造,为乡村治理共同体建设提供行动保障,不断提升乡村基层党建在乡村政治、经济、文化等方面的治理能力和水平。总而言之,乡村治理共同体建设凭借现有的"一核多元"的属性和优势,在和乡村党组织的交互推进中,激发乡村党组织的主动性与创造性,从而使其更加朝着治理专业化与精细化的方向发展,为形成良好的秩序运行环境奠定坚实基础。

  从乡村党组织与乡村治理共同体建设的理论互动逻辑关系看,乡村党组织引领乡村治理共同体建设既是政党的整体性重塑过程,也是秩序运行力度不断加大的过程。首先,乡村党组织引领乡村治理共同体建设是由政党使命的自觉性决定的。在民族复兴的历史使命的指引下,在70多年来党领导的乡村治理进程中,党始终将建立起良好的党群关系作为执政之基和力量之源,中国共产党不断地"自我调适"以适应乡村治理环境。因此,政党引领并不是随心所欲的,而是始终践行党的初心和使命,始终以全心全意为人民服务为宗旨,始终坚持人民立场,这和中国共产党人使命的自觉性相契合。其次,乡村党组织引领乡村治理共同体建设是由政党组织的协调性决定的。中国共产党是一个整体利益党,因此不会局限于乡村治理共同体建设中的眼前或局部的治理利益,而是更加注重长远的乡村社会的整体性与结构性的调整变革。所以能够汇聚民心、协调并凝聚多元治理主体的力量,编制乡村治理共同体建设的长远规划,从而达到乡村善治的最终目标。最后，乡村党组织引领乡村治理共同体建设是由政党行动的高效性决定的。党能够通过高效组织动员乡村社会的人力、物力、财力资源来破解困局，能够调动乡村内生性治理主体力量广泛参与其中，并且通过互动协作来实现乡村善治目标。中国共产党能够发挥高效动员的组织优势，构建起强大而完整的多元治理主体的治理网络，形成"一核多元"的乡村基层党组织与多元乡村治理主体良性互动的治理新格局。总之，不能忽视乡村党组织的引领作用，要充分保障其他乡村内生性治理主体能动性的高效发挥，要更加注重自上而下和自下而上相结合的方式，不断提升乡村党组织与乡村治理共同体建设的深度互动融合度，加大治理秩序运行力度。

二 治理效果之维：乡村治理共同体建设的秩序运行"效度"

秩序运行"效度"主要取决于治理主体信任、治理主体目标共识、治理主体凝聚能力、治理成效四个指标。第一，从治理主体信任维度看，治理主体信任是实现乡村多元治理主体共同治理行动的基础。治理主体信任对于乡村各个治理主体集体行动的稳定性与有效性有着深刻影响。"人人有责、人人尽责"的乡村治理共同体意味着治理主体之间及其内部的信任和责任对于乡村治理的重要性。乡村治理共同体建设中的信任，包括治理主体之间及其内部的信任，以及整个由多元主体构成的共同体对党和政府关于乡村治理共同体建设的一系列政策安排的信任。倘若没有各个乡村治理主体之间及其内部的治理信任关联，那么，不同乡村治理主体之间及各个主体内部之间便很难形成实质性的协作治理行动，并且会对乡村秩序的和谐与稳定产生负面效应。倘若乡村治理的多元内生性主体对于乡村治理共同体中的政策制度安排不信任，那么党和政府推进乡村治理现代化进程中的各治理项目任务也就很难真正落实，良好的秩序运行也就难以实现。第二，从治理主体目标维度看，乡村治理共同体建设有其宏观、中观、微观目标。宏观目标是推动乡村治理现代化；中观目标是实现乡村基层的和谐稳定；微观目标是实现"五位一体"乡村治理。有效的乡村治理，就是使乡村治理共同体秩序运行的建设方案与乡村治理现代化的具体统筹安排相符合。乡村治理共同体中的共同目标使乡村各个治理主体深度地联结在一起，形成了"目标共同体"，为实现乡村善治目标奠定基础。第三，从治理主体凝聚维度看，面对乡村治理日益复杂多变的新形势，难以通过之前的一元治理主体解决。因此，乡村治理共同体建设借助共建共治共享的方式，最大限度地把乡村地域空间的治理力量进行了重塑，并通过人人有责、人人尽责、人人享有的导向，将乡村治理多元主体的能动性充分地调动起来，进而依据不同乡村治理主体拥有的治理优势，使其融贯于秩序运行的整个过程。所以，秩序运行中的"人人"不仅意味着多元治理主体对治理成本的分担，而且体现了多元治理主体的凝聚能力；而秩序运行中的"责"则意味着，党主动承担治理责任的治理使命担当，提高了秩序运行的执行力。第四，科学认识评价治理成效至关重要。新时代乡村治理共同体建设秩序运行的关键在于实现有效治理。"治理成效"包含效果、效率、效应三个方面。效果是实现预期目标的程度；效率是单位成本取得收益多少的程度；效应则是对乡村有序治理实现程度的衡量。基于此，要从效果、效率、效应三个方面进行系统性评价，评价内容可以包括平安乡村治理情况、乡村公共服务供给情况、村民参与度情况等，同时要合理选择治理成效的评价主体，建立多元评价体系。总之，新时代建设乡村治理共同体，需要以有效运行秩序为衡量乡村治理共同体建设效度的重要标准之一，予以全面认识和评价。换言之，新时代的乡村治理共同体建设要有新拓展，势必要以治理有效性为新的衡量秩序运行效度的标准，通过对治理主体的系统性整合优化，摆脱"碎片化"的乡村治理态势。

三 治理方法之维：乡村治理共同体建设的秩序运行"精度"

秩序运行"精度"主要指精细化治理，充分凸显乡村治理共同体建设进程的精雕细刻，强调精确、高质、细致、规范。乡村治理重在"治"，乡村精细化治理超越了传统粗放式的方式，有效回应了复杂治理难题。乡村治理共同体建设是一项综合性强的整体治理工程。从治理成本看，乡村治理共同体建设的精细化治理源于类型多、范围广、差异大的治理现实，问题越复杂，相对应的治理成本就越高。我国东部、西部的乡村治理在人口特征、资源环境以及乡村治理结构等方面存在很大异质性，定然需要精细度，因此，必须提高乡村治理共同体建设实践中的精细化程度，强化相关的治理体制机制保障，做到因地制宜、因地施策。从乡村治理主体看，包括乡村嵌入性治理主体与内生性治理主体两部分；从乡村治理方式看，包括各种配套的乡村治理体制机制；从乡村治理规则看，包括乡村自治、法治、德治三个方面。这就直接决定了乡村治理共同体建设的复杂程度。面对这样复杂的治理元素特征，乡村治理共同体建设的秩序运行势必需要足够的精细，而提高精细度的方式，就是借助共同体把乡村各个治理主体所拥有的技术、信息、资源等聚合到一起，形成一个整体合力，再依据乡村治理共同体建设中的不同治理环境面临的具体治理困境，运用分而治之与合作行动相结合的治理方式，实现对乡村治理共同体建设秩序运行进程的微观治理。特别是涉及乡村民生的治理问题，必须下"绣花针"功夫，充分运用各种治理资源，借助不同治理主体之间的关联实现不同治理主体功能的组合优化，寻找到最符合广大农民意愿的治理方式，以实现有效治理。此外，广大农民福祉的实现离不开现代化的技术手段，新时代乡村治理共同体建设秩序运行精度的提升有赖于充分利用互联网、大数据、人工智能的优势，从而实现乡村的智慧化治理和数字化赋能。可以说，乡村智治的独特治理优势为实现乡村治理共同体建设秩序精细化运行提供了科技依托和支撑。现代信息技术带来的互联网思维正在重塑乡村治理，不断有效地激活个体的主动性，强化多元治理主体的有机组合。我们要充分利用现代信息技术并采取更加精准的治理方法，建立健全"互联网+"治理模式，以提高秩序运行的精准度。同时，乡村精细化治理还要求注重提升治理服务过程中的人性化水平。在运用大数据、人工智能处理相关治理信息时，需要体现对广大农民的人文关怀，确保在不断提升精细化治理水平的同时实现对广大农民群体的充分尊重，最终实现乡村精细化治理环节的最优化、专业化、细节化与人性化。总之，精细化的乡村治理共同体建设的秩序运行旨在精准地实现对广大农民的服务与治理，并且朝着以解决乡村社会问题和公共需求为导向的"精准化、共治化"方向推进。新时代乡村治理共同体建设秩序运行中的"精度"不仅强调对治理困境的精准化识别与治理，而且强调要做到乡村治理共同体建设全过程的精准施治。需要强调的是，提高秩序运行的"精度"一定要避免"过度的行政化""过度的制度化"。乡村治理共同体建设并非一蹴而就，当前和未来仍然会出现许多新的困难和挑战，必须在实践中不断纠偏，完善精细化的治理方法，最终实现乡村秩序有效运行。

四　治理手段之维：乡村治理共同体建设的秩序运行"温度"

秩序运行"温度"主要指的是在乡村治理实践进程中营造的"温情社会"，是团结友善、和谐互助的彰显。乡村治理共同体的温度之维主要指将乡村治理共同体建设秩序运行中不同治理主体之间的相互关联看作一种具有情感色彩的自发式且带有柔性和韧性的凝聚，而不是机械式的简单聚合，要注重情治的重要性。鲍曼指出："共同体是一个'温馨'的地方，一个温暖而又舒适的场所。"① 鲍曼所强调的正是现代社会中久违的温情。乡村治理共同体建设势必要体现"温度"，因为这关系到乡村社会中个体农民关系的协调。温情通常是处理个体农民关系最为柔性的治理要素，是化解乡村社会人际关系紧张的有效方式，它需要发挥道德、关系和情感的作用。这种柔性化的"情治"，强调情感在乡村治理共同体建设秩序运行中的价值功用，彰显了"以农民利益为核心"的治理理念。情感作为意识形态的内容具有强烈价值色彩，"情感治理赋予情感以动力功能和价值意义，其价值在于控制和引导在社会治理中产生的情感因素，培育积极社会情感，增强社会团结和凝聚力"②。而且，这种情感治理具有使治理主体之间保持关联、互惠互容的特性。情感治理通常比刚性治理更具"温度"，以互助、关怀、关爱等有温度的柔性治理手段处理复杂的乡村人际矛盾，会比乡村制度、法治矫正更有治理韧性。换言之，立足于道德和情感的治理行动规范构成了有助于促使乡村各个治理主体形成有效互动的稳定模式，有助于增进乡村社会团结和凝聚力，从而实现乡村社会人际关系的和谐。乡村治理共同体建设秩序运行中的乡村德治功能发挥以及广大农民的公共精神培育就是践行秩序运行"温度"的最好例证。建设乡村治理共同体可以使乡村治理的多元内生性治理主体形成共享的情感纽带，也只有建立起这种纽带，才能使广大农民真正深刻感受到身处共同体中的归属感和意义感。总之，乡村治理共同体建设秩序运行中的"温度"治理，为广大农民的人际交往与公共生活增添了情感力量。唯有在这种情感治理的引导下，分散化的乡村

---

① 〔英〕齐格蒙特·鲍曼：《共同体：在一个不确定的世界中寻找安全》，欧阳景根译，江苏人民出版社，2003，第 2 页。
② 王丽萍：《国家治理中的情感治理：价值、逻辑与实践》，《山东社会科学》2021 年第 9 期。

治理主体才能够重新黏合起来，乡村社会中的诸多人际矛盾与不稳定因素也会随着柔性治理逐渐走向消解。随着乡村治理现代化进程的推进，情感成为秩序运行中的重要治理元素，情感治理为乡村共同体建设提供了重要的支撑。乡村治理共同体建设秩序运行的"温度"所彰显的治理价值和意义将更加突出，"温度"之维的运行机制将日渐成熟，如场合机制、声誉机制、信任机制、互惠机制、共识机制等，相应的治理实践势必将越发生动而具有活力。随着具体治理实践的推进，乡村治理共同体建设秩序运行的"温度"之维将在乡村共建共治共享的治理格局下形成新的"共荣"，这种"共荣"将为新时代乡村治理共同体建设的秩序运行增添新的"文化想象力"，即提供精神动力以及增加文化符号。总之，乡村治理共同体建设秩序运行中的温情治理作为治理手段，能够使个体农民之间保持较为持久的互联互惠；对乡村社会而言，重视乡村治理共同体建设秩序运行中的情感和道德赋能，将会极大激发乡村多元治理主体的内生动力和共创美好乡村的治理热情。乡村干部S28说："作为村小组组长，平日里没事去组内的村民家里转转，尤其是孤寡老人家庭，经常问他们缺啥少啥，这样村民们都比较信任我，村里的工作关键就在于大家信不信你，服不服你，要对本小组内涉及大家利益的事情不隐瞒，村民们自然就会和你站在一起。"（访谈资料20220330PMSX，2022年3月30日）

第五节　新时代乡村治理共同体建设的行动条件

新时代乡村治理共同体建设总是在特定条件下推进的，其实践进展与治理条件密切关联，治理条件决定了其实践方式的选择。在从传统乡土中国向新时代乡土中国演变的进程中，只有在具备了相应治理行动的实现条件时，乡村治理共同体建设的治理行动才能有序推进，并且富有成效。换言之，乡村治理共同体建设行动的持续推动需要诸多条件的参与和汇聚才能实现。具体而言，利益联结共生是推动有效治理行动的动力条件，农民意愿凝聚是推动有效治理行动的先决条件，组织规模适度是推动有效治理行动的保障条件，文化关联相通是推动有效治理行动的内在条件，地域空间毗邻是推动有效治理行动的外部条件，这些共同构成了新时代乡村治理共同体建设的行动条件。

一 利益联结共生：有效治理行动的动力条件

利益联结共生是乡村治理共同体建设行动的动力条件。利益联结即将利益相关方紧密关联在一起，构成"利益共享、风险共担"的利益共同体。从唯物辩证法角度看，事物是过程的集合体，处于运动变化发展中的事物需要以一定的动力为支撑。恩格斯指出："没有共同的利益，也就不会有统一的目的，更谈不上统一的行动。"① 霍尔巴赫也认为："利益是人类行动的一切动力。"② 利益决定政治、经济和文化，乡村治理同样是由利益决定的，同时利益也涉及个体和组织、个体和个体之间的互动。可以说，利益关乎新时代乡村治理共同体建设的根本路向，相关利益以及利益相关性是其最深厚的基础。具体来看，广大农民是最基础也是最广泛的治理主体，要始终坚持维护广大农民的根本利益。作为最直接的利益主体，必须在发现并激活相关利益的基础上，建构利益相关性，同时要在这个过程中注意处理好公共利益和私人利益的关系，在保障农民私人合理正当利益的基础上限制农民的不当牟利。还要打破乡村既定的封闭化的利益集团，消除乡村深化改革中的利益藩篱，重塑乡村利益格局，从而在乡村利益变量的深度增减变动下，实现农民个体利益与乡村公共利益的协调平衡发展。唯有坚持以人民为中心的利益观指引，才能让利益正向引导乡村治理共同体建设，从而最终确保广大农民的利益得以实现。面对新时代乡村治理进程中更加纷繁复杂的各种利益，我们要善于在共生的乡村治理环境中，按照特定的互利、互惠、互融的乡村治理模式进行利益联结。就事关乡村社会公共安全、公共设施维护以及公共服务等共同的乡村公共利益，要学会挖掘并激活，即通过协商沟通来予以实现。唯有整合与协调各种利益关系，才能够实现"互"和"利"的共生治理，构建利益联结紧密的"共生圈"。治理主体的增多，迫切要求不断建构新的多层次、多类型、多样式的利益协调共享机制，并强化各乡村治理主体之间的利益相关性，以加强彼此之间的利益联结，从而为建设乡村治理共同体奠定坚实的利益共同体基础。

我国以乡村集体产权为核心的利益联结是建设新时代乡村治理共同体

---

① 《马克思恩格斯选集》第 1 卷，人民出版社，2012，第 573 页。
② 转引自罗国杰《马克思主义伦理学》，人民出版社，1982，第 512 页。

的经济基础。产权共有使利益共同体很容易形成,进而使广大农民之间产生较强的利益相关性;反之,产权私有则难以形成利益相关性,更谈不上利益共生关系。公有制基础上的产权共有是凝聚乡村多元复杂利益关系的根本所在,为造就主体协调的共生环境奠定了基础,使乡村治理共同体建设变得更加容易。目前,我国"三权分置"的土地集体所有制所产生的紧密的利益相关性,将广大农民凝聚在同一个产权单位下,增强了乡村多元共生治理持久性。同时,党的十九大报告还强调要"继续深化农村集体产权制度改革"①,这表明乡村集体成员之间的利益相关性进一步巩固并深化拓展,这就为新时代乡村治理共同体建设行动提供了强有力的经济基础。此外,广大农民在乡村共生的生产、生活空间中还会产生一系列其他的相关利益,这也进一步强化了乡村集体成员之间的利益相关性。总之,利益联结是首要条件,共同利益是乡村治理共同体建设行动的动力基础和现实依托。各个治理主体围绕乡村公共事务展开多元治理互动,在高度利益相关的基础上建设乡村治理共同体,势必将进一步提升乡村治理现代化水平。就目前看,如何激励各个乡村治理主体不断提升治理效能,以满足广大农民的美好生活需要,且不断调整、协调与约束不同治理主体的利益关系,成为迫切需要解决的难题。

二 农民意愿凝聚:有效治理行动的先决条件

农民意愿凝聚充分体现了恩格斯历史合力论。广大农民的意愿凝聚是新时代乡村治理共同体建设行动的先决条件和群众基础,这建立在乡村共同的利益关系之上。意愿包含内在心理层面的意向与外在的愿望两方面。这种参与治理的意愿和牵涉的相关利益紧密关联,包括利益分配、产权调整等,同时也受到宗族血缘关系的影响。在相同血缘的乡村中,即便利益相关性不高,具有共同血缘的群体也会相互亲近和支持。新时代乡村治理共同体的有效建设行动,既需要利益联结,更需要尊重广大农民的意愿,而不能仅仅依靠单一简单化的政治动员方式。否则广大农民的积极性就会丧失,乡村治理效果也会大打折扣。要逐步采取积极的鼓励举措,使广大农民自愿参与新时代乡村治理共同体的建设行动。这里广大农民的意愿更

---

① 《十九大以来重要文献选编》(上),中央文献出版社,2019,第23页。

第三章 新时代乡村治理共同体建设的理论认知

多的是一种自愿的自由、自觉的选择、自愿的行动,以及基于平等的治理主体间的结合,它体现了集体行动的逻辑。

乡村治理中自治的"自"本身也包含自主、自为和自愿的意思。因此,农民意愿应该是自觉的,相应的行动应该是主动自主的。广大农民自主自觉形成的乡村治理合力才能真正推动乡村治理共同体建设行动的历史进程,这也与恩格斯所强调的凝聚主体合力的思想相契合。概言之,联合体、共同体一定是广大农民自主意愿凝聚而形成的。唯有如此,它们才能持久运行存在,真正的乡村共生也才能实现。亚里士多德强调:"人类自然是趋向于城邦生活的动物。"[1] 这里的"趋"意味着人民自愿倾向于共同体的生活。洛克也认为,政治社会是人们依据他们同意的统治和政府形式而自由选择和自愿结合的结果。[2] 而强制的机械式的"汇聚",更多的是体现为"一种联合而不是联合体"[3],难以实现持久的共生治理。进入新时代以来,广大农民更加注重个体的自由和权利的实现,这其实是广大农民意愿的充分体现。他们希望在治理行动过程中更全面充分地进行自我选择、管理以及服务,期待通过多元乡村治理主体间的对话、合作、民主、协商获得更多的幸福感。为此,在新时代乡村治理共同体建设行动的实践进程中,我们要以一种更加平等、自由的方式,在共生的乡村治理单元中将广大农民"联合起来",如成立农民专业合作社、农民互助社、农民学会等各类乡村社会组织。整体意愿的凝聚程度决定乡村治理共同体建设的有效程度。总之,在当前中国乡村社会中,核心家庭的组建基本属于"私域",而且会成为广大农民行动的基本考量和出发点,这对广大农民参与乡村"公域"治理至关重要。而建立在乡村共生单元彼此利益联结基础上的广大农民的意愿则相对容易达成一致,相关利益和需求越是与广大农民紧密相关,越容易顺利实现。因此,在行动中既要充分考虑由广大农民个体组成的群体的意愿,还要考察乡村多元治理主体所在群体的意愿。但乡村共生治理推进的效果仍然取决于广大农民参与乡村治理共同体建设行动的意愿。可见,农民主体性的意愿聚合是新时代乡村治理共同体建设行动的先决条件和群众基础。

---

[1] 〔古希腊〕亚里士多德:《政治学》,吴涛彭译,商务印书馆,1965,第7页。
[2] 〔英〕约翰·洛克:《政府论》(下),钟书锋译,商务印书馆,1996,第63页。
[3] 《马克思恩格斯选集》第2卷,人民出版社,2012,第734页。

三 组织规模适度：有效治理行动的保障条件

组织规模适度是新时代乡村治理共同体建设行动的重要保障，也是乡村治理共同体建设的最佳治理状态。这里的规模主要指人口和地域两个维度的组织规模。"组织是人类社会为了达成一定的群体目标而进行的有目的合作的形式和系统，在现代社会生活中，组织已经成为社会运行的基本单元和基础。"[1] 乡村组织是在乡村地域范围内运行的基本单元，是基于一定形式、目标与制度承担执行某项治理功能的系统单元。乡村组织一般具有特定的乡村治理活动目标、组织成员、行动规范等，不同乡村组织具有不同的治理特征和治理要素。乡村组织按照其特定的经济、政治、文化等功能，可以分为基层党组织、自治组织、集体经济组织以及农民合作社等。在推进乡村治理共同体建设行动的进程中，要加强乡村组织建设，发展支持乡村各类型的组织，使广大农民在有组织的乡村治理共同体建设行动进程中实现既定目标。同时，乡村组织的发展形态并非一成不变的，而是随着乡村社会治理实践形态的变化而不断变革调整的。然而，乡村组织需要适度。首先，必须考虑人口规模，参与某个乡村组织的人数既不能太多，也不能过少。人口过多会使每个人参与机会变少，参与成本提高，相对应的"集体行动"产生的治理效果就会变差；人口过少又产生不了规模效应和规模效益，乡村治理进程就会大打折扣，乡村公共服务设施的供给效率就会降低。可以说，参与乡村组织的人口规模是影响乡村治理共同体建设行动的关键变量。组织规模适度非常关键，对于乡村治理共同体建设行动的有效实现意义重大。

地域组织规模也会对乡村治理共同体建设行动形成制约和影响。亚里士多德也强调在合理的地域组织规模下"平时集会可以朝至夕归"[2]。若地域自治空间大，参与成本和难度都会相应增加。适度的地域空间组织规模不仅能够强化乡村组织内部的有效认知、认同和沟通，而且能够最有效地、最大限度地维护乡村治理共同体的公共利益，实现治理规模与成本负荷的有效平衡，从而构成适应性强的乡村治理共生组织模式。概言之，乡村共

---

[1] 饶静：《农村组织和乡村治理现代化》，中国农业大学出版社，2018，第2页。
[2] 〔古希腊〕亚里士多德：《政治学》，吴涛彭译，商务印书馆，1965，第356页。

生空间的组织规模，无论是人口维度还是地域维度，都和乡村治理共同体建设紧密关联。适度的组织规模能够促进广大农民的有效参与，将参与治理的成本和难度控制在可接受范围内，还能够确保乡村治理共同体建设行动的有序推进，保障其成效和质量。当然，乡村组织规模本身的适度性还受到人口同质程度、文化相同或相近程度、利益关联程度的影响和制约，如受到区域民俗文化、宗教信仰文化以及宗族家族利益的影响，乡村共生组织规模的适应程度是不同的。在新时代的乡村治理共同体建设行动中，"有效共生的主体是乡村治理的每一个共生单元，都可以通过平等、自愿的方式参与到乡村共生治理的全过程中"①。面对乡村组织的形式化和悬浮化，要不断细化和整合乡村各种类型的组织，使其能够最大限度地发挥应有的作用。适宜的组织规模能够充分带动广大农民参与积极性并有效强化其治理意愿，从而减少乡村社会风险，保持乡村治理行动高效运转，保障其共同利益，使新时代乡村治理共同体建设行动彰显持久的生命力。乡村组织要实现在一定规模基础上有力，就要强化基层党组织的领导力、引领力和组织力，把乡村其他类型的组织团结凝聚在乡村基层党组织周围，确保乡村治理共同体建设中的组织和领导力度。可以说，乡村基层党组织是乡村其他各类组织的方向舵和稳定器，更是坚强的战斗堡垒，因此要不断强化其政治和组织功能，确保乡村整体的有序推进。总之，规模适度、治理有力对乡村治理行动的成效、质量和底色有决定意义，对于推动乡村治理现代化进程意义重大。

四　文化关联相通：有效治理行动的内在条件

文化关联相通是新时代乡村治理共同体建设行动的内生功能，也是衡量乡村治理目标和治理效能的价值标准，它映射出多元乡村治理主体对乡村公共精神的认知层次和水平，对乡村治理共同体建设的实际行动具有精神凝聚和引导作用。文化认知和关联程度的高低决定其行动成效的好坏，是影响相关治理行动的关键要素。文化作为一种由信仰、价值、情感、思维等组成的复杂集合体，具有相对稳定性和持续性特征。乡村文化关联相通指的是同处于相似地域环境下的文化共生单元，即乡村之间以及乡村内

---

① 罗敏：《新时代乡村共生治理有效实现的五个维度》，《求实》2019 年第 5 期。

部，在风俗习惯、宗教信仰、价值观念以及行为方式等方面具备特定的相同或相似的文化标识与文化基因，且彼此文化中的各要素之间能融合协同、共处共生。可以说，这种相似相连的文化是客观存在的，它构成了乡村治理共同体建设实践的底色和根基，与乡村治理共同体建设行动紧密相关。一方面，文化关联相通是其重要的思想条件和价值选择。作为一种基于地域存在而相连的特定乡村文化，它为乡村治理共同体建设行动凝聚了价值共识，为广大农民形成共同认知和认同提供了基本的共识基础。正如迪韦尔热所言："一切文化都趋向于共识。"[1] 特定地域乡村文化的相通也为乡村治理共同体建设行动提供了治理场景，处于相同文化共同体中的广大农民共同构建了文化边界，在这个边界内的情感、习俗、信仰的相似相通为其提供了活动空间。另一方面，特定地域乡村文化的关联还为乡村治理共同体建设行动提供了非正式的制度保障。非正式制度长期存在的重要原因就是其契合了广大农民在乡村生活进程中内在的安全感和满足感。[2] 以宗族、血缘、地缘关系为联结的传统乡村社会是一个熟人或半熟人社会，这就为乡村治理共同体建设行动提供了牢固的文化基础。这种传统的乡村关系不仅会对乡村社会人际关系及相应的秩序产生重要影响，而且还会对多元乡村治理主体的行为产生重要影响。这种地方的乡村习俗与乡村传统文化的交互构成了整合乡村治理主体系统的重要内容，这些文化、习俗亦日益固化成为广大农民世代遵循的一系列非正式制度，这对于维持乡村社会秩序正常运转和社会稳定意义重大。

尽管随着乡村时代的发展变迁，乡村非正式制度在一定程度上被消解，但仍然发挥着重要的调节功能。此外，文化关联相通的程度还会对乡村治理共同体建设行动的有效性产生重要影响，二者具备直接的因果关系，然而这种因果关系的大小与文化"关联"的紧密程度密切相关。特定地域乡村文化的相关、相似、相同性对乡村治理共同体建设行动的影响是逐渐增强的，建设难度是逐渐减小的；反之，建设难度就会增加。基于这种影响的不同，其相应的建设形式或模式也存在显著差异。在新时代乡土文化作

---

[1] 〔法〕莫里斯·迪韦尔热：《政治社会学：政治学要素》，杨祖功、王大东译，东方出版社，2007，第74页。

[2] 张爱军、张媛：《迈向善治：制度与乡规民约的契合逻辑与建构理路》，《河南师范大学学报》（哲学社会科学版）2019年第5期。

用下的乡村治理共同体建设行动实践中,要有选择性地运用好乡村文化关联相通的重要功能,需要借助乡村治理工具,使异质性的多元乡村治理主体形成"你中有我,我中有你"的协同共治的乡村治理共同体建设新局面。总之,要使广大农民对乡村文化的认知达到关联相通、共融共生的状态,即要努力在新时代乡土文化以及"流动文化"的大背景下形成和重塑一种全新的、共同的文化相通,注入新的文化时代元素,并使传统乡土文化获得新的生命力。当然,新的文化关联相通必须符合社会主义核心价值观的要求,要以实现对国家、民族以及相关地域的认同为前提,并且满足人人有责、人人尽责、人人享有的价值诉求,唯有如此,新时代乡村治理共同体建设的行动状态才能达到最优。

五 地域空间毗邻:有效治理行动的外部条件

地域空间毗邻是新时代乡村治理共同体建设行动的外部条件。环境在空间上的优先性在一定程度上决定了治理行动的开展。地域空间毗邻主要包括地理层面的地形、地势、地貌的相似或相同,以及由此产生的地理的聚落性与聚集性。譬如,一座山、一条河流等都可能由于地理空间的毗邻而具备较多的天然共同利益,从而成为乡村治理共同体建设行动可能的地域空间载体。地域毗邻相近是乡村治理共同体建设行动的空间基础,这主要表现在两个层面。一方面,地域毗邻相近的人们很容易形成一定的村落聚居地。卡尔·科恩强调:"大的山脉、河流在历史上形成社会的天然界限。"[①] 从历史上看,地势、地形的阻隔可能更有助于直接民主,实现乡村自治,如四川的"坝"形成的坝共生治理模式,广西的"屯"形成的屯共生治理模式,云南的"寨"形成的寨共生治理模式等。在同一地理空间下,人们更容易产生对自然条件地理区位的依赖,从而在地域空间集聚的基础上形成聚落区域,特定的人文、自然以及区域边界也由此产生。这种在长期的历史发展进程中形成的彼此互构的区域聚集所造就的认同感为乡村治理共同体建设提供了空间条件。换言之,在一定程度上,自然地理位置的毗邻程度决定了乡村治理共同体建设行动的有效实现,地理区域越大且相对距离越远,广大农民和村级组织之间的联系就会越弱化、稀疏,治理的

---

① 〔美〕卡尔·科恩:《论民主》,聂崇信、朱秀贤译,商务印书馆,1998,第108页。

地理区位空间越大就越会稀释乡村自上而下的行政力量,致使相应的作用发挥受限,乡村治理共同体格局就越不容易建设。譬如,实地调研访谈了解到,山西大同云州区 B 村经过 3 个行政村的合并扩大后,人口规模激增,这使得干群关系逐渐疏远,关系网络也逐渐陌生化,地域面积和空间的扩大又强化了这种疏远,村民对集体的认同感也逐渐下降,这就对乡村治理共同体建设行动构成了挑战。反之,乡村治理共同体建设行动的地理区域越小、相对距离越近,就越容易形成紧密的共同体关系。

另一方面,地域空间毗邻相近为乡村治理共同体建设提供了人们生产、生活、生态的共同空间以及外部环境。广大农民和地域地貌相互依赖、相互依存,在此基础上形成了公共的生产、生活、生态空间,构成了共同的利益。这种运行空间的互构协同需要广大农民共同来珍惜爱护,更需要广大农民共同参与治理,这就为乡村社会共治共享提供了必要条件。在人口、产业、资源等多种要素的相互耦合互动下,特定空间地域地理环境以及社会主体的相互影响,会产生一个具有一定结构、功能以及区际联系的复杂综合体。① 具体而言,乡村生产空间是广大农民以土地为载体生产产品并提供服务的地域空间,乡村生活性空间是广大农民日常生活的地域空间,乡村生态性空间是确保乡村生产和生活功能正常运转的环境地域空间。尽管三者空间的目标导向存在差异,但三者并非彼此孤立的,而是相互交织、交叉共生、耦合互动的,要以此来共同优化在地域毗邻相近基础上的乡村公共空间布局。另外,乡村公共空间形态是随着乡村社会变迁而发展的,并不是一成不变的,它历经传统乡村、行政干预、乡村改革、城乡流动以及乡村振兴五个时期,不同阶段也会呈现多样化和相互此消彼长的权衡态势。尤其是进入新时代以来,乡村公共空间存在弱化萎靡以及内部治理失序和发展不均衡的困境,具体表现为人口流失且分散、土地荒芜等。为此,在地域空间基础上延伸出的乡村公共空间治理就成为重塑乡村主体结构体系的必然路径,同时也为乡村治理共同体建设行动的顺利推进奠定了空间基础。概而论之,在新时代乡村治理共同体建设的语境中,广大农民基于地域毗邻相近而形成的强烈的地缘认同感,以及他们对地域空间之上的乡村公共空间与生俱来的天然依赖感,使极具地域风貌和特色的共生治理模

---

① 魏璐瑶、陆玉麒、靳诚:《论中国乡村公共空间治理》,《地理研究》2021 年第 10 期。

式更容易在乡村治理共同体建设行动的实践中形成。面对多样类型的地域毗邻优势，需要充分考虑地理空间条件，充分挖掘并利用其优势区位空间条件，同时要实现乡村地域空间的有序开发，加强毗邻相近地域的空间规划，走可持续的地域空间治理道路，以提升乡村治理共同体建设行动的成效和水准。

本章小结

新时代乡村治理共同体并非封闭孤立、单独存在的系统，而是整个国家和社会大系统中的关键子系统，受国家治理和社会治理大环境的制约与影响。对其理论认知势必要不断深入，因此它绝非一个静止抽象的概念，而是随着乡村治理进程的演进而不断变化的。与此同时，乡村治理共同体建设实践也不断推动国家和社会的发展进步。作为一个有机体的乡村治理共同体，自身也具有持续不断的新陈代谢功能。其生成机理包括乡村生产方式革新（深层动因）、乡村治理成效显著（坚实后盾）、乡村治理现代化指引（目标导向）。新时代乡村治理共同体建设的内涵意蕴主要包括人人有责的共建意蕴、人人尽责的共治意蕴、人人享有的共享意蕴三个方面，是主体共同体、秩序共同体、行动共同体的有机统一，是共同建设、共同治理、共同享有的系统宏大的"全周期"过程与结果的统一。就本质属性而言，乡村治理共同体呈现利益共同体、制度共同体以及价值共同体的三重演进逻辑，是合目的性与合规律性的统一，这有助于进一步深化对新时代乡村治理共同体的理论认知。就基本特征而言，乡村治理共同体具有系统性、协同性、公共性、人民性特征。乡村治理共同体的主体关系主要包括嵌入性治理主体与内生性治理主体的主体定位、关系呈现与结构生成三方面。可见，乡村治理共同体主要是通过共同体层面的"人的聚合"来推动乡村治理现代化进程的。为此，必须明确乡村治理多元主体的权责，在推动共同担责中实现信任合作，摆脱乡村治理碎片化困境。如果说乡村治理的有效性在于不同的乡村治理主体发挥自身所扮演角色的作用程度，那么责任就是将各个治理主体的作用转化为治理效能的枢纽。只有"人人"在乡村治理共同体建设中承担相应的责任、分担治理成本，才能最大限度调动异质性多元治理主体参与的积极性。就乡村治理共同体的秩序彰显而言，主要包含治理过程之维的秩序运行"力度"、治理效果之维的秩序运行"效度"、治理方法之维的秩序运行"精度"、治理手段之维的秩序运行"温度"四个方面的秩序取向。就行动条件而言，主要包括利益联结、农民意愿、文化相通、组织适度、地域毗邻五个方面。其中，利益联结共生是动力条件，农民意愿凝聚是先决条件，组织规模适度是保障条件，文化关联相通是内在条件，地域空间毗邻是外部条件。总之，本章希望通过对乡村治理共同体建设的理论认知，从理论维度探讨"新时代乡村治理共同体建设何以可行"。

第四章　新时代乡村治理共同体建设的实践探索

马克思主义强调认识与实践要相统一。有效的乡村治理共同体建设，要注重顶层设计与基层实践探索相结合，因此必须立足于各地的实际发展情况，实施差异化治理，这样的乡村治理共同体建设实践才能充分彰显自主性。尽管如此，乡村治理共同体建设中的一些秩序场景实践和行动模式探索，还是值得我们去借鉴的，主要包括乡村"四治"的治理秩序场景实践所推动的规则完善与智慧治理，以及民主协商型、合作治理型、利益整合型的行动模式探索。实证调研表明，这些实践探索使治理共同体的空间场域初现，多元治理主体及相应的资源配置协作格局初步形成。人人有责的责任意识、人人尽责的秩序调适以及人人享有的行动要求在实践中已经悄然推进。要通过实践探索，探讨并揭示乡村治理现代化进程中的诸多举措，形成、借鉴和铸就一系列治理经验。挖掘乡村治理实践中的运行机理与治理效应，可以呈现新时代乡村治理共同体建设的现实图景和实践表达，厘清乡村多元治理主体如何达成共识、形成治理合力。这能够有效契合乡村治理共同体建设目标，明晰中国特色乡村治理共同体建设的本土化路径，从而进一步使秩序运行的"力度""效度""精度""温度"有序化升级，夯实有效治理的行动基础，提升综合效能。此外，在乡村治理共同体建设的实践探索中，必须立足当地乡村的经济、政治、文化等实际治理状况和治理情境，充分适应不同地域的乡村特性和客观实际，特别是要充分考量各地域乡村生产力发展水平与资源禀赋的异同，在多个层面创造出不同的实现形式与治理类型。本章通过对乡村治理共同体建设的实践探索，从现实维度检验"新时代乡村治理共同体建设何以必然"。

第一节 新时代乡村治理共同体建设的秩序场景实践

在推动乡村治理现代化的进程中，全国各地涌现许多乡村治理的典型案例和做法，党和政府也在积极推动和支持这些地区的乡村治理，农业农村部已经先后发布了三批全国乡村治理的典型案例，以下所有案例均选自全国各地涌现的乡村治理典型案例。目前，在乡村治理共同体建设的治理秩序场景实践中，比较典型的包括乡村自治、乡村法治、乡村德治、乡村智治案例。这些来自不同地方的乡村秩序场景案例有助于进一步推动规则完善，深化智慧治理实践。这些典型案例的运行机理和取得的治理绩效为我国建设乡村治理共同体提供了经验借鉴，即在秩序场景实践中，必须强化系统治理，充分释放治理活力，从而为秩序场景的延展覆盖、协同共进与推进实施奠定坚实基础。

一 乡村"三治"的实践做法：规则完善与治理优化

（一）乡村自治的典型做法

表 4-1 乡村自治典型案例一览

序号	编码	所属行政区	案例名称
1	TYC	无锡市惠山区	桃花源里的"治理经"
2	QFQ	无锡市新吴区	小小"院落板凳会"
3	SZC	鹤壁市浚县	强化村民自治
4	DCC	柳州市鹿寨县	党建引领+村民理事会自治
5	XKC	湖州市长兴县	首创"户主大会"
6	SYC	衢州市柯城区	"村宪"治出村民自治样板村
7	FJL	宁波市慈溪市	精细化自治管理模式

资料来源：《全国乡村治理示范村镇典型经验》（江苏篇、浙江篇、河南篇、广西篇）。

当前乡村自治的做法，主要分为三类。

第一类是通过村规民约等方式进一步规范乡村自治。以 SYC 治理样本为例，面对乡村治理新形势，如何解决乡村治理中的各种疑难杂症，成为该地面临的首要难题。该地通过不断修订村规民约，从手抄本到印刷册，历经九代，内容涵盖乡村治理方方面面的60多条细则，在全体村民共同参与下完成。历经几十年，村民"修约"的深度与广度不断拓展。第一版修订参与表决的人员主要是村"两委"成员以及4个生产小组长，第二版修订扩展至全体党员，第三版又把村民代表纳入表决人员范围。在之后的修订中，参与范围不断扩大，激发了广大农民的主体意识，使村规民约切实符合大多数人的要求。村规民约的修订是与时俱进的，如2015年版增加了户口问题和放开二孩政策下的相关奖励分配问题，2018年版增加了社员身份认定以及相应的福利问题，2020年版中增加了"公筷公勺"的规定。该地村规民约的修订始终坚持问题导向，一步一个脚印地逐步推进。该村规民约强调，如果个别村民非法上访、不配合村集体工作，将取消其相关社员待遇，直到纠正错误为止。该村村规民约始终遵循红利共享的原则，不让一个村民掉队。该村集体经济发展壮大后，如何公平合理地进行分红，成为广大农民最关心的问题。基于此，该村规定原享受村民待遇的是社员，而其他诸如因夫妻关系、方便生活等迁入的就是村民。这样一来，就确保了村民分红的顺利进行。

第二类是调整治理半径。主要是将乡村自治单元细化下沉到之前的自然村以下，即下移治理重心。乡村自治下沉的原因主要是群众自愿、利益相关以及地域相近。在TYC案例中，该村注重"微自治"，把乡村治理单元逐渐细化，共同组成乡村"微自治"小组（见图4-1）。党小组的任务是宣传贯彻党的方针政策，传达村委任务指示、了解农民需求、收集农民意见，将信息汇总后，统一交给乡村自治理事会实施。村民自治理事会主要对党小组的相关议题进行协商，并把协商结果进行公示，而后执行。村民自治监事会主要对议题方案的实施过程、执行程序以及实施结果进行监督。在FJL案例中，村党委下面设定6个风格党支部（6个规范化的先锋户联站），然后每个风格党支部设立党员中心户1名，由党员中心户负责圆桌会谈。这个圆桌会谈由村民说事或者乡贤说事组成，就具体的内容而言，村民说事或者乡贤说事下面又分为和谐促进会、协商小组、文体戏曲小组等。在QFQ案例中，乡村自治单元下沉到院落，以院落为单位，借助"院落板凳会"推进"微自治"。

第三类是动员多元主体参与乡村自治。在XKC案例中，以户主为单位推动乡村自治活动，极大地调动了广大农民的参与积极性。一方面，通过

"比拼晒"平台，营造争先创优氛围；另一方面，通过述职报告，对村务进行公开，并加强"户主大会"的监督。凭借"户主大会"，村民对村级事务的认知更加清晰，村"两委"在群众中的地位也显著提升。在DCC案例中，该村紧紧依靠群众，创立了村级理事会，选择了一批资格老、有担当的村民代表、党员代表以及返乡青年作为理事会成员，理事会明确了具体的任务和职责，主要包括产业发展、矛盾纠纷调解、乡风文明建设等，并制定了理事会章程。通过理事会，最大限度地调动了广大农民的积极性，提高了广大农民的参与度。在SZC案例中，主要通过积极动员提升农民参与度、党员带头提升群众凝聚力、改善环境提升农民满意度、培育产业提升农民收入、创新举措树立良好民风的方式强化乡村自治。

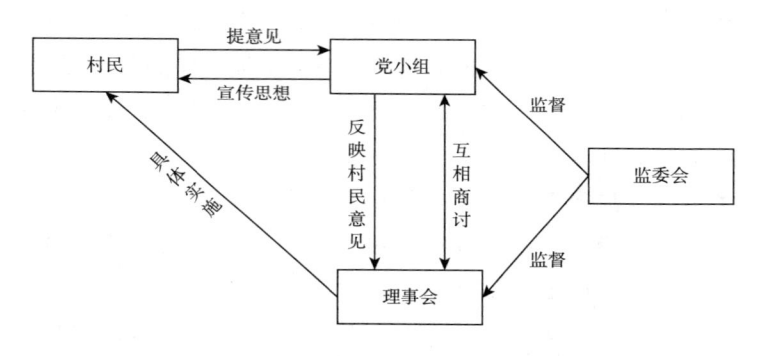

图 4-1 "微自治"运行模式

（二）乡村法治的典型做法

表 4-2 乡村法治典型案例一览

序号	编码	所属行政区	案例名称
1	DZS	海南省儋州市	基层联动调解机制
2	XJC	惠州市惠阳区	"法律顾问+"
3	BDC	宜春市丰城市	"十个一"促使法治之花入乡村
4	XFC	宁波市宁海县	"法治诊所"

资料来源：《全国乡村治理典型案例（三）》、《全国乡村治理示范村镇典型经验》（广东篇、浙江篇、江西篇）。

当前乡村法治的做法，主要分为两类。

第一类是送法下乡。在 XJC 案例中，该村注重建立健全"法律顾问+"法律联动服务机制，融合驻村民警、村"两委"、律所、社工等力量推动法德共建，进一步发挥了"一村一法律顾问"在法治化乡村建设中的重要作用。具体来看，一是完善"法律顾问+村'两委'"模式，实现规范化的村务管理，法律顾问在法治宣传、村维稳方面发挥着重要作用，可以协助开展村规民约的修订，为乡村重大项目建设提供全程的法律服务。法律顾问还依托村级党校，对村委会成员和党员进行法治培训。二是探索"法律顾问+社工"模式，通过建立"村所对接"云平台、开展渗透式普法等方式实现法律服务的常态化。三是"法律顾问+民警"模式，通过"律警对接"，提升乡村矛盾化解效能。在 XFC 案例中，建立"法治诊所"，并配备乡村法律顾问，对乡村重大的公共事务进行法治审查，对乡村治理过程中的疑难法律问题以及重大的矛盾纠纷进行集中"会诊"，参与法律诊断的人员包括民警、法官、村监委会主任、人民调解员等。

第二类是在乡村自治进程中强化法治。在 BDC 案例中，一是构建一个法治网格，该村将 12 个村小组分成 7 个网格，每位村干部至少负责一个网格并兼任网格员，主要处理网格内的法治宣传、便民服务、矛盾化解等工作，他们既要走访入户宣传法治，又借助现代化技术手段，利用网格员专业 App 收集处理信息，上报纠纷，回应诉求。二是办好一个法治夜校，该村村委会干部带头学法，建设法治夜校，每周利用晚上空闲时间集体学习法律知识，或者利用农闲时间集中学法，为全村营造出浓厚的法治氛围。三是建设一个微型法律超市。借助公共法律机器人，形成"互联网+公共法律服务"的新模式，微型法律超市成为广大农民的法律顾问，负责帮助群众解决各种法律难题。四是设立基层巡回法庭，积极探索乡村巡回法庭模式，将"祠堂"变为"法堂"，达到"办理一案，教育一片"的效果。五是建设一个法治主题公园，利用法治标语、法治彩绘墙、法律之门、法治宣传栏等，让广大农民抬头可见法治景物，切实感受到自身处于法治环境之中。

(三) 乡村德治的典型做法

表 4-3　乡村德治典型案例一览

序号	编码	所属行政区	案例名称
1	XKC	常州市武进区	"德"理善治提升乡村文明水平
2	YCC	常州市钟楼区	文教兴村打造村域新特色
3	MJC	南宁市宾阳县	德治激活乡村内生动力
4	LTC	桂林市兴安县	家风带村风
5	ZTC	惠州市惠阳区	红色文化阵地建设
6	DSC	九江市武宁县	乡村"公德银行"

资料来源：《全国乡村治理示范村镇典型经验》（江苏篇、广东篇、广西篇、江西篇）。

当前乡村德治的做法，主要分为两类。

第一类是外力的推动作用。在 DSC 案例中，首先，建立"公德银行"，采取积分登记方式，推动形成新的秩序。一是实行"公德银行"的网格化管理，所有的积分都要在"公德银行"管理平台进行登记、公示以及数据导出；二是进行情况摸排，登记造册，每户设立"公德银行"账户，以村小组为单位，通过"公德银行"理事会核查，对相应的积分进行登记确定；三是定期审定公示，将登记造册的积分导入管理平台，并且通过"红黑榜"的方式进行公布；四是积分核销，兑换商品，每户的积分可以在"公德银行"转换为代金券，然后通过理事会核销积分，每户可以凭借代金券到"公德超市"换取相应的商品；五是采取奖惩机制，将民俗习惯、村规民约作为评议细则，对每户进行评比。其次，是"公德银行"下的"村民道德秤"。自"公德银行"实行以来，各种矛盾纠纷、治安案件大幅减少，乐于助人、勤劳致富的人增多，通过这种特色的乡村德治方式，广大农民养成了遵守道德的良好习惯。在 ZTC 案例中，该村每月开展讲习活动，针对村民的不同需求，邀请各层次讲师团对习近平总书记重要讲话精神、乡村振兴等方面的知识进行宣讲，积极开展"走基层"理论宣讲，讲家风家训、党史，营造涵养乡村新风尚的氛围；该村还注重加强新型农民培育，打造"青年党员返乡建设新农村""现场培训教学示范点"等活动平台，培育有文化、有道德、肯奉献的新农民。文教服务树新风，在 XKC 案例中，该村通过积极推动开展党史教育、革命传统教育相关主题教育、"道德讲堂"、课外教育辅导等方式，提升乡村德治水平。

第二类是充分运用好乡村德治资源的推动作用。在 YCC 案例中，该村利用乡村传统的村规民约以及村训，为乡村精神文明建设营造出浓郁氛围，通过"殷村梦"，塑造"殷村精神"，结合"殷村梦"传统活动，开展"越剧进村"、殷村乐步等活动，充实了广大农民的文化生活，弘扬了殷村乡贤文化。在 LTC 案例中，该村以 500 多年的"庄氏族戒"为依托，积极开展"传家训、亮家风"活动，建立家风教育培训基地，不断深入挖掘家训、家规和村训，弘扬《庄氏族戒》中的"谨丧葬、禁赌博、远邪术"等思想，积极倡导婚事新办、丧事简办，同时积极鼓励晒出尊老爱幼的家风图景以及和睦共处的家庭合影。另外，该村还通过整理并集中展示庄氏历代包括近现代的先贤事迹，树立典型，有效发挥了榜样力量，极大提升了村民的认同感、归属感及自豪感。在 ZTC 案例中，该村投入 40 多万元对乌石鼓古驿道进行修复工程，逐渐形成了以"叶挺纪念园—古树公园—红军小学"为主线的红色文化宣教区块，同时还将红色资源融入课堂，把红色文化的内涵与精神实质充分融入乡村道德建设。

二 乡村智治的实践做法：科技赋能与智慧治理

表 4-4 乡村智治典型案例一览

序号	编码	所属行政区	案例名称
1	CCZ	温州瑞安市	"五色网络"注入"智能基因"
2	WZZ	嘉兴桐乡市	"乌镇管家"赋能乡村智治
3	WSC	湖州德清县	数字赋能助力乡村治理
4	DSH	乌兰察布集宁区	"智慧乡村"推进乡村治理数字化
5	YLC	北海市合浦县	打造农事网平台

资料来源：《全国乡村治理示范村镇典型经验》。

在 CCZ 案例中，该地位于浙江省，下辖 14 个建制村，常住人口 1.6 万人，户籍人口 2.95 万人，面积为 39.2 平方千米。该地在打破原有乡村治理架构的基础上，积极推动权责重构，引入奥维网格智控系统，实现乡村治理的精细化、全方位智能管控转变。以架构重建激活乡村治理"末梢神经"。一是重塑乡镇单元职能。将全镇 14 个行政村整合成一个大网格，每个行政村配备 1 名村干部，依据乡村地理位置以及人口规模分布状况，把

173

12个大网格分成229个小网格，配备229名网格长，推动微网格的精细化管理。二是赋予"五色网格"新内涵。红色代表党建引领、金色代表产业振兴、蓝色代表平安建设、粉色代表乡风文明、绿色代表生态建设，依据工作任务赋予相应的治理职责。例如，红色网格实现了支部建在网格上，党小组建立在微网上，从而全方位打通乡村治理的最末梢。三是建立智能化治理新平台。引入奥维网格智控系统，建立起"智慧曹村"治理平台，区域内某个微网格出现问题后，由网格长通过平台反馈相关问题到总的平台处理中心，然后由平台处理中心分门别类地反馈至站所，由此实现了"一站式"线上服务，有效提升了乡村智能化水平。

在WZZ案例中，"乌镇管家"赋能乡村智治。该地位于浙江省，全镇面积110.93平方千米，下辖4个社区和26个行政村，人口总数8.7万。该地运用"乌镇管家"云治理平台，结合云计算、人工智能、大数据、物联网等治理手段，不断创新乡村治理机制，对乡村治理进行技术赋能，即赋能乡村智治，有效提升了乡村治理能力。首先，激发乡村智治内生动力。一是筑牢乡村智治的基础设施保障。该地实现免费Wi-Fi全覆盖，共有5408个无线网络点位，26条万兆光缆，10个5G基站，26个智能消防栓，3000余个治安监控。该地的乡村智治基础设施不断完善，是远近闻名的"智慧乡镇"。二是组建乡村智治队伍。该地共有智能管家3724名，根据"十户一员，一梯一员"的原则进行组建，共有治理工作站108个，治理小组31个。三是建立云治理平台。形成了"1+4+X"中心模式，即"一个总中心"，包括社会治理服务联动分中心和社会治理立体防控分中心两大块，"四个平台"是共治服务平台、数据集成平台、分析决策平台、监测预警平台，"X"主要指云平台对接民情、治安等相关基础数据的整合任务，形成了"乡村治理大网"，使"件件有落实、事事有回音"。

其次，乡村智治融入乡村"三治"。一是"乡村智治+乡村自治"。截至2022年底，该地通过云治理平台，收集了1781条安全隐患类信息，50499条民生服务类信息，1803条各类矛盾纠纷信息。二是"乡村智治+乡村法治"。该地充分运用浙里调小程序、ODR线上矛盾化解平台，采用"互联网+矛盾纠纷多元化解"方式，该地的管家调解员会每日进行矛盾或纠纷排查，并且现场开展调解工作，通过一系列沟通交流，达成双方"握手言和"的结果。三是"乡村智治+乡村德治"。运用"微嘉园"App平台进行积分管理，把村民日常的德治行为转化成积分，村民可以凭借积分兑换合作医疗补助、家宴费用减免、文化礼堂租借等服务。比如，横港村采用智能垃圾分类处理的方式，村民通过人脸识别绑定系统，垃圾投放的正确与否，都会以积分的形式进行记录和显示。

最后，打造乡村智治共同体。一是该地建立起了智慧养老综合信息平台，实现了智能居家照护，主要把各个村的老人通过"互联网"联结在一起，从而形成"没有围墙"的互联网医院，实现了"在家就能挂上专家号"的目标。二是该地建立起了智慧交通诱导系统，手机扫描即可实时查看公交线路和位置，也可以查询道路标牌、标识建设情况，同时还投入使用了智能驾驶汽车，解决了乡村群众的"最后一公里"难题。三是实现了法律服务的智慧化转换。该地建立互联网司法所、5G智慧法庭，设立了"24小时法超市"，实现了网上立案、受理、庭审，并逐渐形成了"视频+音频+文字"的智能记录系统。根据乌镇规划，原来的"基层治理四平台"转换为"云享乌镇"运营中心，整体乡村智治水平大幅提升，下一步该地要实现"智能感知—决策分析—协同处置"的全流程跨部门管理，继续优化"云享乌镇"平台。[①]

在WSC案例中，数字赋能乡村治理。该地村域面积5.61平方千米，人口1605人。近年来，该地依托"城市大脑"平台，走出了数字赋能乡村治理的新路子，实现了"数字乡村一张图"，构建了乡村大数据资源体系，包括数字生活服务平台以及治理决策中枢。首先，以数字优化村庄规划，定位发展方向。该地以电子地图、遥感影像等多类型、多尺度的空间数据为基础，建立数字化乡村模型，实现了乡村数字化基础设施的可视化治理与维护，无论是乡村产业落地还是土地整治，都变得更加精准直观。其次，通过数字推动产业融合。该地大力发展智慧农业和数字农业，积极开展智慧乡村游、康体运动游等项目，积极推进一、二、三产业融合发展。再次，高标准提升乡村治理效能。该地依托城市大脑平台，推动乡村各种信息系统和平台联结互通，实时共享乡村治理四平台信息，精准分析，确保乡村能够实时处置紧急情况、维护基础设施以及调节邻里矛盾纠纷等。最后，打造高效智能服务。凭借"浙里办"平台，不断推动掌上办、网上办等服

[①]《乌镇镇2021年工作总结和2022年工作思路》，浙江桐乡市人民政府网站，http://www.tx.gov.cn/art/2022/3/14/art_1229402865_4892168.html。

务平台建设，服务内容涵盖就业信息、居家养老等民生事项，实现了"小事不出村，人人都是网格员"的治理目标。具体如图 4-2 所示。

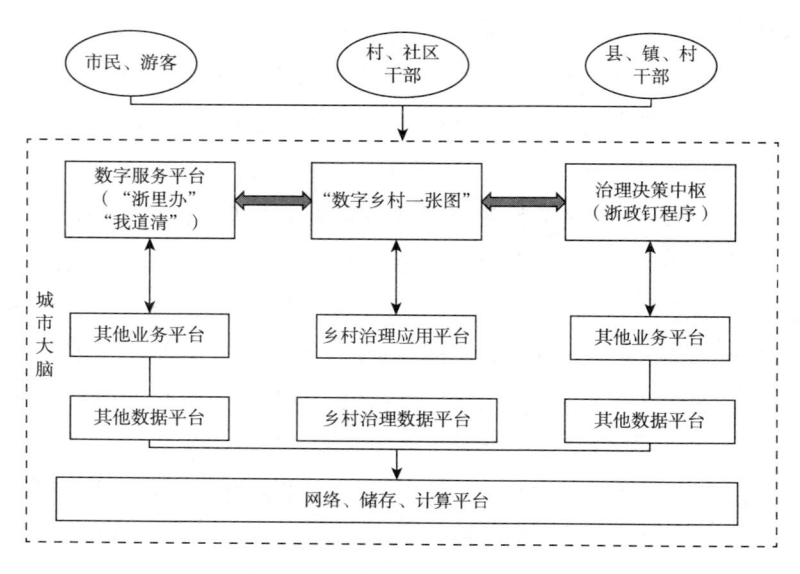

图 4-2　乡村数字化平台体系

在 DSH 案例中，凭借"智慧乡村"云平台，推动了乡村治理的数字化。该地总人口 2016 人，总户数为 698 户，分为 8 个村民小组。该地把乡村人口、党建、便民服务等各个方面联结在一起，着力打造智能化、现代化的新乡村。首先，根据乡村服务半径、辖区人口、地理分布等条件，依托云平台，在村委会建立了乡村工作站，实行"一长多元"模式，即村支部书记（网格长）—包村或包片领导（网格指导员）—大学生社工（网格管理员）—老党员或村务监督委员会（网格监督员）—网格信息员，建构起乡村智慧管理平台（见图 4-3）。行政村被划分成两个网格，设 2 名网格员，每个网格涵盖 4 个自然村，每个自然村对接 1 名信息员，主要负责采集村民的信息数据。主要工作流程就是上门登记—资料托管—全程代办—结果答复。该地通过"智慧乡村"平台建立起网格化服务机制，以便及时解决乡村村民的迫切需求。其次，优化服务流程，快速处置村民问题。通过微信群反馈、实地走访以及"智慧乡村"平台，相关负责人会及时将问题上报村委会解决，若是无法解决，则通过系统上报的方式，分级处理，解决时效按照紧急程度分成 6 小时、8 小时、24 小时等。经过上报，区、乡两级会通过云平台进行全程监管和跟进解决进程。再次，有效监测人口信息，重点关注特殊困难群体，如孤寡老人、五保户等，从而有助于为对其精准施策提供技术支撑。最后，提升互动功能，激发广大农民参与热情。借助云平台载体，公开村务信息，使广大村民共同监督乡村治理的各项事务。

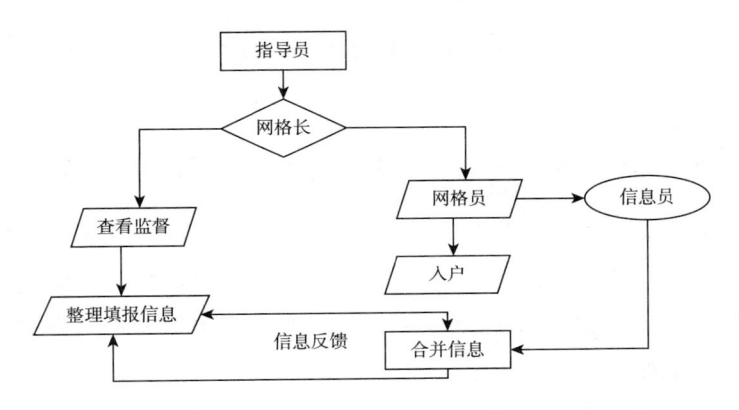

图 4-3 "智慧乡村"云平台管理体系

在 YLC 案例中，该地村域总面积 4.6 平方千米，包括 6 个自然村，村民小组 20 个，总人口 4266 人。首先，打造"农事网通"和"阳光红页"平台，让"信息跑路"占主导，取代"干部和群众跑腿"。"阳光红页"主要是一个信息公开平台，其坚持"把公开放在网上是最阳光的公开"的原则，根据各个治理主体的不同需要，灵活组建不同的模块，有 PC 端、手机客户端、微信公众号等，集权力监督、惠民信息、农村电商等功能于一体，是群众生产生活中必不可少的"掌中宝"。其次，党务政务公开，建立阳光政务平台。"阳光红页"对涉及群众利益的惠民政策、办理流程、办理结果进行公开，全程接受监督，同时村级党组织的党务信息也完全"晒出来"，真正实现公开。再次，争取村民办事不出村。实现"群众网上申报—部门网上联审—事项网上办结—公众网上评价"的一体化服务网络，26 项个人事项、30 项行政许可都可以在线上办理，如图 4-4 所示，由之前的"群众来回跑"变成"部门协同办"，有效解决了群众办事成本高的问题。最后，建立农村电商平台。该地依托"阳光红页",设置农村集市平台,打造一个扎根农村、服务农业、面向村民的线上农村集市,解决了其他网站平台办网店程序复杂、门槛高的现实问题,并和中国邮政相对接,建立末端"物流中心"。

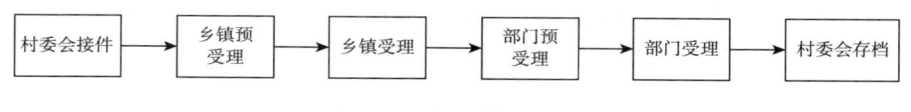

村委会接件 → 乡镇预受理 → 乡镇受理 → 部门预受理 → 部门受理 → 村委会存档

图 4-4 农事网通办事流程

三 相关秩序场景实践的经验:系统治理与活力释放

新时代乡村治理共同体建设的秩序场景实践主要是为应对乡村现代化转型所引起的"乡村空心化"和"快速城镇化"两大难点。随着新型城镇化的快速推进,一方面,熟人社会被肢解,原有的乡村社会联结遭到破坏。乡村空心化带来了乡村精英流失、村集体经济"空壳化"、乡村人居环境"脏乱差"、乡村土地流转混乱等问题。另一方面,由于中西部、区域间以及城乡间的发展不均衡,和乡村"空心化"相对的另一番景象是乡村外来人口的"倒挂",由此带来了人口管理、社会治安、村庄规划、集体资产及福利分配等问题。中国乡村之大,各个地方乡村治理状况千差万别,很难用几个乡村治理方案的样本来解决。即便如此,还是有一些共性的治理经验和做法值得借鉴,因为这些实践经验充分彰显了治理秩序运行的力度、效度、精度、温度,从而能够为建设乡村治理共同体提供路径支撑。

新时代乡村治理共同体建设的秩序场景实践要注重系统化的整体治理并充分释放乡村治理活力。面对乡村自治、乡村法治、乡村德治、乡村智治发展中的不足,全国各地涌现一批典型案例。随着乡土中国向城乡中国转型,乡村治理走向了一条以乡村智治为支撑的、党建引领下的乡村"三治"融合创新之路,这也为新时代乡村治理共同体建设的秩序场景实践提供了一些成功经验。为此,第一,要不断对国家和乡村的关系进行优化调适,把握好国家和乡村社会彼此互动关系的平衡,充分发挥国家自上而下的制度机制保障作用,清晰地界定行政与乡村自治的权责边界,进一步明

第四章　新时代乡村治理共同体建设的实践探索

晰相关的事项清单,要坚持系统治理,避免乡村治理现代化进程中的"碎片化"现象。乡村治理共同体的建设与责任这一关键枢纽密切相关。在特定的乡村治理单元中,应通过健全乡村法治、完善村规民约等制度规则来进一步明确乡村各个治理主体的行为规范以及权责利关系,从而实现责任与主体的匹配联结。第二,要以乡村治理典型经验为参照,但是这并不意味着要全盘接纳,而是要分类推进,因地制宜。国家出台的相关治理政策只能满足"普遍化""一般性"的乡村治理需要,难以实现"事事俱细"的政策贯彻。要想提升乡村有效治理水平,必须以尊重各地乡村治理的客观实情为前提,唯有如此,才能达到应有的治理效果。第三,要积极动员乡村治理多元主体力量参与乡村"三治"、乡村智治的实践进程,只有这样,才能回归"自治",使其落地,释放治理活力,从而进一步带动乡村自治与乡村法治、德治相融合。从具体的治理实践看,缩小乡村自治范围是提升乡村自治效能的关键,乡村法治在培养规则意识、推动国家法治资源下沉等方面发挥着重要的作用,同时,面对日益繁多的乡村公共事务,必须通过道德约束和道德倡导来着力提高治理秩序运行的温度和乡村善治效果,实现三者的相互嵌套与互动。第四,要充分发挥好党的领导在乡村治理实践中的作用,着力加大治理秩序运行的力度。要不断强化民主决策、民主管理、民主监督机制,提高多元乡村治理参与主体的广泛性与代表性、参与方式的便捷性与可及性、参与乡村公共事务治理内容的程序性、层级性与规范性,在提升各个治理主体参与有效性的同时,使治理效能也不断提升。第五,要充分发挥好乡村智治的支撑作用,着力提升治理秩序运行的精度。乡村智治可以把散落于乡村的各种治理元素重新整合凝聚起来,特别是在推进乡村"三治"融合中发挥了重要的技术优势,可以有效降低乡村治理现代化进程中的资源配置成本,有助于提升乡村治理效率。乡村智治在实现高水平的自治参与、提升乡村法治水平与德治水平方面发挥着重要的作用。乡村智治还推动了多元乡村治理主体深度参与乡村治理的现代化进程,从而凝聚起了多元治理主体的力量,促进了多元治理主体共建,增强了治理秩序运行的效度,并有助于新时代乡村治理共同体建设的顺利推进。乡村智治融入乡村治理,拓展了治理空间,有效调动了各个治理主体的积极性,实现了乡村党组织引领下的乡村治理多元主体的"联动格局"与"智能共同体"构建,凝聚起了各个治理主体的治理合力。凭借乡村治理各个主体的权责重组，借助智能治理平台，乡村治理最大限度地释放了"动能活力"，为打造以智治为支撑的乡村治理共同体奠定了坚实基础。

第二节 新时代乡村治理共同体建设的行动模式探索

乡村治理创新实践的核心和关键在于建设乡村治理共同体。从国内来看，尽管乡村治理共同体建设尚处于起步摸索阶段，但是实践调研乡村治理示范村发现，新时代乡村治理共同体建设实践已经在乡村基层悄然开展与推进。这些乡村治理现代化的行动模式探索案例主要有民主协商型、合作治理型、利益整合型几种类型，带来了诸多的治理效应。在行动模式探索中，必须注重发挥制度优势和效能提升，形成"一盘棋"，编织"一张网"，进一步夯实有效治理的行动基础，为建设"人人有责、人人尽责、人人享有"的乡村治理共同体提供行动呼应和指引。

一 民主协商型：成都市温江 H 村

H 村[①]，地处四川省成都市温江区，是成都市基层民主协商试点乡村。以农民意愿凝聚和地域空间毗邻为主的优势为民主协商型的行动模式探索提供了重要的先决条件和外部条件。2021年以来，H 村选取 3A 级林盘景区内的哇子林院落、观耕台、周家院子等景观，将其串点成线，打造"党建引领·民主协商"创新示范点，充分发挥 H 村多支民主协商协会的作用，深入了解群众思想观念和利益诉求变化，积极回应村民日益增强的民主法治意识以及参与政治的积极性，"睁大眼睛看、竖起耳朵听、面对面商讨、脚踏实地干"的民主协商氛围初见成效。

H 村民主协商的主要做法。一是健全组织强队伍。建立以巾帼姐妹协商协会、利群服务协商协会和乡风文明协商协会三大协商组织为主，多种协商主体共商共议的组织体系，详细制定《H 村基层民主协商实施方案》（细则）、《H 村服务队管理实施方案》等，积极对上争取党建、民政、社治等多条工作线的资金支持，鼓励辖区内企业负责人、人大代表、返乡创业带头人、民望乡贤积极参与民主协商，为 H 村发展建言献策。二是优化空间

---

① H 村的治理案例根据实际调研材料整理而成。

强阵地。在院落入口处打造"南湖红船",通过按键听音植入入党誓词及原创"争当时代新人"七字快板,弘扬新时代文明实践的价值观和行为标准;在观耕台二楼打造民主协商会议室、民主协商活动室,依托蒜文化灵感,设计"蒜+稻"农田景观展示元素,以大蒜为蓝本设计4套"蒜娃"吉祥物形象,将农耕文化与红色文化有机结合。三是完善机制强实效。打造"皂角树下的议事会"院落基地,以《民情日记本》为载体收集记录群众意愿,逐步完善"相约星期二"院落协商议事机制,围绕群众关心的热点、整治的难点、遗留的痛点进行讨论协商,截至2022年底,收集记录群众关于道路修补、保险报销等七大类民生诉求237条,已答复201条,剩余36条正在推进中;"金点子"类意见建议74条,该地逐步形成共建共治共享新格局。

H村民主协商的具体介绍如下。

第一,关于协商主体。H村民主协商会议主要由三个协商协会组织开展。协商协会覆盖各类社会群体,包含镇区人大代表、党员代表、志愿者、驻村律师、驻村民警、社贤人才、企业代表、村民代表等70名成员。

第二,关于协商协会。巾帼姐妹协商协会,成立于2016年10月,成员主要为本村的妇女,平均年龄40岁。在志愿者带动下,H村群众素质提升、院落环境建设初见成效,从原来的传统生活模式转变为新农村生活模式,邻里更加和谐,环境更加美好。该协会主要负责的议题包括环境卫生、家居美化、妇女群众示范带动等。利群服务协商协会,成立于2018年6月,成员主要为本村男性,平均年龄40岁。他们带着"热心"、守着"本心"、不忘"初心",为群众提供力所能及的服务。该协会主要负责的议题包括农房风貌整治、环境卫生(重体力活)、应急处突、房屋小规模修缮、管道小规模修缮等。乡风文明协商协会,成立于2018年6月,由老党员、退休干部、老体协成员组成,共45人,他们充分发挥自身优势、积极参与民主协商、直面群众需求,为乡村振兴作出贡献。该协会主要负责的议题包括关爱老人、残疾人、重病患者等弱势群众及相关议题。

第三,关于协商内容和形式。H村制定了议事协商内容清单,主要涵盖农村社区规划和年度工作计划、村民自治章程修订完善、乡村公共事务、涉及村民利益的重大事项等。就协商内容类型来看,包括民主协商院落管理、民主协商院落环境建设与保护、民主协商邻里矛盾、民主协商安全工作、民主协商民生事项；就协商形式而言，主要包括院落议事会、民主恳谈会、走访约谈协商三种形式。

第四，关于协商流程。通过公示栏、公众号、QQ 群、微信群、书记信箱、座谈会、坝坝会及村"两委"、小组长、网格员、社会组织、自组织入户走访等多种方式，向村民和驻地企业单位广泛宣传，让村民群众知道如何提议、向谁提议。同时，安排专人对收集的议题进行梳理汇总、审核筛选，形成提交下一次协商议事会议的议题汇总表，即议事协商内容清单，在会上对提出的议题作出解释说明，确保收集的议题代表绝大多数村民群众的意见，筛选的议题体现村民的急难愁盼问题。

第五，关于协商规则。①一事一议：对汇总议题进行逐项讨论、逐项表决；②表达立场：协商过程中应明确立场；③不跑题：不发表与讨论议题无关的言论；④不超时：每人发言时间控制在 5 分钟之内；⑤不打断：不得打断他人发言；⑥不攻击：不得有人身攻击的言行；⑦机会均等：任何人不得强迫他人赞成或不赞成某项议题；⑧服从规则：协商过程中应当严格遵守协商规则。

第六，关于协商监督。由村纪委牵头，以村民监督委员会成员为主，邀请部分村民代表组成监督小组，由村纪委书记担任监督小组组长，全过程监督协商议事和解决落实情况，发现问题及时向村党委上报。监督委员会每季度至少在居民议事会上通报一次协商议事会议监督情况。对协商议事效果较好的院落及牵头人给予通报表扬，并向其发放荣誉证书；对不遵守协商议事规则、破坏协商议事程序的人员开展批评教育，对拒不悔改者，取消其协商议事资格；对协商议定事项不及时处理解决、推诿扯皮的责任人予以严肃通报批评，并督促其快速整改。

第七，关于协商保障。积极与镇、区两级业务科室和职能部门建立信息交流、资源共享平台，借助专业力量为基层民主协商提供专业指导；利用社区保障资金、社区微基金、项目申报资金、村民自筹资金等为民主协商议事提供基础资金保障；通过"请进来"和"走出去"两种方式，围绕农村道路、沟渠治理、院落美化等，定期组织骨干成员开展专题培训和参访活动，丰富协商内涵，拓宽治理思路。

二 合作治理型：南充市阆中 W 村

W 村①，位于四川省南充市阆中市西南部，是全国乡村治理示范村和四川省乡村治理示范村。2021 年以来，该村积极探索推行"245"工作法，以"提升乡村服务能力、弥补乡村发展短板、强化乡村造血功能"为突破口，大幅提升广大农民的安全感、获得感、幸福感，充分体现乡村合作治理型的特征。以组织规模适度有力和文化关联相通为主的优势，为合作治理型的行动模式探索提供了重要的保障条件和内部条件。

开展"两项活动"，提升服务能力。一是 W 村开展"党群结对"活动，织密服务网络。发动 35 名乡村党员组建先锋服务队，每名队员结对联系 10~15 户群众，每月至少入户走访 3 次，宣讲上级政策、化解矛盾纠纷、开展民生救助。在每名群众家中张贴"党员联系群众明白卡"，将党员姓名、电话、承诺事项、监督电话等信息进行公示，对党员群众的诉求问题一包到底。对于重大问题，通过上报村党支部、镇党委来及时处理、协调、解决，该地逐渐形成"小事找党员、大事找支部"的办事氛围。目前，先锋服务队已覆盖联系全村 1500 名群众。二是 W 村实施"三亮三服务"活动，通过动员全村党员主动"亮身份、亮承诺、亮作为"，开展"公益服务乡村治理、志愿服务邻里乡亲、爱心服务困难群体"的"三亮三服务"行动，汇聚民心民意，每月由乡村党组织对党员"矛盾调解、为民办事、群众教育、政策宣传"等任务进行积分考核，W 村设立"党员爱心超市"，全村党员可以凭借积分定期兑换生产生活用品，农民群众也可把自产农产品交由超市代售。目前，全村已有近 30 名党员兑现服务积分。

实施"四大行动"，补齐发展短板。一是 W 村实施"水美新村"创建行动。以全省"水美新村"建设为契机，大力开展农村垃圾、污水、厕所三大革命。争引项目扶持资金，创新多元化保障机制，新建垃圾池 5 口，配备保洁队伍 1 支；建设小型集中式污水处理站 2 处、简易化污水处理设施 8 处，生活污水处理率达 95%；新改建公厕 3 个，农户改厕 100 户，农村人居环境全面改善。2018 年，W 村成功创建全省"水美新村"。二是 W 村实施"实力新村"培育行动。扎实抓好农村基础设施建设，全面打通"断头路"，

---

① W 村的治理案例根据实际调研材料整理而成。

建成村社道路3.8公里，村社道路通达率达100%；全面推进供排水、天然气增容扩覆提质工程，全村400多户农户安装了自来水，自来水入户率达100%，安装天然气300多户，入户率达71%；持续完善公共服务设施，W村的卫生室、文化室、文化舞台全部达标，群众生产生活条件得到显著改善，W村入选全省乡村振兴示范村。三是W村实施"宜居新村"规划行动。坚持规划先行，全面推进国土空间规划和"多规合一"实用性村规划编制工作。通过指标统一调度、选址统一决策、风貌统一管控，对农户建房和农房风貌进行及时引导与有效管控，着力改善村容村貌，系统全面保护田园景观、自然风光、传统村落以及历史文化资源。W村先行先试，大力优化乡村生态空间、农业空间、建设空间，试点推进农旅深度融合。四是W村实施"民俗新村"传承行动。W村立足厚重的传统文化、农耕文化、红色文化，制定传统文化保护中长期规划。加大对古院落、古建筑、古遗迹的保护力度，打造"农耕文化博物馆"等文化体验基地，开发出巴象鼓舞、击鼓飘香等文化节目，使群众在文化认同中增强了文化自信。

培育"五型经济"，强化造血功能。一是W村盘活"资源型经济"。大力盘活乡村闲置资产，对全村10处塘、库、堰进行集中清理登记，针对可经营、可利用的集体资产，采取租赁托管、集体自主经营等方式发展观光农业、生态养殖，租赁老旧办公房等闲置资产，村党组织将资产收益、经营收入作为集体收入，每年固定收益10万余元。二是W村用好用足"产业型经济"。W村农业产业主要包括柑橘产业、智能大棚、瓜蒌产业、水产养殖、青花椒产业、庭院种植六大板块。W村依托国、省扶持资金，集体创办农民专业种植合作社，引进业主共同经营，通过发展产业促进集体经济增收，带动周边农民群体致富，实现村集体和农民群体"双丰收"。W村规模化种植柑橘500亩，投产后村集体经济收入将增加5万元以上。三是W村健全完善"分红型经济"。W村依托旅游资源，引进满足乡村旅游实际发展需求的和美乡村旅游发展有限公司，将游客中心、活动室、闲置房屋、公共设施设备等集体资产租赁给该公司使用，同时根据公司经营业绩参与分红，获得的收益用于壮大村集体经济。该村将大食堂、民宿整体承包给H公司，每年为集体经济带来保底收入100万元。四是W村探索"文旅型经济"。借助2000万元的东西部扶贫协作项目资金，W村成立乡村旅游发展有限公司，利用东西部扶贫协作资金对民宿、餐饮进行统一规划、统一运营，打造精品旅游项目。截至 2022 年底，W 村的阆天别苑民宿为村集体经济增收 10 万元，预计年度收入可达 100 万元。五是 W 村全面发展"服务型经济"。由当地乡镇政府牵头成立旅游发展协会、农业产业发展协会，对各村集体经济进行规划指导，推动 W 村集体经济组织向服务创收转变，为农民群众提供生产生活有偿服务与土地托管服务。W 村还组织专业队伍，耕种管收 100 余亩撂荒土地，使乡村集体经济每年增收 3 万元。

总之，W 村不断创新完善合作型乡村治理模式，继"两项改革"之后，该村迎来了新的发展机遇，治理成效显著。第一，村级组织建设不断完善。W 村创新提出了"三规两约一办法"（民主管村规定、环境卫生管护规定、群众素质教育培训规定、村规民约、脱贫公约、规范乡村旅游经济管理办法）以及"九个一"（一会一组一报告：民主议事会、民主监督会、报告公示制度；一规一校一评比：村规民约、农民夜校、文明家庭评选；一队一室一中心：先锋服务队、综合管理办公室、便民服务中心）的乡村治理模式。第二，乡村民主管理规范有序。W 村坚持以村党组织为领导核心，实行"支部领导、村委主管、村民共管"的民主管村责任体系，健全并完善村党支部委员会、村民委员会、村民监督委员会、村民代表大会和群众议事会的民主管村的执行机构。第三，乡村经济社会和谐发展。W 村的发展离不开五方协作机制（政府引导、业主主体、村委服务、村民参与、金融支持）的共同努力，W 村通过引导社会资本，建设现代化农业示范园，打造农旅融合的乡村旅游体验项目。

三　利益整合型：德州市乐陵 F 村

F 村[①]，位于山东省德州市乐陵市，是全国乡村治理示范村和山东省乡村治理示范村。以利益联结共生为主的优势为利益整合型的行动模式探索提供了重要的动力条件。2021 年以来，F 村立足产业兴旺和群众富裕的目标，开始推进党支部领办土地股份合作社，开展集体产权改革，不断壮大村集体经济，将广大村民的利益凝聚在土地合作社中，乡村治理成效明显。如图 4-5 所示，F 村借助利益激励机制，形成"二股制+X"的收益分配模式，通过土地化整为零，实现了集体农户双增收目标。F 村党支部在土地股份改革的基础上，用项目管理方式推进留兰香和核桃树间种，采取分步扩

---

① F 村的治理案例根据实际调研材料整理而成。

大种植规模的方式，逐步改变观念，现金股的分配增量持续扩大，集体收入、村民收入与合作社收入不断提高，成功实现了产村融合。

F村集体经济发展还产生了积极的社会效益，村干部的带领能力更强了，村民们的土地矛盾化解了，村集体的合作社成了村民们的财富体，F村的乡村治理也更加和谐有序。F村通过土地股份的变革有效解决了土地集中管理、统一经营与农民增收三个难题，把广大村民的利益紧紧联结起来，村民们参与乡村治理公共事务的热情也极大提升，同时，有效检验和提高了村"两委"对合作社的组织管理能力、投资运营能力以及切实保证农民增收的能力。F村村集体每年收入的纯利润，其中20%作为公积金主要用于村集体经济合作社的发展壮大，10%作为公益金主要用于困难救助、社员培训、公益事业等，剩下的70%全部分给全体村民，实现利润合理分配，最大限度地实现了取之于民、用之于民、让利于民，把广大村民的利益紧紧联结在一起，从而形成了乡村治理共同体建设的治理合力。

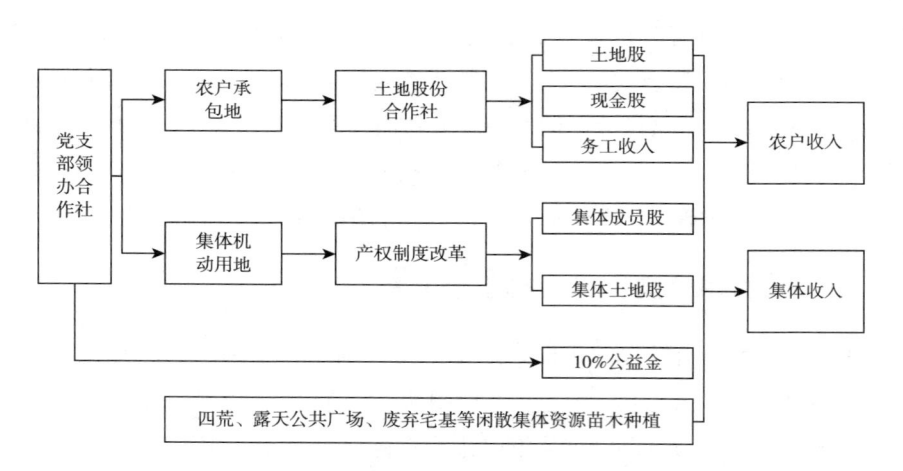

图 4-5　山东省德州市乐陵市 F 村农户和集体收入来源

四　相关行动模式探索的启示：制度优势与效能提升

（一）必须坚持党建引领和群众参与以充分发挥制度优势

乡村党组织是党在乡村全部工作的基础，是新时代乡村治理共同体建设的核心力量。乡村治理共同体建设离不开坚强的党组织，离不开"领头雁"，这是制度优势在乡村治理共同体建设中的重要体现。有效提升治理能力，必须着重提高乡村党员的治理能力，充分发挥"红色细胞"在乡村治理共同体中的示范带头作用，在联系服务广大农民的最前沿凝聚红色力量。要不断强化乡村党组织的政治引领、组织引领、能力引领、机制引领的作用，引导各类社会组织和广大农民深度参与乡村治理共同体建设，不能仅局限于浅层次的投票选举，而是要实现在管理、决策、监督与评价等各方面各环节的更深入的参与，以最大限度凝聚多元化乡村治理力量。事实证明，基层党建越强，基层治理就越强。实现乡村治理共同体建设目标，必须突出乡村党组织的政治功能和组织力，建立健全党组织领导下的村民自治、群团带动、社会参与机制，积极引导广大农民围绕产业链、利益链、兴趣爱好等积极参与乡村治理，将分散的"社会人"再组织化，构建"党建带社建，村社共建"的治理格局，真正把党的政治优势、组织优势转化为"一核多元"的乡村治理优势。

（二）必须壮大乡村集体经济以不断强化彼此利益联结

新时代乡村治理共同体的现实需求之一就是"找回集体"。乡村集体经济为乡村治理共同体建设提供了强大的经济基础和经济支撑。壮大乡村集体经济不仅是一个经济问题，更是立足于政治的考量。实践表明，广大农民凝聚力强、治理有效的乡村，绝大多数是乡村集体经济发展比较强的村庄。只有乡村集体经济发展壮大，才能真正把乡村治理的多元主体凝聚在一起，构建起乡村经济共同体，进而在经济利益彼此紧密联结的基础上形成治理合力，这有助于及时破解乡村治理共同体建设中的一系列治理困境。从国内乡村治理的案例来看，无论是民主协商型、合作治理型还是利益整合型的乡村治理，都需要强大的村集体作为坚强后盾和强有力支撑。唯有如此，乡村治理现代化进程中的各种"疑难杂症"才会迎刃而解，乡村治理多元主体的行动力和积极性才会得到充分释放。而壮大乡村集体经济还必须继续深化乡村集体产权制度改革，大力发展乡村产业，要通过一系列的体制机制变革保障乡村集体经济的发展壮大。

（三）必须推动乡村治理主体协同以着力提升治理效能

要善于整合各方乡村治理力量参与乡村治理共同体建设，有效推动部门、企业、各类社会组织在乡村的聚合，提升乡村治理整体效能。换言之，必须坚持政府、村"两委"、乡村社会组织和乡村企业、广大农民的"四方联动"。政府要充分发挥在乡村治理共同体建设中的服务职能，加强对乡村治理共同体建设的财力物力保障、政策支持与能力建设指导。在具体乡村公共事务性问题上，要充分发挥村"两委"、广大农民等各类乡村治理主体的作用，积极支持、鼓励、引导多元治理主体共同参与乡村治理共同体建设，共享乡村治理共同体建设的治理成果。尤其是要尊重广大农民在乡村治理共同体建设中的主体地位，将乡村公共事务治理的知情权、参与权、监督权交给广大农民，充分发挥民主协商在乡村治理共同体建设中的作用。"真正的智慧在民间"，要努力实现群策群力，加强与广大农民之间的互动，真正使其从治理"对象"走向治理"主体"，发挥其自治力量，为最终实现"人人有责、人人尽责、人人享有"的乡村治理共同体奠定坚实基础。在乡村治理共同体建设过程中，要以多元治理主体的需求为导向，进一步健全完善乡村治理共同体建设的主体结构，这有助于增进个体彼此间的情感联结与价值认同，形成紧密关联、相互促进的乡村治理主体协同系统。

（四）必须强化乡村民主协商以最大限度凝聚农民意愿并促进治理秩序稳定运行

习近平总书记强调："在人民内部各方面广泛商量的过程，就是发扬民主、集思广益的过程，就是统一思想、凝聚共识的过程，就是科学决策、民主决策的过程，就是实现人民当家作主。"[1] 民主协商在新时代乡村治理共同体建设中发挥着重要的作用，有助于实现农民意愿凝聚和乡村治理秩序的稳定运行。在乡村治理现代化进程中，要不断健全乡村民主协商的核心要素，因为它是支撑乡村民主协商具体实践的重要支柱。乡村民主协商需要以规则、参与、信息、沟通等为保障，具有平等性、非强制性、理性化的特点。关于协商主体，主要是指参与者，也就是谁来参与的问题，既

---

[1]《习近平谈治国理政》第 2 卷，外文出版社，2017，第 293 页。

包括个人主体又包括集体主体,这充分表明了参与主体的包容性与多元性;关于协商客体,主要指协商主体在参与乡村民主协商过程中所指向的对象,也就是涉及乡村公共利益的协商事项或者议题,这里的公共利益主要指乡村治理和发展的长远利益和整体利益;关于协商场域,主要指在哪些地方、哪些领域进行协商,成都市温江区 H 村就非常注重协商场域的营造;关于协商过程,是乡村民主协商实践的关键一环,主要是指参与者围绕乡村公共事项展开探讨和交流,不断提高民主协商能力与水平,最终达成共识、走向合作;关于协商方式,指乡村治理的公共议题是如何进行的,可以分成直接参与和间接参与两种形式;关于协商结果,协商结果最终有三种可能:悬而未决、成功、失败,因此要最大限度地促使参与主体达成协商共识,确保民主协商质量,确保乡村多元治理主体能够感受到协商结果的转化运用。总之,乡村民主协商本质上是一种公共协商的过程,协商不仅局限于多元治理主体在会场上的短暂交流协商,也可以延伸至会场之外。公共协商能够使多元治理主体充分对话、沟通、交流,使个体和群体的利益获得充分的尊重和实现,最大限度地实现公共利益和个人利益的均衡协调,构建起"民主共同体"格局,使乡村治理结果为广大农民群体所接受,达到事半功倍的效果,从而助推新时代乡村治理共同体的建设。

本章小结

乡村治理创新实践的核心在于建设乡村治理共同体。作为相对独立的治理空间的乡村社会,为诸多乡村构建了独具特色的治理单元。乡村有其特有的生成逻辑以及历史演进脉络,各地区的经济社会结构也各有特色。[①] 新时代乡村治理共同体建设是在立足于乡村治理现代化进程的治理实践中逐渐形成的。乡村治理共同体建设的秩序场景实践与行动模式探索,揭示了乡村治理现代化进程的诸多举措,展现了乡村治理共同体建设的现实图景和实践表达。就乡村"四治"的秩序场景实践而言,通过对乡村自治、法治、德治、智治的典型做法的总结,我们得知要充分发挥好乡村智治以

---

① 唐皇凤、汪燕:《新时代自治、法治、德治相结合的乡村治理模式:生成逻辑与优化路径》,《河南社会科学》2020 年第 6 期。

及乡村"三治"融合在新时代乡村治理共同体建设秩序实践中的重要作用，必须强化系统治理，充分释放治理活力。就行动模式探索而言，主要包括民主协商、合作治理、利益整合三大类。为此，必须注重制度优势发挥和效能提升，即推动新时代乡村治理共同体建设必须党建引领、群众参与；必须壮大乡村集体经济；必须注重治理主体协同；必须注重强化民主协商。概而论之，积极探索乡村多元共治的运行规律与发展趋向对新时代乡村治理共同体建设至关重要。未来乡村治理共同体建设要始终注重多元治理主体的参与，要不断创新参与的方法与技术，注重提升治理理念，要始终坚持党的领导以确保正确的政治方向。尽管乡村治理的典型治理经验为新时代乡村治理共同体建设提供了重要参照，并且真切地呼应了"人人有责、人人尽责、人人享有"的要求，但这并不意味着要全盘接纳，而是要分类推进，因地制宜。在具体的乡村治理现代化推进实践中，并不能简单复制，这主要是由于我国乡村地区跨度很大，各地乡村治理状况存在显著差异。建设乡村治理共同体实践必须立足于当地乡村的经济、政治、文化等实际治理状况，充分适应不同地域的乡村特性，在多个层面创造出不同的乡村治理共同体的实现形式。因此，要在乡村社会变迁中建设新时代乡村治理共同体，必须推动形成乡村共建共治共享的格局，需要持续不断地探索、总结，以形成更多乡村治理共同体建设的实践经验与行动模式，供参考借鉴。总之，本章希望通过乡村治理共同体建设的实践探索，从现实维度检验"新时代乡村治理共同体建设何以必然"，更好地为下述开启的乡村治理共同体路径选择的探究提供本土化的实践启示和方向指引。

第五章　新时代乡村治理共同体建设的实现进路

党的二十大报告指出："健全共建共治共享的社会治理制度，提升社会治理效能。"① 习近平总书记指出："一个现代化的社会，应该既充满活力又拥有良好秩序。"② 新时代乡村治理共同体是共生共存的共同体，要实现的是治理活力与治理秩序的统一。新时代乡村治理共同体是多元治理主体基于一致的根本利益与价值追求，围绕解决一系列乡村治理问题、回应一系列乡村治理需求，凭借互动合作、普遍参与、主动尽责、职能回归、凝心聚力等方式，所构建的紧密联结、相互促进并能增进普遍福祉的稳定结合体。新时代乡村治理共同体的主要特质在于聚合乡村异质性多元主体力量实现共同治理行动，具有系统性、公共性与协同性的特征。新时代乡村治理共同体再造就是要重构联结纽带，形成整体性的治理方案，而治理价值、治理主体、治理秩序、治理行动成为重构联结纽带的关键环节与优化向度。从共同体价值层面的耦合凝聚看，要通过构建价值依托、价值目的、价值牵引来为多元治理主体、治理秩序、治理行动的实践提供价值指引，以助推乡村治理共同体建设的价值共通，形成共建共治共享格局指引下的"人人有责、人人尽责、人人享有"的价值追求，从而促成共同体内部的合作；从共同体主体层面的关联互动看，要尽可能吸纳乡村治理的各方力量，并强化彼此的协同，化解利益矛盾，形成合力，以强化乡村治理共同体建设的主体共担，实现人人有责的共建要求；从共同体秩序层面的有机结合看，要通过规范"三治"规则、运用智治工具、完善民主协商方式，进一步使

---

① 习近平：《高举中国特色社会主义伟大旗帜 为全面建设社会主义现代化国家而团结奋斗——在中国共产党第二十次全国代表大会上的报告》，人民出版社，2022，第54页。
② 《习近平谈治国理政》第4卷，外文出版社，2022，第338页。

秩序运行的"力度""效度""精度""温度"有序化提升,以确保乡村治理共同体建设的秩序共融,实现人人尽责的共治要求;从共同体行动层面的高效推进看,要通过壮大乡村集体经济、加快城乡融合发展、推动乡村基本公共服务高质量发展,呈现良好的治理成效或治理成果,进一步夯实乡村治理共同体建设的行动基础,以保障乡村治理共同体建设的行动共为,实现人人享有的共享要求。有力、有序、有效地推进新时代乡村治理共同体建设,势必要在形塑新时代乡村治理共同体中不断增强"共同体"属性,要凝聚共同意识、压实共同责任、增强共同秩序、推进共同行动,促进整体健全和互动整合,促进价值、主体、秩序、行动的和谐统一,实现个体与共同体关系的良性互动。本章通过探讨乡村治理共同体建设的多重实现进路,从实践维度呈现"新时代乡村治理共同体如何建设"。

第一节　新时代乡村治理共同体建设的价值共通

新时代乡村治理共同体需要建构"同频共振"的价值共同体。价值共同体发挥着精神引领的重要作用,其价值共通性有助于凝聚和整合多元治理主体力量,摒弃错位的"主—客"二元治理思维与治理理念,化解乡村社会风险,整合分化的乡村社会共识和碎片化的利益,优化乡村治理秩序,规范乡村治理行动,实现价值最大化与目标最优化。价值指向指引行动逻辑,共同的价值认知与共识已经成为异质性多元治理主体共同行动的内在驱动力,并有助于强化乡村治理共同体建设的价值底色,充分彰显其人民性、公共性的本质特征。为此,要始终遵循以党的领导核心作用发挥与农民主体地位彰显为价值依托,以实现共同富裕与公平正义的目标取向为价值目的,以乡村公共精神重塑与核心价值观凝聚为价值牵引。

一　价值依托:党的领导核心作用与农民主体地位彰显

(一)遵循以党的领导为治理核心

习近平总书记指出:"党是领导一切的。"[①] 新时代新征程中的乡村治理

---

① 《习近平谈治国理政》第3卷,外文出版社,2020,第16页。

共同体建设要紧紧围绕党的中心任务开展。党的执政基础在基层。中国共产党是领导乡村治理事业的核心力量。乡村治理取得的丰硕成果与中国共产党对乡村治理工作的坚强领导密不可分。破解乡村治理共同体建设难题，关键在于切实强化党的全面领导，要始终坚持政治引领，夯实乡村党组织的核心地位。乡村党组织是党在乡村全部工作和战斗力的坚实根基、主心骨，是推动乡村治理现代化的核心领导力量。建设新时代乡村治理共同体，要将打基础、抓基层作为固本之举与长远之计，紧紧抓住基层乡村组织建设这个关键，使党建引领乡村治理共同体建设的作用不断巩固。要将注重政治功能、政治引领作为首要任务，有效提升各级党组织的领导力和组织力，将党的政治优势以及组织优势充分转化为乡村治理效能。实践表明，坚持党建带群建，始终如一地履行和执行好组织、凝聚、服务广大农民的使命职责，既是我们党顺利推进乡村治理现代化进程的成功密码，也是不断提升乡村治理水平的关键所在。

乡村党组织引领新时代乡村治理共同体建设，是与70多年来党领导的乡村治理取得的一系列经验相融合的新型乡村治理范式。乡村治理共同体建设需要强大的政党力量统合，以保障乡村社会秩序的稳定运行。中国共产党的领导地位及其组织特性能够促使基层党组织成为乡村治理的超能型引领主体。[1] 乡村党组织是建设新时代乡村治理共同体的"主心骨"。为了有效治理乡村，乡村党组织需要不断增强自身建设，要勇于并且善于自我革命，立足乡村治理全局与乡村发展实际，真正做到"打铁还需自身硬"，整顿软弱涣散的乡村党组织。要着力增强乡村党组织的领导力、组织力、行动力，更好地处理好统领与分工的关系以及政治资源和社会资源互相嵌入的问题，最终摆脱乡村党组织日渐式微的治理困局，从而提高破解"三农"问题的能力，以此来强化乡村党组织在乡村治理共同体建设中的核心引领力。乡村基层党建唯有深深嵌入且不断融入乡村经济、政治、文化、社会、生态等治理领域，并以乡村治理共同体建设的具体治理事务为抓手，把党的原则、方针与理念逐步转化为党员联系广大农民的具体行动，才能实现基层党建与乡村治理共同体建设的互动融合。在具体的乡村治理共同

---

[1] 张明皓、豆书龙：《党建引领"三治结合"：机制构建、内在张力与优化向度》，《南京农业大学学报》（社会科学版）2021年第1期。

体建设实践中，应持续整顿软弱涣散的乡村党组织，推进全面从严治党向基层乡村不断延伸，加强日常乡村治理公共事务的监督，强力整治广大农民身边的腐败问题与不正之风。要充分发挥乡村党组织渗透有力、覆盖广泛、适应性强的特征优势，不断增强二者的互动融合，破解"两张皮"现象。

（二）发挥广大农民的主体性作用

习近平总书记指出："一切治理活动，都要尊重人民主体地位。"[①] 历史合力论也肯定了人在推动历史发展过程中的主体地位。新时代乡村治理共同体建设的智慧在民间，发挥农民主体性作用是必然要求。广大农民是乡村治理共同体建设的主要承载者，也是主要受益者及其成效的主要衡量者。村民主体性就是广大农民作为治理主体充分展现的主人翁意识和要求。[②] 作为乡村治理现代化进程中最基础也是最广泛的群体，如果没有广大农民的积极参与推动，那么治理主体彼此协作的关系就难以建构，乡村治理共同体建设就很难实现。为此，要以广大农民为治理主体。具体而言，主要包括农民主体地位坚持、农民利益实现、农民作用发挥、农民幸福感提升，这也是"以人民为中心"的发展思想在新时代乡村治理共同体建设中的具体表现。

"以农民为主体"是对乡村治理共同体建设实践中"为了谁治理"的回应。马克思主义政党和其他政党的显著不同就是站在绝大多数人这边并为之谋利益，因此它的本质属性就是人民性。马克思主义政党的立场就是人民的立场，在乡村治理共同体建设中，要坚持在党的集中统一领导下破解广大农民的困境难题，同时我们党又紧紧依靠乡村最广大农民"自下而上"地推动乡村治理共同体建设实践进程，这也就是人民立场的充分彰显。所以，新时代坚持党的领导，就是对农民主体地位的有力保障，对马克思主义立场的实践表达。此外，"以农民为主体"是对广大农民美好生活需要的现实回应。进入新时代，乡村主要矛盾发生转变，而乡村是满足人民美好

[①] 《习近平谈治国理政》第 2 卷，外文出版社，2017，第 296 页。
[②] 毛一敬、刘建平：《乡村振兴实现阶段的村庄主体性》，《华南农业大学学报》（社会科学版）2021 年第 6 期。

生活需要的突出短板,"以农民为主体"就是要加快推动乡村治理现代化进程,补齐"三农"发展短板,唯有如此,才能够满足广大农民的美好生活需要。当然,实现广大农民的美好生活向往并非一蹴而就的,需要循序渐进地予以实现,要符合科学规律并且立足于现实乡村治理基础。新时代乡村治理共同体建设实践正是践行"以农民为主体"价值立场的具体表现。

"以农民利益为核心"是确保"以农民为主体"能够真正贯彻落实的关键所在,关键在于确立"建设什么"的内容,从而才能维护"以农民为主体"的立场。在新时代乡村治理共同体建设中,"以农民利益为核心"旨在实现广大农民的福祉,补齐广大农民的利益短板,并提升其获得感、幸福感、安全感。只有确立"以农民利益为核心"的理念内容,才能确保乡村治理共同建设始终沿着维护广大农民利益的轨道前行。新时代乡村振兴实施以来,乡村治理现代化步伐不断加快,促进农民增收、改善乡村人居环境、保障乡村民生等一系列举措的提出,都是"以农民利益为核心"的具体体现。新时代乡村治理共同体建设,只有将维护、发展、实现广大农民利益作为核心理念内容,才能实现乡村共同富裕,才能组织起农民群体共同推动乡村治理现代化建设。概而论之,在"以人民为中心"的利益观引领下,要推动多元治理主体在乡村治理共同体建设进程中不断提升治理效能,最大限度地维护和实现乡村农民利益,同时要妥善处理好乡村多元利益格局中不同治理主体的利益关系,建立健全多元治理主体的利益创造、利益分享、利益协调机制,以充分确保和满足广大农民的合理利益诉求。

"以农民作用为支撑"回应了在新时代乡村治理共同体建设中"依靠谁"的问题。广大农民既是治理的主体,又是治理的对象。只有"以农民作用为支撑"才能确保"以农民利益为核心"真正实现。乡村治理共同体建设不仅在于制定方案、推动落实方案,还需要把广大农民的主动性和积极性充分调动出来,这就需要党和政府的组织动员。乡村治理共同体建设中的种种治理困境,固然与相关配套的治理政策落实不到位有关。但究其根本,是因为忽视了广大农民的支撑作用,如果广大农民的参与性不足、参与意愿不强,那么相关的治理政策也会执行不到位,甚至会"空转"。为此,在乡村治理共同体建设中,要把充分发挥农民的支撑作用落到实处,而不能脱离乡村农民群众。只有紧紧地依靠、团结、动员广大农民,发挥其支撑性作用,"以农民利益为核心"才能最终落地,乡村治理现代化进程才能顺利推进，这与"人人尽责"的乡村治理共同体建设要求也是相一致的。"以农民作用为支撑"只有在党的领导下才能更好地推动乡村治理共同体建设，这也是由党组织的"利益统合性"所决定的。

"以农民幸福为尺度"是"以农民为主体""以农民利益为核心""以农民作用为支撑"的评判标准，坚持农民幸福至上，明确了乡村治理共同体建设成效"怎么评"的标准问题。具体而言，只有坚持"以农民为主体"，站在最广大农民的角度谋划乡村治理共同体建设的治理规划、治理路线以及治理政策，这些规划、路线、政策才能够得到广大农民的拥护和支持，才会是好的规划、好的路线、好的政策，才会是使广大农民幸福指数提升的好方案；只有坚持"以农民利益为核心"，即在乡村治理共同体建设中让广大农民获益，始终把广大农民的民生治理问题放在首位，诸如收入、医疗、教育、环境、公共安全等，使他们切实感受到自己的利益得到维护和保障，这样的政绩才最有价值，才是真正"以农民利益为核心"的政绩，只有这样，才能获得广大农民的信任和支持，广大农民相应的幸福指数才会提升；只有坚持"以农民作用为支撑"，即在推动乡村治理共同体建设中始终把农民的意见、建议、智慧以及诉求纳入治理决策的考量范畴，并把广大农民的力量充分组织动员起来，使其参与乡村治理共同体建设的实践进程，真正使他们感受到自己的重要性，广大农民相对应的幸福指数才会提升，这样的治理效能才会更强。概言之，乡村治理共同体建设得好不好，关键就是要看农民的幸福度和幸福指数的高低。进一步讲，要以广大农民的幸福为标准，充分彰显乡村治理成果由广大农民共享的根本价值。要始终把这一标准贯穿于各项推动乡村农民共享的乡村改革发展进程中，使"以农民幸福为尺度"的治理标准真正得以践行。

二 价值目的：共同富裕与公平正义的目标取向

（一）遵循共同富裕的治理目标取向

习近平总书记指出："朝着实现全体人民共同富裕不断迈进。"[①] 共同富裕是党的初心和使命的具体体现。马克思、恩格斯的毕生理想就是消除压

---

① 《十九大以来重要文献选编》（上），中央文献出版社，2019，第431页。

第五章　新时代乡村治理共同体建设的实现进路

迫和剥削，建立共产主义社会。他们还深刻批判了资本主义条件下产生的严重的贫富两极分化，认为解决的方式就是消灭私有制，"把资本变为公共的、属于社会全体成员的财产"①，未来的社会生产将以所有人的共同富裕为目的，将建立起社会主义公有制，大力发展社会生产力，为共同富裕的实现奠定强大的物质基础。列宁也指出："消灭阶级——这就是使全体公民在同整个社会的生产资料的关系上处于同等的地位。"② 当前，中国特色社会主义共同富裕道路是马克思主义经典作家共同富裕思想最直接的价值实践。在马克思主义中国化时代化的进程中，逐渐形成了中国特色社会主义共同富裕观。毛泽东指出："这个富，是共同的富。"③ 邓小平强调："社会主义的本质，是……最终达到共同富裕。"④ 第一是要发展生产，第二是要实现共同富裕。可以说，实现共同富裕始终是党治国理政的根本依循，要始终把共同富裕的目标与国家基本制度紧密结合起来，扎实推动共同富裕。因为我们推动的社会主义现代化，就是要实现全体人民共同富裕，要把共识和行动都凝聚到造福人民上来。

习近平总书记指出："促进农民农村共同富裕。"⑤ 农民富不富，关乎乡村治理现代化全局。建设乡村治理共同体是实现城乡之间以及乡村内部发展平衡并走向共同富裕的重要手段，也是"强国家—强社会—富民"的重要举措。正如有学者指出，促进农民农村共同富裕是要通过乡村发展系统实现结构性变革和能级跃升，实现乡村全域性的高质量发展，高效满足广大农民美好生活需要。⑥ 新时代乡村治理共同体建设，必须充分考虑如何保障共同富裕以及怎样提高共同富裕能力。换言之，"实现共同富裕必须处理好'创造财富'与'分配财富'的辩证关系"⑦。只要围绕"共同富裕"这个治理目标，乡村治理共同体建设的治理理念就不会偏离轨道。在乡村治理共同体建设实践中，要充分保障广大农民政治、经济、社会权利的行使，不

---

① 《马克思恩格斯选集》第 1 卷，人民出版社，2012，第 415 页。
② 《列宁全集》第 24 卷，人民出版社，2017，第 395 页。
③ 《毛泽东文集》第 6 卷，人民出版社，1999，第 495 页。
④ 《邓小平文选》第 3 卷，人民出版社，1993，第 373 页。
⑤ 《习近平谈治国理政》第 4 卷，外文出版社，2022，第 146 页。
⑥ 郑瑞强、郭如良：《促进农民农村共同富裕：理论逻辑、障碍因子与实现途径》，《农林经济管理学报》2021 年第 6 期。
⑦ 鲁品越：《习近平关于实现人民共同富裕的方法论》，《马克思主义研究》2022 年第 1 期。

仅要使之成为参与者，更要使之成为乡村治理共同体建设成果的主要分享者。实现乡村共同富裕目标，并不是某一个乡村或某一个地区农民的富裕，而是实现广大农民富裕水平的整体跃升，更加强调过程和结果的公平性。实现共同富裕并不是抽象的，而是具体而明确的。促进农民农村共同富裕是具有现实紧迫性的，但作为复杂的系统性工程，促进农民农村共同富裕要构建科学的行动纲领和有效的实现路径。[1] 共同富裕不仅是奋斗目标，更是历史发展过程，需要通过一系列的乡村治理行动才能最终实现。为加快共同富裕进程，就乡村而言，一方面，党和国家通过一系列贫困治理措施，逐渐使广大农民实现脱贫，这是落实乡村共同富裕的具体手段；另一方面，通过建设乡村治理共同体，把广大农民重新组织凝聚起来，大力发展乡村产业，强化乡村集体经济的发展功能，这对于实现乡村共同富裕意义重大。另外，还要通过加快城乡要素改革、全面落实乡村振兴政策以及着力改善提升乡村民生水平，特别是加快推进乡村基本公共服务均等化，保障广大农民平等参与、平等发展的权利，助力乡村共同富裕目标早日实现。我国各地乡村治理和发展的异质性决定了实现乡村共同富裕是一项长期任务，必须循序渐进地稳步推进。为此，要坚持先富带后富的原则，乡村共同富裕并不是同时实现的，而是先富带动后富的过程，这也符合我国的经济社会发展规律，充分发挥先富带后富的效应至关重要；要坚持适度差距原则，由于各地乡村的治理资源条件、发展基础不同，不同阶段乡村发展差距会始终动态存在；要坚决消除两极分化，特别是注重缩小收入和财富差距；要坚持共建共享，强调人人参与、人人享有，在做大"蛋糕"的同时要分好"蛋糕"；要坚持效率和公平的统一，乡村发展始终是硬道理，要在不断提升共同富裕水平和层次的同时，注重资源分配公平。总之，乡村治理共同体建设是实现乡村共同富裕的必然要求，是迈向乡村共同富裕的前提基础，是推动乡村共同富裕的有力举措。

（二）遵循公平正义的治理目标取向

习近平总书记指出："不断促进社会公平正义，形成有效的社会治

---

[1] 吕德文、雏珊：《促进农民农村共同富裕的政策体系及其实现路径》，《中州学刊》2022年第1期。

理。"① 马克思主义的公平正义论更加重视实质公平，认为公平正义应该转向生产领域，而不应该仅仅停留在分配领域，根本上还是要依赖生产力的发展。离开生产关系探讨形式上的公平正义，也是"无源之水"式的虚假呈现。马克思强调资本主义私有制是造成一切不公平的根源。资本主义条件下的公平正义虽然使劳动者摆脱人身依附关系，却陷入"私有制＋等价交换"的新的依附关系，其实质上是不平等的。社会主义制度生产关系上的公平正义才是真正的公平正义。新中国成立后，在马克思主义公平正义论的指引下，中国共产党始终维护和实现人民的根本利益，充分彰显实现公平正义的治理理念。

公平正义也是建设乡村治理共同体以及实现乡村治理现代化进程中应有的核心价值取向。如果缺乏公平正义这一基础与必要条件，乡村治理的其他原则和要求也将陷入虚无。社会主要矛盾的变化对实现社会公平正义提出了新的要求。在建设乡村治理共同体的进程中，应深刻把握乡村治理共同体建设和公平正义之间的逻辑关联，并不断探索其实现路径。新时代乡村治理共同体建设不仅是实现乡村社会公平正义的重要途径，而且与乡村社会公平正义之间内在统一、相辅相成，两者统一于中国特色乡村治理现代化的伟大实践中。建设乡村治理共同体就是在立足乡村治理实践的基础上，推动乡村社会各项治理制度化、规范化、现代化、法治化，并以维护广大农民利益为出发点和落脚点，以实现乡村社会公平正义，使其更加符合中国特色社会主义的治理要求。在建设乡村治理共同体的进程中，乡村社会公平正义贯穿这个过程的始终，并作为一种治理理念影响乡村治理共同体建设的治理效能。"社会公平正义问题就是如何分配权利、利益、自由等关涉人们生存和发展的问题。"② 因此，乡村社会的公平正义实现还应该构建权利公平、机会公平、规则公平的保障体系，促使形式公平与内容公平的有机统一，这个保障体系与推动新时代乡村治理共同体的建设要求是相契合的。首先，维护广大农民的权利公平。要在乡村治理共同体建设实践中，全面增强广大农民的政治参与意识、民主法治意识、权利意识和公平意识。其次，维护广大农民的机会公平。要在乡村治理共同体建设实

---

① 《习近平谈治国理政》第 3 卷，外文出版社，2020，第 35 页。
② 卢国琪：《习近平"公平正义"论述对马克思相关理论的丰富和深化》，《理论探索》2021 年第 5 期。

践中，使个体农民都拥有平等的发展和治理机会。最后，维护广大农民的规则公平。要在乡村治理共同体建设实践中，不断地推动乡村法治化建设进程，使广大农民在法律规则面前一律平等，每个成员都必须遵守规则。当然，推动乡村社会公平正义是涉及乡村经济、政治、社会等领域的综合治理过程，要在全面深化乡村改革的大背景下，不断推动各个领域治理走向公平正义。同时，要在乡村共享发展中推动乡村社会公平正义，"共享发展的核心是将分配问题纳入以公平正义为价值主线的现代化进程中"①，因此，要让治理成果更多地惠及广大农民。当然，建设乡村治理共同体是维护乡村社会公平正义的重要手段。与建设乡村治理共同体相似，维护乡村社会公平正义也是一项长期的系统工程，不可能一劳永逸、一蹴而就，可以说，维护乡村社会公平正义永远在路上，只有进行时，没有完成时。因此，乡村社会公平正义的有效推动及实现，要始终遵循尽力而为、量力而行的治理原则，稳步推进，因地制宜，切不可"一刀切"，同时要防止"平均主义"及"两极分化"的错误倾向。

三 价值牵引：乡村公共精神重塑与核心价值观凝聚

（一）重塑乡村公共精神

习近平总书记指出："精神的力量是无穷的。"② 乡村治理共同体建设需要以强大的乡村公共精神为牵引和支撑，以增强彼此的文化认同。精神思想对社会公共治理至关重要，"人的行为是受精神思想支配的，精神思想是治理之基础"③。而有效的公共治理离不开公共精神的培育。公共精神可以理解为个体观念世界中与私念相对的以增进整体利益为旨归的价值取向。④乡村公共精神是乡村多元治理主体对乡村公共事务以及公共利益的关怀，它以乡村公共空间为基础，以乡村公共道德为支撑，以实现广大农民的共同利益为治理目标的。作为精神动力的乡村公共精神的完善，关乎乡村社

---

① 江世鑫：《治理现代化与社会公平正义的实现》，《学术交流》2020年第11期。
② 《习近平谈治国理政》，外文出版社，2014，第158页。
③ 秦中春：《乡村振兴背景下乡村治理的目标与实现途径》，《管理世界》2020年第2期。
④ 凌烨丽、李浩昇：《农民公共精神的流变及乡村振兴视域下的重塑》，《宁夏社会科学》2019年第4期。

会秩序的维护以及广大农民个体价值的实现。乡村公共精神是建设"人人有责、人人尽责、人人享有"的乡村治理共同体的重要纽带。它有助于推动乡村治理现代化进程,创新乡村治理方式,增强广大农民的公共意识。乡村公共精神是乡村社会历史变迁的产物,从传统到现代的整体性的变革重塑使我国乡村治理结构与方式发生了巨大变迁。然而,由于不同乡村之间经济发展水平、社会性质、社会结构以及地理区位空间的异质性,在不同的乡村治理阶段,对于家国同构的中国来说,乡村社会具有不同的公共精神特征和内涵。乡村公共精神孕育于儒家思想文化中,之后历经不同历史阶段而衍生出各个时代的特定的公共精神意涵。传统乡村公共精神铸就了传统乡村社会较为稳定的社会结构与生活秩序。随着改革开放的推进,乡村经济体制发生变革,乡村社会开放程度逐渐提升,乡村公共精神的现代化培育土壤也逐渐萌生,逐渐形成了以乡村民主、乡村法治、平等互信、团结协作、合作自律等为主要内容的新的公共精神特质。为此,要挖掘、批判和继承传统乡村所蕴含的公共精神特质,特别要注重培育新时代的乡村公共精神,从而以精神共识营造集体认同。另外,尤其是要营造并不断拓展乡村公共空间,强化治理主体之间的公共交往与关联互动,并为乡村传统公共精神的传承与革新提供空间场所。譬如,积极优化乡村政治性公共空间(村民议事平台),推动广大农民融入公共领域,提出公共议题,进行公共协商,形成乡村公共精神培育的共治平台;积极优化乡村生活性公共空间(庙宇、戏台、文化广场等),增强广大农民的归属感与认同感,为乡村公共精神培育提供情感、价值支撑。

(二)社会主义核心价值观汇聚"同心圆"和"正能量"

党的二十大报告强调:"社会主义核心价值观是凝聚人心、汇聚民力的强大力量。"[1] 习近平总书记指出,"要把社会主义核心价值观的要求融入各种精神文明创建活动之中"[2],多次强调核心价值观的重要作用和功能。社会主义核心价值观与新时代乡村治理共同体建设的目标高度契合,二者紧

---

[1] 习近平:《高举中国特色社会主义伟大旗帜 为全面建设社会主义现代化国家而团结奋斗——在中国共产党第二十次全国代表大会上的报告》,人民出版社,2022,第44页。
[2] 《习近平关于全面建成小康社会论述摘编》,中央文献出版社,2016,第114页。

密关联、内在统一。进入新时代，社会主义核心价值观为新时代乡村治理共同体建设汇聚"同心圆"和凝聚强大"正能量"，有助于增强社会主义集体意识和集体认同感。第一，阐明社会主义核心价值观是新时代乡村治理共同体建设的切入点。社会主义核心价值观具备强大的精神引领力量，可以最大限度地提升乡村社会的凝聚力，所以要将其普及到乡村治理的各个方面，使农民群众能够感知领悟它，要将"官方语言"化为"纯正乡音"，有效融入农民群众的话语体系，进而提升农民的价值判断力。第二，认同社会主义核心价值观是新时代乡村治理共同体建设的契合点。社会主义核心价值观作为人们的品行追求、精神支柱，具有鲜明的时代特质，反映出人们之间的交互关系，在调整和规范纷繁复杂的乡村治理关系中发挥着重要作用。要借助社会主义核心价值观的宣传教育，优化整合乡村社会各个治理主体的意识，夯实主流核心价值观的思想根基。尤其是要激发农民在乡村治理共同体建设中的主人翁精神，改善村民精神面貌，提升其责任意识，进而早日实现乡村社会的善治。第三，培育和践行社会主义核心价值观是新时代乡村治理共同体建设的发力点。社会主义核心价值观作为一种共同的目标追求，规范广大农民的思想行为，可以促使各利益群体的理念与共识的聚合，进而实现乡村的有效治理与发展进步。当前，广大农民利益诉求的异质化、多样性、动态性与复杂性阻碍了社会主义核心价值观的培育和践行。因此，唯有通过氛围营造、自觉融入、制度建设等方式，乡村多元治理主体在包容与复合的现代化乡村治理共同体建设中才能形成广泛共识，将社会主义核心价值观内化于心、外化于行。具体而言，要把培育和践行社会主义核心价值观与满足农民群众的现实利益需要进行紧密联结；要强化乡村多元利益主体的社会责任感，在责权利共生的基础上，明确各自职能，实现农民个体追求与乡村社会追求的统一与互利；要在制度设计上充分体现社会主义核心价值观的目标追求，完善督查机制，优化相关治理主体的特定责任监管体系，加大督查问责力度，使社会主义核心价值观的培育和践行步入良性循环的轨道。

第二节　新时代乡村治理共同体建设的主体共担

新时代乡村治理共同体需要构建"人人有责"的主体共同体。多中心治理理论强调多治理主体间的相互合作与共同治理。乡村治理共同体建设的关键在于激发乡村多元治理主体的主动性与内生动力，强化并重塑治理主体间的良性互动。这种治理主体间的良性互动并非各个治理主体能力的机械式简单组合、表层叠加与同质混同，而是各个异质性治理主体的责任交互与有机合力。因此，要对异质性的乡村多元治理主体力量进行精准定位、分配组合并形成整体的运行结构系统，即通过嵌入性治理主体的外部强化、内生性治理主体的"一核多元"形塑、多元治理主体力量的联结互动与矛盾化解，实现角色转换、重塑与责任回归。通过赋权增能，为多元治理主体提供实现各自预期目标及共同目标的机遇和场景，充分发挥它们的能动作用与比较优势，以强化治理主体间的关系定位并稳固相应的互嵌共生的治理结构，构建起更加合理、科学的异质性多元治理主体的责任与职能结构，从而形成资源共享、优势互补、协同互促的乡村治理主体间新型关系及共建新格局，这是合作共赢理念的充分彰显，最终是要实现内外协同共生。

一　外部强化：推动乡村嵌入性治理主体的能力提升

（一）强化乡镇党委政府的责任履行与服务能力

习近平总书记指出："要把干部从一些无谓的事务中解脱出来。"① "权力就是责任，责任就要担当。"② 乡镇党委政府要做到合法合理、尽职尽责，切实解决"错位""越位""缺位"等问题，要建立权责清单，重构乡镇党委政府的权责体系，明晰其治理边界，切实将政府责任落到实处。在这个重塑进程中，应聚焦广大农民的公共事务治理事项，不断调适乡镇党委政府的权力、责任清单，改变"权小责大"现状，从而在实现权责统一、权责对等中，增强乡镇党委政府的服务能力。乡镇党委政府应该丢掉"全能政府"的惯性思维，进一步强化其公共责任，并且朝着有限政府、服务型政府、法治政府迈进，为多元乡村治理主体提供服务，满足广大农民群众的美好生活需要，要通过县乡联动机制对乡镇党委政府"赋权增能"。质言

---

① 《习近平谈治国理政》第 3 卷，外文出版社，2020，第 501 页。
② 《十八大以来重要文献选编》（下），中央文献出版社，2018，第 564 页。

之，乡镇治理转型是以角色、职能为内在向度的结构性变革进程，包括简政放权（做减法）、强镇扩权（做加法）、优化服务（做乘法）三个面向。[①] 乡镇党委政府有效落实责任及发挥相关职能，直接关乎乡村治理共同体建设的治理风貌、治理进程和治理结果。

第一，乡镇党委政府应由全能型向有限型转换。"政府负责"并不表明"政府全托"，而是意味着"负总责""放细权""增服务"。在乡村振兴驱动的治理主体角色重塑背景下，乡镇党委政府应该从琐碎的具体乡村治理事务中解放出来，将部分乡村发展经济的职能交给广大农民，充分尊重乡村自治组织的自治权，处理好与村民委员会的关系。[②] 乡镇党委政府应该把更多的精力投入宏观层面的乡村治理体系优化设计上，以改善和优化乡村治理环境，保持乡村社会的有序稳定。

第二，乡镇党委政府应由管理型向服务型转换。要增强乡镇党委政府的服务意识和责任意识，提升乡镇党委政府为农服务能力，推动城乡公共服务逐步均等化，并提供相关有效的制度供给为其保驾护航。要从原来"管、收、批"的干预型政府转变为"扶、帮、助"的服务型政府，从原来的"行政推进"逐步转变为"服务中心"。进一步讲，乡镇党委政府不能降低其公共服务水平，而应以乡村公共服务为纽带把乡镇党委政府、村级组织和广大农民紧密关联起来。只有这样，才能实现乡镇党委政府从"主导者"向"服务者"的转变，从而为乡村治理多元主体的合作共治奠定广泛的群众基础。

第三，乡镇党委政府应由法制型向法治型转换。在推进乡村治理共同体建设实践中，要做到守法诚信，做信用政府，对广大农民承诺的事项要坚决做到，有效提升政府公信力以及与农民的对接能力。这样一来，政府权威性和合法性也将得到巩固，同时也能增进乡村社会对国家的情感认同。对于乡镇党委政府的干部而言，也要全方位提升自身的法治思维及依法行政能力。要强化法治理念、法律知识的培训，将法治思维贯穿到乡村治理共同体建设的进程中。此外，还要加强对乡镇党委政府干部的权力监督，

[①] 江国华：《中国乡镇政府治理的转型逻辑》，《政法论丛》2022年第5期。
[②] 《中华人民共和国村民委员会组织法》规定，乡、民族乡、镇的人民政府对村民委员会的工作予以指导、支持和帮助，但是不得干预依法属于村民自治范围内的事项。村民委员会协助乡、民族乡、镇的人民政府开展工作。

健全干部的法治素养考核机制，培养"法治型"干部。

第四，探索县乡联动机制以促进"赋能型"乡镇党委政府建设。要提升"赋能型"乡镇党委政府的基层政权治理能力，重新分配和优化县乡两级的公共权力，激发基层能动性。只有不断巩固基层政权，乡村治理的根基才能稳固。针对能力短板与本领恐慌的问题，要不断为乡镇党委政府减负、放权、赋能，全面激发基层"想干事""能干事""干成事"的愿望、本领与能力。特别要依法赋予乡镇党委政府统筹协调权、综合管理权以及应急处置权，强化其在处理本区域重大事务上的参与权与建议权。因此，要积极探索县乡联动机制，不断提升乡镇党委政府的协调治理能力。通过加强联动，彻底解决乡镇党委政府在乡村治理共同体建设中的"悬浮"问题，进一步优化配置乡村社会资源，更好地提供乡村公共服务，营造良好乡村社会环境，有效提高乡村治理效能，这对于乡村治理共同体建设至关重要。

（二）强化乡村企业的市场赋能与社会赋能

习近平总书记指出："工商资本是推动乡村振兴的重要力量。"① 乡村企业要与"村"真正结合起来，实现良性互动，脱离"村"谈资本下乡注定会虚无化。要及时破解乡村企业在"资本下乡"过程中的异化行为，并对其进行有效规制，以充分发挥乡村企业的市场性力量与社会性力量。要进一步发挥乡村企业力量，首先要在治理机制上进行革新，在乡村治理共同体建设进程中建立起以广大农民为主体、以乡村治理能力提升为本位的公共发展目标体系，始终坚持"资本下乡"为广大农民谋幸福的宗旨。在"资本下乡"背景下，个体农民的力量是最弱小的，特别是在话语权和表达权方面，所以要把广大农民组织凝聚起来，建立"乡村综合农协"一类的组织，构建全过程的"农民在场"治理体系。在以共同利益把广大农民黏合在一起的同时，也要不断增强广大农民依靠制度化、程序化、正当化、合法化手段来维护自身权益的意识。在使广大农民的利益诉求得到维护的同时，营造良好的乡村多元治理主体的共治环境。相关部门要积极推动乡村企业的社会资本培育，加

---

① 习近平：《论把握新发展阶段、贯彻新发展理念、构建新发展格局》，中央文献出版社，2021，第219页。

强动态监管,强化资本下乡"与民共赢"的制度设计,兼顾公平与效率的统一,使广大农民成为实质受益者。发挥乡村企业的资本杠杆功能,助力技术、人力要素全面深度融入乡村,使市场逻辑与乡土逻辑有机结合,变革传统乡村经济治理模式。乡村企业也要增强合作利益观,维持共治的有序性与稳定性,要充分发挥自己的市场性角色作用,实现乡村企业的市场赋能,为乡村治理共同体建设提供更多的资金支持。乡村企业可以凭借自己所掌握的市场性资源,拓展并延伸乡村市场的活动空间,特别是在助力乡村农业产业化与市场化方面提供支持。发展较好的企业也可以把自己的市场经营理念引入乡村治理实践中,这种嫁接和移植的治理理念是对原有的超越与更新,对于乡村治理秩序的稳定意义重大。乡村企业经营发展中的投资理念、竞争意识、机遇意识、规范意识、成本核算理念、经营策略意识等较为先进的思维方式,会革新原有的乡村治理理念,实现乡村治理再造,这就为乡村企业深度参与乡村治理共同体建设奠定了基础,如企业在村集体发展与经营管理方面可以为其提供一些帮助。另外,乡村企业还应该承担一定的社会责任,实现乡村企业的社会赋能,发挥企业家精神,为乡村治理共同体建设提供福利支持,助力乡村民生事业的改善。可以通过强化"党建+乡村企业"的发展模式,凝聚民间性的乡村社会力量,这有助于乡村企业深度参与乡村治理共同体建设。概而论之,要在改善乡村企业与村庄、广大农民关系的基础上,通过市场与社会赋能的方式,强化村企合作,实现乡村企业与村庄之间的风险共担、资源共用、利益共享。

(三) 强化新乡贤嵌入治理的带动作用与激励保障

习近平总书记指出:"积极发挥新乡贤作用。"[①] 新乡贤回归在一定程度上反映了当前乡村治理多元主体形成过程中治理主体单一、乏力且内在驱动力不足的现实治理境遇,但新乡贤推进乡村治理共同体建设的进程也势必充满机遇和挑战,需要不断成长。新乡贤在激发和驱动乡村多元治理主体的内生性力量方面发挥着不可替代的独特作用。新乡贤带回的新思维理念与新生活方式,有助于调整乡村社会结构并重塑乡村秩序。新乡贤返乡创业将为广大农民提供就业岗位,增加农民收入,助推实现以创业带动就

---

① 《十九大以来重要文献选编》(上),中央文献出版社,2019,第168页。

业的治理目标,其产生的劳动力集聚效应,有效地解决了乡村"空心化"等社会问题。新乡贤有助于培育农业新业态,推动生态、高效、绿色的现代农业发展。可见,新乡贤在乡村治理共同体建设中扮演"领头雁"的角色。长期身处于城市的他们积累了乡村治理共同体建设所必备的要素和资源,在乡村治理共同体建设实践中,他们可以凭借自身的影响力与号召力,带动一批"懂市场、善经营、重规则"的新型农民实现群体性成长,增强乡村经济发展活力,推动乡村治理现代化进程。随着新乡贤的"回归",他们在乡村治理共同体建设中的作用会更加凸显,这势必对乡村经济、政治和文化等方面的治理产生重大影响。

要通过情感利益牵引、机制建立、组织建设的方式为新乡贤"想要回""回得去""留得下"奠定坚实基础。[①] 要真正充分发挥他们的独特优势和特殊功能,进一步深化新乡贤和乡村治理共同体建设的融合程度。具体而言,首先,要构建"想要回"的情感利益牵引机制,通过精神激励和物质激励相结合的方式,激活其回乡动力。乡村基层可以建立乡贤功德碑、展示墙等,评选当代乡贤,同时要注重保护修缮乡村祠堂等物化的乡贤情感联结资源,编撰乡贤志,并且给予他们在德行和贡献等方面的荣誉称号或奖励,唤起他们对传统乡村共同体血脉同根的情感共鸣,打好礼遇新乡贤的感情牌。还可以开展极具乡村本土气息的传统特色活动,推行"崇贤"行动,吸引新乡贤定期回家乡,以增进他们与广大农民群体之间的情感联系并使之产生强烈的乡村文化归属感和认同感;在物质激励上,可以制定诸多优惠政策吸引新乡贤回归乡村,为本地乡村经济社会发展注入新活力和新动能,譬如,加大资金投入,建立健全新乡贤的人才引进机制,并给予相应的财政补贴,以此更精准地激发新乡贤在乡村治理共同体建设中的工作效能;不断弥补新乡贤在乡村的住房、医疗、教育等社会保障方面的不足,并予以坚实的政策支撑和生活保障,消除其后顾之忧。其次,建立让新乡贤"回得去"的机制。搭建新乡贤的沟通交流平台,发挥他们在乡村治理共同体建设中的"智库"优势,全面拓展治理渠道,构建立体、广泛、多层次的治理体系。新乡贤作用的有效发挥离不开良好的组织形态和组织载体,诸如各种新乡贤理事会、

---

① 龚丽兰、郑永君:《培育"新乡贤":乡村振兴内生主体基础的构建机制》,《中国农村观察》2019年第6期。

乡贤工作室等，这些组织不仅可以募集乡村治理发展资金，而且能有效化解乡村各类矛盾。最后，建立让新乡贤"留得住"的机制。激活新乡贤资源并不是把他们"捆绑"在固定的乡村空间中。要对回乡村发展的各类新乡贤予以分类，精准实施相对应的治理策略，可以把新乡贤分为学术型（文化型）、事务型（道德型）、经济型（外联型）三大类，以便及时回应各类新乡贤的不同治理需求。另外，要想让新乡贤真正"留下来"，除了正向的各种激励和支持，也要建立风险防范和约束机制，不断强化对新乡贤以及乡贤治理平台的制约监督，避免部分新乡贤在乡村治理共同体建设中扮演"家父长"角色，防止其利用自身影响力干扰乡村治理的正常运转。同时，新乡贤的监督制约机制必须在乡村自治法律法规的框架内运作，便于其接受多方监督。

二 "一核多元"：促进乡村内生性治理主体的能力激活

（一）强化乡村党组织的自身建设与核心引领

习近平总书记指出："农村党支部在农村各项工作中居于领导核心地位。"[①]乡村党组织引领推动乡村治理共同体建设，并不是只强调"一核"而弱化"多元"，而是以党建引领聚合，强调在乡村党组织统领下发挥多元内生性治理主体的自治效能，构建与多元内生性治理主体良性互动的治理态势。

第一，提升乡村党组织的领导力。乡村党组织在乡村治理共同体建设中发挥总揽全局、协调各方的重要作用，是建设乡村治理共同体的中坚力量。乡村党组织的领导力在很大程度上决定了乡村治理共同体的治理成效，即通过乡村党组织的领导功能最大限度释放所蕴含的治理效能。提升乡村党组织的领导力必须凸显政治功能，坚持抓党建、强党建、促治理，通过"筑体系"切实强化乡村党组织的领导核心地位。乡村党组织首先是一个政治组织，要充分发挥好乡村党组织的独特属性和优势，增强政治意识，把握好政治方向，在贯彻落实党中央的思想、路线、政策方面，要深入具体细化。乡村党组织必须发挥好政治引领功能，将对党中央指令的"政治传递"和对乡村社会的"政治整合"衔接起来，以保障党在乡村社会的领导

---

① 《十八大以来重要文献选编》（上），中央文献出版社，2014，第684页。

核心地位和广大群众的支持。[①]

在思想领导方面,要始终坚持马克思主义意识形态在乡村治理共同体建设中的指导作用,将之全面贯穿到乡村各个内生性治理主体中,牢牢把握乡村意识形态的主阵地和领导权,并使之和社会主义核心价值观相对接贯通,注重传承党的红色基因和党的精神谱系。特别是要在实现党的主张、贯彻党的决定、弘扬伟大建党精神等意识形态宣传方面下"绣花"功夫,为建设乡村治理共同体奠定思想共识基础。在自身组织建设方面,必须敢于"刀刃向内",消除乡村党组织自身在思想和行动层面的顽疾,唯有如此,才能树立起良好的领导形象。良好的党内政治文化是确保乡村党组织自身组织建设体系运行的肥沃文化土壤;要强化乡村党组织的先进性建设,要在逐渐摆脱乡村党组织有损党先进性形象的问题上下硬功夫和狠功夫;强化乡村广大党员干部的责任感与使命感,努力破除乡村部分党员干部的形式主义和官僚主义作风。唯有如此,才能获得多元内生性治理主体的信任与支持。

第二,提升乡村党组织的组织力。在乡村党组织政治领导力提升的前提下,要进一步提升乡村党组织在具体执行层面上的组织力,以提升乡村党组织的组织内部的覆盖力、凝聚力和组织外部的群众号召力。[②] 一方面,要不断提升乡村党组织的覆盖力,形成乡村党组织有效和有形覆盖的局面。乡村党组织要逐渐扩大覆盖面,尤其是加强在乡村经济合作社、乡村社会组织中拓展和延伸党的组织,以扩大乡村党组织的覆盖面,争取将乡村党组织的覆盖面延伸到乡村各个领域、各个角落。做到有广大农民群众的地方就有党员,有党员的地方就有乡村党组织的覆盖和影响,使广大农民群众时刻能够和党员关联在一起,使乡村广大党员时刻能够找到党组织。只有乡村党组织"网格化"的组织覆盖面不断延展,优化原有的"一村一支部"的党组织架构,逐步实现党组织的覆盖区域与覆盖密度并存,再组织化地构建"横向到边、纵向到底"的乡村党组织组织体系,才能在乡村治

[①] 李俊斌、冉琴:《乡村振兴背景下农村基层党组织政治功能论析》,《党政研究》2021年第3期。
[②] 《中国共产党农村基层组织工作条例》规定,组织群众、宣传群众、凝聚群众、服务群众,经常了解群众的批评和意见,维护群众正当权利和利益,加强对群众的教育引导,做好群众思想政治工作。

理共同体建设中不断巩固党的组织力。另一方面，要不断提升乡村党组织的群众号召力。对乡村党组织来说，只有在乡村治理共同体建设的实际行动中主动积极关心、服务农民，才能逐渐提高自身的群众号召力。为此，必须提升服务意识。乡村党组织要找准角色定位，特别是在处理和广大农民的关系上，要努力提供优质服务、树立良好服务形象，提升服务意识；必须践行服务意识，可以通过党员"积分制"管理等方式激发乡村广大党员干部的积极性，只有在不断解决乡村治理共同体建设所面临的一系列挑战，即不断解决乡村民生问题的过程中，才能真正地服务民需，满足乡村群众的美好生活需要。所以要不断提升党组织发展集体经济的能力、文化资源治理能力。唯有如此，才能更加深入人心并得到民众的支持和拥护。总之，要主动积极地融入广大农民群众，想群众之所想，做群众之想做，相应地，乡村党组织的群众号召力自然也就会不断提升。

第三，发挥乡村党组织中党员的示范和带动作用。乡村党组织对乡村治理共同体建设行动力的提升离不开乡村党员先锋性作用的发挥。在乡村治理共同体建设实践中，要通过"争先锋"激发内生动力，充分发挥乡村党员的带动作用，以促进广大农民利益的合理表达，推动广大农民积极参与乡村公共事务治理活动。要开展"党员户挂牌""党员联系农户""党员志愿服务"等各类活动，使民众的合理诉求和关切都能够顺利表达并获得及时正向的反馈；要带头遵守乡村社会规范，特别是在乡村"德治"方面形成良好的示范效应。

（二）强化村民委员会的"行权"规范与功能运转

习近平总书记指出："坚持自治为基，加强农村群众性自治组织建设。"[①] 村委会并不是基层政权组织和基层政权的派出机关，也并非科层制在国家治理神经末梢的延伸，而是由广大农民集体选举、监督并为其提供服务的基层群众自治组织。[②] 村委会是实行村民自治的执行与工作机构。面对村委会的现实困境，有必要进一步提升村民委员会的作用力，这对于新

[①] 《十九大以来重要文献选编》（上），中央文献出版社，2019，第167页。
[②] 孙玉娟、孙浩然：《构建乡村治理共同体的时代契机、掣肘因素与行动逻辑》，《行政论坛》2021年第5期。

时代乡村治理共同体建设意义重大。为此，要规范村委会的职责，正确处理好基层政权组织与村委会的关系，二者是指导、支持与帮助的关系，所以村委会要摆脱"附属行政化"角色，强化自治规则，借助村民大会、村民代表大会、村民议事会等平台，立足于广大村民的利益诉求，做好村委会的各项工作，提升村民认同度，真正做到聚民智、解民忧。

要建立健全乡村基层政权对村委会"依法行权"的监督保障体制，强化村民委员会的功能运转。法治保障能够使村委会在乡村治理共同体建设中正确发挥和行使自己的作用和职能。加强对村委会行使权力的有效监督，能够保障村委会行使权力的规范性、正当性与合法性。村委会需要借助一系列的法律规范、制度监督和程序保障来实现依法行权，即要建立宏观中观微观相结合、自上而下和自下而上相结合的多层次监督保障体系。首先，加强乡镇党委对村委会的有效监督。乡镇党委要加强对村委会的监督，确保村委会在始终把握政治原则和政治方向的基础上正确行使自己的权力，对于违反党的各项纪律的行为要"零容忍"。其次，作为基层权力机构的乡镇人大对村委会的监督很有必要，特别是要加强对村委会班子成员违法违规行为的监督，可以建立巡查制度，开展不定期的巡查，同时完善广大农民的上诉通道，组织召开关于村委会滥用职权等行为的听证会，以保障村民的合法权利。对于村委会的设立、撤销、调整等也都要加强监督，这一切都要以法律的形式予以完善，可以对《村民委员会组织法》《地方各级人民代表大会和地方各级人民政府组织法》中的相关内容进行调整完善，明确乡镇人大监督主体地位，充分确保乡镇人大监督的正当性和合理性。最后，乡镇政府也要及时加大对指导村委会的方式与内容的调适力度，建立"村级权力清单"，完善对村委会的审查制度，在党中央的相关法律文件框架内，根据乡村地方治理实际，以法律法规的形式制定本区域内村委会有关"权力行使"的条款，如一些地方政府就乡村集体经济进行专门立法，颁布关于乡村集体经济组织管理的若干意见等。此外，除了强化对村委会的外部监督外，加强内部监督也十分必要，特别是要有效发挥村务监督委员会的作用。

（三）强化村民小组的内部与外部建构

村民小组对强化村庄自身建设、提升农民合作能力具有重要的现实意义。作为乡村最小的治理单位，村民小组更容易实现与村民的直接互动，因此不能忽略村民小组效用的发挥。第一，强化村民小组的内部建构。村民小组的治理成效与小组长紧密相关。尽管行政村不能直接决定村民小组长人选，但在村民小组长换届选举时，村"两委"应对村民小组长人选进行合理恰当的引导，并强调村民小组长的重要性，这关系到组内成员直接的切身利益。要从村民小组内部动员"中坚农民"或精英人士来担任村民小组长，同时动员组内其他村民参与小组的日常治理。要健全村民小组内部联系机制，增强治理效力。村民小组规模较为适中，便于村民小组内部成员加强沟通与交流，因为小组活动有助于提升彼此的情感与利益关联度，有助于提升村民小组内部的集体凝聚力。作为村自治组织系统内的主要组成部分，村民小组要健全村民小组会议的协商程序，实现自治程序的规范化，村民小组内部的问题可以通过村民小组会议集体协商讨论，而后向村委会上报，避免外界的干扰与控制，要使村民小组能够真正为村民办理自己的事情，这有助于切实维护组内成员的合法权益。第二，强化村民小组的外部建构。村民小组处于与村"两委"、广大村民的动态互动关系中，未来应减少对村民小组的行政性干预，村民小组要成为真正的自治主体。要正确处理好村民委员会和村民小组之间的关系，二者更多的是一种协作关系，而不是隶属关系，即村民小组作为一个自治组织不应该成为村民委员会的附属。为此，在立法上，要赋予村民小组较为充分的民主自治权，避免出现对村民小组形成的"挤出效应"，要明确村"两委"和村民小组的权力边界，确保村民小组在乡村自治中的治理主体地位，从而确保村民小组能够自主处理支配属于本小组范围内的各项公共事务。尤其要处理好与村集体利益密切相关的重要事务或存在较大分歧矛盾的事项，避免受行政权力的过度介入和干预。另外，要对村民小组组长的自由裁量权进行合理限制，提高其用权的规范性，加强村"两委"对村民小组的治理监督与监管，防止权力的滥用以及"灰色空间"的滋生，从而确保村民小组的持续健康运行。总之，对村民小组的内部和外部建构要遵循"强激励、弱干预"的策略，对于村民小组内部，要激发组内村民的积极性、主动性，同时村"两委"要避免对村民小组过度的行政化干预。

(四) 强化乡村社会组织的组织化再造与服务优势延伸

习近平总书记指出:"激发社会组织活力,克服社会组织行政化倾向。"[1] 吸纳社会力量推动乡村治理符合党和国家鲜明的政策指向。"共同体"特有的社会性决定了其在推动乡村治理共同体建设进程中发挥着不可或缺的重要作用。乡村社会组织具有公共性、公益性、社会性、组织性和草根性的特征,它可以通过组织化整合机制推动广大农民的利益参与,借助多元化竞争机制增加广大农民的利益供给,凭借社会化协调机制促进广大农民的利益和谐。[2]进一步讲,乡村社会组织凭借其组织化吸纳优势以及强灵活性,已经逐渐成为联结广大农民和政府、市场的沟通桥梁。乡村社会组织在乡村治理共同体建设中具备某种意义上的场域性权力,即在某一治理情境中具有暂时性权力,这是内生权威和外在权威在某种治理情境下被赋予的结果,因此要不断优化组织形态,充分运用其独特的功能作用和制度优势,积极培育乡村社会组织的服务优势。

第一,完善乡村社会组织的组织化整合。作为乡村内生力量的乡村社会组织,能够通过组织化、集体化的利益呈现极大提升其参与乡村治理实践的水平和质量。组织化的各类乡村社会组织内部产生的认同程度较高的利益聚合,有效推动乡村社会组织内部良性互动,这种组织化的利益聚合,能够降低个体农民参与治理的成本。在利益聚合基础上会形成组织化的利益表达,从而推动乡村各个治理主体之间的民主协商进程,提高协商效率。组织化的表达方式能够把乡村治理共同体建设中产生和出现的各类矛盾化解在基层,破解个体农民的利益诉求碎片化的困境,组织化的整合有效提升了广大农民的理性化参与度,从而能够在利益聚合、利益表达基础上,最终形成理性化的利益协商机制。另外,还要及时清退和整合不发挥实际作用的、"空壳化"的乡村社会组织,减轻村"两委"负担,减少相关运行成本,进一步优化乡村治理资源。在整合优化乡村社会组织时,要按照专业化与系统化原则进行,因需而设,不能"千村一貌",要使乡村社会组织

---

[1] 《十九大以来重要文献选编》(上),中央文献出版社,2019,第264页。
[2] 张锋:《农村社会组织参与农村社区治理的利益机制与制度建构》,《学习与实践》2020年第8期。

真正落地，让治理产生实效。特别是对于新组建的乡村社会组织，要有牌子、有场所、有人员、有章程、有经费，明确"为谁服务""向谁负责"，要不折不扣按照规章制度运行，落实人员配备以及运转经费。进一步讲，可以考虑制定乡村社会组织规范法，明晰各类组织的性质、方式、工作流程及服务清单，并规定各类型乡村社会组织在乡村治理实践中的层级地位，实现乡村社会组织的有序推进与专业化运行，提升整体的治理效能。

第二，完善乡村社会组织的公共服务供给。乡村社会组织参与乡村治理共同体建设，有助于增加乡村利益供给，特别是乡村公共物品的供给总量，通过组织功能的"适度外溢"，弥补政府供给的不足。乡村社会组织还能够满足广大农民的个性化、多样化及差异化需求，即提供个性化、灵活化及差异化的乡村公共产品。概言之，乡村社会组织能够充分发挥扎根基层、贴近群众的功能优势与组织优势，通过承接、合作等形式提供有针对性的公共服务，完善公共服务供给机制，有效激活乡村社会发展活力，提升乡村治理水平。

第三，健全乡村社会组织参与的保障机制。要强化制度供给，进一步明确乡村社会组织参与乡村治理共同体建设的方式、条件、途径等，明晰其在乡村治理共同体建设组织体系中的地位与层级，充分保障乡村社会组织的职能和作用的正常发挥。要强化相关监管，确保乡村社会组织在参与乡村治理公共事务中的合法合规性。要完善乡村基层党建引领机制，"以党建促社建"，将乡村社会组织融入乡村治理主体系统的互动和协商结构，充分激发乡村社会组织的潜能和动力，有效吸纳和整合乡村社会力量，构建起乡村各类社会组织参与其中的共建共治共享乡村治理格局。另外，要拓展乡村社会组织的运转经费渠道，探索建立基于互联网平台的公益众筹机制，搭建乡村社会组织与"资本下乡"企业间的资源对接平台。同时，党和政府要完善乡村社会组织减免税政策，降低制度性运营成本。要强化乡村社会组织的人才支撑，依托本地高等院校优势，培养各类乡村社会组织的专业人才，加强基本技能培训，提升专业知识素养。地方政府也要吸纳各类专业人才融入乡村社会组织体系，做好相关的社会保障工作，让专业人才"留得住"。要统筹推进各类乡村社会组织的平衡性发展，根据乡村社会组织覆盖和服务的领域、类型以及分布结构进行统筹兼顾，以避免各类乡村社会组织的内卷化趋势以及由此带来的无序竞争，如要积极支持农村纠纷调解组织、农民文艺演出队、农村敬老院、红白理事会等组织的发展。

总之,社会唯有凭借结构化、组织化的程序,将无数"脱域"的原子化个体组织起来,才能实现有序运行。① 乡村社会组织的最大效用就是可以以组织化的方式实现有序参与并推动乡村公共事务治理,因此要最大限度地发挥乡村社会组织在联系、团结、组织参与等方面的凝聚功能,开展更多的乡村集体生活和乡村集体行动。要强化乡村的集体联系与互动,从而进一步巩固多元乡村治理主体的整体合力,自下而上地夯实乡村治理共同体建设的组织基础,在高度组织化以及法治化运行的基础上实现有效的乡村治理。

(五) 推动乡村经济合作社的组织化重塑与治理效应拓展

习近平总书记指出:"合作社的路子怎么走,我们一直在探索。"② 合作社的推行要把握循序渐进和农民自愿的原则,推行合作社就是要一步一步地把农民真正吸引进来,至于农民是否加入合作社,要看农民自身的意愿,坚持劳动者自愿联合的根本原则。要走社会主义农村合作社道路以推进农村发展和巩固农村建设。相关研究显示,合作社能够通过产权共有和资源获取机制等显著提升村民主体性,已成为乡村治理的有效载体。③ 当前,市场经济的发展使小农户和大市场之间的矛盾更加凸显,细碎化与分散化的小农户迫切需要以乡村经济合作社来集体抵御生产经营与外部市场风险。乡村经济合作社能够凭借利益关联、组织感召等优势,凝聚大批村民,积累较为丰富的社会资本,是兼具经济与治理双重功能的组织,在化解村民之间矛盾纠纷中发挥着重要作用,在乡村治理系统内部具有举足轻重的地位。④ 乡村经济合作社是在乡土社会内部产生的自主性组织,天然具备自治性,是建立在农户彼此信任的基础上的,由传统乡村地缘、亲缘关系与现代市场关系相结合构成的一种新的社会关系,能够为新时代乡村治理共

---

① 洪波:《"个体—共同体"关系的变迁与社会治理模式的创新》,《浙江学刊》2018 年第 2 期。
② 习近平:《发展合作社要因地制宜》,新华网,http://www.xinhuanet.com/politics/leaders/2020-07/23/c_1126274407.htm。
③ 崔宝玉、马康伟:《合作社能成为中国乡村治理的有效载体吗?——兼论合作社的意外功能》,《中国农村经济》2022 年第 10 期。
④ 马晶晶、胡江峰:《合作社参与乡村系统内部治理的优越性及模式选择》,《系统科学学报》2021 年第 1 期。

同体建设提供组织支撑，解决乡村治理主体弱化与社会失序的困境，而且有助于维护广大小农群体的权益。乡村经济合作社具备经济、人力等资源条件，拥有诸多共同体要素，在其他乡村内生性治理主体中拥有较强的组织号召力，所以在助力乡村治理共同体建设中，相关的资源要素、治理规模也会不断拓展，相应的话语权就会更强，市场竞争力与博弈实力也会增加，从而步入一种良性循环的运转状态。为此，必须推动乡村经济合作社的发展壮大，借助"集体化力量"增强其治理效应，实现组织重塑，统合碎片化的乡村社会治理力量，破解合作社治理在低效与低水平中徘徊的困境。

第一，强化乡村经济合作社成员的主体参与，全面激发合作社内生动力。乡村经济合作社要充分尊重成员意愿与诉求，真正将社员的参与权和受益权落到实处，织牢乡村合作社成员之间的利益关系网络。唯有如此，才能提升社员的认同感、融入感，激发其奉献精神、主人翁精神、互助意识与合作意愿。这有助于优化作为个体的社员与作为共同体的合作社之间的关系，促使社员积极参与合作社事务，使之真正成为合作社的主人而不再是被动的参与者。要加强对乡村经济合作社成员的教育和培训，不断提升成员的文化素质，增强其现代契约精神，提升其民主参与能力，推动合作社成员全面发展。合作社成员的教育培训特别要在培训内容及培训方式上下功夫，要加强在惠农政策、品牌建设、生产技术、市场规律、市场营销、市场风险规避等方面的系统培训，创新对社员的教育理念，提高培训的有效性与针对性。同时，还要创新培训形式，根据乡村经济合作社的发展需要，采取课堂讲座与现场实践相结合的方式，有目的、有规划地提升农民合作社成员素质。唯有如此，才能培育具有现代合作意识与合作能力的高素质社员，才能激发合作社的内生动力，才能促使乡村经济合作社更好地融入乡村治理共同体建设大局。总之，要构建乡村经济合作社与小农户之间话语共商、责任共生、风险共担、收益共享的互惠互利的命运共同体，助力新时代乡村治理共同体建设。

第二，强化乡村经济合作社的内部运行与外部保障，全面提升合作社的服务能力与发展质量。就合作社内部运行而言，生产性服务作为乡村经济合作社的重要功能，可以促进合作社自身的收益增长。强化合作社内部的服务功能必须提升其实体化运营能力，引导合作社与企业、科研机构等建立合作关系，注入外部资源，帮助合作社健全生产体系与营销体系，有效提升合作社实体化运营能力；必须增强合作社服务供给意愿，可以通过"基本股+发展股"的股权形式，积极推动合作社成员进行二次投资入股，使之为壮大乡村经济合作社的发展要素作出贡献，社员通过投资可以与合作社形成更紧密的利益联结，这有助于全面推动"利益链"共享，促进乡村经济合作社更加规范化地运行。与此同时，还要根据合作社实际运行状态，及时调整乡村经济合作社内部的组织架构，建立合作社内部的权威决策中心，使核心骨干与普通社员能够围绕一个核心建构，提升快速形成决策的能力，以充分提升调动运用资源并应对市场变化的反应能力，确保社员之间合作的有效与高效。乡村经济合作社内部还要建立合理的分配机制，要严格按照对合作社的贡献来分配合作社收益，确保公平公正。就合作社的外部保障而言，政府部门要根据乡村经济合作社的发展实际，在政策扶持上避免合作社依靠政府补贴来获得收益或利润的行为，要善于引导合作社按照市场法则运行，增强市场效益导向，使之逐渐形成一定的市场竞争优势。同时要健全市场风险兜底补贴机制以及合作社运行的激励机制与监督机制，在整合乡村经济合作社的外部环境、提升社会化生产能力的同时，鼓励合作社成员积极参与合作社的运营管理，有效增强社员彼此间的凝聚力，确保合作社的持续稳定发展。对合作社进行内外部的建构，有助于充分发挥乡村经济合作社在乡村治理共同体建设中的服务优势。

（六）提升广大农民显性参与治理的积极性、秩序性与有效性

习近平总书记指出："发挥好农民主体作用，激发和调动农民群众积极性主动性。"[①] 建设乡村治理共同体必须坚持以广大农民为主体，只有切实维护广大农民的主体地位，始终坚守"农民在场"原则，并不断满足广大农民的利益需求，才能提升广大农民的参与力，使其有序、主动、积极、有效地参与其中。为此，要通过提升农民主体性来强化广大农民的参与力，立足农民的真正需求，形成推动乡村治理共同体建设的时代伟力。

第一，推动乡村情感共同体的再造，借助文化"共同在场"，牵引呼唤农民"主体性回归"，以提升广大农民的参与力。作为精神纽带的乡村文化，发挥着凝聚广大农民共识的功能，并对广大农民生产生活方式产生重

---

① 《十九大以来重要文献选编》（上），中央文献出版社，2019，第 763 页。

要影响。随着乡村现代化的发展，广大农民的朴素传统的价值思维方式也发生了深刻变革，传统乡村文化日渐式微。这就决定了在新发展阶段农民主体性回归所需要的乡村情感共同体建构更加迫切。为此，要积极挖掘、运用好乡村优秀的传统文化资源，延伸乡土文化价值，这有助于形塑乡村情感共同体。除了情感的塑造，广大农民"主体性"归位也需要使情感和利益之间达成相对平衡状态。推动"城归"农民群体回归乡村，也要在一定程度上满足其基于理性的个人经济需求和"家乡情怀"。因为只有"共同在场"才能深化共同的记忆与情感，引发情感共鸣，使广大农民紧紧凝聚在一起。总之，要以共同的文化印记唤起共同的文化记忆，在这种情感联结的共同体场域下，经过这个情感共同体的建构历程，自我意义感就会显著提高，相应的参与力度也会逐渐提升。

第二，推动乡村经济治理活力重振，激发广大农民"利益主体"身份认同，为广大农民主体性重塑奠定物质经济基础。随着乡村人口流动的逐渐加剧，相应的乡村治理要素也随之被抽空。面对主体"空心化"、动力"停滞化"的现状，提升乡村经济治理活力势必成为重构农民主体性的关键。经济基础决定上层建筑，在乡村经济发展重振的基础上，使发展与农民的需求偏好相吻合，广大农民的参与力自然会提升。首先，要让广大农民留下来，广大农民在促使乡村人气重新集聚的同时，激活乡村治理的内生力量。在城乡融合发展背景下，党和政府要继续加大对乡村治理要素的持续投入，使乡村成为安居乐业的美好家园，培养造就一大批新型的、扎根乡土的、以农民为主体的乡村治理主体，为广大农民参与力的提升提供前提条件。其次，要发展乡村产业，让广大农民助力乡村产业形态多样化，推动乡村产业振兴。农民在获得大量实实在在的经济利益后，自身的主人翁意识就会被激活，真正成为乡村治理共同体建设的治理主体和受益主体。

第三，提升广大农民的组织化程度，有效提升广大农民的参与力。分散的农民在逐渐组织起来的过程中，主体性得到提升的同时，对乡村治理的参与力度也会随之提升。在市场经济时代，重构农民主体性势必要把个体化的农民重新团结凝聚在一起，构建起组织化的联结形态，并逐渐使这种组织形式的合作走向深入。这种"合力效应"越强，广大农民的参与力也就会越强。在具体的实践场域中，要以乡村合作社组织为支撑，实现集体力量传递效应。大力发展农村合作社等组织有利于广大农民互助机制的形成。广大农民在乡村合作社组织中构建起来的复杂关系网络，促成了人的"共同在场"，成为广大农民参与力提升的黏合剂，有力地打破了乡村空心化的困局，发挥了广大农民主体性的积极效应，有助于最终形成规范有序的集体行动。

第四，农民自身发展能力的提高是广大农民参与力提升的根本所在。"农民的主体性不是板结化、同质化、固定化的，而是具有可塑性、异质性、流动性的。"[①] 对农民的教育培训是提高农民参与行动能力的重要方式。要积极统筹调动各类社会资源，通过开展文化下乡、农民培训班等丰富的教育活动，弥补广大农民教育的短板。在具体的治理实践中，要积极构建多元的培训体系、多样的培训模式，不断适应市场多样化以及高质量发展的治理需求，从而打造出适应新时代乡村治理共同体建设要求的新型农民，使之成为推动乡村治理现代化的主力军和推动者。

三　协同共生：增强乡村嵌入性与内生性治理主体力量有效互动

习近平总书记指出："必须发挥多元主体作用，落实好各方责任，推动形成社会共治格局。"[②] 协同治理理论强调要在发挥各治理主体优势的同时，使各治理主体之间成为密切合作、相互关联的有机体。乡村异质性多元主体处于共同的地域治理空间并共享多样的乡村治理资源要素，是互利合作、互惠共生的利益共同体，所以实现彼此的协同共生与互利共生至关重要。新时代乡村治理共同体建设是乡村嵌入性治理主体与内生性治理主体双向互动的过程，也是基层党委政府与乡村社会双向互动的过程，彰显乡村纵向治理主体结构与横向治理主体结构的相互交织、关联互动与协同共生。个体和组织之间及组织内部的有效互动，无论是以何种方式途径来推动，总归是在强化乡村各类治理主体之间的交流、沟通与合作，破解"合力不足""偏利共生"等问题，实现协调运转。而且，这有助于多元治理主体纵向与横向拓展的"网络化"结构的构建与运行，这种结构作用功能的充分发挥关键在于每个治理主体在"网络化"结构中处于合理的"位置"以及扮演应有的"角色"。这种结构消解了原有治理主体权力的"中心—边缘"

---

① 王进文：《农民主体性在场的乡村振兴事业：经验局限与拓展进路》，《理论月刊》2020年第11期。
② 《十八大以来重要文献选编》（上），中央文献出版社，2014，第395页。

结构。乡村异质性多元治理主体的不断延展，无论是纵向拓展还是横向延伸，都充分体现了"国家退场"逐步释放"社会治理空间"和"市场力量"的结果，加速了利益关系的分化调整以及乡村社会利益结构的重塑。

（一）增强乡村异质性多元治理主体彼此间的纵横联结互动，以实现最优治理效应

第一，实现乡镇党委政府与村"两委"的纵向治理关系协同。乡村治理共同体建设的出路绝非自治或者行政管理的二元选择，而是整合自治力量与行政力量共同推动治理。[①] 要建立国家和乡村社会的"双向交互嵌入式"关系的调适路径，实现自治与行政管理在乡村治理共同体建设中的二元协调发展。具体而言，乡镇党委政府要逐渐减少"乡政"对"村治"的行政干预，完善各自的权责边界，让村"两委"真正回归自治，因为乡镇党委政府与村"两委"并非行政性的上下级隶属关系，而是指导与被指导的关系。首先，可以强化县级政府对乡镇党委政府与村"两委"冲突的有序化解调控，把调控结果效果纳入绩效考核评价体系，依据"谁主管、谁决策、谁负责"的原则，明确落实到人，避免冲突化解形式化。其次，完善相关法律与制度化安排，明确与合理划分各相关主体的职责权限，使之有章可循、有法可依，确保村干部能有足够精力处理村庄"内务"。再次，要严格划定自治权和行政权的界限，一方面，进一步明晰乡镇党委政府对乡村自治指导的具体事项，规范其指导权，促使其在村"两委"的认同而非强制、命令的基础上开展有关指导；另一方面，村"两委"要正确行使自治权，确保制度实施的公开化、透明化，避免实施执行简单化、主体单一化。最后，要努力将以乡镇基层党委政府为代表的行政式治理框架和以村"两委"为代表的自治性治理框架进行对接，寻找共同的治理出发点与利益联结点，以实现乡村治理制度强制性变迁与诱致性变迁的统一。村"两委"在遵循乡镇党委政府相关政策方针的指示基础上，要善于探寻符合乡村治理实际的自治方法，进而充分激活农民的"主人翁"意识，在提升村集体凝聚力的同时，进一步丰富村民自治内容，提升乡村自治实践效果。

---

① 毛一敬：《构建乡村治理共同体：村级治理的优化路径》，《华中科技大学学报》（社会科学版）2021年第4期。

第二,正确处理好村"两委"的横向治理关系。明确乡村党组织和村委会的职权和职责,对村"两委"内部的决策运作要做到科学规范,合理的分工对于村委会的独立运行很关键。首先,厘清村级"党政"关系。合理规范的党政职责分工,是构建中国特色党政关系的重要方面。因此,处理村级党政关系是保障村委会行使自治权的基础前提。要在《村民委员会组织法》框架内,建立健全村委会的权力以及责任清单,将乡村自治中具体性的治理事务交由村委会专属负责,同时也要对乡村党组织在乡村治理共同体建设实践中出现的"以党代政"行为进行制度约束,只有这样,才能保障村委会相对独立运行。而对于村"两委"具有重叠、双方都绕不开的交叉职权,可以适当在执行乡村治理具体事务的运行环节和程序上进行解构,从而保持村委会的相对独立运行空间,真正实现自主性治理。其次,厘清村"两委"关系,还要不断优化乡村党组织对村委会的领导方式。[①]要敦促乡村党组织把最主要的治理精力放在村务规划、决策以及乡村长远发展方面,明晰村支部书记的职权范围。要发挥好村民代表会议和村第一书记的作用,它们为正确处理村"两委"关系提供了重要指引,尤其是村民代表会议在乡村党组织和村委会之间建立起"缓冲带",为村"两委"实现相对独立自主与建立共识机制奠定了基础。再次,村党支部书记和村委会主任等班子成员的定期轮换交叉任职也可以有效化解和缓和村"两委"之间的矛盾,实现村委会独立行使权力的正当化,要进一步强化交叉任职工作的制度化和规范化。最后,优化对村"两委"干部的激励。基层组织建设十分关键,这就要求村"两委"由基本素质过硬且态度意识积极上进的群体构成,因此要注重减轻村干部的行政负担,坚持"权随责走、费随事转"的原则,借助"协助政府治理协议书""履职、履约清单"等做法,规范村级组织承办的行政事务,对于部分代行政事项,要注重配套专项资金。要适当优化对村"两委"干部的激励,更好地发挥村委会在乡村治理共同体构建中的作用,摆脱"低效"甚至"无效"的治理状态。还可以通过晋升与财政激励等方式来予以实现,特别是提升村干部工资待遇,同时也要

[①] 《中华人民共和国村民委员会组织法》规定,中国共产党在农村的基层组织,按照中国共产党章程进行工作,发挥领导核心作用,领导和支持村民委员会行使职权;依照宪法和法律,支持和保障村民开展自治活动、直接行使民主权利。

不断健全与优化村"两委"干部的工作环境，通过相关配套机制缓解村干部工作和生活压力，解决村干部的后顾之忧，使他们能够有更多的时间和精力投入构建乡村治理共同体的实践中去。另外，还要注意避免和防范"一肩挑"的负面效应。在治理实践中，要尽力避免"一刀切"的"一肩挑"模式，要坚持实事求是的原则，根据各地乡村发展实际决定是否实行以及如何实行这种模式，要有正确的认识和相对客观的评估，如相关村委会的村干部是否具有广泛群众基础、是否具备任职条件、是否具备政治素养等。在条件不成熟的情况下强力推行，也很难有效发挥"一肩挑"制度优势，反而会降低乡村治理的整体效能；要通过规范合理的民主选举程序实现"一肩挑"。"一肩挑"需要在民主选举程序中坚持党管干部原则，换言之，基层党委政府需要在恰当的时候以恰当的方式依法有序地介入"一肩挑"的民选程序，特别是要对当选者的政治素养进行监督把关；建立健全与"一肩挑"模式相适应的权力监督机制，有效规避"独揽大权""独断专行"的治理风险。

第三，妥善处理好村"两委"与乡村社会组织、乡村经济合作社的横向治理关系，以实现彼此的互补合作。秩序的建构离不开乡村正式组织和乡村社会组织、乡村经济合作社的共同作用。社会组织在推进集体行动、紧密关联民众关系、紧密联系公共权力部门和社会个体等方面具备独特优势。[①] 村"两委"和乡村社会组织、乡村经济合作社是否能够在分化的利益中重塑乡村秩序，减少彼此间差异，实现对乡村有限治理资源的共享目标，加强村庄内部凝聚力，取决于其是否能够建立健全彼此的协商治理机制。较为理想的状态是，村"两委"通过和乡村社会组织、乡村经济合作社的沟通、交流、协商逐渐让渡一定的权力，特别是经济发展的相关权力，进一步释放村庄自主性，增强治理活力，确保能够在村庄内部构建一个新的分工体系，并重构有效权力平衡和权利增加的协调体系，以实现预期的治理目标。概而论之，随着乡村社会组织、乡村经济合作社渗透进乡村生产生活领域，其相应的自治能力明显提升，这有助于改善乡村治理的政治生态环境，使乡村治理主体结构系统发生变革。

第四，整体理顺和优化乡村嵌入性治理主体与内生性治理主体的纵横

---

① 曹海军、曹志立：《新时代村级党建引领乡村治理的实践逻辑》，《探索》2020年第1期。

治理关系。如前所述，新时代乡村治理共同体是由纵向行政逻辑和横向自治逻辑构成的复合式的"重层结构"系统，彰显出上下互通的行政力量与自治力量的交会。但是，在乡村治理共同体建设的实践中，除了要发挥好纵向治理与横向治理的功能，还要注重加强纵横治理力量的联结互动。具体而言，要整合与构建权威执行力量（乡镇党委政府、村"两委"、村民小组）、市场推进力量（乡村企业、乡村经济合作社）、社会支撑力量（新乡贤、乡村社会组织）、个体基础力量（广大农民）四种嵌入性与内生性治理主体的力量。要经过系统化的整合重塑，推动乡村正式性治理主体与非正式性治理主体逐渐走向深度融合与良性互动的治理状态，从而发挥它们各自的优势与作用，实现资源互补，减少重复性建设，真正实现乡村治理异质性多元主体的内外协同。

（二）有效化解乡村异质性多元治理主体彼此间的利益矛盾，以实现协调平衡

新时代乡村治理共同体建设需要实现乡村治理主体的系统性地科学整合，以理顺主体关系和化解利益矛盾，从而实现乡村治理主体结构的重塑。乡村社会是多元治理主体的聚合，经过利益的系统性整合与重塑后，每一个参与乡村治理的个人或组织都有相对明确的分工，拥有相应的职能和作用、权力和责任、利益和义务，构建起一系列的机制联结，形成整体性的治理主体系统。在这个乡村治理主体系统中，它们互促互进、密切配合，个体不再是"游兵散卒"，它们借助共同体的合力充分确保乡村治理进程中的各项任务要求能够落到实处。面对乡村治理现代化的开放性、流动性和多元性，面对急剧变迁的乡村治理主体结构，面对建设乡村治理共同体以及实施乡村振兴战略的各项治理重任，面对多种多样的乡村治理问题和矛盾，乡村治理主体结构需从"一元治理"转变为"一核多元治理"，从而消除乡村多元治理主体间的结构张力，并彻底打破传统乡村社会"一元主导"的治理体制格局以及制度惯性。如前所述，实现乡村多元治理中单个治理主体的角色重塑及彼此关系协调，只是初步打造出了共建共治共享的乡村多元治理主体性框架，并且为乡村治理共同体建设提供主体层面的基础依托。而通过建立科学的多元治理主体的利益耦合机制来化解治理难题，则为其提供了主体层面的支撑。各个治理主体在乡村治理共同体建设过程中能否有效发挥各自的能动作用至关重要,特别是多元内生性乡村治理主体,推动他们联合行动并实现乡村治理效果最优化,是乡村治理共同体顺利推进的关键。为此,要培育乡村各个治理主体的共同意识和共同价值,发挥其能动性,使其积极参与到乡村治理共同体建设中;要推动各乡村治理主体协同共治,并通过能力、利益、权责等方面的协同予以实现,进而形成"权责一致、权能相称、优势互补"的多元治理主体共建格局,以顺利实现乡村治理效果最优化的治理目标。具体如下。

第一,培育乡村治理多元主体的共同体意识以化解彼此间利益矛盾。共同体意识是乡村治理共同体建设的先导。培育乡村共同体意识为乡村善治提供了价值选择。新时代乡村治理共同体的建设是基于共同的利益和价值需求而培育出的社会共同体。共同体的多元化决定了不同乡村治理主体利益诉求的不同,因此要整合各类乡村治理资源,瞄准共同体的利益结合点,并寻求共同体利益的最大化。首先,要寻找利益平衡点,为共同体意识培育创造条件。乡村各个治理主体不同的利益诉求导致了矛盾和冲突的产生,要培育共同体意识就必须寻求不同治理主体间的利益平衡点,实现多方主体的合作共赢。在乡村治理共同体建设实践中,多元治理主体间需要寻求利益的平衡点,乡村党组织、村委会、普通村民等治理主体要实现协同共治。唯有如此,才能有效化解不同乡村治理主体间的冲突矛盾,缓解彼此紧张关系,营造共同参与乡村治理共同体建设的良好治理氛围,使共同体意识得以形成并发挥应有的作用。其次,提升各个治理主体的思想认识水平,为共同体意识培育创造条件。乡村治理中多元内生性治理主体的思想认识水平不同,造成认知层面的差异化,很难凝聚思想共识。因此,需要全面提升不同治理主体的思想认知水平,通过社会主义核心价值观教育、解读党和国家关于乡村治理的政策文件精神等方式,凝聚政治共识,提高其认知度和认可度。认知差距的缩小会带来有效的交流沟通,进而促使各个乡村治理主体的积极性和主动性提升,从而提升共同体意识的培育效果。再次,还要注重规范乡村多元治理主体的价值导向,为共同体意识培育创造条件。价值理念是乡村治理共同体构建中的重要元素,面对各个治理主体日益多元化的价值观,需进行价值理念的重塑,以形成价值共识。最后,健全乡村治理体系,提升主体的参与度。借助乡村"三治"融合,提升广大农民的主体性地位,推动不同的乡村治理主体在乡村治理共同体建设中平等协商、优势互补以及有序参与,这为共同体意识培育创造了条件。

第二,治理能力的提升有助于乡村治理多元主体化解彼此间的利益矛盾。随着乡村治理效能的提升,乡村各个治理主体的治理水平与治理能力也会得到有效提升。首先,要精准定位乡村各个治理主体的角色,科学重构其自身角色,从而提高乡村治理韧性,并为乡村内生性治理主体能力和水平的提升起到助推作用。其次,强化乡村多元内生性治理主体间的联结互动,有效发挥"一核多元"在乡村治理共同体建设实践中的作用,从而实现内生性治理主体能力和水平的全方位跃升。最后,强化广大农民的公共精神培育。只有形成集体主义和以人民主体性为核心的村民话语权,才能真正实现乡村治理共同体建设。因此,要推动乡村公共文化建设,完善实践载体,使广大农民感受到文化的"温度",真正产生对自身文化的情感共鸣与认同,打破个体农民"私我"意识的局限,建立起符合乡村治理实际的公共精神,提升广大农民的参与能力和话语表达能力,促进乡村善治的实现。

第三,共同利益塑造有助于乡村治理多元主体化解彼此间利益矛盾。乡村社会是一个多元利益共存的场域,建设乡村治理共同体也是各方治理主体利益不断凝聚的过程。马克思主义共同体思想的核心,就是治理主体间的共同利益协调融合。可见,乡村治理共同体建设也是利益凝聚的过程,共同利益与共同命运是新时代乡村治理共同体建设的内在动力,缺乏共同利益,乡村治理共同体就难以建设。乡村共同的生产生活场域以及特定的文化环境催生了广大农民共同的利益需求,如生活环境、公共安全等,这些乡村公共事务关乎各个乡村治理主体的切身利益。正是在这种乡村公共利益的推动下,形成了多元化格局。换言之,共同利益是推动乡村多元治理主体合作行动的根本动力。为此,要协调多元治理主体的利益,在良性的互动协商进程中彼此适当让步,以实现乡村整体利益的平衡。为了保证利益协调的顺利进行,还要健全多元利益协同机制,公平合理的利益协同及分配机制是乡村治理多元主体行动力有效提升的关键。为有效避免某一治理主体"强势"而导致多元治理弱化和虚化,应建立健全利益表达机制,要利用信息技术手段,加强政务公开,为多元治理主体的利益诉求表达提供载体,使不同的治理主体能够借助沟通交流的渠道,在增进彼此互信的同时,有效化解彼此利益的冲突。

第四,权责匹配协同与新型的治理主体分工体系构建有助于乡村治理多元主体化解彼此间利益矛盾。权责匹配协同是指相关治理主体所拥有的权力应当和其所履行的责任相适应。建立清晰的多元治理主体的权责关系、厘清多元治理主体的权责边界，是各个治理主体有序参与乡村治理共同体建设的重要条件。要明晰各个治理主体的权责清单，将权与责进行精准匹配，为各个主体的共同行动创造良好有序的运行环境。作为多元乡村治理主体领导者的乡村基层党组织，需要处理乡村复杂关系并实现有序互动；乡镇党委政府应加强对乡村的日常服务，满足村民的服务需求；村委会要注重保障村民的监督权并听取村民的日常反馈，增强村民的主人翁意识及对乡村集体的归属感；乡村社会组织要充分发挥其服务优势，特别是发挥在服务广大农民方面的重要作用。权责匹配协同还需要建立参与机制、沟通表达机制、问责监督机制等多种机制的共同支撑，使乡村治理共同体得以真正贯彻落实。唯有如此，才能厘清各治理主体间的行为边界，形成权责匹配的多元主体治理格局，进而提升多元治理主体在建设新时代乡村治理共同体实践中治理任务划分的科学性。另外，注重构建各个治理主体间的新型分工体系，即垂直分工与水平分工相结合，推进垂直管理和横向协作，化解主体间的利益矛盾。过去乡村治理主要以自上而下的垂直分工格局为主，各个治理主体间根据权力大小形成领导与被领导关系，各治理主体之间地位不平等、自主性较低，且关系容易固化。在未来的乡村治理共同体建设中，治理主体的分工势必呈现垂直型分工与水平分工相结合的形态，这有助于克服重复治理弊端并提升治理效率。当然，在注重各个治理主体间分工的同时，也要注重主体间的协同与协作，这也是分工的重要保障。因此，乡村多元治理主体要依据自身的特点，确定在整个治理分工中的角色位置，发挥各自优势，将乡村关系网重新构建起来，形成一个新的力量，实现彼此利益的协调平衡。

第三节　新时代乡村治理共同体建设的秩序共融

新时代乡村治理共同体需要构建"人人尽责"的秩序共同体。要通过乡村"三治"（自治、法治、德治）规则的融合，实现三种治理规则的相互协调与优势互补，使乡村治理规则能够发挥整体性治理力量，提升治理主体间关系的协同性；通过乡村智治工具的赋能，促进乡村治理多元主体治理力量的凝聚和治理能力的提升；通过健全乡村民主协商方式，赋予各个治理主体平等表达的权利，促使其相互沟通、团结协作，汇聚社会治理共识和智慧。这些构成了乡村治理共同体内部有序运行的重要支撑。概言之，凭借"三治"规则、智治工具、民主协商方式，有助于在规范乡村多元治理主体的行为、汇聚其能力、平衡其利益的过程中，提升村治的稳定性与彼此互动的有序性，使广大农民都能够体会到遵守秩序的志趣以及践行秩序的益处，进而最终实现乡村治理秩序的互促共融，为新时代乡村治理共同体建设提供"纵向到底、横向到边"的持续有序化运行及秩序保障，奠定坚实基础，提供手段支撑。

一 "三治"融合：重塑乡村治理秩序共融的规则

习近平总书记指出："健全自治、法治、德治相结合的乡村治理体系。"[①] 乡村社会既有正式的自治与法治规则，也有非正式的德治规则，它们维持着乡村的治理秩序，并且不同的规则在乡村治理共同体建设中承担的分工、发挥的功能与作用的大小是存在差异的。可见，不同规则的结构设置与配比影响乡村治理效果。任何单一的治理规则都难以实现乡村治理秩序的最优状态，强化乡村"三治"的深度融合，实现"多规合一"，提升整体性治理效率，有助于破解乡村治理共同体建设中的治理失序困境，提升各治理主体的认同感，为实现乡村有效治理奠定坚实基础。

（一）自治夯实：以自治为基增活力，完善乡村自治服务

乡村自治代表乡村的"民主秩序"。进入新时代，乡村自治的实践更加积极活跃，强化乡村自治服务，实现从"形式"到"规范"的转化，有助于调动乡村多元治理主体参与乡村治理公共事务的积极性与主动性，凝聚广大农民的治理力量，实现人人尽责的目标要求。

第一，健全乡村自治的组织体系。作为自治的组织载体，乡村自治组织主要包括村民委员会、村务监督委员会、村民小组会议、村民会议、村民代表会议等。各类组织必须在乡村自治组织体系的框架内，根据组织性质、结构和承担任务的差异，做到各有其位、各司其职，履行好决策、执

[①] 《习近平谈治国理政》第3卷，外文出版社，2020，第25页。

行和监督职能。其中,承担决策职能的组织主要是村民会议和村民代表会议,承担执行功能的组织主要是村委会和村民小组,村民委员会是整个乡村自治运作中的中坚力量,而承担监督职能的组织主要是村务监督委员会,对乡村公共事务的治理进行全过程监督。乡村自治的组织体系要在推动乡村治理共同体建设中进一步明晰权责关系,同时要根据广大农民的治理需要,实现乡村自治组织的开放包容和有效运行。要进一步畅通广大农民的利益组织化聚合及表达渠道,全方位提升乡村自治组织的组织化水平。除了正统的乡村自治组织体系,还需要在乡村治理共同体建设中,将乡村自治单元进行下沉,建立健全乡村"微自治"组织,如以院落、巷子为单元成立村小组或村社以下的"微自治"组织,采取强激励、弱干预的方式,赋予村民更多的自主权,做到"小事不出组",从而更加充分地释放乡村自治的活力,发挥其功能和效用。随着乡村自治单元的"下沉",乡村自治的内容也要逐渐细化分解到各个自治单元,推动相关服务和管理"下沉"。根据实地调研,成都市龙泉驿区 T 村,按照姓氏划分,实行了院落自治,比如制定了邓家院落自治公约,每一个院落设定一个"院落管家"对院落进行管理,定期召开院落自治代表大会,主要讨论的事项包括院落人居环境、院落安全、公共卫生、院落志愿者服务等。

第二,健全乡村自治的内容体系。要不断规范与完善乡村事务的程序性、公开性、透明性,积极引导广大农民参与到乡村各项公共事务的决策环节,淡化乡村自治过程中的行政化色彩。[1] 乡村基层民主建设的基本形式是乡村自治。一是要以民主选举为前提。民主选举在乡村自治体系中处于最基础性的地位,对其他"三个民主"的影响最大,民主选举质量的高低关乎其他"三个民主"的运行状况的好坏,从而影响整体的乡村自治能力。民主选举顺利运行目标的实现,和广大农民的民主意识以及公共参与意愿密切相关。要培养广大农民的主人翁意识,激发他们参与选举的热情,同时借助大喇叭、公告栏、互联网新媒体平台等各种方式进行宣传教育,为乡村民主选举营造良好的运行环境和氛围。为了进一步提升民主选举质量,要强化民主法治观念的教育,保障广大农民的选举权和被选举权等民主权

---

[1] 杨君、周自恒:《治理过密化:理解乡村社会中国家联结个人的一种方式》,《公共管理评论》2022 年第 2 期。

利,要让他们充分认识到自己拥有民主权利的神圣性,深刻体会到人民当家作主的意义。二是要以民主决策为基础。民主决策带来的影响重大,直接决定乡村自治成效。因此,要在乡村民主决策环节中严格执行"四议两公开"①,即在重大事务商讨中,必须让广大农民的意见得到充分表达,进而使决策的科学性、民主性得到展现。村民会议是村级最高决策组织,事关乡村重大的治理事项,所有事项只有经过全体乡村农民的讨论决定之后,才能具备权威性,进而才能进一步落实和执行。三是要以民主管理为依托。民主管理要靠制度管人管事,要依照村民自治章程、村规民约、专项制度等进行。四是要以民主监督为保障。开展民主监督一定要进一步明确监督主体、明晰监督对象、建立健全村务监督机构以及相关的制度举措,同时要凸显监督重点,尤其是财务以及决策工作。

(二) 法治保障:以法治为本强刚性,完善乡村法治规范

习近平总书记指出:"法律是治国之重器。"② 乡村法治代表乡村刚性的"法治秩序"。乡村法治能够以强有力的方式保障乡村治理共同体建设的顺利推进,是在乡村自治基础上的进一步规范,乡村治理多元主体依靠"法律"来推动乡村治理现代化并实现乡村善治,同时又以乡村法治对乡村治理进行强制约束和规范引导,并借助乡村法治手段,实现"人人尽责"的目标要求。坚持法治为本就是在乡村自治基础上,通过法治理念构建起乡土中国的秩序和稳定,为人民当家作主提供制度供给与政治支撑。③ 面对新时代乡村治理共同体建设中的"法治"薄弱环节,必须进一步提升乡村法治功能的适配性以及融合度。乡村治理中的法治表明,法治对多元乡村治理主体的权利保护与行为约束是同等有效的。在乡村法治的框架下,对多元乡村治理主体的行为边界和行为内容的要求是全面清晰的,乡村法治能够有效约束非法行为,是维持乡村治理共同体建设的强有力规则。进一步讲,要善于发挥法治的保障功能,运用法治思维全面认识统筹乡村多元治

---

① "四议两公开":村党组织提议、村"两委"会议商议、党员大会审议、村民会议或村民代表会议决议,决议公开、实施结果公开。
② 《习近平关于全面建成小康社会论述摘编》,中央文献出版社,2016,第94页。
③ 陈松友、卢亮亮:《自治、法治与德治:中国乡村治理体系的内在逻辑与实践指向》,《行政论坛》2020年第1期。

理主体，凭借法治规范明晰乡村多元治理主体的功能地位，并在法治框架内促使乡村多元治理主体走向协作。

第一，推动以广大农民为本位的乡村治理法治化。要加强对广大农民的法律保障，全面提升其法治意识。要不断加强乡村法治宣传教育，将广大农民作为法治宣传教育的主要对象，努力实现"法律无死角"目标，让法治意识深入农民心中。尤其要提高司法工作人员的积极主动性，使之深入乡村基层，入户普法，并借助互联网络新媒体平台进行宣传，真正把法律法规和法律知识普及并贯穿于广大农民群体中，提升其法治素养以及维权能力。要大力弘扬社会主义核心价值观，及时纠正与法律法规以及社会主义核心价值观相背离的村规民约。对于发生在广大农民周边违法违规行为，要依法严办，强化法治监督，只有这样，村民法治意识才能真正增强。另外，除了对乡村治理多元主体进行普法宣传，还要进一步明晰乡村治理多元主体依法参与乡村治理共同体建设的方式、途径、条件，强化法治监督管理，确保其合法合规性。

第二，不断完善乡村法律制度。法规表征为一定的利益目标和价值选择，具有强制性、权威性的特点，能够通过约束主体行为来规范相应的治理秩序。[①] 完善配套的制度体系，关乎法治在乡村治理共同体建设中如何把认识转化为实践的技术规程和技术践行的问题。首先，实现乡村法治有效需要立法先行，要不断健全乡村治理的法律框架，尤其是涉农法律法规，形成配套衔接、层次分明、结构有序的法律制度体系，要构建起乡村经济、社会、生态等方面的系统化的法治保障，强化乡村法治保障的法律法规设计，并提高可操作性。还要重视村规民约和国家法律制度体系的衔接，实现"硬法"和"软法"的有机结合，在现有的法律法规框架内，要适当结合习惯做法、伦理道德等制定本地域范围内的制度化规则体系，以实现村规民约和相关法律法规的有效匹配。因为任何制度的设计，都要与乡村具体实情相结合，否则就难以有效发挥作用，只能成为空想。在立法过程中，必须坚持在乡村纲领性法律框架内不断提升立法的精细化、可行性，要通过乡村高质量立法不断推动乡村高质量法治化进程，实现化解乡村社会矛

[①] 贾义保：《论新时代农村社会治理创新的逻辑进路》，《南京师大学报》（社会科学版）2021年第3期。

盾、推动乡村有序运行的价值目标。其次,实现乡村法治有效需要规范乡村执法。一方面,要构建起以乡镇党委政府为引领的科学的执法格局;另一方面,要加强乡村治理执法队伍的建设、管理和监督。要积极推动相关的执法力量、执法资源向广大乡村倾斜,定期开展培训教育,不断提升乡村执法队伍的执法能力;要不断强化对乡村治理执法队伍的管理,通过严格考核,把基层执法队伍开展乡村治理共同体建设实践的法治化成效作为衡量工作的重要标准,乡村治理共同体实践的快速推进,要求乡村干部形成法律思维,增强法治意识,始终做到知法、懂法、带头守法,并且严格依法办事、依法治村;要强化乡村法治化监督,严格问责,特别是对牵涉群众利益的懒政、乱政行为进行问责;要健全执法队伍的网格化监督,主动将乡村治理实践进程中的执法行为置于广大农民的监督之下。最后,强化乡村司法保障。司法是维护公平正义的最后一道防线。要不断提升司法流程、结果的透明度,采用协商、调解、信访等多种形式,为广大农民提供司法援助,积极做好司法领域的群众工作,让司法腐败无法藏身,进而提升司法公信力。概而论之,只有不断健全涉农法规,有效调整和规范多元乡村治理主体之间的关系,明晰各个乡村治理主体的法律地位,科学界定彼此的权利和义务关系,才能提升多元治理主体间的契合度,才能确保乡村治理共同体建设的法治秩序真正形成。

第三,建设法治乡村。要实现"乡村法律服务体系的分层、深入与下沉"[1],健全乡村矛盾化解机制。乡村公共法律服务特别要侧重对弱势群体基本权益的关注与保障,帮助社会公众清除法律障碍。[2] 实地调研发现,一些发展条件比较好的乡村都建立了司法调解室,司法人员实行坐班制,为村民提供法律服务,乡村法治通过这种方式真正逐渐深入乡村多元治理主体的心里,使之做到入脑、入耳、入心,形成了遇事依法、办事找法、化解矛盾靠法、解决问题用法的良好法治氛围。总之,完善乡村法治体系必须严格遵循全面依法治国理念,把社会主义法治精神融入乡村法治建设进程。要大力弘扬和践行法治精神,充分发挥乡村法治在乡村治理共同体建

---

[1] 徐婧:《"三治融合"乡村治理体系的"法治"进路》,《华中农业大学学报》(社会科学版)2022年第1期。
[2] 段浩:《乡村振兴战略背景下法治乡村建设的理论逻辑及其展开》,《西南民族大学学报》(人文社会科学版)2022年第8期。

设中的行为规范、权利保护、价值导向功能，助推乡村治理现代化实现。推动乡村法治建设不仅有助于形成对乡村治理共同体建设的"定序"，而且能够为新时代乡村治理共同体建设"增能"，进一步强化了乡村治理相关主体的权威性和规范性。

（三）德治约束：以德治为本促柔性，完善乡村德治运行

乡村德治代表乡村柔性的"礼治秩序"。乡村治理多元主体的力量既需要乡村德治凝聚，又需要乡村德治予以规范引导。并且，乡村治理共同体建设需要借助乡村德治手段，以实现"人人尽责"的目标要求。乡村德治还能够增强乡村自治有效性，弥补乡村法治的不足。德治通过构建一整套公共规则，即根植于普通民众内心的日常伦理，从而使整个社会可以正常运转。[1] 而乡村德治则是运行在乡村社会躯体中的血脉，塑造着乡村运行的伦理规范，滋养着农民群体的内心准则，维系着乡村共同体的精神支柱。新时代以来，乡村德治加快推进，逐渐嵌入并不断深度融入乡村治理体系。发挥乡村德治在推进乡村治理共同体建设中的应有作用，需要以乡村德治的温度形成软约束。要注重充分发挥道德的非正式权威性功能，凭借潜隐性的规劝引导，矫正影响社会秩序稳定的偏差行为，全面提升乡村整体性道德水准，形成整体性的风险应对秩序。[2] 以德治村是长期的系统工程，必须结合乡村治理共同体建设实践，循序渐进、因地制宜地推进，从而不断提高乡村德治水平。新型乡村德治的构建应该基于当前乡村发展实际，与全面提升乡村治理能力现代化的目标相衔接。

第一，注重运用好乡村优秀传统文化，推动传统德治的创造性转化与创新性发展。传统乡村历经现代化的冲击与洗礼，既对现代性充满向往，又没有完全和传统割裂，这和乡村自身的属性紧密相关。中华传统美德是中华优秀传统文化的重要组成部分，是推动当前乡村道德建设的不竭源泉。因此，新型乡村德治的重塑，是传统和现代相互交融而非决裂的结果，是对传统乡村德治的延伸与升华，特别是对理念维度上的和谐共济、重义守

---

[1] 乔惠波：《德治在乡村治理体系中的地位及其实现路径研究》，《求实》2018年第4期。
[2] 张震、唐文浩：《韧性治理共同体：面向突发公共风险的乡村治理逻辑》，《南京社会科学》2022年第10期。

信、勤俭持家等优质文化,要进行新的诠释和弘扬。进一步讲,乡村德治建设就是要深入挖掘中华优秀传统文化蕴含的人文精神及现代价值,从而使之实现创造性转化、创新性发展,使广大农民在接受优秀传统文化的过程中能够达到内化于心、外化于行的状态,使乐于助人、诚实守信、崇德尚法等优秀品质成为广大农民的内在精神和价值追求。还要树立先进道德典型,用榜样的力量激励广大农民在道德规范层面上奋力前行,用美德的感召力和向心力把乡村多元治理主体凝聚在一起。在具体实践中,可以开展"最美大家庭""最美院落""道德模范"等多种形式的道德评选活动,让优秀的乡风民风贯穿于整个乡村治理共同体建设实践中。只有这样,乡村多元治理主体才会更有凝聚力、向心力。

第二,推动社会主义核心价值观和新"四德"(社会公德、职业道德、家庭美德、个人品德)嵌入乡村现代新型德治体系。在弘扬中华优秀传统文化的过程中,社会主义核心价值观凭借其丰富的底蕴和内涵融入乡村德治建设,我们要善于将"官方语言"转变为朴素的"纯正乡音",逐渐融入农民群众可接受的话语体系,使之真正地扎根,得到农民群众的真心拥护。这有助于使社会主义道德观念内化为广大农民的自觉意识和自觉行动,成为现代乡村广大农民践行的道德规范和行为准则。在社会主义核心价值观以及《新时代公民道德建设实施纲要》的指引下,将这"四德"建设融入现代乡村新型德治体系,有助于进一步发挥德治的功能。推动乡村社会公德建设,有助于提升乡村治理共同体建设的整体凝聚力,要增强广大农民的公共责任意识,运用公共舆论道德监督功能,发挥好村规民约的重要作用;要推动乡村职业道德建设,加强"政德""商德"建设,并积极提升新型职业农民素养;要推动乡村家庭美德建设,强化家庭教育,涵养优良家风;要推动广大农民的个人品德建设,重视提升其自我道德认知,强化其自我道德实践。唯有如此,才能增强多元乡村治理主体的价值判断力和道德责任感、社会责任感,形成各个治理主体责权利共生共依的治理格局。

第三,发挥村规民约在乡村德治中的作用。作为乡村内生性秩序的外在表征,村规民约要反映传统习惯法中的良善内容。村规民约是植根于传统乡村文化习俗的,能够折射出村域内多数村民普遍认同的伦理规范。[①] 作

---

① 费雪莱:《伦理视角下我国乡村德治的实践逻辑》,《青海社会科学》2018年第6期。

为非正式制度的村规民约在乡村正式制度供给不足的情况下发挥重要的弥合作用。目前广大乡村仍然存在诸多调节社会关系的非正式制度。民间习俗、村规民约等本身就是推动乡村德治的重要资源。这些传统规则来源于广大农民在长期交往中自发构建的行为准则，也是维护乡村社会秩序的根本性规范。尽管这些非正式制度并没有明确的强制力，却有着较强的生命力。村规民约承载着厚重的乡土记忆，是根植于乡土社会的秩序规范，是推动乡村有序运行的重要"契约"，对多元治理主体具有重大的规范作用。要充分挖掘传统规则的道德意涵，并使之与社会主义核心价值观相对接，发挥其规范乡村秩序的作用。概言之，村规民约既具有道德教化功能，也对乡村治理有促进作用，是乡村伦理道德建设的有效方式。建设新时代乡村治理共同体，要充分发挥村规民约的建设性作用，增强其可操作性，赋予其新的时代特色，发挥其道德教化及乡村德治的重要功能，切实达到约束治理主体行为和保障治理主体利益的双重效果。同时，要通过合法性审查确保村规民约在村治实践中的实施效力，着力避免村规民约成为"墙上文字"。实地调研发现，成都市龙泉驿区T村注重挖掘传统文化，并结合乡村实际情况制定了村规民约，主要分为修德行、教孝悌、睦相邻、尚文风四个方面的内容。在平日里，村"两委"重视对村规民约进行宣传普及，开展各种活动，注重在细微之处下功夫，使村民们易于接纳、便于遵守，更好地发挥其在乡村治理现代化进程中的独特作用。

第四，要充分发挥乡村党组织凝聚民心以及新乡贤道德引领的作用。乡村党组织发挥核心作用，是凝聚民心与引领发展的核心力量。要在乡村党组织引领下发挥好新乡贤在乡村德治推进中的引导作用。乡贤是国家权力与乡村之间的"缓冲带"，承担"承上启下"的治村之责。新乡贤是乡村文化的传承者，乡村风尚的引领者，发挥着以德服人的作用。新乡贤可以"克己修身"，发挥示范引导作用。新乡贤具有"重善"的品质、"重义"的情怀、"重突破"的精神，具有示范性和影响力，可以有效激发广大农民"向善""向好"的内生动力。另外，新乡贤作为德才兼备的综合人才，既可以发挥"以德劝人"的道德能力，又能施展"以技树人"的专业能力。不管是"离土"还是"归土"的新乡贤，都能够凭借专业的知识、方法影响广大农民的生产生活，拓宽村民的视野。大部分新乡贤群体都比较关注乡村发展，希望能够在维护乡村社会秩序以及增强乡村道德文化中发挥应有的作用，他们的价值理念、行为方式、个人修养对广大农民产生了重要的示范性影响。实地调研发现，成都市蒲江县 S 村通过村史村志、历史人物、乡贤故事等方式，影响广大村民。例如，该村陈某扎根乡村 30 多年，创立了陈氏调解法（热心、尽心、耐心，维权意识和法治意识），奔波于法治宣传第一线，为村民解决各类矛盾纠纷千余起，是村民心中的"和事佬"。总之，把乡村德治纳入乡村治理共同体建设进程，也有益于凸显其在实现乡村善治中的重要作用和功能。

（四）"三治"一体：以乡村"三治"的深度融合实现治理规则的多规合一与结构均衡，完善乡村"三治"整体统合功能

乡村"三治"代表乡村的"整体治理秩序"。乡村"三治"一体在于实现"三治"的优化组合及功能互补，不是"三治"的简单叠加，而是相辅相成的有机整体。其中，每一个治理规则与整体治理规则都是部分与整体的关系，三者互为补充。"三治"一体下的乡村治理实现了治理主体的多元化、治理模式的复合化、治理内容的多样化，是乡村民主力量、规范力量、柔性力量的融合。这种"三治"一体下的乡村治理所具备的叠加与协同效应的优势，在新时代乡村治理共同体建设实践中具有出场的可行性与必然性，即"三治"一体凭借丰富灵活且有效的治理功能、主体、资源等优势条件，在乡村治理共同体建设的运行中发挥至关重要的作用。乡村"三治"一体凭借"自治传统""法律下乡""德治资源""主体多元"等有形和无形的社会资本，能够最大限度地降低乡村治理的运行成本，满足乡村各个多元化内生性治理主体的利益诉求。概言之，三种治理规则只有良性互动，才能更加契合现代化的乡村治理目标。

第一，构建治理目标协同和结构配比机制。新时代乡村"三治"一体助力乡村治理共同体建设意义重大，其共同目标是实现乡村善治并推动乡村治理体系和治理能力现代化。为此，要瞄准乡村"三治"一体与其目标导向的契合点，朝着共同的治理目标协同发力。推动"三治"一体并不是随机结合，也绝非"三治"平均发力，而是要根据所拥有的治理资源以及所面临的治理困境来采用适当的"三治"组合方式以及结构配比，进行权重配置与组合，以实现最佳治理效果。为此，要根据具体的乡村治理实践类型，明晰"三治"的组合方式，各地域的乡村治理状况千差万别，不能仅仅从一般意义上进行探讨，必须分类施策、精准治理；要根据乡村治理的具体事务，明确乡村"三治"的结构配比，始终做到因事而异，具体问题具体分析。

第二，构建治理功能互补机制。乡村"三治"一体推进是一项乡村治理系统工程，这种系统性表现在乡村"三治"各自作为一种治理方式，彼此之间既相互促进又相互制约，共同服务于乡村善治的总目标。各具特色的乡村"三治"，只有互相融通，才能聚焦"三治"契合点进行发力。如果离开乡村自治，乡村法治和乡村德治就会失去基础依托；离开乡村法治，乡村自治和乡村德治就会失去外在制约；离开乡村德治，乡村法治和乡村自治就会失去精神滋养。乡村法治的健全是乡村治理通往"德治"的基本条件与制度保障，同时还要健全完善乡村德治，为乡村自治、乡村法治提供精神支撑。

第三，构建简约高效的党建引领下的乡村"三治"统合机制。乡村"三治"一体是一个有机系统，势必要立足于全局和整体，以系统化思维对其进行机制安排，即根据融合性要求调配乡村"三治"，"实现乡村治理各要素的互联互动、有机统一"[①]。换言之，倘若"三治"都单独发挥自己的作用，就难以形成治理合力，就会导致乡村治理成效大打折扣。因此，要构建党建引领下的乡村"三治"一体机制，确保统一领导和系统推动，以实现"三治"一体的系统性和整体性。只有把党的领导嵌入乡村"三治"一体的整个体系，才能强化对乡村"三治"一体运行规则关键环节的把握，并督促乡村"三治"一体各环节的规范运行。同时，要把乡村各个治理主体汇聚到一起，可以设立由乡村党组织统领的乡村"三治"一体推进工作小组，全面负责"三治"一体推进中的政策规划、要素整合、监督评估等具体治理事宜。要通过各个治理主体的分工明确、各司其职及协同运转，实现群策群力，共同推动乡村"三治"一体推进机制的完善。当然，党在乡村"三治"一体中扮演的是领导者、监督者角色，主要是发挥管大局、把方向、定规则、强监督的作用。乡村党组织凭借"覆盖广泛、渗透有力、适应性强"的优势在乡村"三治"一体中发挥战斗堡垒的作用，由此形成"一核多治"局面。总而言之，党建引领下的乡村"三治"一体机制能够使

[①] 卢福营、王子豪：《有效性取向的乡村治理整合式创新》，《浙江学刊》2019年第2期。

乡村治理从碎片化转为协同化，由单一化的治理效能转为系统化的整体治理效能。

第四，构建乡村"三治"一体推进的绩效评估机制与公众参与机制。乡村"三治"涉及资源的投入和组合选择。要立足治理成效和有序稳定两个维度来构建绩效评估指标。就治理成效的评估指标而言，主要包括"五位一体"的各个方面；就有序稳定标准而言，主要包括乡村社会矛盾化解程度、乡风文明状况、乡村社会治安等。绩效评估有助于科学掌握治理成本与治理效度的比例关系，有助于在乡村"三治"一体推进中依据治理实践不断提升既定的乡村"三治"模式的有效性与适应性。另外，以公众参与机制夯实乡村"三治"一体的群众基础。要注重培养广大农民的公共意识和公共精神，切实把社会主义核心价值有机融入乡村"三治"一体推进的全过程，引导广大农民自觉履行法定治理责任和义务；在乡村"三治"一体中强化广大农民对乡村治理发展目标以及治理公共事务的关注，提升其对乡村的自我归属感和责任感，形成公众参与的有效机制；要畅通利益诉求渠道，构建一个激励和保障广大农民参与的规范化、制度化机制。

二 智治支撑：赋能乡村治理秩序共融的工具

（一）乡村数字化技术嵌入有助于推动治理规则的高效实施和打造多元主体共治格局，以消解治理难题

党的二十大报告强调："完善网络化管理、精细化服务、信息化支撑的基层治理平台。"[1] 习近平总书记指出："要运用大数据提升国家治理现代化水平。"[2] 乡村数字化能够降低乡村治理规则供给层面的集体选择成本，提高适配性与供给效率；能够提高乡村治理规则在执行方面的冲突解决机制与监督惩罚机制的运行效率，实现规则有效落实；能够促进乡村治理规则在

---

[1] 习近平：《高举中国特色社会主义伟大旗帜　为全面建设社会主义现代化国家而团结奋斗——在中国共产党第二十次全国代表大会上的报告》，人民出版社，2022，第54页。

[2] 《习近平关于网络强国论述摘编》，中央文献出版社，2021，第134页。

维护层面相对应的交流平台的搭建，为其提供必需的软硬件支撑。① 乡村数字化技术的不断嵌入，有助于多元主体共治格局的形成，有助于摆脱乡村流动性治理困境、丰富基层民主形式。② 互联网技术一旦与乡村相结合，不仅能唤醒乡村生机活力，而且会衍生出诸多新样态，乡村的社会基础与社会结构也会被整合重塑，所以必须及时地做出调整与适应。③ 乡村治理空间主要是为多元乡村治理主体处理和解决乡村公共事务而搭建的，多元治理主体间的关系及行为模式受其所在治理空间的方式、规则和制度的约束。它既可以形成于地理空间，也可以形成于数字化的虚拟空间。区块链、大数据和人工智能所推动的智能技术发展，正在形塑新的乡村治理空间——乡村数字化治理空间。这一空间在打破传统实体物理空间的基础上，运用新型智能化手段嵌入乡村治理现代化进程，使原有的乡村治理内容与形式发生深刻变革，为新时代乡村治理共同体建设提供了新的现实契机。随着乡村人口流动的不断加快，乡村流动性特征逐渐显现，乡村治理主体时常处于"缺位"状态，这给乡村治理带来了新的挑战。传统的物理空间的治理方式显然不能适应和满足当前新的治理需要。为此，如何加强乡村流动治理就成为重要的实践课题。而技术的嵌入能够最大限度地将乡村流动人口凝聚在新的数字化空间中，增进彼此的互动交流，以此强化其向心力与凝聚力，进而提升乡村治理效能。技术的嵌入实现了多元治理主体的"时空脱域性互动"，替代了原来的"共时性物理在场"。

数字乡村建设凭借数字信息技术的运用，使治理主体增能、治理方式优化以及治理共同体再造。④ 数字技术对原有乡土性、粗放性以及非专业化的乡村治理能力进行了重塑，使其转变为具有现代性的综合治理能力。⑤ 这也为新时代乡村治理共同体延伸并开辟了新的治理空间。在虚拟的数字化治理空间中，可以借助"线上乡村"的方式，继续推动乡村治理事务的信

---

① 王亚华、李星光：《数字技术赋能乡村治理的制度分析与理论启示》，《中国农村经济》2022年第8期。
② 冀鹏、马华：《现代性构建中的乡村技术治理演化逻辑》，《行政论坛》2022年第2期。
③ 李传喜：《"条件—形式"视角下农村基层治理体制变迁与创新》，《党政研究》2020年第6期。
④ 丁波：《数字治理：数字乡村下村庄治理新模式》，《西北农林科技大学学报》（社会科学版）2022年第2期。
⑤ 贾秀飞：《复合语境下技术赋能数字乡村建设的运行逻辑与实践检视》，《电子政务》2022年第5期。

息交流、处理执行等。乡村智能技术的嵌入从根本上改变了原有的乡村治理方式、关系与结构。处于流动中的治理主体借助数字化空间平台参与自己所在乡村的与自身利益相关的公共事务的治理行为,就形成了乡村数字化治理行动。这一行动使流动的治理主体真正地融入乡村治理进程而不是被边缘化,这种方式及时弥补了乡村流动治理存在的不足,从而助推了新时代乡村治理共同体的建设进程。乡村数字化空间治理需要借助智能化的技术手段,搭建数字化网络平台。进一步讲,乡村数字化空间治理不需要乡村治理主体处于在场状态,他们可以与所在的乡村处于不同的时空。乡村数字化空间治理可以简化参与程序并有效降低乡村流动人口参与治理的成本。乡村数字化空间治理是高度依靠云平台技术实现治理空间转换的,为处于流动状态的乡村治理主体及时参与乡村治理公共事务提供了便利条件,打破了以往乡村流动人口频繁地往返于两地的参与状态。多元治理主体可以通过在网络上平等对话、消除误解、化解分歧,找到利益共同点,寻求利益整合的方案,实现利益趋同的目标。[①] 总之,乡村数字化空间治理通过搭建多元乡村治理主体之间的信息交流平台,不仅能够极大提升广大农民之间的"黏合度",实现跨地域和跨人群的信息互通,而且有助于强化不同乡村治理主体的角色认知,从而形成一种不同于现实乡村社会组织结构的公共网络空间,助推多元治理主体协同治理格局的构建。乡村数字化空间治理强化了乡村公共舆论监督,提升了个体农民的公共责任意识,重塑了既有以村"两委"为单一权威来源的村庄权力结构。数字治理空间逐渐成为重要工具手段,"数字化+乡村治理"的推进使个体能够突破时空分离带来的局限,从根本上变革了个体与群体的行动特征以及彼此之间的联结方式,进一步优化了乡村治理现代化的运作机制。"数字化+乡村治理"将逐渐成为乡村治理的一种新手段和优势,它让智能化技术真正成为乡村多元化治理主体之间彼此联结和相互沟通的桥梁,并为建设乡村治理共同体提供了现实的发展契机。

(二) 乡村数字化技术的运作图景重塑与治理效能提升

大数据时代的到来推动了技术治理向乡村基层的深度延伸。乡村智治

[①] 周红云:《社区治理共同体:互联网支撑下建设机理与治理模式创新》,《西南民族大学学报》(人文社会科学版) 2021 年第 9 期。

代表乡村的"数字化运行秩序"。乡村多元主体治理力量的凝聚和治理能力的提升需要以乡村智治为支撑,同时也需要借助乡村智治工具,实现"人人尽责"的目标要求。乡村智治在乡村治理共同体建设中发挥科技支撑的作用,能够有效推进"智慧减负",是实现乡村治理现代化的关键依托。随着数字化时代的来临和数字化与信息化的深入推进,乡村数字化治理成为未来发展的必然趋势。新型的数字要素只有与具体的治理体系、资源和机制等治理条件相适应,才能真正发挥出它的"乘数效应"。作为一种技术支撑,乡村数字化治理能够重塑乡村治理流程、方式与结构,能够通过将乡村治理主体系统纳入治理核心圈,对乡村治理效能进行有效的科学化评价。在乡村数字化治理进程中,要把握好现代与传统的张力,避免陷入单一的"技术主义""工具主义"陷阱,要实现数字化工具的灵活转化,汲取其正向价值,正确处理好乡村"数字化"和"治理"之间的关系,即要将"数字化"作为手段,使之服务于"乡村治理"这个本质,为建设美丽数字乡村作出有效探索。

具体来看,首先,乡村数字化治理打破了传统科层制下的行政主导、条块分割的管理理念。数字化服务的治理理念强化了政府与乡村社会的互动,强化了乡村治理主体系统内部的互动。开放共享的数字化治理理念促进了乡村各个治理主体积极参与乡村治理实践。整体协同的数字化理念使乡村的治理要素以及治理结构得到优化调整,数字化技术充分彰显了"去中心化"的特点。其次,乡村数字化治理推动了网络建构。乡村数字化治理推动了乡村治理的再结构化,为乡村提供了自我管理的"云平台"。广大农民借助微信、QQ等线上聊天群实现彼此间的频繁沟通交流,这有助于互相监督,实现了从"碎片交流"到"共享互通"的转变;乡村数字化技术成为广大农民表达自身需求的"传声器",他们可以借助相关平台把自己的实际诉求直接传递给政府,替代了之前通过层层传递来表达自身需求的方式;乡村数字化技术在一定程度上打破了城乡二元结构,增强了城市与乡村的时空联系,重塑了新型城乡社会网络。最后,乡村数字化治理赋能乡村治理体系的数字化。乡村数字化技术依托互联网、大数据技术嵌入乡村各个治理领域,推动了乡村治理技术革新,同时也推动了乡村数字化应用;乡村数字化技术推动了乡村治理机制革新,优化了数据业务和服务流程,实现了"技术多跑腿,村民少跑路";乡村数字化技术推动了乡村治理模式革新，改变了之前的单向治理局面，逐步构建起共建共治共享的乡村治理共同体。概言之，乡村数字化治理推动整个乡村治理体系成为更加开放包容的治理体系，助推了人人参与监督的新局面的形成。可以说，它实现了治理资源的共享和不同治理主体的协同共治，为新时代乡村治理共同体建设提供了新的行动契机。但是，基于乡村的地域性、差异性和复杂性，全国各地乡村治理类型、区位条件、发展状况存在异质性，乡村数字化治理推进也势必存在不同。所以必须顺应乡村治理的演进趋势以及治理规律，稳步有序地推动乡村数字化治理进程，避免产生新的"数字治理鸿沟"，提高数字乡村治理的匹配度与适应性。

为了进一步提升乡村数字化治理的效能，实现外部供给和内部治理需求的无缝对接，需要从以下几个方面予以优化。第一，加强乡村治理数字化基础设施建设。要加大对乡村的资金支持力度，补齐数字化基础设施短板。要加快乡村服务终端数字化改造，扩大乡村边远山区、贫困地区4G网络覆盖面，打通"最后一公里"，探索5G在乡村治理领域的全面应用，建立高速畅通、服务便捷的信息通信网络；对于在乡村地区运营数字化基础设施的企业，要给予资金补贴或者相关的税收政策支持，对相关的科研技术单位进行奖励补助；要完善偏远乡村数字化服务普惠机制，加强数字化治理技术支持，切实提升广大农民的获得感、幸福感；加快乡村全产业数字化建设进程，实现一、二、三产业的全方位数字化赋能，包括水利、电力、农业基础设施、冷链运输等。第二，要建立综合的乡村治理数字化平台。加快市级统筹下的一体化"一站式平台"、"一张网服务"数字化平台建设，整合各地区碎片化的与数字化相关的治理资源和服务资源，搭建统一的"融媒体+政务服务"综合型乡村治理平台，实现民类、政类、商类服务平台协同一体运行；要构建统一的各类信息、数据共享交换平台体系，健全跨层级、跨地域、跨部门互认共享机制，破解数据信息来源碎片化和复杂化难题；要加快制定乡村治理数字化平台建设的相关标准，包括标准设施、覆盖内容、实施效果等治理平台的建设标准和评估体系。第三，加快乡村治理内容数字化。积极推动数字化技术在村务管理中的应用，包括在乡村社会保障、应急管理、公共服务、公共安全、生态环境等治理领域的覆盖，打造一批乡村公共事务治理的数字化转型项目建设工程，加快乡村治理内容数字化进程。第四，完善乡村治理数字化多元治理主体参与的持续运行机制。加快构建"一核多元"式的乡村治理数字化治理多元主体共建共治共享机制,同时要维护乡村数字化平台运营中的信息数据安全,及时防范数据被窃取的风险;探索构建以乡村基层党建为引领,以互联网平台为载体的广大农民的互动交流平台,如构建"联络微信群",建立线上"共同在场"的互动机制,鼓励乡村治理主体在平台上发表建议意见,有效提升广大农民的参与度与认同感,进而使乡村广大农民在数字化治理环境中深刻体会到数字化技术带来的便捷感。第五,培养乡村治理数字化进程中的"数字人才"。当数字化参与真正成为每个人的生活习惯、工作方式和行为准则时,各类乡村治理主体才能真正融入数字化治理体系。要开启乡村数字技术教育下乡进程,根据乡村各个治理主体的需求,提供免费的、有针对性的数字技能培训服务。通过数字化技术赋能,广大农民在数字能力和数字素养提升的同时,乡村治理数字化服务的质量效益以及精准度也会提高。第六,健全乡村治理数字化的制度体系。要对不同乡村治理主体在数字空间中的行为进行相应监管,出台相应的政策制度予以保障。同时,数字空间的公共性要求各个乡村治理主体应自觉维护数字空间的安全稳定运行。第七,增强乡村治理数字化进程中的人才支撑。高素质的数字化治理人才是推动乡村数字化治理的关键。要构建人才激励和保障政策,积极引进专业能力强的数字化人才。同时,要借助乡村治理数字化的"互联网治理空间",以乡村治理数字化治理主体扩充为契机,培养造就一支具有完备数字化思维的"三农"人才队伍。

总之,乡村智治不仅要注重"智治"表面的"光鲜亮丽",更要看到"智治"背后的建设内涵和"真实成绩",使"智治"能够真正反映治理的真实性与有效性。要着重关注乡村数字化赋能后的治理手段能否真正满足广大农民的真实需求,摆脱"唯技术至上"的错误认知,始终遵循"治理"的初衷与本意。乡村智治要始终坚持以民为本的价值理念,有效整合乡村数字化平台、场景与资源,通过乡村治理主体在"两个空间"(实体空间和虚拟空间)的良性互动,乡村数字化治理的方式将极大延伸和拓展新时代乡村治理共同体建设的广度、深度和厚度。

三 民主协商：夯实乡村治理秩序共融的方式

党的二十大报告强调："基层民主是全过程人民民主的重要体现。"① 习近平总书记指出："我们要坚持有事多商量，遇事多商量。"② 民主协商作为一种新兴的民主形式，具备广泛包容性特质，其倡导的理念、方式与机制有助于乡村公共利益的聚合与实现，能够和新时代乡村治理共同体建设相契合。民主协商的独特价值在于促使异质性的社会个体在平等对话以及理性协商的过程中形成一致性价值共识，使个体利益诉求与共同体利益取向高度适配，进而实现社会治理成果的广泛认同。③ 民主协商赋予各个乡村治理主体平等表达的权利，促使多元治理主体相互沟通、团结协作，汇聚社会治理共识和智慧。④ 要注重打造优质自治平台，强化民主协商，只有建立起程序合理且环节完备的民主协商体系，才能寻求不同利益群体的最大公约数，使之共同维护乡村的和谐稳定与健康发展。⑤ 乡村治理主体及治理事务的复杂性决定了乡村治理共同体建设的实践过程是多元治理主体持续互动协商的动态治理过程。同时，强化民主协商的主体联结功能也能够不断提升乡村治理效能，有助于找回乡村"自治性"，让乡村自治落地，既提升了乡村治理效能又能及时融入乡村治理共同体建设全局，助推"人人尽责"的乡村治理共同体建设，进而不断推动乡村治理现代化进程。

第一，建立健全乡村民主协商的有效实现方式。在具体的乡村治理共同体建设实践中，对于乡村治理中具体公共事务的处理，要弘扬民主协商精神，实现人人可协商、处处有协商的目标，充分激发多元治理主体的内生动力，让多元治理主体都有人人尽责的机会，达到集民意、汇民心、聚民智的目的。乡村民主协商具有理性商讨、集体协商、形成共识的典型特征。随着广大农民维权意识以及民主意识的不断攀升，要引导他们全面参

---

① 习近平：《高举中国特色社会主义伟大旗帜　为全面建设社会主义现代化国家而团结奋斗——在中国共产党第二十次全国代表大会上的报告》，人民出版社，2022，第39页。
② 《习近平关于社会主义政治建设论述摘编》，中央文献出版社，2017，第65页。
③ 包大为、杨晓彤：《社会治理共同体的公共性价值理念与实践指向》，《教学与研究》2022年第1期。
④ 武贺：《论建设社会治理共同体》，《兵团党校学报》2020年第5期。
⑤ 贾义保：《论新时代农村社会治理创新的逻辑进路》，《南京师大学报》（社会科学版）2021年第3期。

与和有序参与，做出符合最广大农民根本利益的决策。乡村多样的利益结构决定了乡村民主协商在未来有广阔的空间。为此，要处理好基层党委政府与乡村民主协商的关系，积极探索共商共治协作式的民主协商治理模式，转变作为公权力部门的基层党委政府的理念与职能，即从全能转向合作、从主导转向服务；要积极推进乡村民主协商主体的多元化，破解"谁来协商"的难题，要把乡村治理主体系统逐渐纳入协商主体范畴，提升广大农民参与度，增强其话语权，同时要通过主体赋能，不断提高乡村内生性治理主体的协商能力，唤醒"沉默的大多数"；要不断完善乡村民主协商的原则，包括确保协商效率、贴近群众、主体平等、资源共享、公开公正以及结果与目标一致等原则；要把乡村民主协商贯穿于"四个民主"的全过程，实现相互促进、共同发展，乡村民主协商是集"说、议、办、评"于一体的制度体系，贯穿于村务管理、决策、监督的全过程；要搭建乡村民主协商的平台，破解"怎样协商"的难题，民主协商平台是乡村治理主体协商共治的重要实践载体，要构建可进入、低门槛、贴近生活的多元互动平台，延伸和保障乡村民主协商的活动空间，使广大农民的治理诉求得到充分有效表达，如可以建立健全家乡发展委员会、民主协商理事会、乡村发展促进会等民主协商组织，它们作为重要的组织载体，可以提升乡村非正式协商组织的话语权并激发村民的主人翁意识，也是扩大村民有序参与的重要形式；要健全乡村民主协商程序机制，确保村民的知情权、参与权和协商权，使之实现有效充分沟通，达成共识，协商议题要具有可操作性且能够落地实施，要破解"协商什么"的难题，协商的内容、范围以及是否公开协商要有详细明确的规定或细则；要健全乡村民主协商的网络协商形式，构建线上网络协商与线下开会协商相结合的机制，明晰网络民主协商的规章制度，确保乡村民主协商落到实处；要健全乡村民主协商的反馈和监督机制，确保协商结果能够及时落实到实践中，完善监督评价体系，强化外围嵌入性治理主体及村民对协商结果落实情况的监督。唯有如此，才能确保乡村民主协商的健康有序推进，营造良好的民主环境。

第二，发挥乡村党组织在乡村民主协商治理中的引领作用。在乡村治理共同体建设的实践中，民主协商治理是必不可少的重要环节。因为乡村治理共同体顺利推进要求在特定的资源条件基础上促成多元主体之间的集体行动，其中民主协商就是实现其目标的手段。乡村党组织在乡村民主协商中发挥组织与领导作用，乡村党组织引领民主协商使广大农民能够更加直接广泛地参与村级事务的决策、监督与管理，有助于推动乡村治理主体网络的顺利运行和多元治理主体共同行动的最终实现。在协商综合机构方面，乡村党组织要确保多元乡村治理主体在乡村公共事务中享有平等的协商权利，建立长效稳定的协商平台；在协商内容方面，要建立健全乡村民生事项的协商体系，主要围绕"协商什么"展开；在协商过程方面，要构建协商的议事决策机制，主要围绕"怎么协商"以及"如何开展协商"来进行，在整个协商过程中，乡村党组织要发挥好引领作用，逐渐形成"民事民议、民事民办"的协商格局；在协商决策方面，决策前，乡村党组织要通过多种方式了解群众诉求，决策中，要再次广泛听取建议意见，及时化解分歧，调整优化治理方案，提升决策质量，决策后，要最大限度减少治理方案执行中的利益分歧，保障决策方案的顺利实施；在协商监督方面，要构建协商的反馈监督机制，对协商过程和协商结果进行监督反馈，加强问责，保障协商体系的有效运转，逐步完善以"乡村党组织+村务监督委员会"为主体的协商监督体系。

第三，鼓励底层试点，积极推广成熟的治理模式。坚持顶层设计与基层探索相统一，积极挖掘具有本土特色的民主协商新模式，为民主协商注入源源不断的新鲜动力。如表 5-1 和表 5-2 所示，目前比较典型的乡村民主协商模式的创新类型主要包括制度性民主协商、平台性民主协商、技术性民主协商，它们分别适用于不同的场景与情境，要根据乡村治理实践的内容、要求、任务选择相应的创新模式。其中，乡村制度性协商主要在于基础性制度的变革，突破性强，能力要求高，制度保障的稳定性可以降低乡村民主协商创新模式的不确定性，但同时可能会降低民主的价值含量且治理关联度低；乡村平台性协商主要在于会议平台的建立与优化，突破性弱，能力要求低，主体复杂多元，参与力量广泛，但基础性制度未根本改变，所以需要不断地进行调适，治理关联度中等；乡村技术性协商主要在于对乡村治理特定议题或问题的有效回应，由于与村民的切身利益紧密相关，突破性强且治理关联度高，但同时因涉及村民彼此复杂利益的协调，能力要求也高，需要下"绣花"功夫，运用恰当的方式方法。

表 5-1　乡村民主协商模式的创新类型

协商类型	任务要求	主导主体	适用情境
乡村制度性协商	变更制度	基层党委政府	乡镇区域内重大事项
乡村平台性协商	建立平台	乡镇+村民自治组织	村域内重大事项
乡村技术性协商	处理问题	乡村内生性治理主体	村域内特定议题

表 5-2　乡村民主协商模式的创新特征

协商类型	突破性	能力要求	治理关联度
乡村制度性协商	强	高	低
乡村平台性协商	弱	低	中
乡村技术性协商	强	高	高

第四节　新时代乡村治理共同体建设的行动共为

新时代乡村治理共同体需要构建"人人享有"的行动共同体。"人人享有"的乡村治理共同体建设是一个循序渐进、互利共赢、共享发展的行动过程，高效协同的行动是实现共同体合作的关键环节。乡村多元治理主体并不只是实践中被动的成果享受者，乡村治理共同体建设的一系列成果与成效是通过积极主动的系统化集体行动实现的，其核心在于解决如何实现共享并为其提供保障的问题。乡村治理主体不仅是建设过程的参与者，更是建设结果的受益者。为此，必须壮大乡村集体经济，推进共同富裕行动；必须加快城乡融合发展，促进要素互通；必须实现乡村基本公共服务高质量发展，推进民生优化行动。乡村治理共同体建设的行动共为，有助于不断夯实一系列行动条件（动力条件、先决条件、保障条件、内在条件、外部条件），从而为实现"人人享有"的行动共同体保驾护航。总而言之，乡村治理共同体能否成功并形成长效作用，与能否构建利益联结且多元共赢共享的行动共同体密切相关。

一　共同富裕行动：发展壮大乡村集体经济

习近平总书记指出："壮大农村集体经济，是引领农民实现共同富裕的

| 第五章　新时代乡村治理共同体建设的实现进路 |

重要途径。"① 唯有实现有序、协调发展，才能更好地发挥"统筹协调"的职能，才能激活共同富裕的"新动能"，为扎实推动并实现乡村共同富裕创造良好发展条件与环境。壮大乡村集体经济有助于为"人人享有"的乡村治理共同体的治理成果落实以及实现乡村共同富裕提供重要基础。乡村集体经济可以借助集体优势来不断提升集体收入，壮大集体力量，优化集体收益分配方式，提高个体村民收入，进而提升其生活质量，最终使发展成果惠及村集体所有成员，扎实推动实现乡村共同富裕。在乡村治理现代化快速推进以及乡村组织振兴全面加强的背景下，新时代乡村治理共同体的建设为乡村集体经济组织实现高质量发展提供了充分的空间和机遇，同时，要充分发挥乡村集体经济在建设乡村治理共同体中应有的作用。乡村集体经济组织能够迅速嵌入治理制度、资源和技术，及时补位乡村治理主体的缺位场景，降低了乡村治理成本，提升了治理效率与效能。② 乡村集体行动的生成与延续背后是乡村集体利益的驱动，而村集体利益的聚合主要依托于村集体经济的发展壮大。人们只有在乡村治理共同体建设中同时具备经济利益的生产者和享有者的双重定位，自身的异化状态才能逐渐消解，才能以联合体的真实样态呈现。乡村集体经济组织的深入推进可以将广大农民以利益联结的形式凝聚在一起，因为乡村集体经济进一步提高了乡村生产资料的联合程度，进而推动形成了"聚利而治"格局，广大农民也会为了获得更多的共同利益而不断提升彼此的聚合程度，乡村社会化生产力也会因此不断提高，这就会进一步促进乡村集体经济组织的发展，从而形成彼此互促互进的良性循环。随着乡村集体经济发展组织的不断壮大，广大农民之间的信任度和认可度会进一步提高，进而广大农民对乡村治理公共事务的参与度就会越高。从某种意义上看，没有乡村集体经济组织的跨越式发展和经济基础的支撑，就无法真正建设乡村治理共同体。只有"共同的生产力基础以及分工协作的生产方式，才能将个体的人联合在一起，并有效组织起来"③。乡村集体经济壮大不仅是经济发展要求，而且是重大的政治任务。从

---

① 《十九大以来重要文献选编》（上），中央文献出版社，2019，第 145 页。
② 衡霞：《组织同构与治理嵌入：农村集体经济何以促进乡村治理高效能——以四川省彭州市 13 镇街为例》，《社会科学研究》2021 年第 2 期。
③ 陈松友、卢亮亮：《自治、法治与德治：中国乡村治理体系的内在逻辑与实践指向》，《行政论坛》2020 年第 1 期。

发展视角看，乡村集体经济组织融入乡村治理共同体，也推动了村"两委"组织建设的发展，推动村"两委"与集体经济组织同步提升和发展，最终实现真正意义上的组织同构。概而论之，乡村集体经济组织具备政治、经济、社会三个方面功能：就政治功能而言，乡村集体经济组织能够有效维护社会政治稳定的根基，并有效提升农民的组织化程度；就经济功能而言，乡村集体经济组织能够拓宽农民增收渠道，推动我国农业现代化，以及实现包容性增长；就社会功能而言，乡村集体经济组织是增加乡村公共产品供给的基础性力量，是维护农民精神家园的核心力量。[①] 因此，要在实现乡村治理有效和共同富裕中提高乡村集体经济发展的公共性、自主性及活力，以强化其造血功能，激发乡村集体经济发展的内生动力，发挥好集体优势，凝聚集体力量，优化更高层次的"统"的治理职能，实现乡村治理共同体的再造。

第一，发展乡村集体经济组织应遵循的原则。首先，坚持党的全面领导。"乡村新型集体经济能不断再生产出社会主义生产关系、成为巩固社会主义制度的重要力量，离不开党的坚强领导。"[②] 乡村集体经济组织自身发展存在局限，需要通过党的集中领导把相关的路线、政策贯穿于乡村集体经济发展全过程，这有助于确保集体经济组织发展的大方向，及时处理好集体经济组织收益的分配问题。其次，坚持遵循自愿原则。发展壮大集体经济组织要充分尊重广大农民的主体性，给予其一定的自主选择空间，不能在发展乡村集体经济过程中损害农民的利益或"边缘化"农民。在推动农业合作社时，要尊重农民意愿。最后，坚持循序渐进、因地制宜、精准施策原则。目前，我国仍处于社会主义初级阶段，各个地域的乡村治理水平参差不齐，自然资源禀赋也千差万别。需要注意的是，乡村集体经济组织是建设乡村治理共同体的一个重要抓手，然而，这并不表明所有乡村都具备发展新型集体经济组织的充足条件。所以不能搞"一刀切"的统一模式，要注重乡村发展的差异性、多样性以及区域性特征，尽力而为、量力而行，设定合理的阶段性目标。目前，壮大乡村集体经济的方式主要有村合作社经营、特色产业带动、盘活资源资产、村企联合经营、项目承接创

---

① 丰凤：《土地流转与农村集体经济发展研究》，中国社会科学出版社，2018，第48~75页。
② 张弛：《中国特色农村新型集体经济的理论基础、新特征及发展策略》，《经济纵横》2020年第12期。

收等。当广大农民选择新型乡村集体经济组织道路时,党和政府要充分尊重广大农民实现共同富裕方式的选择。

第二,完善乡村集体经济组织内部的组织体系。乡村集体经济组织偏重于村集体的生产经营活动,而村委会则偏重于对行政村及村民公共事务的治理,二者的职能存在异同。为此,要积极探索村集体经济组织和村委会的新型合作方式,有条件的乡村要逐步实现"政经分离",充分发挥乡村集体经济组织的独立运行功能;健全乡村集体经济组织章程,发挥法人章程在利益分配、资产管理、经营发展等方面的规范作用;进一步加强人才队伍建设,选优配强村"两委"成员,要善于从新型农业经营主体负责人、各类返乡创业"城归"人员中选拔能干事的优秀人才,使之扎根乡村,加大对他们进行经营和管理能力的专业化培训力度,提高村干部带动广大农民致富的能力,为乡村共同富裕的实现奠定坚实基础。

第三,全面深化乡村集体产权制度改革。2016年,《关于稳步推进农村集体产权制度改革的意见》为乡村集体产权制度改革指明了方向。我国乡村大量的集体资产就像"沉睡的资源",面临如何激活和有效管理的现实问题。盘活乡村集体性资源、增加广大农民财产性收入是当务之急。要全面盘活乡村集体土地资产,推动集体土地入股,增加集体积累。乡村集体经济产权改革要依据乡村集体资产状况、土地资源禀赋等进行规划,要结合党和国家的相关政策,做好集体股权转让、抵押融资、有偿退出等工作,进一步明确乡村集体资产所有权权属。同时,要健全乡村集体资产股权登记制度,认真核实审查乡村集体经济组织的成员身份,充分保障广大农民的资产权益,优化集体收益分配,还要构建与市场经济相对接的乡村集体经济运行机制。只有明晰乡村集体经济组织的市场主体地位,充分尊重其依法独立推动乡村经济活动的自主权,强化相应的有效运行与管理,才能最大限度地发挥乡村集体经济在提升乡村生产力发展方面的作用,从而有效提高其在乡村治理共同体建设中的带动能力。

二 要素互通行动:加快推进城乡融合发展

党的二十大报告强调:"畅通城乡要素流动。"[1] 习近平总书记指出:

---

[1] 习近平:《高举中国特色社会主义伟大旗帜 为全面建设社会主义现代化国家而团结奋斗——在中国共产党第二十次全国代表大会上的报告》,人民出版社,2022,第31页。

| 新时代乡村治理共同体建设研究 |

"重塑城乡关系,走城乡融合发展之路。"① 新时代乡村治理共同体建设是在马克思主义关于城乡关系思想的指引下实现的。运用唯物史观剖析城乡发展的演变规律可知,未来城乡关系的演进趋势是城乡融合发展。新时代乡村治理共同体建设践行马克思主义关于城乡融合发展的思想精髓,要坚持系统化思维,把城市和乡村作为一个密切相关的有机体来进行统筹。新时代乡村治理共同体建设绝非仅仅依靠乡村的力量就能实现,而是要借助城乡之间的持续互动互助。乡村治理共同体并不是封闭的自我独立运行的共同体,而是处在城乡融合发展大背景下的开放流动的共同体,所以不能孤立单一地看待乡村的治理与发展。城乡融合发展既是城乡关系演变的高级形态,也是建设新时代乡村治理共同体的重要保障与内在要求。实现"人人享有"的乡村治理共同体建设成果的落实需要城乡融合发展的助力,二者相辅相成。城乡融合在重塑城乡关系与推动乡村治理共同体建设方面具有手段的共通性、过程的融合性。城乡之间的要素配置决定城乡融合发展的程度和状态,进而影响着乡村治理共同体建设。因此,要通过城乡融合中的要素融合、机制融合实现城乡的有效对接,进而助推乡村治理共同体建设。城乡要素流动与配置是一个复杂的动态过程。在城乡融合发展机制助推乡村治理共同体建设中,要从要素整合、空间整合等维度构建要素优先向广大乡村倾斜的调适路径,提升乡村要素流动的整体性能。质言之,要进一步建立健全"互惠一体"与"双轮驱动"的城乡融合发展要素流动机制,打通城乡要素自由流动的机制性通道,确保乡村治理要素的持续供给和合理配置,为乡村治理共同体的建设提供发展动力。

第一,建立健全城乡要素整合机制以推动城乡融合发展,进而助力乡村治理共同体建设。针对乡村要素流出远远大于城市要素流入的恶性循环,需要在要素整合层面,不断提升乡村治理要素主体的功能与价值,调整优化乡村治理要素结构,尤其是要挖掘整合乡村传统的以及新兴的治理要素类型及其功能。因此,可以进一步挖掘传统乡村治理要素,把乡村文化纳入乡村治理要素体系。与此同时,随着乡村振兴的推进,乡村土地权分置改革也不断深入,尤其是乡村"三块地"(承包经营土地、农村宅基地、集体经营性建设用地)相关改革的持续推进,为乡村增加了新的治理要素类

---

① 《十九大以来重要文献选编》(上),中央文献出版社,2019,第142页。

型,乡村治理要素流动性随之不断增强。加之近年来乡村智慧治理的推进,出现了乡村的数字要素,要对乡村出现的新兴治理要素类型进行整合。另外,尽管城市各个方面的发展要素比较完备,但也要聚焦、整合和优化适合乡村实际治理状况的要素类型,以便实现城市要素和乡村要素的整体对接与整合。所以,一方面,要在国家政策的框架内鼓励部分城市的社会资本下乡,不断推动要素回流乡村;另一方面,如前所述,随着乡村治理要素的优化升级以及可流动性的增强,城市要素回流乡村的动力会不断提升,这将进一步扩充乡村治理的要素类型、数量,进一步提高要素流动性,而流动性强的乡村要素也会同时流向城市。由此,通过要素的城乡双向整合,城乡要素自由流动的运行环境就得到了进一步改善,为城乡要素配置结构的优化奠定了基础。

第二,建立健全城乡空间整合机制以推动城乡融合发展,进而助力乡村治理共同体建设。扩大城乡要素流动空间是优化和调整城乡各类要素配置格局的重要依托和载体。城乡空间构成包括生产、生活、生态三个维度,因此要对城乡生产空间、生活空间、生态空间进行拓展和优化,为城乡要素的流动和配置提供良好的空间载体。就城乡生产空间而言,主要是聚焦乡村产业结构的调整优化和升级换代,提升乡村整个产业的水平和层次,同时要与城市的产业相对接和融合,建立紧密的城乡产业链体系,打造城乡融合产业发展园区,进一步推进城乡生产空间的拓展和延伸。通过城乡的一、二、三产业的深度融合,实现产业价值上的相互交融。乡村治理共同体建设在助推乡村集体经济发展以及产业振兴的基础上,使乡村产业从单一化走向多元化。乡村产业价值极大提升的同时,也会吸引来自城市的资金、人才、技术等要素向广大乡村流动,在助力乡村产业振兴的同时,推动实现城市和乡村在产业价值上的融合。就城乡生活空间而言,要加快推动城乡基本公共服务均等化。要继续统筹推进教育、医疗、就业、养老等方面的城乡一体化体系建设;要加大财政投入力度,统筹推进城乡交通、电力、网络等基础设施一体化建设。特别是要推动城乡基础设施的互联互通,这有助于提升城乡要素流动配置的效率,降低要素流动的成本,有效提高城乡间要素流动的吸引力。就城乡生态空间而言,环境也是生产力。要大力改善城乡生态环境,营造山清水秀的绿色城乡,实现城乡融合的绿色发展。要全面构建绿色城区、绿色集镇、绿色乡村，不断提升城乡的绿色品质。在此基础上，要继续推动城乡绿色产业发展，建立城乡绿色生态增长长效机制，将城乡生态环境建设与产业结构转型、城乡居民增产增收相贯通，构建城乡融合的绿色发展格局。概言之，要通过新型城镇化和乡村振兴，加快推动城乡"三生空间"（生产、生活、生态）的进一步融合、互动，形成更大范围的"城乡空间连续体"，大幅拓展城乡要素自由流动和配置的深度和广度。

第三，建立健全城乡要素配置机制，进而助力乡村治理共同体建设。在城乡要素整合升级后，需要进行要素配置。这对于有效提升乡村经济运行效率以及降低相关运行成本具有重要意义。要消解阻碍城乡要素自由流动以及平等交换的体制机制壁垒。唯有如此，城乡居民才会越来越拥有更多平等发展的权利，要不断赋予广大农民更多的与城市居民同等的权利，特别是流向城市的农民工群体。而城市居民在回村发展有了较为充分的保障后，也要使之能够迁至乡村居住，进一步加快城乡人口双向流动的趋势。城市的居民因此拥有更多的选择空间，去乡村发展的意愿就会增强，从而城乡成员都能够平等地参与现代化进程，共享现代化成果。这无疑实现了城乡在主体层面的融合，激发了城乡融合发展的内生动力，同时也为乡村多元内生性治理主体注入了新生力量，进一步助推了乡村治理共同体建设。另外，要特别注重从城市与乡村两个维度出发，来协同和优先保障乡村要素流入，要拓宽城市要素流向乡村的渠道，构建以城乡要素集聚为主、形式多样的城乡利益联结机制。要在这种城乡利益联结机制的驱动下，保障更多的要素流向乡村。特别是在人力资源要素的配给方面，要更多地向乡村倾斜，因为人力资本既是投入的生产要素，又是提升生产效率的关键要素，兼具要素和效率双重功能。要制定更多的乡村人才振兴与乡村产业振兴的配套政策，吸引更多的劳动力、人才等向乡村转移。相关要素回流乡村，有助于进一步激发乡村异质性多元治理主体的能动性，大幅提高乡村治理效率和活力，推动乡村治理的有序推进，从而破解乡村治理共同体建设的行动乏力困境。

总之，通过城乡融合来推动乡村治理共同体建设，就是要使城市优质要素辐射和汇聚至乡村，实现城乡发展成果的共享，进而提升乡村治理现代化水平。城乡融合也势必推动乡村治理主体结构的变革以及乡村农业生产组织方式的演变，其治理效应是值得期待的。一方面，弥补当前乡村市场的不足和缺陷，需要党和政府介入要素配置，以协调平衡城乡社会治理利益，强化要素市场化改革；另一方面，政府毕竟不能代替市场的作用，政府主要以弥补市场配置要素的缺陷为主，并且提供相应的制度化工具和手段，维护市场秩序。在这个平衡城乡发展利益的过程中，政府要把握乡村优先发展的主基调，为乡村治理要素的流入提供政策和制度保障。

三 民生优化行动：推动乡村基本公共服务高质量发展

党的二十大报告强调："健全基本公共服务体系，提高公共服务水平，增强均衡性和可及性。"[①] 习近平总书记指出："顺应民心、尊重民意、关注民情、致力民生。"[②] 新时代乡村治理共同体势必以保障改善民生为着力点，着力"固长远"，解决"后劲不足"的问题。完善乡村基本公共服务是建设乡村治理共同体的坚强后盾，同时能够满足村民对美好生活的期待。因此，要明确乡村基本公共服务的供给清单和对象，加快推进乡村基本公共服务智能化与数字化进程，实现多元主体的协同共治。[③] 另外，还需充分发挥乡镇党委政府和村"两委"的作用，积极推动和构建乡村基本公共服务供给的"多中心体制"，即不断扩展公共服务的范围，加大投入力度，实现政府、市场与社会的多元化服务供给与支撑，推进乡村基本公共服务的市场化、社会化，提升公共服务的效率与质量，增强对民生需求的回应力，给广大农民带来"有保障"的幸福感与安全感，使之享受更高水平的专业化服务成果。就乡村公共就业服务而言，要着力促进就业机会公平，破除阻碍农民工在不同地区间流动的障碍因素；要开展多形式、多层次的培训，相关的培训内容要具有时效性与针对性，要适应产业结构转型的需求，不断提高技能培训的精准度，使他们获得相应的人力资本回报；要不断优化和提高在就业信息服务、职业指导、创业指导、就业援助等领域的个性化服务供给与服务质量，建立健全"一站式"就业创业服务平台，将就业创

---

① 习近平：《高举中国特色社会主义伟大旗帜　为全面建设社会主义现代化国家而团结奋斗——在中国共产党第二十次全国代表大会上的报告》，人民出版社，2022，第46页。
② 《习近平谈治国理政》第3卷，外文出版社，2020，第182页。
③ 马晨、李瑾：《我国乡村公共服务治理现代化战略研究》，《中国工程科学》2022年第2期。

业服务与乡村其他相关综合服务进行联结。就乡村基本公共教育而言，要积极扩大普惠性幼儿园覆盖面，提高供给质量；要强化乡村教师队伍建设，借助职称倾斜、提高待遇等举措提升乡村的吸引力。就乡村基本卫生医疗而言，要逐步引导优质医疗资源下沉到乡村基层，加快推进对口支援、远程医疗、巡回指导服务，提升卫生资源配置的均衡性；要着重关注乡村弱势人群的卫生健康问题，确保卫生健康服务全覆盖。就乡村社会保障而言，要把灵活就业人员、农民工等群体纳入保障水平更高的职工社保体系；不断提升乡村居民基本养老金和医保保障水平，缩小城乡居民保障待遇之间的落差；就乡村养老服务而言，要加强乡村公共基础设施的适老化改造，着力解决"养老难"问题；要加快完善普惠型社会化养老服务体系，大力支持专业机构提供助医、助餐、助洁等上门服务，充分利用人工智能和互联网等技术发展"智慧养老"，以提升养老便利性与可及性；要注重增强对经济困难、失智失能老年人的兜底保障，创新志愿养老服务体系建设，满足其养老服务需求。就乡村公共文化建设而言，要拓展服务内容，创新服务形式，为广大农民提供更高质量且可持续的乡村公共文化服务；加大相关配套设施建设力度，打造有特色、有品位、有底蕴的乡村公共文化空间。总之，民生保障是乡村之基，是确保"人人享有"的乡村治理共同体建设的关键，要努力实现融合统一、标准一致、制度并轨的城乡基本公共服务均等化目标，要在多谋民生之利与多解民生之忧中实现治理成果的共享。

本章小结

立足于历史、理论、现实与实践，马克思主义认为，只有通过实践才能促进共同体活动形态的形成。新时代乡村治理共同体建设绝非依靠个体的力量来实现的，而是要充分发挥集体优势，将分散的个体力量动员和凝聚起来。新时代乡村治理共同体正是在尊重个体差异、注重保障个体权益的基础上推动乡村社会走向联合的。新时代乡村治理共同体重在乡村，其充分吸纳乡村社会中的积极治理力量，坚持系统治理、协同治理与综合治理的原则，以共同体的组织形式推动乡村治理有效，并将党建引领贯穿其中，这有助于摆脱治理脆弱性，增强治理韧性，实现对乡村的有效治理。

| 第五章　新时代乡村治理共同体建设的实现进路 |

新时代乡村治理现代化的多任务目标属性决定了单一治理主体无法承担起其职责和使命，乡村治理现代化势必是乡村治理异质性多元主体协同参与且共建共治共享的动态治理过程。围绕乡村治理现代化进程中的各项任务目标，立足于乡村本位，以"共同体"的形态参与乡村治理，是推进和实现乡村治理现代化的重要保障和重要路径。新时代乡村的治理共同体再造就是要重构联结纽带，而治理价值、治理主体、治理秩序、治理行动成为联结纽带的关键，在治理实践中要更加注重提升乡村治理共同体建设的稳定性与协调性。为此，从共同体价值层面的耦合凝聚看，要通过构建价值依托、价值目的、价值牵引来为多元治理主体、治理秩序、治理行动的实践提供价值指引，助推乡村治理共同体建设的价值共通，形成共建共治共享格局指引下的"人人有责、人人尽责、人人享有"的局面，从而促成共同体内部的合作；从共同体主体层面的关联互动看，要尽可能吸纳乡村治理的各方力量，强化彼此协同，化解利益矛盾，汇聚治理主体合力，强化乡村治理共同体建设的主体共担意识，实现人人有责的共建要求；从共同体秩序层面的有机结合看，要通过规范"三治"规则、智治工具、民主协商方式等，进一步使秩序运行的"力度""效度""精度""温度"有序化升级，确保乡村治理共同体建设的秩序共融，实现人人尽责的共治要求；从共同体行动层面的高效推进看，要通过壮大乡村集体经济、加快城乡融合发展、推进乡村基本公共服务高质量发展，呈现良好的治理成效或治理成果，进一步夯实乡村治理共同体建设的行动基础，保障乡村治理共同体建设的行动共为，实现人人享有的共享要求。与此同时，共享治理成果要重视多元治理主体在贡献和能力方面的异质性，充分兼顾弱势群体的合法权益，保障治理成果更公平地惠及各方。[①] 本章通过探讨乡村治理共同体建设的实现进路，从实践维度呈现了"新时代乡村治理共同体如何建设"。

---

① 徐秦法、赖远妮：《新时代乡村治理的实践逻辑与价值逻辑》，《行政论坛》2021年第3期。

结　语

党的二十大报告指出："全面建设社会主义现代化国家，是一项伟大而艰巨的事业，前途光明，任重道远。"[①] 党的二十届三中全会强调："当前和今后一个时期是以中国式现代化全面推进强国建设、民族复兴的关键时期。"[②] 现代化国家需要更好地整合与组织乡村社会，再造乡村治理联结，即建设新时代乡村治理共同体，这是有效实现乡村社会整合的关键选择和必然路径。基于世界之变、时代之变、历史之变，面对新时代的"两个大局"，新时代新征程，要围绕党的中心任务，继续发挥社会主义制度优势，锚定社会主义制度的治理实践方向，以"乡村之治"助力"基层之治"与"国家之治"，于变局中开新局，推动"强国善治"与"中国之治"的实现。因此，真正给"新时代乡村治理共同体建设"议题作出结论性话语就显得十分无力且过于粗浅，但是通过本书的研究，新时代乡村治理共同体建设的演进主线、规律遵循、路径选择等具有普遍性意义的核心内容仍然能够被窥见。行文至此，关于新时代乡村治理共同体建设的研究暂且告一段落。"乡村治理共同体"概念的提出是对乡村治理理论与实践的集成和发展，意味着党在认识与布局上，对推进乡村治理现代化有了更高标准的安排与规划。作为乡村治理的进阶形态，新时代乡村治理共同体建设既是中国特色乡村治理的全新语境，也是探索实现新时代乡村治理现代化的一条新路径。这既是坚持走中国特色社会主义道路的重要彰显，也是基于中国特色社会主义制度形成的独特乡村治理之道，具有整合与凝聚乡村多元治理主体力量共同参与乡村治理现代化实践中具体问题的解决的独特优势，

[①] 习近平：《高举中国特色社会主义伟大旗帜　为全面建设社会主义现代化国家而团结奋斗——在中国共产党第二十次全国代表大会上的报告》，人民出版社，2022，第 26 页。

[②] 《中共中央关于进一步全面深化改革　推进中国式现代化的决定》，人民出版社，2024，第 2 页。

是推动"中国乡村之治"的新实践与新突破。新时代乡村治理共同体顺利推进的根本保障是中国特色社会主义制度,要继续聚焦制度优势,始终坚持党的全面领导。新时代乡村治理共同体不仅实现了马克思主义思想的创造性转化,是马克思共同体思想在马克思主义中国化时代化进程中的最新发展,也是向乡村治理现代化迈进的新实践探索。新时代乡村治理共同体建设具有系统性、协同性、公共性以及人民性的多重面向特征,必须久久为功。新时代乡村治理共同体是乡村治理研究的新话语体系,是在中国语境下治理乡村社会的最新方式和目标选择。在整个研究过程中,本书立足于马克思主义中国化研究的学科视域,分析并阐释了新时代乡村治理共同体研究的必要性和重要性。本书主要从历史维度、理论维度、现实维度、实践维度的逻辑思维出发,按照"何为(概念界定)—何以缘起(时代诉求、理论基础与分析框架)—何以可能(历史考察)—何以可行(理论认知)—何以必然(实践探索)—如何建设(实现进路)"的逻辑链条展开。本书立足于"价值—主体—秩序—行动"的互动分析框架所形成的互动式治理,对新时代乡村治理共同体建设进行了全方位的系统性论述,较为清晰地呈现了新时代乡村治理共同体研究的整体脉络与面貌图景。但笔者由于自身研究能力的局限,尚未将研究的问题阐释得足够深入。因此,在对新时代乡村治理共同体建设研究的基础上,本部分对一些基本结论和未来展望作一些总结,以求为今后继续深入地研究奠定坚实基础。

一 主要研究结论

(一)新时代乡村治理共同体是以人民为中心治理理念指引下的主体责任共同体

新时代乡村治理共同体是在"人人有责、人人尽责"的治理要求推动下形成的,因为人是社会活动的主体和社会治理的基本元素,社会关系的本质是人和人之间的交互,相应的治理也势必是以人为中心的治理和服务过程。正是人与人之间的持续关联互动构成了相异的治理过程性样貌和治理结果。强调"人人"是以人民为中心的执政理念在乡村基层的具体彰显,是践行"为了人民""依靠人民""人民本位""人民共享"等价值目标的具体表现,这也是新时代乡村治理共同体建设的逻辑起点与最终归宿。它立足于广大农民的治理需求，注重激发他们的主观能动性及首创精神，使每个个体都成为新时代乡村治理共同体建设的积极参与者，扩大"人人"参与范围，形成"最大公约数"，并不断回应、满足和实现农民群众对美好生活的期待。进一步讲，新时代乡村治理共同体建设的阶段目标、长远规划都要以不断提升农民群众获得感、幸福感、安全感为出发点和落脚点。乡村有效治理的程度，也要以广大农民满意不满意、认可不认可、信服不信服为衡量标准。乡村治理共同体是以责任为纽带联结起来的共同体，是各乡村治理主体权责明晰、分工明确的有机联合体。多元乡村治理主体的责任界定与配置构成了乡村治理共同体建设中的运行逻辑，责任的嵌入与交互还重塑了不同乡村治理主体间的关系，形成了多元治理主体共担乡村治理职责的局面，从而构建起以有条不紊、有序运转、责任网络为支撑的乡村治理共同体。进言之，乡村治理共同体主要围绕"如何凝聚人人有责的乡村治理共识和行动、如何激发人人尽责的乡村治理活力"来推进。它通过共同的责任担当来解决广大农民最关切的现实问题。作为主体责任共同体的乡村治理共同体，是以责任构建起实践的基本逻辑的。为此，建设乡村治理共同体必须立足于主体责任共同体建设，通过增强责任意识实现乡村治理多元主体的"人人有责"，要通过乡村治理规则生成尽责动力，以实现"人人尽责"，从而以主体责任共同体推动乡村治理共同体建设。

（二）新时代乡村治理共同体是中国共产党引领下的"一核多元"共同体

新时代的"一核多元"彰显了我们党对乡村治理共同体的实现路径与建设规律的精准把握，充分发挥了中国共产党的领导核心作用。我们党有力地领导并实现了多元乡村治理内生性主体的有序互动，最大限度地调动和激发了各个乡村治理内生性主体的能动性，充分展现了中国特色社会主义制度的最大优势，这也是中国共产党坚守初心使命的重要体现。"一核多元"也构成了新时代乡村治理共同体建设的总体性特征和核心治理样态。"一核"即乡村党组织的领导，其能够确保治理优势，"多元"即乡村党组织之外的内生性治理主体（村民委员会、村民小组、乡村社会组织、乡村经济合作社、广大农民）。需要强调的是，乡村党组织本身也是"多元"中的组成部分，只是它在乡村治理共同体建设中占据"核心"位置。"一核多元"是乡村治理共同体建设中的总体性特征，多元治理主体内部还存在更加复杂的关系与结构，内部多元主体的变化也会随着不同的治理情境、治理环境和治理条件的变化而变化，因此需要对相应的乡村治理运行规律和实践特质不断进行系统化研究。在村级视域下，要发挥好乡村党组织在"一核多元"式乡村治理共同体建设中的核心作用，就需正确处理好乡村党组织与其他乡村多元内生性治理主体之间的主体边界、功能边界以及权责边界。"一核多元"表明乡村党组织与其他乡村多元内生性治理主体之间并非平权的治理关系，也并非治理主体的简单回归与集中，而是主辅协作的结构。换言之，乡村党组织这一特殊性主体处于乡村治理共同体建设的中心位置，发挥统筹、领导及引领作用，并与其他乡村多元内生性治理主体进行互动融合，这有效解决了多中心治理碎片化的弊端。要在赋予乡村多元内生性治理主体更多自主性的同时，有效发挥乡村党组织作为整合引领乡村基础力量的核心作用，即通过乡村党组织的政治吸纳与组织嵌入，形成乡村治理共同体建设进程中的"再中心化"和"再组织化"的治理新样态，其实质就是党建引领下的多元合作与协同治理。它是作用于乡村治理场域的新型组合形态，该组合形态有效发挥了党集中统一领导的政治优势。党建引领下的"一核多元"式乡村治理共同体，促使乡村多元内生性治理主体通过权责关系分配与组合构成结构化的治理关系，是乡村党组织在整合、服务及培育乡村社会方方面面的具体行为表征。"一核多元"的治理共同体能将党的优势及时且高质量地转化为治理效能，并使其充满生命力与活力，这有助于在乡村形成多元内生性治理主体乐于、勇于、善于发挥作用并积极参与其中的有序局面。

（三）新时代乡村治理共同体建设是迈向马克思"真正共同体"的实践指向

新时代乡村治理共同体推动了马克思共同体思想的发展创新。相比虚幻共同体，"真正共同体"是"彼岸"的共同体，它扬弃了抽象虚幻的共同体，是真实的、现实的、真正的共同体。乡村治理共同体建设是一个长期的系统工程，绝非一蹴而就，而是分阶段、有步骤地逐渐推进的过程，需要久久为功，是由低形态的治理共同体向高形态的治理共同体演进的动态发展过程，充分彰显了合目的性和合规律性的动态演进逻辑。建设乡村治理共同体是推动马克思"真正共同体"实现的重要一环，它助推了马克思共同体思想在当代乡村治理形态中的整体革新，赋予了乡村治理共同体新的实践生命力，并实现了新飞跃。要朝着"真正的共同体"方向迈进，不断超越虚假的共同体。共同体建设的逻辑起点是人的共生共在，个体在共同体的发展中获得自身发展的空间和条件，共同体也在个体发展的基础上实现功能更加完善、结构更加合理、个体相互间关系更加和睦的良性发展。[①] 新时代乡村治理共同体注重个体在共同体中的多样化发展。因为人是社会中的人而非独立的人，所以乡村治理共同体要求在乡村治理现代化实践中建立更加科学合理且稳固的交往关系，提高个体对共同体的归属感，并促进共同体整体利益的壮大。同时，它要求为个体发展提供场所和路径，并不断赋予个体自由发展的权利，进而真正实现多元治理主体的和谐共生。在生产力高度发达的"自由人联合体"中，个体与共同体关系的统一实现了个人主体化和共同体实体化的最终和解。而在当前的实践中，推动新时代乡村治理共同体建设正是向马克思共同体思想的最高命题——"自由人联合体"过渡的乡村共建共治共享载体，为实现农民的真正解放奠定了基础。总之，乡村治理共同体是在探索共产主义道路上的一次伟大实践。马克思提出的"真正的共同体"为处于社会主义初级阶段的乡村治理共同体建设提供了扩大共同体交往实践的历史眼光和未来指向。乡村治理共同体建设是当前我国乡村生产力整体发展水平的集中反映，是在现有乡村生产力水平条件下提出的乡村治理方案。作为社会主义初级阶段的乡村治理共同体，其每一次量变演进和质变飞跃都在超越自身。在"人的自由而全面发展"的目标指引下，它终将迈向高级阶段——"真正的共同体"。只有到了高级阶段，个人利益和共同体利益才能实现高度一致。在"真正的共同体"中，社会治理也将摆脱政治和阶级性质，每个个体都能实现自主治理，即真正实现社会的自我治理，使异化的个体变成自由存在的人。本书期望"村为中心"的乡村治理共同体建设能够成为未来乡村治理现代化推进的可选模式，再次解放和发展乡村生产力，不断促进利益聚合和价值认同，从而为实现人与人之间的"自由联合"创造更多机会，为促进个体农民的自由而全面发展并真正回归人的本质创造新台阶。尽管马克思所倡导的"真

---

① 陈荣卓、车一顿：《利益聚合与行动协同：新时代乡村治理共同体何以建构？——来自武汉市星光村的经验观察》，《中国行政管理》2022 年第 10 期。

正共同体"比之乡村治理共同体建设有更长远的目标和价值追求,但它并不直接适应当前我国乡村政治经济文化发展水平,因此目前无法实现。所以,我们要注重马克思共同体思想的理想性与现实性之间的关系,要立足于社会主义初级阶段的最大实际,重点围绕乡村利益如何聚合与乡村公共价值何以彰显两大问题,不断增强"共同体"的属性,逐渐实现个体和共同体的关系平衡。而且,人类最终要迈向共产主义,也需要乡村治理共同体予以助力推动,因为这是为逐步消解一系列治理困境提出的解决方案,具有现实针对性和实现的可能性,也必将以此实现更大程度的联合。

(四) 新时代乡村治理共同体建设的最终目标是实现中国特色社会主义乡村治理现代化

乡村社会是非常复杂的,乡村治理千头万绪,是持续动态发展的,需要找到与之相匹配的治理模式。从乡村治理到乡村治理共同体的转型升级,意味着治理实践的跃升,也是推动乡村治理现代化的重要步伐。乡村治理如果不借助于共同体推动乡村治理现代化,就难以取得预期效果,这也就意味着势必要借助于共同体才能加快推进。进一步讲,乡村治理共同体并不是靠单一治理主体的推进和驱动,而是基于传统和现代之间,并契合广大农民内在需求的共同体式的结构化系统推进的。与蓬勃发展的乡村经济形成鲜明对照的是,乡村治理仍存在空壳化、离散化、虚置化等困境。新时代乡村治理共同体建设力图在党的统领下,优化乡村社会"五位一体"的治理内容,并将处于治理边缘的广大农民、新乡贤、乡村社会组织等治理主体纳入治理共同体系统,充分释放和发挥他们的治理潜能和独特优势,从而为推动乡村治理现代化奠定坚实的主体基础。另外,民主、公平、正义等价值已经成为治理现代化的主要价值追求,而乡村治理共同体所遵循的共建共治共享原则正与公平、正义的价值契合。由乡村自治意识、法治精神、德治涵养、智慧化理念组成的"现代化"意识,也与提升乡村治理现代化水平的发展理念相承接,有助于乡村社会朝着更和谐、更公正的方向延伸。总而言之,乡村治理共同体是多元乡村治理主体在相互依存以及具备价值认同的背景条件下,在特定的秩序运行下,通过推动具体的乡村治理共同体行动去积极参与乡村治理实践的,也正是基于这种具体的乡村治理行动,治理主体促成了乡村治理现代化的顺利实现。要继续强化乡村治理共同体建设,进一步创新与完善乡村治理主体、治理规则方式、治理理念等，以助推中国特色和中国风格的乡村治理现代化迈上新台阶。需要强调的是，即便在乡村治理现代化进路既定的情况下，新时代乡村治理共同体建设也难以在短期内实现，因为乡村治理现代化作为系统工程，需要发挥治理主体、治理规则方式等多方联动、系统整合的治理效应，而这势必要经历一个较长时期的建设发展，才能够逐渐实现乡村治理现代化的目标。

（五）新时代乡村治理共同体建设是实现中国特色社会主义乡村振兴的关键

乡村振兴，治理有效是基础。"治理有效"是乡村振兴的总要求之一，也是乡村振兴的重要内容之一。乡村的兴衰，在一定程度上取决于乡村治理的有效与否。乡村有效治理为乡村治理共同体建设提供了目标方向，也是推动乡村全面高质量振兴的前提基础，为乡村振兴提供了充分的支持保障。乡村有效治理是乡村产业振兴的"助推器"、乡村生态宜居的"保护伞"、乡风文明的"黏合剂"。新时代高质量乡村振兴迫切需要具有乡村发展治理新动能以及处理乡村日益复杂公共事务的能力。另外，乡村五大振兴中的组织振兴为乡村治理共同体建设提供了方向指引。面对中国广大乡村布局分散、人口众多、治理类型多样、相关治理事多人少、乡村空心化与老龄化等问题，部分作为乡村治理核心主体的乡村组织涣散。只有推动乡村党组织振兴，才能凝聚起其他乡村治理主体的力量，特别是乡村其他社会组织的振兴，如乡村自治组织、合作经济组织等，进而才能建设"一核多元"的乡村治理共同体。面对乡村治理物质基础的薄弱、治理手段的单一、治理体系的碎片化与分散化等问题，只有建设新时代乡村治理共同体，才能摆脱脆弱性，增强治理韧性，确保乡村的全面振兴行稳致远。

（六）新时代乡村治理共同体建设是走向中国特色社会主义乡村善治之路的必然选择

新时代乡村治理共同体建设有助于实现乡村善治。党中央明确提出"走中国特色社会主义乡村善治之路，建设充满活力、和谐有序的乡村社会"[①] 的

[①] 《中共中央办公厅 国务院办公厅印发〈关于加强和改进乡村治理的指导意见〉》，中国政府网，hctps：//www.gov.cn/zhengce/2019-06/23/content_5402625.htm。

基本要求。习近平总书记强调："创新乡村治理方式，提高乡村善治水平。"① 实现乡村善治是一项长期且艰巨的任务。建设乡村治理共同体是新时代创新拓展乡村治理模式、推动乡村社会走向中国特色乡村善治道路的必要条件。善治标准具备法治性、开放性、有效性、参与性、协商性等特征。进而言之，乡村善治是一个兼具过程性和结果性的统一体，是治理水平和治理质量逐步提升的过程，不可能一蹴而就，乡村善治更加注重秩序性、参与性、稳定性等基本的治理状态和治理理念。因为乡村治理本身涵盖国家对乡村的治理以及乡村自治，因此，推进乡村善治，既要跳出乡村看乡村，又要立足乡村"治"乡村、立足乡村"理"乡村。乡村不能置于国家和社会治理之外而独善其身，需要借助多中心治理理论的有益启示，通过乡村多元治理主体的力量来实现乡村善治。所以，新时代乡村治理共同体建设为实现乡村善治提供了时代机遇与增量的治理资源，撬动了存量的治理力量并创造了组织契机，能够更有效地解决阻碍乡村善治实现的各种问题。然而，乡村善治的实现是一个循序渐进的过程，加之各地的乡村经济、文化、社会治理条件存在差异，应该因地制宜，寻求适宜本区域乡村的善治模式。同时，在推进过程中，要努力克服乡村善治中的治理难点，应对治理挑战，并做到合乎现代法律规范、正确处理好政府和市场的关系等，从而打造独具特色的中国乡村治理共同体建设的方案样本，走向中国特色的乡村善治之路。

（七）新时代乡村治理共同体建设是理论和实践、过程与目标的统一

新时代乡村治理共同体建设并不是一蹴而就的，需要经历从量的积累到质的飞跃的过程，它是在静态的理论创新和动态的治理实践相结合中不断推进的，是理论与实践、过程与目标的统一，二者统一于中国特色社会主义建设伟大实践，贯穿于全面建设社会主义现代化国家的新征程。所谓理论与实践统一，是指新时代乡村治理共同体建设既是一个理论不断演进创新的过程，也是实践发展的过程。在新时代乡村治理共同体建设的实践中，要实现乡村治理共同体建设理论的与时俱进，势必要经历实践反复检

---

① 习近平：《论"三农"工作》，中央文献出版社，2022，第304~305页。

验，在盘旋上升的过程中使乡村治理共同体在知与行的统一中得到发展和提升，使乡村治理共同体建设不断实现新的飞跃，迈向更高一级的发展。新时代乡村治理共同体建设还是过程和目标的统一体，所谓过程与目标统一，是指新时代乡村治理共同体建设首先是一个"人人有责、人人尽责"的过程，同时也要实现"人人享有"的目标，并最终实现乡村治理现代化。新时代乡村治理共同体既是与乡村治理现实紧密关联且相适应的状态，同时又是一个动态的演进过程。这一实践进展，是一个从低级有序有效到高级有序有效的螺旋式上升过程，需要系统性的治理方案予以推动。然而，建设新时代乡村治理共同体并不是一帆风顺的，长期性与艰巨性并存，需要面临重重的考验与挑战。尽管乡村治理现代化进程仍然面临重重治理困境，但前途是光明的。总之，建设新时代乡村治理共同体不仅是理念，更是一种可操作的现代化治理实践，它重塑了个人和乡村社会之间的关联。

二 未来展望

党的二十大报告指出："推进马克思主义中国化时代化是一个追求真理、揭示真理、笃行真理的过程。"[①] 实践没有止境，理论创新也没有止境。新时代乡村治理共同体建设任重而道远，是理论与实践、过程与目标的统一体。基于异质化与复杂化的乡村社会背景，新时代乡村治理共同体建设呈现一定的开放性与动态性特征，同时在一定阶段又是一种较为稳定的治理样态。因此，建设乡村治理共同体并非权宜之计，也非一蹴而就，乡村治理共同体建设也并不是说共同体是现成的，否则就不用建设了。它是一个长期的乡村治理共同体实践过程与乡村治理共同体实践结果的有机统一，是一个"共同体化"的长期过程，要注重回归治理现实，其间会面对更多的矛盾、风险与挑战。尽管会经历曲折坎坷，但乡村治理共同体所包含的要素及属性是逐渐累积、走向完善的，并最终会形成一个协同合作、互利共赢、和谐共生的治理局面。进而言之，新时代建设乡村治理共同体，既不代表回归过去，也不是仅仅从个人主义出发，以市场主导的方式构建利益共同体，而是基于国家与乡村的整体性，在尊重自主性、个体性、异质

---

① 习近平：《高举中国特色社会主义伟大旗帜　为全面建设社会主义现代化国家而团结奋斗——在中国共产党第二十次全国代表大会上的报告》，人民出版社，2022，第16页。

性的基础上，构建动态发展的、新型的乡村治理共同体。在建设过程中，要特别注重激发乡村内生治理力量，并且使之与乡村外部治理力量相嵌合，以合作共同体为目标追求，形成多元合作的良性互动模式。

新时代乡村治理共同体建设是一个全新的研究视角，是颇具前瞻性与创新性的学术命题。在党和国家全面推进社会治理共同体建设和基层治理共同体建设的战略支撑下，未来势必会引起学术界更多的关注。目前，学术界的研究成果比较有限，大部分集中于从宏观层面对乡村治理共同体的必然性以及可行性进行研究，且研究不够深入。特别是相关概念的界定尚未形成共识，而且研究主要集中在宏观层面的基础性研究、现状研判、制约因素与实现路径等方面，研究的深度和广度还存在不足。在今后的研究中，有几个可持续拓展的方向。首先，新时代乡村治理共同体建设还需要注重历史向度、现实关怀与实践样态的统一。这需要通过自上而下的理论建构挖掘和自下而上的实践探索来不断充实完善，有必要继续立足马克思主义的立场、观点和方法，从理论、历史和实践层面矢志不渝地进行持续深入的探讨。唯有如此，才可以通过理论溯源和历史演进为乡村治理共同体建设提供方向指引与本土化的逻辑建构。随着乡村治理环境条件的变化和乡村治理能力的提升，"乡村治理共同体"势必会拥有更加丰富的内涵与外延，建设新时代乡村治理共同体的实践也必将呈现更多的推进方式，必须在治理实践变迁基础上进行调整以适应共同体治理。其次，新时代乡村治理共同体建设还要解决如何评价和测量的问题。乡村治理共同体总是随着乡村治理实践的推动处于变化之中，因此，在不同的阶段和时期，要有效判断乡村治理共同体的建设质量，进一步科学认识和评价"治理有效"，也就是需要结合治理实践建立科学的乡村治理共同体建设的效能评价指标体系。再次，要关注新时代乡村治理共同体建设中的共同体边界及内部结构优化问题。与传统封闭边界的村落共同体不同，新时代乡村治理共同体建设的边界是开放的，因此处于共同体中的各个治理主体的责任与行为边界也表现出极强的"弹性"。各个治理主体并不是一成不变的、静态的，而是动态演变与嬗变的，会随着乡村时代的变迁而变化。这种变化不仅会导致治理主体间的关系发生变化和调整，而且治理主体内部也会发生变革，从而影响乡村治理共同体建设。未来的乡村治理共同体的责任与行为边界研究需要因时而变，以避免多元治理主体的行为越界，影响乡村治理共同体建设行动的靶向性。因此，要更加注重以责任为导向的相关治理主体的行为边界的重塑。最后，关于乡村治理共同体建设的实现路径与可持续发展，还有很大的研究空间。在今后的乡村治理共同体研究中，除了乡村治理模式的分类外，还有必要对村庄进行分类，如城郊融合类、集聚提升类、搬迁撤并类、特色保护类等。要依据乡村演变趋势以及发展规律，立足于乡村的资源禀赋及区位条件，充分考虑当地治理条件与农民需求的契合度，实现更加精准的分类施策、因地制宜。未来，我们仍然需要结合更多的乡村治理共同体建设的实践案例，运用马克思主义唯物史观和实证研究方法进行深入的调查研究，以深度认知乡村治理共同体建设实践的多样性，并深刻理解刚性约束与弹性活力之间的关系。同时，我们需要在具体治理实践中探讨和深描不同乡村治理情境下的新时代乡村治理共同体建设问题。另外，未来研究还需继续关注乡村治理共同体建设的组织关系、主体网络协同、数字化情境推进、情感共情、冲突情境纾解、民众治理共生需求等方面，以增强相关研究的整体性、协同性与系统性，这些都是未来研究亟须攻克的议题。总而言之，新时代乡村治理共同体建设是一个重大实践命题，是基于创新实践与探索的实证性和前瞻性的研究，我们需要用发展的眼光聚焦乡村治理共同体建设。未来研究还需通过多学科交叉融合与方法论借鉴进行深入探讨，注重新时代乡村治理共同体建设的理论发展与政策实践的有效衔接与有机耦合，并不断进行整理、汇总和分析，为建设新时代乡村治理共同体献智建策。

参考文献

一　重要文献

《马克思恩格斯选集》第 1~4 卷，人民出版社，2012。
《马克思恩格斯文集》第 1~10 卷，人民出版社，2009。
《列宁选集》第 1~4 卷，人民出版社，2012。
《列宁全集》第 1~7 卷，人民出版社，2013。
《列宁全集》第 8~60 卷，人民出版社，2017。
《毛泽东选集》第 1~4 卷，人民出版社，1991。
《毛泽东文集》第 1~8 卷，人民出版社，1999。
《邓小平文选》第 1~2 卷，人民出版社，1994。
《邓小平文选》第 3 卷，人民出版社，1993。
《江泽民文选》第 1~3 卷，人民出版社，2006。
《胡锦涛文选》第 1~3 卷，人民出版社，2016。
《习近平谈治国理政》第 1 卷，外文出版社，2018。
《习近平谈治国理政》第 2 卷，外文出版社，2017。
《习近平谈治国理政》第 3 卷，外文出版社，2020。
《习近平谈治国理政》第 4 卷，外文出版社，2022。
《习近平关于"三农"工作论述摘编》，中央文献出版社，2019。
习近平：《论"三农"工作》，中央文献出版社，2022。
习近平：《高举中国特色社会主义伟大旗帜　为全面建设社会主义现代化国家而团结奋斗——在中国共产党第二十次全国代表大会上的报告》，人民出版社，2022。
《中共中央关于进一步全面深化改革　推进中国式现代化的决定》，人民出版社，2024。

《十九大以来重要文献选编》（上），中央文献出版社，2019。

《十九大以来重要文献选编》（中），中央文献出版社，2021。

《中共中央关于坚持和完善中国特色社会主义制度 推进国家治理体系和治理能力现代化若干重大问题的决定》，人民出版社，2019。

《中共中央关于制定国民经济和社会发展第十四个五年规划和二〇三五年远景目标的建议》，人民出版社，2020。

《中华人民共和国国民经济和社会发展第十四个五年规划和2035年远景目标纲要》，人民出版社，2021。

《乡村振兴战略规划（2018—2022年）》，人民出版社，2018。

《中共中央国务院关于坚持农业农村优先发展 做好"三农"工作的若干意见》，人民出版社，2019。

《关于加强和改进乡村治理的指导意见》，人民出版社，2019。

《中共中央国务院关于建立健全城乡融合发展体制机制和政策体系的意见》，人民出版社，2019。

《中国共产党农村基层党组织工作条例》，中国法制出版社，2019。

《中国共产党农村工作条例》，法律出版社，2019。

二　专著

李勇华：《乡村治理现代化中的村民自治权利保障》，中国社会科学出版社，2015。

付翠莲：《乡村振兴背景下农村发展与治理》，上海交通大学出版社，2019。

赵秀玲：《乡村民主治理：理念与路径》，中国社会科学出版社，2019。

王玉斌：《中国乡村振兴：理论与实践探索》，中国农业大学出版社，2019。

郑兴明：《乡村振兴战略的理论与实践研究》，中国农业出版社，2019。

安娜：《改革开放以来中国共产党乡村治理的理论与实践》，当代中国出版社，2019。

邓大才：《中国乡村治理：从自治到善治》，中国社会科学出版社，2019。

徐勇：《乡村治理的中国根基与变迁》，中国社会科学出版社，2018。

陆益龙：《后乡土中国》，商务印书馆，2017。

费孝通：《江村经济》，华东师范大学出版社，2017。

费孝通：《乡土中国》，华东师范大学出版社，2017。

张国芳：《社会资本与村庄治理转型的社区机制》，浙江工商大学出版社，2019。

周少来：《乡村治理：结构之变与问题应对》，中国社会科学出版社，2019。

黄涛、朱悦蘅：《农村产权制度变革与乡村治理研究》，商务印书馆，2018。

朱启臻：《把根留住：基于乡村价值的乡村振兴》，中国农业大学出版社，2019。

张禧、毛平、朱雨欣：《乡村振兴背景下的农村基本公共服务问题研究》，中国农业出版社，2020。

张英洪：《善治乡村：乡村治理现代化研究》，中国农业出版社，2019。

冯珊：《马克思个人与共同体关系的思想研究》，中国社会科学出版社，2020。

徐宁：《马克思共同体思想的哲学研究》，光明日报出版社，2020。

肖金成：《中国乡村振兴新动力》，中国农业出版社，2020。

熊凤水：《流变的乡土性》，社会科学文献出版社，2016。

刘海江：《马克思实践共同体思想研究》，中国社会科学出版社，2016。

吴晓燕：《农村集体建设用地产权改革与基层治理转型研究》，人民出版社，2018。

饶静：《农村组织与乡村治理现代化》，中国农业大学出版社，2018。

周庆智：《乡村振兴：制度建设与社会变迁——基于H市的实证研究》，中国社会科学出版社，2016。

徐勇著：《乡村治理与中国政治》，中国社会出版社，2003。

费孝通：《乡土重建》，岳麓出版社，2011。

祁勇、赵德兴：《中国乡村治理模式研究》，山东人民出版社，2014。

杨光斌：《政治变迁中的国家与制度》，中央编译出版社，2011。

俞可平：《治理与善治》，社会科学文献出版社，2000。

〔英〕鲍曼：《共同体》，欧阳景根译，江苏人民出版社，2003。

〔英〕鲍曼：《个体化社会》，范详涛译，上海三联书店，2002。

〔德〕斐迪南·藤尼斯:《共同体与社会》,张巍卓译,商务印书馆,2019。

〔美〕肯尼思·J.格根:《关系性存在:超越自我与共同体》,上海教育出版社,2017。

张康之、张乾友:《共同体的进化》,中国社会科学出版社,2012。

胡必亮:《关系共同体》,人民出版社,2005。

蒋大国:《乡村振兴的途径与对策研究》,人民日报出版社,2020。

陈锡文、韩俊:《农村全面小康与实施乡村振兴战略》,中国发展出版社,2020。

刘刚:《乡村治理现代化理论与实践》,经济管理出版社,2020。

王国敏:《中国特色社会主义"新三农"协同发展研究》,四川大学出版社,2021。

印子:《乡村治理能力建设研究》,陕西人民出版社,2021。

陈文胜:《论中国乡村变迁》,社会科学文献出版社,2021。

杨华:《陌生的熟人:理解21世纪乡村中国》,广西师范大学出版社,2021。

陈文胜:《论道大国"三农":对话前沿问题》,中国农业出版社,2021。

吕洁:《中国乡村社会治理模式研究》,中国社会科学出版社,2021。

潘家恩:《回嵌乡土——现代化进程中的中国乡村建设》,中国人民大学出版社,2021。

祝丽生:《重塑公共精神:发达地区乡村社会治理探索》,浙江大学出版社,2021。

农业农村部农村合作经济司:《全国乡村治理典型案例(三)》,中国农业出版社,2021。

王少伯:《新时代乡村治理现代化研究》,知识产权出版社,2021。

王滢涛:《中国特色乡村治理体系现代化研究》,上海社会科学院出版社,2021。

章浩、李国梁、刘莹:《新时期乡村治理的路径研究》,首都经济贸易大学出版社,2021。

张锋:《乡村振兴视域下农村社区协商治理研究》,武汉大学出版社,2021。

文余源：《城乡一体化进程中的中国农村社区建设研究》，中国人民大学出版社，2021。

杜娇：《村庄治理现代化的实现路径》，中国社会科学出版社，2021。

贺雪峰：《监督下乡：中国乡村治理现代化研究》，江西教育出版社，2021。

赵一夫：《中国乡村治理发展评价报告》，中国农业出版社，2021。

魏后凯、杜志雄：《中国农村发展报告——聚焦"十四五"时期中国的农村发展》，中国社会科学出版社，2020。

陈雪原、孙梦洁、周雨晴：《集体经济蓝皮书：中国农村集体经济发展报告2021》，社会科学文献出版社，2021。

仝志辉：《中国乡村治理体系构建研究》，华中科技大学出版社，2021。

魏后凯：《中国乡村振兴综合调查研究报告2021》，中国社会科学出版社，2022。

三　期刊论文

王卓、胡梦珠：《乡村振兴战略下村干部胜任力与村庄治理绩效研究——基于西部5省调查数据的分析》，《管理学刊》2020年第5期。

唐丽霞、赵文杰、李小云：《中非合作论坛框架下中非农业合作的新发展与新挑战》，《西亚非洲》2020年第5期。

李达：《反思与行动：近十年国内少数民族特色村寨的治理哲学》，《原生态民族文化学刊》2020年第5期。

陈秋云、姚俊智：《通过村规民约的农村生态环境治理——来自海南黎区的探索与实践》，《原生态民族文化学刊》2020年第5期。

付伟：《"通过土地治理"：发达地区农村土地利用与治理》，《开放时代》2020年第5期。

宗成峰、朱启臻：《"互联网+党建"引领乡村治理机制创新——基于新时代"枫桥经验"的探讨》，《西北农林科技大学学报》（社会科学版）2020年第5期。

李亚雄、向雷：《乡村民间纠纷解决与有效治理研究，《河海大学学报》（哲学社会科学版）2020年第3期。

张晓山：《完善农村基本经营制度 夯实乡村治理基础》，《中国农村经济》2020年第6期。

任越:《乡村振兴战略下乡村档案工作中"三引"工程探究》,《档案与建设》2020年第6期。

王晓娜、张毅、张曙光:《技术治理情境下乡村治理存在的问题及体制重构》,《领导科学》2020年第12期。

杜春丽、马丽敏:《"互联网"视阈下的村级财务外包服务模式创新研究》,《农业经济》2020年第6期。

唐皇凤、汪燕:《新时代自治、法治、德治相结合的乡村治理模式:生成逻辑与优化路径》,《河南社会科学》2020年第6期。

王晓毅:《精准扶贫如何改变乡村治理结构》,《文化纵横》2020年第3期。

唐萍:《乡村社会治理中乡贤文化的价值证成与实现机制》,《广西社会科学》2020年第2期。

刘伟、黄佳琦:《乡村治理现代化中的简约传统及其价值》,《厦门大学学报》(哲学社会科学版)2020年第3期。

朱冬亮、洪利华:《"寡头"还是"乡贤":返乡精英村治参与反思》,《厦门大学学报》(哲学社会科学版)2020年第3期。

马志翔:《提升乡村治理能力现代化的路径研究》,《云南社会科学》2020年第3期。

杨忍、罗秀丽:《发展转型视域下的乡村空间分化、重构与治理研究进展及展望》,《热带地理》2020年第4期。

宋才发:《习惯法在乡村治理中的法治功能探讨》,《广西民族研究》2020年第2期。

张等文、郭雨佳:《乡村振兴进程中协商民主嵌入乡村治理的内在机理与路径选择》,《政治学研究》2020年第2期。

韩瑞波:《迈向治理实践的乡村基层政权研究:论域、进路与反思》,《云南社会科学》2020年第2期。

孙云龙:《"群己权界"视角下村霸的形成机制与治理对策》,《领导科学》2020年第8期。

申家字:《乡村治理法治化现状及实现路径》,《农业经济》2020年第4期。

| 参考文献 |

李艳荣:《乡村振兴视野下乡村"三治合一"治理体系建设的逻辑思路》,《农业经济》2020年第4期。

刘大伟、杜京容:《民国时期南京晓庄乡村治理模式探析》,《江汉论坛》2020年第4期。

朱智毅:《论乡村振兴立法的功能定位与基本原则》,《中国农业大学学报》(社会科学版)2020年第2期。

朱启臻:《利用乡村治理资源优势提升乡村治理能力》,《红旗文稿》2020年第7期。

张国磊、张燕妮:《新时代乡村振兴主体的角色定位》,《农村经济》2019年第12期。

郑兴明:《地权逻辑下乡村治理困境的生成、动因与化解路径——基于博弈式共生的理论分析框架》,《农村经济》2019年第12期。

桂华:《立足乡村现实 采取低成本高效模式 激活乡村治理的村民自治体制》,《人民论坛》2019年第36期。

刘涛:《中国共产党百年乡村治理的功能定位、实践逻辑及时代任务》,《人文杂志》2021年第8期。

唐任伍、唐堂、李楚翘:《中国共产党成立100年来乡村发展的演进进程、理论逻辑与实践价值》,《改革》2021年第6期。

王玉茹、杨济菡:《中国共产党百年乡村治理:"乡土中国"到"城乡中国"——基于城乡关系的视角》,《河北经贸大学学报》2021年第4期。

吴理财:《村民小组的历史变迁及其基本逻辑》,《社会学评论》2021年第4期。

王晓莉:《中国百年乡村建设的历史沿革与有效性初探》,《行政管理改革》2021年第4期。

程启军:《中国共产党百年乡村治理实践的演进及其核心经验》,《人文杂志》2021年第5期。

刘婷婷、俞世伟:《实现乡村治理现代化的伦理之道》,《行政论坛》2021年第4期。

林星、吴春梅、黄祖辉:《新时代"三治结合"乡村治理体系的目标、原则与路径》,《南京农业大学学报》(社会科学版)2021年第2期。

徐秦法、赖远妮:《新时代乡村治理的实践逻辑与价值逻辑》,《行政论坛》2021年第3期。

李红娟、董彦彬：《中国农村基层社会治理研究》，《宏观经济研究》2021年第3期。

毛一敬：《构建乡村治理共同体：村级治理的优化路径》，《华中科技大学学报》（社会科学版）2021年第4期。

刘俊生、陈璟：《"村为中心"的乡村治理共同体：祁阳实践》，《行政论坛》2021年第3期。

高卫星、张慧远：《乡村治理共同体构建的理论逻辑、现实困境及策略》，《中州学刊》2021年第2期。

王文彬：《农村基层治理困局与优化路径：治理资源运转视角》，《深圳大学学报》（人文社会科学版）2021年第3期。

赵泉民：《乡村现代性成长及其对基层社会治理影响分析》，《中共福建省委党校（福建行政学院）学报》2021年第1期。

蒋天贵、王浩斌：《中国共产党百年农村社会治理价值导向研究》，《求实》2021年第4期。

李永芳：《中国共产党乡村社会治理的百年历程与基本经验》，《兰州学刊》2021年第7期。

宋才发：《公序良俗在维系乡村秩序中的法治功能》，《中南民族大学学报》（人文社会科学版）2021年第5期。

陈洪连、王文波：《新型乡村软治理的理论价值、实践困境与推进路径》，《新视野》2021年第2期。

孙冲：《村庄"三治"融合的实践与机制》，《法制与社会发展》2021年第4期。

冯留建、王宇凤：《健全自治、法治、德治相结合的乡村治理体系》，《中国高校社会科学》2021年第4期。

周立等：《乡村建设中的农民主体性提升——基于角色互动理论的Y村案例分析》，《行政管理改革》2021年第4期。

赵秀玲：《农村治理体系和治理能力现代化评估与瞻望》，《西南交通大学学报》（社会科学版）2021年第1期。

刘志秀：《乡村人才振兴：内生型与嵌入型主体的治理效能》，《云南行政学院学报》2021年第2期。

张新文、张龙：《乡土文化认同、共同体行动与乡村文化振兴——基于鄂西北武村修复宗族文化事件的个案启示》，《南京农业大学学报》（社会科学版）2021 年第 4 期。

沈永东、陈天慧：《多元主体参与基层社会治理的共治模式——以宁波市鄞州区为例》，《治理研究》2021 年第 4 期。

任路：《国家化、地方性与乡村治理结构内生性演化》，《华中师范大学学报》（人文社会科学版）2021 年第 1 期。

卢先明、刘清泉、邓正华：《韩国、日本乡村振兴人才队伍建设的经验及对我国的启示》，《湖南行政学院学报》2021 年第 2 期。

叶雨寒、高强：《日韩经验对中国农村空心化治理的启示》，《湖北农业科学》2021 年第 10 期。

兰雪峰、袁中金：《以日本、韩国为例探讨城乡关系演进视角下的乡村振兴》，《浙江农业科学》2021 年第 1 期。

李小伟：《"三治融合"创新农村社会治理体系》，《经济问题》2021 年第 10 期。

羊中太、羊措：《乡村基层社会治理的体系构建》，《青海民族大学学报》（社会科学版）2021 年第 3 期。

唐任伍、叶天希、孟娜：《乡村振兴战略实施中元治理的优势、作用、路径和支撑》，《中国流通经济》2021 年第 9 期。

罗必良：《以产权为线索：乡村治理的中国故事》，《管理世界》2021 年第 9 期。

沈费伟：《数字乡村韧性治理的建构逻辑与创新路径》，《求实》2021 年第 5 期。

耿玉基：《乡村矛盾的实质治理：以"三治融合"为阐释对象》，《河北法学》2021 年第 11 期。

任贵州、曹海林：《乡村文化治理：能动空间与实践路向》，《云南民族大学学报》（哲学社会科学版）2021 年第 5 期。

孙玉娟、孙浩然：《构建乡村治理共同体的时代契机、掣肘因素与行动逻辑》，《行政论坛》2021 年第 5 期。

尹利民：《中国乡村治理的结构性转换与治理体系塑造》，《甘肃社会科学》2022 年第 1 期。

闫书华：《乡村振兴战略视角下乡村社会治理创新研究》，《行政论坛》2022年第1期。

苏岚岚、彭艳玲：《农民数字素养、乡村精英身份与乡村数字治理参与》，《农业技术经济》2022年第1期。

王浦劬：《新时代乡村治理现代化的根本取向、核心议题和基本路径》，《华中师范大学学报》（人文社会科学版）2022年第1期。

崔占峰、崔宏瑜、王泽光：《乡村社会治理中的有效参与：青年参与的动力系统研究》，《当代青年研究》2022年第1期。

崔元培、魏子鲲、薛庆林：《"十四五"时期乡村数字化治理创新逻辑与取向》，《宁夏社会科学》2022年第1期。

杨松然、张炜达：《延安时期陕甘宁边区乡村治理的实践探索及当代启示》，《北京联合大学学报》（人文社会科学版）2022年第1期。

徐伟明：《变动中的乡村：延安时期乡村社会的秩序再造》，《理论月刊》2022年第1期。

梁成艾：《新型职业农民专业化：形成机理、生长逻辑与发展旨归》，《学习与探索》2022年第1期。

黄博：《"三治融合"视域下乡村治理能力提升的三维审视》，《求实》2022年第1期。

汤玉权、钟金丽：《乡村社会变迁及其治理共同体构建——基于3个实践案例的启示》，《河北农业大学学报》（社会科学版）2022年第1期。

刘文婧、左停：《公众参与和福利激励：乡村治理积分制的运行逻辑与优化路径——基于和平村的个案调查》，《地方治理研究》2022年第2期。

林健：《旧传统"制度化"：制度变迁视角下的"驻村第一书记"探究》，《地方治理研究》2022年第2期。

何雷华、王凤、王长明：《数字经济如何驱动中国乡村振兴？》，《经济问题探索》2022年第4期。

王立峰、孙文飞：《农村"微腐败"发生的诱因及治理对策——基于全国38个案例的定性比较分析》，《社会科学战线》2022年第4期。

钟海：《超常规治理：驻村帮扶工作机制与运作逻辑——基于陕南L村的田野调查》，《南京农业大学学报》（社会科学版）2022年第2期。

冀鹏、马华：《现代性构建中的乡村技术治理演化逻辑》，《行政论坛》

2022 年第 2 期。

李增元、杨健：《新世纪以来乡村治理现代化进程中的合村并居动力机制及内在逻辑》，《湖南师范大学社会科学学报》2022 年第 2 期。

欧阳静：《简约治理：超越科层化的乡村治理现代化》，《中国社会科学》2022 年第 3 期。

李辰星：《分散与协同的取舍逻辑：乡村环境治理政策的执行方式研究》，《华中师范大学学报》（人文社会科学版）2022 年第 2 期。

许晓：《从结构断裂到"双轨一体"：第一书记制度下的乡村治理变迁——基于鲁西北 D 村驻村帮扶的个案研究》，《求实》2022 年第 2 期。

曾凡木：《制度供给与集体行动：新乡贤参与社会治理共同体的路径分析》，《求实》2022 年第 2 期。

吴业苗：《民生改善与乡村居住空间治理——以合村并居为例》，《求实》2022 年第 2 期。

刘天元、田北海：《治理现代化视角下数字乡村建设的现实困境及优化路径》，《江汉论坛》2022 年第 3 期。

谢治菊、卢荷英：《动员式治理与嵌入式交往：驻村干部工作艺术与乡村振兴》，《湖北民族大学学报》（哲学社会科学版）2022 年第 2 期。

李凤雷、张力伟：《党建引领乡村治理共同体的责任政治逻辑——基于"许家冲经验"的分析》，《学习与探索》2022 年第 3 期。

郑永君、李丹阳、阳清：《驻村干部参与乡村治理的柔性嵌入机制》，《西北农林科技大学学报》（社会科学版）2022 年第 2 期。

丁波：《数字治理：数字乡村下村庄治理新模式》，《西北农林科技大学学报》（社会科学版）2022 年第 2 期。

张波、李群群：《乡村文化治理的行动逻辑与机制创新》，《山东社会科学》2022 年第 3 期。

桂华：《乡村治理中的体制性空转——基层形式主义的成因与破解》，《吉首大学学报》（社会科学版）2022 年第 2 期。

董帅兵：《中国共产党领导乡村治理的百年历程、基本经验与实践启示》，《西南民族大学学报》（人文社会科学版）2022 年第 3 期。

王勇：《村民自治的规范与法理——兼论村民自治规范体系的完善》，《法制与社会发展》2022 年第 4 期。

许晓、季乃礼：《党的群众路线历史演进与经验启示：乡村治理的视角》，《西南民族大学学报》（人文社会科学版）2022年第7期。

田孟：《制度变迁中的中国乡村治理生活化转向》，《深圳大学学报》（人文社会科学版）2022年第4期。

易艳阳：《统合附属与悬浮内卷：农村外源型社会组织的实践检视》，《农林经济管理学报》2022年第3期。

雷明、于莎莎、何琳：《治理视域下全面乡村振兴的制度建设》，《行政管理改革》2022年第6期。

张浩：《调适国家-乡村关系 提升乡村基层治理效能》，《行政管理改革》2022年第6期。

徐岑琛：《乡村振兴中村级议事协商制度建设的功能定位、现实难点和破题思路——基于制度哲学的思考》，《南京工业大学学报》（社会科学版）2022年第3期。

邢中先：《乡村产业振兴应对多重堕距现象的核心思路》，《北京社会科学》2022年第6期。

胡杨：《基于文化治理视角的乡村美育发展：价值、困境与路径》，《重庆社会科学》2022年第6期。

谭秋成：《村落共同体解体与乡村治理制度建设》，《长白学刊》2022年第3期。

陈洪连、孙百才：《乡村振兴战略背景下乡村公共精神的缺失与重塑》，《长白学刊》2022年第3期。

袁方成、周韦龙：《从振兴共同体到共同体振兴：乡村振兴的乡贤逻辑》，《社会主义研究》2022年第2期。

张新文、郝永强：《党建引领乡村治理共同体建构的行动逻辑与实践路径》，《学习论坛》2022年第2期。

李宁、李增元：《乡村振兴背景下城乡生态治理共同体的构建路径》，《当代经济管理》2022年第4期。

武小龙：《数字乡村治理何以可能：一个总体性的分析框架》，《电子政务》2022年第6期。

李志平、田小坤：《中国特色农村现代化未来演变趋势与对策思考》，《统计与决策》2022年第11期。

吴业苗：《"民生为先"：乡村治理的基本遵循——兼论乡村振兴中的实践问题》，《社会科学战线》2022 年第 6 期。

李海平、刘佳琪：《村民自治的转型：从户籍本位到居住本位》，《中国农村观察》2022 年第 3 期。

赵德余、代岭：《村庄主体差异对乡村振兴效用感知的影响》，《华南农业大学学报》（社会科学版）2022 年第 5 期。

孔令英、陈思羽：《互惠共生：政府与农民互构式治理机制》，《华南农业大学学报》（社会科学版）2022 年第 5 期。

沈费伟：《数字乡村敏捷治理的实践逻辑与优化路径》，《求实》2022 年第 5 期。

蒙慧、娄跃辉：《乡村振兴背景下优化农村基层党组织建设的路径研究》，《中共福建省委党校（福建行政学院）学报》2022 年第 4 期。

四 学位论文

胡伟斌：《农村集体经济股份合作制改革对村庄治理的影响研究》，博士学位论文，浙江大学，2020。

张毅：《产权与治权关系视野下农村政治生态研究》，博士学位论文，山西大学，2020。

姜广博：《新时代以人民为中心的农村基层治理方式改革研究》，博士学位论文，吉林大学，2020。

谢安民：《精英能动、双轨治理与新乡贤交往空间生产》，博士学位论文，浙江大学，2020。

加芬芬：《村庄治理中的国家、村级结构、农村社会》，博士学位论文，吉林大学，2019。

李元勋：《中国农村村民自治研究》，博士学位论文，中共中央党校，2019。

管文行：《乡村振兴背景下农村治理主体结构研究》，博士学位论文，东北师范大学，2019。

张世定：《改革开放以来中国共产党乡村文化建设研究》，博士学位论文，兰州大学，2019。

何阳：《农村社会组织参与乡村治理研究——以河南周山村为例》，博士学位论文，中共中央党校，2019。

朱兆伟：《我国双层经营体制下集体农地产权制度研究》，博士学位论文，中共中央党校，2019。

阳斌：《新时代中国共产党乡村治理研究》，博士学位论文，西南交通大学，2019。

李术峰：《"政党统合型"乡村治理体系研究》，博士学位论文，北京大学，2019。

刘闯：《契约式治理：中国地方治理一种新类型研究》，博士学位论文，吉林大学，2019。

张春照：《重塑乡政村治：新时代我国乡村治理现代化研究》，博士学位论文，吉林大学，2019。

兰红燕：《我国乡村社会治理法治化研究》，博士学位论文，河北师范大学，2019。

涂丽：《村庄组织对乡村治理的影响研究》，博士学位论文，中南财经政法大学，2019。

黄鑫权：《新时代乡村振兴问题研究》，博士学位论文，贵州师范大学，2020。

李丽：《新时代中国农民法治观念培育研究》，博士学位论文，武汉理工大学，2020。

王微：《新时代乡村治理体系构建研究》，博士学位论文，东北师范大学，2020。

熊艳兵：《我国当代乡村社会组织发展研究》，博士学位论文，中共中央党校，2020。

王杰：《我国西部民族地区新乡贤参与乡村事务治理研究》，博士学位论文，兰州大学，2021。

高云亮：《精准扶贫中农村基层党组织功能研究》，博士学位论文，兰州大学，2021。

曹萍：《"双轮协调"驱动下中国城乡融合发展的时空演变、影响因素及政策体系》，博士学位论文，山东师范大学，2021。

刘洪冬：《新乡贤促进乡村振兴的作用研究》，博士学位论文，江西财经大学，2021。

五 报纸文章

李慧：《"小积分"里的乡村治理"大账本"》，《光明日报》2020 年 7 月 29 日。

马跃华：《乡村治理，攥紧拳头要"合力"出"活力"》，《光明日报》2020 年 1 月 5 日。

吉蕾蕾：《小积分解决大问题》，《经济日报》2020 年 8 月 31 日。

陈进华：《乡村振兴要夯实乡村治理这个根基》，《经济日报》2020 年 8 月 27 日。

王艳：《中央农办、农业农村部发布第二批全国乡村治理典型案例》，《农民日报》2020 年 12 月 3 日。

胡立刚：《上海金山区 吸纳乡贤参与基层社会治理》，《农民日报》2020 年 12 月 3 日。

丁国锋：《为乡村振兴发展插上"双翼"》，《法治日报》2020 年 11 月 14 日。

曲霞：《加强党建助力乡村振兴》，《人民日报》2021 年 8 月 29 日。

王国斌：《培育更多乡村治理优秀人才》，《人民日报》2021 年 7 月 26 日。

郁静娴、李晓晴：《在乡村治理中推广运用清单制》，《人民日报》2021 年 11 月 30 日。

陈晨：《美好生活，在乡村振兴中铺展》，《光明日报》2021 年 12 月 17 日。

吉蕾蕾：《乡村治理：破解难点焕发活力》，《经济日报》2021 年 11 月 5 日。

李慧：《数字乡村，重塑乡土中国》，《光明日报》2022 年 3 月 10 日。

陈晨：《奋力推动乡村振兴取得新进展》，《光明日报》2022 年 2 月 24 日。

肖克、刘久锋：《"党社联建"赋能乡村振兴》，《农民日报》2022 年 4 月 12 日。

王晓青：《多元共治激活振兴动能》，《农民日报》2022 年 3 月 22 日。

缪翼：《乡村善治有道》，《农民日报》2022 年 3 月 9 日。

刘坤：《数字建设：给美丽乡村加朵"云"》，《光明日报》2022年9月22日。

朱海洋：《良法善治润民心》，《农民日报》2022年9月16日。

刘杰：《"有事好商量"在村里如何实现？》，《农民日报》2022年9月16日。

朱海洋：《运用积分制推动乡村治理》，《农民日报》2022年8月8日。

六　外文文献

Arora-Jonsson Seema and Larsson Oscar. "Lives in limbo: Migrant integration and rural governance in Sweden". *Journal of Rural Studies*, 2021, 82.

Yu Song. "Institutionalizing Rural Womens Political Participation in China: Reserved Seats Election for Women". *Asian Women*, 2016, 32(3).

Dong Jing, Xu Wanyu, Cha Jun. "Rural entrepreneurship and job creation: the hybrid identity of village-cadre-entrepreneurs". *China Economic Review*, 2021, 70.

Ge Dazhuan, Lu Yuqi. "A strategy of the rural governance for territorial spatial planning in China". *Journal of Geographical Sciences*, 2021, 31(9).

Diego Cidrás, Rubén-Camilo Lois-González, Valerià Paül. "Rural Governance against Eucalyptus Expansion in Galicia NW Iberian Peninsula". *Sustainability*, 2018, 10(10).

Haixia Wang, Zhouyang Zhao, Luyi Yuan. "Individual and Institution: The First Secretary Embedded in Rural Governance". *Rural China*, 2019, 16(2).

Georgios C, H Barraí. "Social innovation in rural governance: A comparative case study across the marginalised rural EU". *Journal of Rural Studies*, 2021(5).

Hua G U I. "Institutional Idling in Rural Governance: The Cause and Solution of Grass-roots Formalism". *Journal of Jishou University (Social Sciences Edition)*, 2022, 43(2).

Meyer C. "Social Innovation Governance in Smart Specialisation Policies and Strategies Heading towards Sustainability: A Pathway to RIS4?". *Social Sciences*, 2022, 11(4).

Kaiser N, Barstow C K. "Rural Transportation Infrastructure in Low-and

Middle-Income Countries: A Review of Impacts, Implications, and Interventions". *Sustainability*, 2022, 14(4).

Cao Y, Bai Y, Sun M, et al. "Experience and lessons from the implementing of the latest Land Certificated Program in rural China". *Land Use Policy*, 2022, 114.

Meng F, Chen H, Yu Z, et al., "What Drives Farmers to Participate in Rural Environmental Governance? Evidence from Villages in Sandu Town, Eastern China". *Sustainability*, 2022, 14.

Liu G G, Guan H, Jin X, et al., "Rural population's preferences matter: a value set for the EQ-5D-3L health states for China's rural population". *Health and Quality of Life Outcomes*, 2022, 20(1).

Mansell R. "e-Governance for Development: A Focus on Rural India". *Information technology & people*, 2010, 23(3).

附录一 调查问卷

新时代乡村治理共同体建设状况调查问卷

时间：_____

地点：_____省_____县_____乡（镇）_____村

第一部分 个人基本情况

1. 您的性别？

   A. 男　　　　　　　　　　B. 女

2. 您的民族？

   A. 汉族　　　　　　　　　B. 少数民族

3. 您的政治面貌？

   A. 中共党员（含预备党员）　B. 共青团员

   C. 民主党派成员　　　　　　D. 无党派人士

   E. 群众

4. 您的年龄是以下哪个范围？

   A. 18 岁及以下　　B. 19～35 岁　　C. 36～55 岁　　D. 56～65 岁

   E. 66 岁及以上

5. 您的身份？

   A. 一般农民　　B. 乡镇干部　　C. 乡村干部　　D. 乡村企业家

   E. 其他（请注明）_____

6. 您的文化程度？

   A. 小学及以下　　　　　　B. 初中

   C. 高中　　　　　　　　　D. 大学本科及以上

第二部分　请根据实际情况选择相应选项

1. 您认为新乡贤参与乡村治理的程度如何？
   A. 不充分　　　B. 一般　　　C. 比较充分　　　D. 充分

2. 您认为新乡贤面临哪些困境（可多选）？
   A. 新乡贤队伍不稳定　　　B. 无名无分
   C. 被边缘化　　　D. 缺乏相应的制度政策保障
   E. 缺乏相应的施展平台和机会

3. 您认为乡村党组织（村党支部）在乡村治理中的领导力如何？
   A. 不充分　　　B. 一般　　　C. 比较充分　　　D. 充分

4. 您认为乡村党组织（村党支部）面临哪些困境（可多选）？
   A. 经常性工作制度不完善　　　B. 监督问责制度不健全
   C. 人才储备制度不完善　　　D. 群众组织力和号召力不强
   E. 政治引领力不强　　　F. 经济引领力不强
   G. 文化引领力不强

5. 您认为村民委员会行政化是否严重？
   A. 严重　　　B. 比较严重　　　C. 一般　　　D. 不严重

6. 您认为返乡农民面临哪些困境（可多选）？
   A. 返乡难　　　B. 融入难　　　C. 就业难　　　D. 创业难

7. 您认为乡村社会组织有哪些？（请举例说明）

8. 您认为乡村社会组织参与乡村治理的程度如何？
   A. 不充分　　　B. 一般　　　C. 比较充分　　　D. 充分

9. 您认为乡村社会组织面临哪些困境（可多选）？
   A. 参与主体缺失　　　B. 缺乏活力
   C. 形同虚设　　　D. 小团体意识色彩浓厚
   E. 资金来源不足　　　F. 服务乡村能力不足
   G. 配套制度政策不完善

10. 您认为乡村集体经济发展程度如何？
    A. 有集体，无经济　　　B. 有集体，有经济

11. 您认为乡村集体经济组织和村"两委"关系如何？
    A. 政经合一　　　B. 独立运行

12. 您认为乡村集体经济组织面临哪些困境（可多选）？
    A. 管理者综合领导能力不足　　B. 社会服务意识差
    C. 资源人才匮乏　　　　　　　D. 组织力和凝聚力不强
    E. 缺乏科学的规划和指导　　　F. 思想上没有引起足够重视
13. 您认为乡村民主选举面临哪些困境（可多选）？
    A. 形式主义较为严重　　　　　B. 村民选举中存在买票、拉票现象
    C. 制度设计不完善　　　　　　D. 选举参与积极性不高
14. 您对所在乡村的村务公开程度是否满意？
    A. 不满意　　B. 不关注　　C. 一般　　D. 满意
15. 您所在乡村的村民代表会议多久召开一次？
    A. 一年以上　　B. 半年以上　　C. 三个月以上　　D. 一个月以上
16. 您所在乡村的民主协商实现程度如何？
    A. 不充分　　B. 一般　　C. 比较充分　　D. 充分
17. 您所在乡村的村规民约或者村民自治章程执行如何？
    A. 不充分　　B. 一般　　C. 比较充分　　D. 充分
18. 您对《村民委员会组织法》了解程度如何？
    A. 不了解　　B. 不是很了解　　C. 比较了解　　D. 充分了解
19. 您认为乡村法治面临哪些困境（可多选）？
    A. 乡村法治环境不佳　　　　　B. 乡村法治人才缺乏
    C. 立法体系不完善　　　　　　D. 专门性的法律缺失
    E. 既有的法律体系比较滞后　　F. 法治资源匮乏
20. 您所在乡村的日常邻里纠纷通过什么方式解决？
    A. 熟人劝解　　B. 自行协商　　C. 法律手段　　D. 其他方式
21. 您认为乡村德治面临哪些困境（可多选）？
    A. 乡村传统道德逐渐消解　　　B. 乡村德治文化逐渐淡化
    C. 乡村德治约束力有限　　　　D. 新型道德的认同尚未深入
    E. 封建传统文化影响　　　　　F. 乡村道德失范现象时有发生
22. 您认为乡村数字化治理现状如何？
    A. 不充分　　B. 一般　　C. 比较充分　　D. 充分
23. 您认为乡村数字化治理面临哪些困境（可多选）？
    A. 数字化网络基础设施落后

B. 地方偏远，网络覆盖不足

C. 政策、资金、技术、人才条件受限

D. 村民数字化素养和思维能力不足

E. 村民参与积极性不高

F. 受到传统治理方式的影响

24. 您认为乡镇党委政府的职能处于什么状态？

A. 维持型　　　　B. 发展型　　　　C. 服务型

25. 您认为乡镇党委政府存在哪些不足？

A. 权小事多

B. 人力、物力、财力匮乏

C. 其他困境

26. 您认为所在的乡村企业和农民经济合作社参与乡村治理的程度如何？

A. 不充分　　　　B. 一般　　　　C. 比较充分　　　　D. 充分

27. 您认为所在的乡村企业与乡村广大农民的关系如何？

A. 利益排斥　　　B. 存在一定矛盾　　C. 相处融洽

28. 您对乡村治理共同体建设有何好的建议或想法？

附录二　访谈提纲

新时代乡村治理共同体建设状况访谈提纲

访谈提纲一：关于村"两委"、村民小组、乡村党员

村"两委"的关系如何？村党支部、村委会具体是如何分工的？村主任和村党支部书记是否由同一个人担任？乡村干部是否有兼职，从事什么行业或职业？村党支部与村委会的组织架构如何设置和运行？村民小组参与乡村治理程度如何？乡村的党员发展现状如何（包括党员人数、党员年龄、党员文化程度、流动党员情况等）？对于外出务工的乡村流动党员如何进行管理？乡村党员参与乡村治理的状况如何？

访谈提纲二：关于新乡贤、乡村集体经济组织、乡村社会组织

您所在乡村的新乡贤都是由哪些群体组成的？他们参与乡村治理的程度如何？他们是否成立相对应的平台或组织来为乡村广大农民服务？他们在乡村具体从事什么职业？是否在创业？乡村或所在地区是否对新乡贤有特殊政策？新乡贤在住房、养老、公共服务方面是否有充分保障？新乡贤回乡村的吸引力和动力是来自政府的推动号召还是他们自己的主动选择？您所在乡村的村集体经济实现形式有哪些？乡村集体经济组织的发展情况如何？乡村集体经济在乡村治理进程中的作用如何？它和村"两委"是合在一起的还是分开独立运行的？您所在乡村有哪些乡村社会组织？这些乡村社会组织在乡村治理中发挥了怎样的作用？

访谈提纲三：关于乡村农民、乡镇党委政府、乡村企业、乡村经济合作社

您认为乡村普通村民的参与积极性如何？特别是对于一些季节性流动的农民群体，如何有效参与乡村治理的公共事务？乡村普通村民日常之间的矛盾是否会首先找村干部解决，还是自行解决？您所在的乡镇党委政府是否面临人力、物力、财力等资源自主性下降的风险？是否面临无威无权、无权无力的困境？乡镇党委政府具体的考核压力有哪些方面？您所在的乡村是否有企业？是乡村外来企业还是乡村本土企业？都是些什么类型的产业？这些乡村企业在乡村治理过程中发挥了怎样的作用？是否在乡村企业中设立党组织？您所在的乡村有哪些类型的农民经济合作社，这些乡村经济合作社发挥着怎样的作用？

访谈提纲四：关于乡村"三治"、乡村数字化治理

您所在乡村的村民大会、村民代表会、村民小组会、村务监督委员会的设置是否健全？这些会议多久召开一次？乡村自治过程中的民主选举、民主管理、民主决策、民主监督环节是否有相应的明确的规章制度？村民自治章程是本村自行规定还是来自上级的条文？乡村法治的宣传主要通过什么手段进行？乡村是否有公共的文化礼堂或者乡村文明建设中心？乡村特色的传统文化资源有哪些，有没有进行挖掘？乡村是否有特色的村规民约或新村训？乡村有没有树立道德模范典型或者文明示范户来传递正能量？您所在乡村的乡村数字化设施建设状况如何？是否有智能化的乡村治理平台？是否形成了"互联网+村务管理"模式？

附录三　访谈对象与调研区域列表

受访者的基本情况介绍

编号	姓名	性别	身份	政治面貌	所在地区（省、市、县）	访谈时间
1	S1	男	一般农民	中共党员	河南省驻马店市泌阳县	2022.3.2
2	S2	女	一般农民	群众	山西省晋中市平遥县	2022.3.9
3	S3	男	一般农民	中共党员	江苏省泰州市泰兴市	2022.3.14
4	S4	男	一般农民	群众	陕西省商洛市丹凤县	2022.3.14
5	S5	男	一般农民	群众	河南省洛阳市孟津县	2022.3.14
6	S6	男	一般农民	群众	山东省德州市平原县	2022.3.14
7	S7	女	一般农民	群众	山西省晋中市寿阳县	2022.3.14
8	S8	女	乡镇干部	中共党员	山西省晋城市高平市	2022.3.14
9	S9	男	一般农民	群众	山西省晋中市灵石县	2022.3.15
10	S10	女	乡村干部	中共党员	山西省晋城市阳城县	2022.3.15
11	S11	女	一般农民	群众	山西省运城市河津市	2022.3.15
12	S12	男	乡村干部	中共党员	山西省临汾市蒲县	2022.3.16
13	S13	女	一般农民	中共党员	山西省临汾市洪洞县	2022.3.16
14	S14	男	一般农民	群众	山西省阳泉市平定县	2022.3.16
15	S15	男	乡村干部	中共党员	山西省太原市小店区	2022.3.16
16	S16	男	一般农民	群众	山西省大同市云州区	2022.3.16
17	S17	男	一般农民	群众	重庆市永川区	2022.3.18
18	S18	男	一般农民	群众	云南省昭通市	2022.3.18
19	S19	男	乡村干部	中共党员	四川省南充市阆中市	2022.3.18
20	S20	男	乡镇干部	中共党员	四川省巴中市通江县	2022.3.19
21	S21	女	乡村干部	中共党员	四川省成都市龙泉驿区	2022.3.22

续表

编号	姓名	性别	身份	政治面貌	所在地区（省、市、县）	访谈时间
22	S22	男	乡村干部	中共党员	四川省成都市天府新区	2022.3.22
23	S23	男	乡村干部	中共党员	四川省成都市龙泉驿区	2022.3.22
24	S24	男	乡村干部	中共党员	四川省成都市蒲江县	2022.3.24
25	S25	男	乡村干部	中共党员	四川省成都市蒲江县	2022.3.24
26	S26	男	乡村干部	中共党员	陕西省商洛市丹凤县	2022.3.27
27	S27	男	乡村干部	中共党员	四川省南充市阆中市	2022.3.29
28	S28	男	一般农民	群众	山西省临汾市蒲县	2022.3.30
29	S29	女	乡村干部	中共党员	四川省成都市温江区	2022.3.31
30	S30	女	乡村干部	中共党员	四川省成都市温江区	2022.3.31
31	S31	男	一般农民	群众	北京市平谷区	2022.4.6
32	S32	男	一般农民	中共党员	湖南省岳阳市湘阴县	2022.4.6
33	S33	女	一般农民	群众	湖北省武汉市洪山区	2022.4.6
34	S34	女	一般农民	群众	湖北省武汉市蔡甸区	2022.4.6
35	S35	男	一般农民	群众	湖南省岳阳市平江县	2022.4.6
36	S36	男	乡村干部	中共党员	辽宁省丹东市东港市	2022.4.18
37	S37	男	乡村干部	中共党员	陕西省商洛市丹凤县	2022.4.19
38	S38	男	乡村干部	中共党员	山东省德州市乐陵市	2022.4.21

重点调研区域情况介绍

调研地区	调研乡村	乡村情况	调研时间段
山西省临汾市蒲县	S村	全国乡村治理示范村	2021.12~2022.4
辽宁省丹东市东港市	F村	省级先锋党组织示范村	2021.12~2022.4
山东省德州市乐陵市	F村	全国和省级乡村治理示范村	2021.12~2022.4
陕西省商洛市丹凤县	Q村	2019年底依靠中药产业种植实现脱贫	2021.12~2022.4
四川省成都市温江区	X村、H村、M村	全国和省级乡村治理示范村（X村、M村）、市级民主协商示范村（H村）	2021.12~2022.4
四川省成都市龙泉驿区	B村、B1村、T村	省级乡村治理示范村和乡村振兴示范村	2021.12~2022.4

续表

调研地区	调研乡村	乡村情况	调研时间段
四川省成都市郫都区	Z村	省级乡村治理示范村	2021.12~2022.4
四川省南充市阆中市	W村	全国乡村治理示范村	2021.12~2022.4
四川省成都市蒲江县	S村	省级文明村镇示范村	2021.12~2022.4

图书在版编目(CIP)数据

新时代乡村治理共同体建设研究 / 侯守杰著.
北京：社会科学文献出版社，2024.10. -- ISBN 978-7-5228-4404-6

Ⅰ.D638

中国国家版本馆 CIP 数据核字第 20246UV002 号

新时代乡村治理共同体建设研究

著　　者 / 侯守杰

出 版 人 / 冀祥德
责任编辑 / 吕霞云
文稿编辑 / 茹佳宁
责任印制 / 王京美

出　　版 / 社会科学文献出版社·马克思主义分社（010）59367126
　　　　　 地址：北京市北三环中路甲 29 号院华龙大厦　邮编：100029
　　　　　 网址：www.ssap.com.cn
发　　行 / 社会科学文献出版社（010）59367028
印　　装 / 三河市龙林印务有限公司

规　　格 / 开　本：787mm×1092mm　1/16
　　　　　 印　张：18.75　字　数：308 千字
版　　次 / 2024 年 10 月第 1 版　2024 年 10 月第 1 次印刷
书　　号 / ISBN 978-7-5228-4404-6
定　　价 / 98.00 元

读者服务电话：4008918866

版权所有 翻印必究